Saggi

LUCA TELESE

Cuori contro

Le ferite sempre aperte
di una stagione di piombo

SOLFERINO

SOLFERINO

www.solferinolibri.it

ISBN 978-88-282-1084-9
Prima edizione: novembre 2023

A mio padre Francesco – detto «Ciccio» –,
orgoglioso professore della scuola pubblica italiana,
che non ha fatto in tempo a vedere questo libro.
Ci sono padri padroni, padri carismatici,
padri amici e padri invadenti.
Poi padri come lui: esempi silenziosi, ufficiali di rotta,
le scatole nere che contengono il senso delle nostre vite.
Il più grande regalo che si possa fare a un figlio.

«Il tempo non muore
e il cerchio non è rotondo.»
Milcho Manchevski, *Prima della pioggia*

«Oltre il rogo non vive ira nemica.»
Vincenzo Monti, *In morte di Ugo Bassville*

«La memoria umana è uno strumento meraviglioso ma fallace. È questa una verità logora, nota non solo agli psicologi, ma anche a chiunque abbia posto attenzione al comportamento di chi lo circonda, o al suo stesso comportamento. I ricordi che giacciono in noi non sono incisi nella pietra; non solo tendono a cancellarsi con gli anni, ma spesso si modificano, o addirittura si accrescono, incorporando lineamenti estranei.»
Primo Levi, *I sommersi e i salvati*

Contro la rabbia, la memoria

I decenni trascorrono, ma le ferite del piombo non si rimarginano. Si piantano come solchi nelle pieghe dell'anima e della nostra memoria, diventano sempre più profonde, si trasformano in traumi dell'inconscio di cui spesso si perdono la forma e il contorno, l'origine e la capacità di comprensione, senza che mai si attenuino la dimensione e la violenza del dolore e del lutto.

Devo confessare la delusione, rispetto a una grande speranza. Mentre questo libro va in stampa, con il suo corposo corredo di storie, che rappresentano il necessario completamento del viaggio iniziato nel lontano 2006 con *Cuori neri*, mi sento meno ottimista di vent'anni fa, quando mi ero messo in marcia per un lungo lavoro di ricerca.

Il punto è questo: mi ero convinto che il tempo sarebbe stato il grande farmaco, in grado di curare ogni cosa, il filtro che ci avrebbe aiutato a vedere meglio. Tempo per sopire la legittima rabbia per le stragi impunite. Tempo per avere ragione del trauma dei tanti delitti senza senso. Tempo per allontanarsi dalle sagome disegnate con il gesso sull'asfalto a tracciare il perimetro dei corpi al suolo. E tempo per vedere meglio il contesto generale della stagione dell'odio terrorista che ha travolto per due decenni il nostro Paese e poi il mondo.

Eppure, nell'estate del 2023, quando è riesplosa la grande polemica sulla strage di Bologna, ho capito che questa distanza, da me immaginata come una cura, era diventata, per molti, un limite alla capacità collettiva di comprendere.

Vorrei partire da alcuni fatti per usarli come esempio di questo cortocircuito: nel giorno dell'anniversario della bomba di Bologna, Marcello De Angelis, ex dirigente di Terza posizione (negli anni Settanta), ex rockstar nera con il suo gruppo musicale, i 270bis (negli anni Novanta), ex parlamentare di An (negli anni Duemila), in quel momento portavoce del presidente (di centrodestra) della Regione Lazio, scrive per la quarantatreesima volta, su Facebook, quello che dal 1980 in poi ha scritto ogni anno. Non crede alle sentenze dei tribunali. Non crede alla colpevolezza di Francesca Mambro e Valerio Fioravanti, dice di «sapere per certo» che coloro che sono stati giudicati colpevoli sono innocenti.

È un post scritto come in un flusso di pensiero, ed è pure scritto male, anche per via di un terribile trauma personale che pochi conoscono: il processo di Bologna, tra le sue tante code venefiche (lo trovate raccontato in questo libro e in *Cuori neri*), produsse un ordine di arresto per suo fratello Nanni. Ma suo fratello, nei giorni in cui i carabinieri bussavano alla porta di casa della madre per un terribile abbaglio degli inquirenti, non poteva essere arrestato. Come ho raccontato in queste pagine era morto, otto anni prima, in carcere, in circostanze a dir poco oscure, dietro la traballante versione ufficiale di un suicidio in cella. Il giorno in cui la signora Rosa, madre di Marcello e Nanni, rispondeva agli uomini in divisa: «Mio figlio non c'è, ed è innocente», non aveva ancora capito che quelli cercavano un De Angelis, ma non quello che immaginava lei: volevano Nanni, e non Marcello. Nanni riuscì a uscire dal processo e a salvare il suo onore, anche da morto, solo perché un video girato su di un campo di rugby dimostrò che lui e il secondo dei sospettati, il suo amico Massimiliano Taddeini, non potevano essere coinvolti nella strage perché stavano giocando una partita su di un campo di rugby.

L'ultimo dei nomi indicati dal pentito Angelo Izzo, nel terzetto descritto come «i ragazzini di Tp», «autori materiali della strage», è quello di Luigi Ciavardini, cognato di De Angelis di cui ha sposato la sorella, Germana. Ciavardini non era su quel campo di rugby, non è uscito dal processo, e come tutti sanno, è il terzo principale condannato della strage di Bologna. Quanto a Taddeini: nel novembre del 2012, come tanti ex detenuti che ricascano, con minimale fatalità, nell'errore, è stato fermato per una tentata rapina a una filiale di un Bingo a Roma. Tuttavia, i giudici hanno accertato che né lui né Nanni De Angelis avevano nulla a che vedere con la strage del 2 agosto. Il cerchio non chiude e il tempo non è rotondo: il passato non ci lascia mai.

Ma torniamo alla rovente estate del 2023: il post di Marcello De Angelis innesca una polemica furibonda, tutte le opposizioni chiedono le dimissioni del portavoce della Regione Lazio, si sostiene che una persona che lavora per un'istituzione della Repubblica non possa avere un'opinione critica sulla sentenza del processo di Bologna. Se ci pensate è una follia.

Prendendo una posizione che so essere molto scomoda, e non essendo mai stato «innocentista» sulla Mambro e Fioravanti (in queste pagine scoprite come e perché), provo a sostenere due cose di buonsenso ma assai impopolari. La prima è che De Angelis, qualsiasi cosa faccia, ha il diritto di criticare quella sentenza perché di quel processo è vittima (se non altro per quello che hanno vissuto suo fratello e la sua famiglia). La seconda è che nella stessa estate del 2023 mi ero trovato a combattere contro quelli che chiamo «i negazionisti» di Ustica, ovvero coloro che, facendosi scudo di alcune sentenze di assoluzione, continuano a difendere l'assoluta innocenza dei capi di Stato maggiore e degli ufficiali processati per la strage del volo Itavia abbattuto il 27 giugno del 1980 sui cieli del Tirreno.

Durante la stessa estate queste associazioni pretendevano addirittura di fermare la messa in onda di un film come *Il muro di gomma* che La7 aveva deciso di trasmettere dopo uno speciale del mio programma, *In Onda*. Ricordo che il giorno del funerale del nostro amico e collega Andrea Purgatori, il giornalista a cui si deve la prima inchiesta sulla strage, avevo ricevuto una telefonata iraconda del leader di questo comitato, l'ex capo di Stato maggiore dell'aeronautica Dino Tricarico (per il resto persona amabilissima), che insultava la memoria per me sacra di Andrea, e minacciava non so quali ricorsi se avessimo trasmesso quella pellicola. E qui bisogna anticipare una parte della complessità processuale che troverete illustrata nel capitolo su Ustica e che rappresenta talvolta un grande ostacolo alla comprensione dei posteri. Nei giorni in cui nel 2000 iniziava il processo contro i militari di Ustica accusati per i depistaggi sulla strage, metà dei reati giustamente contestati erano, dopo vent'anni dai fatti, già prescritti o in via di prescrizione. Restava in piedi solo il reato più grave, quello di «alto tradimento» per chi aveva ostacolato le indagini. E, a processo in corso, il parlamento arrivò addirittura a riformulare la definizione di questa fattispecie, rendendolo più difficile da individuare. Ecco perché, dal punto di vista strettamente giudiziario, su Ustica esistono delle sentenze che danno ragione alle vittime (la più importante, quella del giudice Rosario Priore, che per prima parlò del missile, e poi quelle dei processi sui risarcimenti, in cui le vittime hanno vinto sempre) e altre in cui sulle responsabilità degli uomini dello Stato, anche quando provate (prove distrutte, verbali strappati), non si è giunti a una condanna.

Adesso, alla luce di tutto questo, provate a ribaltare il ragionamento che si fa su De Angelis. Il figlio di una delle vittime di Ustica avrebbe il diritto di lavorare nella pubblica amministrazione e di criticare la sentenza di assoluzione per i capi di Stato maggiore? Ovviamente sì, direi, e non solo per una questione di banale diritto alla libertà di opinione, ma addirittura per un necessario e legittimo senso del dovere civile. Ebbene, l'esempio che si fa su Ustica si può ripetere per moltissime sentenze degli anni di piombo, a partire dalla madre di tutte le stragi, quella di Piazza Fontana. La straordinaria inchiesta del giudice Guido Salvini, che in queste pagine cito, è arrivata «troppo tardi», nel senso cronologico, rispetto ad altri processi inquinati da depistaggi e falsificazioni incredibili. Alcuni dei colpevoli accertati di quella indagine, a partire da Franco Freda e Giovanni Ventura, prosciolti in processi precedenti, non potevano essere condannati in uno successivo in nome della più elementare regola del diritto di difesa: *ne bis in idem*.

Ecco il dilemma: per capire quelle storie c'è bisogno di un contesto che rischia di perdere colore e contorno a ogni ora che passa. Qualsiasi lettura storica forte, fondata sulle moltissime carte processuali e sulle migliaia di testimonianze, non ha alcun significato se non si riescono a interpretare i fatti e le storie nel modo più giusto. Ecco perché, per sanare le ferite che non si rimarginano, serve qualcosa di molto più utile della rabbia e della retorica: c'è bisogno di rigore, conoscenza e intelligenza.

Solo se il libro che avete tra le mani riuscirà a fornirvi una chiave e un metodo, e magari anche a guidarvi come una bussola nel labirinto intricato degli anni di piombo, potrò pensare che il lavoro di questi ultimi vent'anni non è andato perso, come lacrime nella pioggia.

Luca Telese

Cuori contro

Prologo
Il mandante suicida: una lezione sugli anni di piombo

Il metronomo del sangue, i morti che chiamano i morti, il cerchio dell'odio, della vendetta, del lutto che non si chiude mai. Incastonata dentro il cuore di uno dei delitti più terribili degli anni di piombo che avevo raccontato in *Cuori neri*, si nascondeva una vicenda altrettanto sconvolgente. Una storia che credevo di conoscere, e di cui invece ignoravo l'esito più drammatico. Mentre ricostruivo la vicenda di Sergio Ramelli avrei dovuto farmi una domanda in più, se non altro di fronte alla constatazione che il nome più importante, tra gli indagati per l'inchiesta sull'omicidio di Sergio, non appariva nella lista dei condannati: era quello di Roberto Grassi, uno dei capi del servizio d'ordine di Avanguardia operaia, che a Milano aveva il suo nucleo organizzativo nel quartiere di Città Studi.

Quel nome non appariva nel dispositivo della sentenza finale per un motivo molto semplice: Roberto era morto prima del 22 gennaio 1990, il giorno in cui la Corte di Cassazione aveva messo la parola fine al processo, confermando le condanne per tutti i killer. Ma la cosa più importante – il perché di questo decesso – io non la conoscevo, e l'avrei scoperta solo grazie a Gad Lerner, durante un'affollata presentazione milanese di *Cuori neri*, piena di emozioni, di passione, e anche di rabbia.

Nel procedimento Ramelli, Roberto Grassi aveva un ruolo cruciale: quello del mandante. Aveva frequentato la stessa scuola di Sergio, sapeva benissimo chi era. Era stato proprio lui, una mattina della primavera 1975, a riunire un gruppo di studenti di Medicina che appartenevano alla sua stessa organizzazione extraparlamentare e a passargli la foto di un ragazzo con i capelli lunghi. Era stato sempre lui, proprio quel giorno, con una spietata leggerezza, quasi burocratica, a dire loro una frase apparentemente vaga, ma invece così carica di senso, che nessuno dei presenti avrebbe potuto dimenticare: «C'è da fare una cosa».

Riflettete per un attimo su queste parole così scarne, e sulla costante che raccontano. In ogni struttura gerarchica, in ogni tempo e angolo della storia moderna, la morte si nasconde sempre dietro l'ombra oscura degli eufemismi: il «fuoco amico», le *casualities of war*, la «soluzione finale». Il motivo per cui nessuno di quei ragazzi avrebbe mai dimenticato la frase di Grassi era che dietro quel complemento oggetto – volutamente indeterminato – si era nascosta la brutale concretezza di una condanna a morte. Avanguardia operaia e il suo servizio d'ordine erano un'organizzazione in cui i dirigenti comandavano come in un esercito. «Brigate coniglio», dicevano di loro gli agguerriti concorrenti degli altri gruppi, che vantavano pratiche paramilitari: ma in ogni caso brigate armate di chiave inglese e di schedario, meticolosamente compilato. «Fare una cosa», in bocca a Roberto Grassi, quella mattina del marzo 1975, voleva dire sprangare Sergio Ramelli.

Credevo di aver raccontato tutto di quel delitto in *Cuori neri*: un pestaggio premeditato come la cronaca di una morte annunciata, camuffato da azione di guerriglia, che corona un agguato in cui otto studenti di Medicina si danno appuntamento in una via di Milano per tempestare con una gragnuola di colpi di chiave inglese – «Hazet 36, fascista dove sei?» – un ragazzo che sta togliendo la catena a un motorino. Non aveva fatto nulla a loro, e nulla (lo stabilirà un'inchiesta accuratissima) a nessun altro. Però lui, Sergio, dopo quella frase sibillina di Roberto Grassi ai suoi compagni, non è più un essere umano: è un simbolo. E dopo essere diventato simbolo, si può trasformare in bersaglio prima e in obiettivo poi. *C'è da fare una cosa*. Otto contro uno e Sergio che prova a scappare, inciampa nel suo Ciao Piaggio, mani che cercano di proteggersi, l'assassino che dirà di essersi preoccupato di non spaccare le falangi delle dita, l'osso parietale sfondato dai colpi delle barre d'acciaio. Poi una finestra sulla strada che si apre, una donna che grida, gli assalitori che fuggono, un corpo che resta a terra esanime, sangue e frammenti di materia cerebrale sparsi sul marciapiede. L'orrore. Quarantasette giorni di coma, prima del funerale.

Difficile era stato raccontare questo snodo decisivo degli anni di piombo dove la violenza si spersonalizza, dove gli assassini uccidono senza conoscere, dove l'odio produce una persecuzione spietata, geometrica, feroce. Ma ancora più difficile era stato raccontare quello che era accaduto dopo. I quindici anni di inchiesta e processo, le insopportabili amnesie degli accusati, le professioni di innocenza, il tentativo di delegittimare il magistrato che stava indagando, le campagne innocentiste, ridicole e grottesche, soprattutto con il senno di poi, visto che prima della sentenza erano arrivate le confessioni di ognuno degli imputati. Ma nulla di tutto ciò era stato inevitabile o fatale. Nulla di tutto quello che era accaduto era sottratto al libero arbitrio, se è vero che davanti ai magistrati era comparso anche un medico di poco meno di quarant'anni, con una chioma folta, la faccia tonda e gli occhiali. Si chiamava Walter, Walter Cavallari. Quando un giorno un altro del servizio d'ordine, Giovanni «Gioele» Di Domenico, gli aveva chiesto di fare *quella cosa*, lui aveva risposto: «Non me la sento». Non per coraggio, ma per paura, avrebbe spiegato ai giudici. Ma aveva risposto di no. Le scelte individuali contavano, e contano sempre, nella drammaturgia di un crimine e nella geografia delle responsabilità. Torno a guardare la foto di Cavallari in aula durante la testimonianza, l'aria triste, dimessa: «Dovevo essere un militante d'acciaio, temprato, e invece no... Non mi ero mai trovato solo davanti a un altro uomo, un bersaglio». Dopo questo fallimento, e dopo il rifiuto di sprangare Ramelli, Cavallari era stato degradato, aveva smesso di essere uno dei capisquadra del servizio d'ordine. Ma aveva evitato a se stesso di diventare un assassino.

Invece, prima di questa deposizione, in quella stessa aula la maggior parte degli altri ex studenti degli anni Settanta – diventati negli anni Ottanta stimati professionisti, uomini miti, padri di famiglia – aveva negato, minimizzato, finché possibile mentito. Soprattutto aveva esibito inverosimili amnesie. Gli ex leader del movimento gridavano alla persecuzione, e si arrivò a organizzare un importante e solenne convegno contro la «campagna aberrante» di presunta criminalizzazione degli imputati: si parlava di processo politico («Fanno la storia con le manette», titolava *il manifesto*), di nuova inquisizione, dell'uso dei pentiti (che peraltro non ci fu, se non altro perché non si era mai pentito nessuno).

Quando si crea un clima, quando si invocano gli antichi vincoli e si nega la realtà, anche i migliori possono sbagliare. Una giornalista seria e stimabile come Giovanna Pajetta era arrivata a scrivere di quel coraggioso magistrato, Guido Salvini, che utilizzava strumenti non ortodossi, che usava il suo passato da militante di sinistra e i rapporti nati in quegli anni per incastrare gli ex compagni. Aveva aggiunto che su di lui circolava una battuta: «Sembra il cattivo di *Giù la testa!*». Sono andato a riprendere il capolavoro di Sergio Leone (uno di quelli che ho più amato), e ho rivisto la scena a cui facevano riferimento gli ex movimentisti – infami – citati dalla Pajetta. È una delle più importanti del film, quella della fucilazione. Piove a dirotto, è notte: c'è questo ufficiale tedesco carogna, mercenario al soldo del governo degli agrari messicani, che sta chiuso in una camionetta. Al suo fianco c'è il medico che il tedesco ha torturato per costringerlo ad accusare i suoi stessi compagni. Piove, davanti alla luce sinistra dei fari passano i condannati a morte, una strepitosa galleria di primi piani, un tempo di regia infinito. Il mercenario tedesco ha stampato sul suo volto di granito un sorriso quasi impercettibile, il medico è un uomo distrutto, che manda a morire i suoi amici muto, solo abbassando il proprio sguardo. Nessuno dice una parola, i soldati sparano ai condannati, il medico tace e acconsente, il mercenario sorride. La notte è fonda, piove.

Cosa c'entrava tutto questo con il processo Ramelli? Come si poteva accostare il viso regolare e onesto di Guido Salvini, e il suo concretissimo desiderio di appurare la verità sull'omicidio di Sergio, al sadico sorriso di un immaginario torturatore? Come si poteva pensare che si trattasse di un complotto, di una vendetta, di un'infamata?

«C'è da fare una cosa», aveva detto Roberto Grassi, l'unico che conosceva Ramelli, e otto studenti erano andati a spaccargli il cranio con una Hazet 36 in pugno. Avevo (e ho) davanti agli occhi il fascicolo del mio archivio con gli atti del processo e i ritagli dei quotidiani d'epoca, le testimonianze rese in aula, quelle in cui tutti gli ex ragazzi dichiaravano di essere rimasti sconvolti, quando la sera stessa, seduti sul pavimento di un soggiorno, avevano appreso da un telegiornale di aver mandato Sergio in coma. Senza volerlo, dicevano tutti.

Ma questo profondo turbamento non aveva impedito a due di loro, solo un anno più tardi, di partecipare a un altro assalto, a un bar in largo Porto di Classe, sempre a Milano, in cui erano state ferite gravemente tre persone. Una delle vittime, colpevole solo di stare in un bar che loro consideravano «di destra», era finita sulla sedia a rotelle per tutta la vita, paralizzata. Nel 1985 – nell'anno dei Duran Duran, degli Spandau Ballet e dei paninari, e non nel lontano e violento 1977 – in un bel convegno convocato per contrastare l'inchiesta (lo avevano intitolato temerariamente «Le vere ragioni») si parlava del delitto Ramelli e di questo tentato omicidio con una locuzione che a me pare agghiacciante: «l'increscioso episodio». La parola «delitto», per Sergio Ramelli, sembrava difficile da pronunciare. Increscioso, nel mio vocabolario, è quando fai tardi a un appuntamento o ti presenti a una serata di gala con l'abito sbagliato. Non era già questo aggettivo, riferito a un crimine, una ingiuria?

Ma c'era di più: setacciando i giornali dell'epoca ero rimasto colpito da un editoriale di Gad Lerner pubblicato su *il manifesto* del 27 settembre 1985 intitolato: «A che serve punire?» Si riferiva agli imputati del processo. Ero stupito, perché avevo già incontrato gli articoli di Lerner su altri delitti degli anni di piombo, di solito molto lucidi e severi. Sua era stata un'esemplare inchiesta pubblicata da *Lotta Continua* sulla morte di un altro ragazzo, Stefano Cecchetti, in cui Gad aveva sfatato una nuvola di menzogne e luoghi comuni. In quel 1985, invece, scriveva: «Le ragioni che legittimano una richiesta di non punibilità per gli episodi di allora a mio parere risiedono soprattutto nella dimensione sociale del fenomeno». Leggevo questo lungo editoriale, in cui ovviamente non mancava una condanna netta di qualsiasi violenza, e tuttavia trasecolavo. Il Lerner del 1985 tratteggiava un ritratto molto lucido di quelli che all'epoca erano solo imputati, e del loro modo di agire: non negava la loro brutalità, ma si interrogava sull'opportunità del processo.

In questo ritratto c'era un accenno privato che forse nessuno, oltre allo stesso Gad, avrebbe potuto capire per altri vent'anni. Lo trascrivo qui: «Non so chi ha ucciso Ramelli, ma ricordo bene gli studenti di Avanguardia operaia delle facoltà scientifiche e della zona Lambrate-Città Studi-Argonne fra i quali oggi si dice che abbia avuto origine quell'azione, e fra i quali», attenzione al riferimento criptico, «non mancarono, in seguito ad essa, *gravi crisi di carattere personale*» (il corsivo è mio). Bene, leggendo questa frase in un articolo di duecento righe del Lerner del 1985, non avrei mai potuto immaginare che il Lerner del 2006, proprio durante una presentazione di *Cuori neri*, avrebbe svelato che allora stava parlando di Roberto Grassi.

Quel giorno, trovandosi a discutere sullo stesso palco con Ignazio La Russa, Guido Giraudo (ex militante, curatore dell'archivio Lorien sulla musica alternativa) e chi scrive, Gad si era ritrovato punzecchiato da una platea che mormorava a ogni sua parola. In quella presentazione aveva un compito non facile, e aveva restituito il suo punto di vista di giornalista e di testimone con onestà intellettuale: «Sentivo gridare nei cortei slogan come 'Tutti i fascisti come Ramelli / con una riga rossa tra i capelli', e provavo ribrezzo».

Solo alla fine aveva scelto di rivelare un retroscena sulla morte di Grassi che in quella sala nessuno conosceva: esordiva spiegando di essere stato unito a Roberto – che non era un suo amico in senso stretto – dal fatto di aver condiviso conoscenze comuni e amori di gioventù. E aggiungeva che, come spesso capita in virtù di questi legami paralleli, aveva avuto modo di seguire la sua vicenda a distanza, anche dopo il primo grado di giudizio.

«Non era proprio un amico, per me», aveva detto mentre la platea ammutoliva, «ma posso dire, in qualche modo, di averlo conosciuto bene, meglio di tanti altri. So che dopo il delitto, in una data che non saprei definire, Roberto si perse, e immaginò di ritrovare il filo della pace interiore con un lungo viaggio in India. Bene, alla fine per l'India partì davvero, ma non riuscì a ritrovare se stesso. È per questo motivo», concludeva quella sera Gad con un colpo di scena non pianificato ma non per questo meno scioccante, «che so anche quale fu la sua fine: tornato in Italia, apparentemente normale ma come svuotato agli occhi di chi gli voleva bene, visse in uno stato di apparente indifferenza.»

Lerner aveva chiuso il racconto scandendo le ultime parole, sul filo di un brivido di emozione: «Poi, un giorno, si svegliò, si vestì, mise la testa in un forno del suo appartamento milanese. Quindi aprì la manopola del gas e si uccise».

Non conoscevo la dinamica di questa morte, che le cronache non avevano registrato, forse per il pudore dei famigliari, forse perché molti granelli di sabbia si perdono talvolta senza che si sappia dove vadano a finire: magari, nei quotidiani di quei giorni, nessuno aveva incrociato la notizia di quel suicidio con la storia processuale dell'ex ragazzo degli anni di piombo. So che mentre ricostruivo i fatti del delitto avevo dovuto combattere con me stesso per tenere a bada un umanissimo sentimento di rabbia e di disprezzo per i protagonisti di quella vicenda, e soprattutto – visto il suo ruolo – per Roberto Grassi. So che quando nell'archivio de *il manifesto* avevo trovato un articolo di uno degli imputati, Di Domenico, che gridava al complotto, mi ero chiesto con che faccia uno che sapeva tutto poteva scrivere questa frase: «Ho voluto richiamare l'attenzione su di un processo nato su di un teorema, e sugli intenti persecutori di un paio di giudici intenzionati a speculare politicamente su di un increscioso episodio di oltre dieci anni fa». Il teorema era la semplice ricerca della verità. Leggendo quel pezzo, ancora oggi, penso al cinismo di quelle lamentele, al sangue freddo da pokerista che serve per provare a celebrare l'inganno fino alla fine. Per tradire, prima di tutto, amici e compagni che magari credono ancora in te.

Gli altri imputati scelsero di scrivere a mamma Ramelli una

lettera di tardivo pentimento. Lei aveva risposto: «Hanno avuto dieci anni per farlo, sarei stata contenta anche di due righe anonime. Lo hanno fatto solo dopo essere stati scoperti». Era vero: denegazione, menzogna, oblio. Scoprire l'epilogo della vita di Roberto Grassi, quella sera, e venire a sapere in seguito che il precipitare nell'eroina e il suicidio risalivano al 1981 (quindi molto prima dell'inchiesta) mi portava per contrasto a nobilitare il senso del suo rimorso e persino la dinamica del suo crollo psicologico. Lo rendeva ai miei occhi, se non altro, più umano degli altri, che fino all'ultimo avevano provato a nascondersi e a minimizzare. Più vulnerabile, ma più onesto di chi non voleva assumersi le proprie responsabilità. Non ho la pretesa che tutti condividano con me il paradosso di questo ragionamento: so che qualcuno lo farà e altri no. Non mi interessa stilare classifiche, e ho imparato che negli anni di piombo non esistono morali adamantine. Mi interessa di più chiudere la catena dei fatti, e provare a capire cosa ci insegnano. Il delitto di Ramelli, come quello di Valerio Verbano, continuava a insegnare e a dire qualcosa.

So che quel giorno, sul palco di Milano, mi venne in mente che avrei dovuto scrivere tutte le storie dei «cuori dopo i cuori». Ovvero le mille storie senza morale che mi erano arrivate dopo *Cuori neri*. Sentivo il bisogno di raccontare le storie belle e quelle brutte, le storie catartiche e quelle inquietanti, le storie utili e quelle senza senso. Le storie rosse e le storie nere. Le storie delle madri che continuavano ad attraversare questi lutti, a portarne il peso, a testimoniare verità. Oggi alcune di loro sono morte, oggi la memoria rischia di appannarsi perché i testimoni diretti scompaiono, oggi, mentre gli anni di piombo iniziano lentamente a trasferirsi dal passato prossimo alla storia, indagare nella zona grigia dove tutto rischia di confondersi è forse più utile di ieri.

Ho iniziato a farlo su quel palco, ma ci ho messo dieci anni a scrivere questo libro: è questo l'unico luogo in cui Roberto Grassi e Sergio Ramelli possono stare di nuovo insieme, spero, per insegnarci qualcosa, adesso che il metronomo del sangue ha smesso di battere e che il cerchio dell'odio si è chiuso.

Introduzione
Una storia non semplice

Quattordici anni fa, nel giorno ormai lontano in cui avevo appena iniziato a lavorare a Cuori neri, non potevo certo immaginare che quel libro avrebbe suscitato dibattiti incandescenti, code di velenosissima e rabbiosa polemica, impensabili e insperate aperture di dialogo tra mondi che fino al giorno prima erano ostili e irrimediabilmente in conflitto tra loro.

Non potevo supporre che avrebbe cambiato la mia vita e il mio modo di vedere le cose per sempre, modificando il mio sguardo sul mondo, facendomi conquistare una dimensione di laicità superiore che prima di allora mi era sconosciuta. Non credevo che persino quel titolo, che avevo dovuto inventare per provare a racchiudere in un unico nome le tante diverse (e talvolta conflittuali) identità della destra, sarebbe diventato quasi proverbiale, locuzione di uso corrente, un neologismo.

«Cuori neri» diventò un luogo comune così accettato da ispirare un libro intitolato *Cuori rossi* (di Cristiano Armati), con intenzione speculare e speranza speculativa (e un risultato a mio avviso non felice), e in seguito addirittura un immaginifico sequel editoriale, *Cuori rossi contro cuori neri* (di Paolo Sidoni e Paolo Zanetov, un libro compilativo, ma migliore dell'altro), come per testimoniare che tutto l'abisso che sentivo di aver costeggiato fosse riducibile a cliché, o addirittura a un efficace slogan commerciale, a un titolo da fumetto manga. In ogni caso è indubbio che subito dopo l'uscita di *Cuori neri* questa locuzione ha assunto vita propria, fino a ricoprire un significato più ampio, al punto che oggi sui giornali e nel dibattito pubblico ci si riferisce a «cuori neri» e «cuori rossi» anche per raccontare episodi che nulla hanno a che vedere con gli anni di piombo, ma che sono semplicemente riconducibili, nella cronaca di tutti i giorni, alla destra o alla sinistra radicale.

Allo stesso modo, ho trovato persone sinceramente convinte che quella definizione risalga agli anni Settanta, mentre io, più semplicemente, avevo tratto ispirazione da un verso di una canzone dei 270bis: «E io / ho il cuore nero / e tanta gente mi vorrebbe al cimitero». Il cantante dei 270bis era Marcello De Angelis, ex dirigente di Terza posizione, fratello di Nanni, un altro cuore nero di cui raccontavo la storia nel mio libro. Dopo avermi fornito una testimonianza appassionata, dolorosa e bellissima, Marcello era diventato anche lui – a suo modo – un esempio di quella storia che non finiva. In seguito alla pubblicazione del libro era stato convocato da Gianfranco Fini, che gli aveva detto: «Il capitolo di Nanni mi ha sconvolto». Eravamo nel 2006, esisteva ancora Alleanza nazionale; De Angelis era rimasto vagamente stupito perché, da dirigente di lungo corso, sapeva bene che Fini non era tipo da indugiare in sentimentalismi e nostalgie. Fra l'altro Marcello dirigeva *Area*, il settimanale della corrente della destra sociale, che era, per così dire, all'opposizione di Fini. Eppure quel giorno il leader di An aveva promesso a De Angelis una candidatura, e poco dopo avrebbe onorato il suo impegno. Alle politiche di aprile di quell'anno l'ex leader dei 270bis, il dirigente arrabbiato ed eclettico con la barba nera che ancora macinava concerti di musica alternativa conducendo una doppia vita, da giornalista e da rock star, sarebbe entrato in Parlamento, eletto in un collegio senatoriale dell'Abruzzo, la regione da cui i De Angelis erano arrivati a Roma e dove erano state sparse le ceneri di Nanni. Anche questo frammento di storia, su cui tornerò, mi colpiva. Marcello De Angelis, ovviamente scherzando, riferendomi di quel colloquio mi aveva detto: «Ecco, vedi? Trent'anni di politica, qualcuno di latitanza, e poi mi ritrovo a Palazzo Madama per un libro». Adesso De Angelis è un ex parlamentare, fa il volontario in Medioriente, lavora per la Croce rossa e meriterebbe un capitolo dedicato solo a lui.

Ma per un attimo voglio tornare alla fortuna di questa espressione, di questo nome composto che mi sfuggiva dalle mani. Io l'avevo rubato a De Angelis, ma era bastato scegliere un verso e declinarlo al plurale perché prendesse una nuova vita. Sembra la storia del kilt scozzese raccolta dallo storico Eric Hobsbawm: molti, ancora oggi, considerano quell'indumento come il retaggio di una tradizione di clan medievale. Invece quella mitologia è stata costruita a tavolino dagli indipendentisti scozzesi dell'Ottocento: non a caso Hobsbawm parla – con una definizione paradossale e geniale – di «invenzione della tradizione». Di questo processo di falsificazione, consapevole o inconsapevole, il dibattito recente sugli anni di piombo è pieno. Un celebre sondaggio ha rivelato che secondo gli studenti di alcuni licei lombardi la strage di piazza Fontana è opera delle Brigate rosse. Mentre in occasione dei funerali di Prospero Gallinari, carceriere di Aldo Moro, internet si è popolata di messaggi elogiativi e omaggi al «resistente eroico», riferiti a un terrorista assassino. Se serviva una prova di come gli immaginari collettivi continuino a proiettare una luce sul passato, modificando costantemente la memoria e il senso comune, sarebbe difficile trovare esempi più illuminanti. E se a qualcosa serve, questo nuovo libro, è perché una battaglia memoriale è ancora in corso e ha effetti retroattivi sul nostro passato, e istantanei anche sul nostro presente.

Non potevo nemmeno ipotizzare, poi, che dopo l'uscita di *Cuori neri* le storie che avevo raccontato avrebbero preso a turbinarmi intorno, a inseguirmi, a continuare a scriversi da sole quasi per magia, incrociandosi con le polemiche infinite che – ancora oggi – si accendono regolarmente intorno agli anni di piombo, alle ricorrenze e alle celebrazioni che costellano i nostri calendari, al loro complesso rapporto con il presente, alle ferite non rimarginate che quella stagione di fuoco e sangue ci ha lasciato in eredità.

Era come se il libro continuasse a riscrivere il suo finale, aggiungendo nuovi capitoli ai vecchi. Ed era come se il giro per l'Italia che avevo disegnato sulla carta geografica in modo quasi casuale per presentarlo – tra esagitate contestazioni di piazza, importantissimi segnali simbolici, felici momenti di dialogo tra personalità diverse e in apparenza inconciliabili – fosse destinato a scandire le tappe di un altro percorso nella memoria che completava il cammino iniziato con la scrittura: ecco perché oggi tutto questo è diventato un nuovo libro. Ogni storia che si aggiungeva alla catena che avevo inanellato, come vedrete, inseriva un nuovo tassello nel grande disegno del mosaico, ma contemporaneamente ingigantiva la complessità dell'affresco che si stava componendo, dilatandone in maniera imprevedibile i confini. Ogni storia in più mi dava l'illusione di capire meglio. Ogni nuova tessera mi costringeva ad allargare lo sguardo.

Il primo colpo di scena, per me, era stato proprio l'episodio in cui Gad Lerner aveva rivelato il destino di Roberto Grassi, mandante del delitto Ramelli. Il giovane, che aveva passato al servizio d'ordine della facoltà di Medicina il nome del ragazzo «con i capelli lunghi» (di fatto condannandolo a morte), era rimasto a sua volta travolto dalla tragica sequenza di morte che aveva contribuito a innescare. Basterebbe questa vicenda per mettere a fuoco un nodo problematico che era il centro focale di quello che mi ero proposto di raccontare in *Cuori neri*: la sottilissima linea di confine tra vittime e carnefici, tra il bene e il male, l'effetto imponderabile di quello spietato metronomo di sangue che faceva corrispondere delitto a delitto e che rendeva inesorabile il congegno feroce della faida. Se non altro per questo, il rocambolesco incontro con un ex brigatista pentito come Patrizio Peci – l'uomo che aveva consentito a Carlo Alberto Dalla Chiesa di inferire un colpo mortale all'Organizzazione – per chiedergli di pubblicare un libro ne «Le radici del presente» (la collana che avevo iniziato a curare insieme all'editor Enrico Racca per questa stessa casa editrice) non era una aggiunta, ma un passo avanti che mi aiutava a capire il paradosso di quella condizione, attraverso la vicenda di un uomo che, come vedremo, si era ritrovato a essere allo stesso tempo vittima e carnefice. Un caso rarissimo, anzi unico. Perciò non credo di esagerare se dico che la testimonianza che troverete in queste pagine è un testo che chiunque abbia l'ambizione di capire gli anni di piombo al di là dei cliché dovrebbe leggere.

Ed ecco perché sono sempre più convinto che ogni lettura semplificatoria di quella storia (e di quelle storie) e ogni tentativo di spiegazione banalmente manicheo siano stati di fatto inutili. Non si può prendere in mano la materia incandescente della stagione del sangue per provare a farne una bandiera politica, e nemmeno per trovare conferme identitarie. Questo esercizio recriminatorio può rassicurare qualche tifoseria, alimentare grotteschi culti di faziosità memoriale, ma non è sufficiente a spiegare cos'è accaduto, e nemmeno a illuminare il sentiero difficile che ci può portare fuori dai campi dell'odio.

Ancora agli inizi del Duemila gli anni di piombo rappresentavano per la società italiana una zona proibita, una nuvola di nebbia, una cortina di rimozione collettiva. Studiando quell'epoca, più si prova a addentrarsi nel labirinto dei fatti, più ci si rende conto che la guerra non dichiarata che aveva diviso le città e le generazioni di questo Paese tra la fine degli anni Settanta e l'inizio degli anni Ottanta aveva lasciato un segno indelebile: a Roma, nel 1980, la contabilità dei delitti ci diceva che era rimasta sul campo una vittima per morte violenta ogni quattro giorni. Eppure, malgrado questo incredibile inventario funebre, né lo Stato né la società civile avevano le carte in regola per poter illuminare quel cono d'ombra e di rimozione: il primo era stato assente, se non connivente, almeno in alcune sue parti, con i poteri che avevano cercato di eterodirigere la società italiana attraverso il ricatto della paura. La seconda era rimasta per lungo tempo annichilita dalle sirene della demagogia e, talvolta, persino dai richiami populistici della propaganda armata. Tutti coloro che erano stati colpiti dal lutto, invece, erano stati lasciati soli da entrambi.

Come dimenticare che – tanto per fare un nome – Guido Rossa era stato considerato da un importante frammento di sinistra «una spia del Pci» solo per aver denunciato un compagno che aveva distribuito un volantino di fiancheggiamento alle Brigate rosse? Eppure anche Francesco Berardi, l'uomo che aveva condannato a morte Rossa disegnando con un gesto sul suo viso una croce in un'aula di tribunale, come emettendo una controsentenza, era morto suicida, impiccato con un lenzuolo nella cella di un carcere. Questa terribile vicenda era il segno di come la cattiva coscienza degli anni di piombo potesse pesare come una ferita anche sulla testa di chi aveva scelto di stare dalla parte dei terroristi, una prova di come il dramma non risparmiasse proprio nessuno. Quanto a Rossa, trent'anni fa era stato dipinto come un infame, oggi è stato promosso al rango di eroe, anche grazie al bel libro scritto da sua figlia Sabina con Giovanni Fasanella e a una bellissima puntata di *Mixer* di Giovanni Minoli. Ma sempre un eroe scomodo rimane, perché è difficile spiegare come sia stato possibile che fosse abbandonato e vilipeso. Per me Rossa è qualcosa di più: è l'uomo che con la sua morte ha segnato la prima vera sconfitta simbolica delle Brigate rosse. Il suo omicidio, sempre negato da tutti i capi, deve essere letto come l'inizio della fine per la più feroce banda criminale degli anni di piombo: le Brigate rosse chiudono la loro stagione davanti al cadavere di Guido Rossa.

Non sapevo ancora, quando iniziai l'avventura di *Cuori neri*, che per scrivere il libro avrei impiegato addirittura tre anni, precipitando in una piccola ossessione memoriale da cui mi avrebbe strappato – come racconterò tra poco – la telefonata imperiosa di Maria Lidia Zicchieri, una delle tante madri a cui avevo chiesto di rivelarmi la storia di suo figlio Mario. Se si fa l'eccezione di alcuni isolati racconti – come il bellissimo *Colpo alla nuca* di Sergio Lenci, uscito nel 1988 – *Cuori neri*, incredibilmente, è stato il primo libro che ha costruito la sua struttura portante unicamente intorno alla narrazione delle vittime (ribaltando il criterio della pubblicistica che fino ad allora aveva dato voce quasi esclusivamente agli ex terroristi). Era stato considerato doppiamente scandaloso – non un secolo fa, ma nell'anno della sua uscita – il fatto che questo volume raccontasse, per giunta, la storia di vittime di destra, vittime su cui era stato scritto poco o nulla, in una bibliografia che già allora sembrava quasi sterminata. Era stato considerato strano, da molti, il fatto che io mi fossi accostato a storie «di destra» avendo un'identità e una biografia «di sinistra». Mi ero reso conto solo dopo l'uscita – invece – che questa disorganicità mi aveva garantito una libertà intellettuale e un distacco indispensabili per mantenere, nella scrittura, un equilibrio interiore rispetto ai fatti. Ma anche che questa condizione suscitava sospetto in alcuni lettori di sinistra (di essere uno scaltro «sdoganatore di fascisti») e anche in alcuni di destra («Ci ruba i nostri eroi e li banalizza»): motivo per cui, durante il viaggio in giro per l'Italia in cui ho presentato il libro da un capo all'altro del Paese, mi era capitato di essere prima sfidato pubblicamente come a un duello, poi quasi «processato» in un'infuocata presentazione a CasaPound. In seguito ero stato inseguito dall'accusa di volermi «appropriare» di una memoria di parte che non poteva essere in nessun modo scandagliata da qualcuno che a quella parte non apparteneva. Di nuovo la legge delle tribù, e la sua mitografia, spesso paranoica, come eredità degli anni di piombo.

In certi casi si arrivava al più incredibile dei paradossi, e mi ero ritrovato sotto un fuoco incrociato, con una critica comune che arrivava contemporaneamente da ex estremisti rossi e neri (per esempio da un ex militante di Potere operaio come Oreste Scalzone e da qualche ex militante dei Nar come Luigi Ciavardini), che dopo essersi battuti nelle strade arrivavano a una sorta di patteggiamento consensuale grazie a cui potevano concedersi un'autoassoluzione postuma: «Siccome c'era una guerra», era il loro ragionamento, «quello che abbiamo fatto, delitti compresi, non è una nostra responsabilità». Registrerò in questo libro anche le loro tesi ma, ovviamente, dicevo allora (e ripeto oggi) che mi pare un ragionamento troppo comodo e banalizzante, se non altro perché erano decine gli esempi di persone che si erano sottratte alla spirale della violenza per una scelta consapevole.

Allo stesso modo, però, devo ammettere che molti lettori di destra mi davano atto di aver cercato, se non altro, una luce di obiettività, mentre parecchi lettori di sinistra consideravano, come me, quella presa di coscienza come un gesto necessario. Giampaolo Pansa – di cui in quei giorni mi capitò di raccontare una clamorosa aggressione a Reggio Emilia da parte di un gruppo che si chiamava Militant (e che in un comune disprezzo accostava due libri diversissimi come *Il sangue dei vinti* e *Cuori neri* come se fossero figli di un'unica, diabolica regia) – mi aveva detto, sia pure con affetto: «Hai fatto un gran lavoro. Ma, al contrario di me, non hai scritto un libro revisionista». Io gli avevo risposto che lo ringraziavo per quell'apprezzamento, ma che anche di quel secondo giudizio – a suo avviso critico – potevo dirmi soddisfatto. Il revisionismo per me è il ribaltamento di un luogo comune storiografico nel suo contrario: ovvero il passaggio da un errore interpretativo all'altro. Nel mio caso passare dallo stereotipo per cui i fascisti erano «tutti violenti» a quello per cui erano «tutti innocenti» sarebbe stato inutile e dannoso. Così come provavo a spiegare ai lettori di sinistra che documentare gli errori delle cosiddette campagne politiche e giornalistiche di *Controinformazione* (di cui riproducevo nel libro incontestabili prove documentali) non voleva dire combattere la sinistra, ma recuperare la serenità di giudizio che solo un atto di onestà intellettuale, di fronte a orrori e turpitudini negati o rimossi, poteva restituire.

In ogni caso – malgrado qualche reboante tentativo di stroncatura da parte di intellettuali della sinistra extraparlamentare –, della sterminata mole di documenti che avevo prodotto in quasi ottocento pagine, di cui citavo meticolosamente le fonti, nessuno aveva potuto contestare l'autenticità di una singola riga. Il problema che mi assillava, allora come oggi, non era rispondere alla domanda ridicola su chi fossero i buoni e i cattivi in quella guerra (la mia risposta me l'ero già costruita da me), ma a quella, molto più insidiosa, su come potesse essere accaduto un simile massacro, su come fosse stato possibile rimuoverlo e su come si poteva impedire che si ripetesse. Alcune delle storie che qui racconto, forse, si avvicinano ancora di più a questo obiettivo.

Solo dopo la pubblicazione di *Cuori neri* e dopo le lettere ricevute da centinaia di lettori, però, avevo messo a fuoco un elemento decisivo che nel momento in cui avevo licenziato il libro non mi era così chiaro. Quasi ognuno dei delitti che avevo scelto di raccontare si era rivelato a suo modo un delitto «iniziatico». Era, cioè, il punto di partenza di una banda armata, l'arruolamento, anche personale, in un esercito che in quell'occasione trovava il suo battesimo. Gli omicidi su cui avevo deciso di provare a far luce riguardavano militanti missini, ragazzi del Fronte della gioventù, di Terza posizione, o vittime di scambi di persona in nome dei quali si presumeva che fossero di destra: i colpevoli e gli indiziati, invece, erano tutti futuri protagonisti della lotta armata.

Proviamo a leggere quella sequenza cronologica in modo storico-analitico prestando attenzione alle future biografie di chi vi era rimasto implicato.

Il rogo di Primavalle era stato il primo delitto di quella parte di Potere operaio che a partire dal 1973 avrebbe scelto la lotta armata. Un ennesimo paradosso voleva che anche molti di coloro che nell'organizzazione avevano criticato l'attentato della cosiddetta Brigata Tanas (il gruppuscolo più radicale che aveva organizzato l'azione), poi, avevano finito per imbracciare le armi. Il vortice era stato così forte che la stessa scelta aveva accomunato i «falchi» e le «colombe» del 1973.

L'omicidio di Graziano Giralucci e Giuseppe Mazzola, a Padova, nel 1974, era stato il primo delitto delle Brigate rosse. «Incidente sul lavoro», aveva dichiarato il più importante dei condannati, Renato Curcio. Solo che da quel momento in poi gli «incidenti» non avevano più avuto fine, rivelandosi non l'eccezione, ma la norma. Quanto era giusta la lunghissima battaglia combattuta da Silvia Giralucci, figlia di Graziano, perché questo dato oggettivo venisse accolto da tutta una città come un fatto storico, e non come un dettaglio scomodo. Mai avrei pensato che quel capitolo, che nel mio libro iniziava davanti a una targa appesa a un palo, avrebbe avuto un epilogo simbolicamente importante come quello che sto per raccontare.

Ma la catena dei delitti iniziatici proseguiva: nel 1975 Mikis Mantakas era stato ucciso da due ragazzi finiti sotto processo, poi scarcerati, e infine sfuggiti alla giustizia. Uno di loro – Alvaro Lojacono – si sarebbe unito alle Brigate rosse, al commando che avrebbe rapito Aldo Moro. E il secondo – Fabrizio Panzieri – sarebbe entrato in un'altra temibile banda della stagione dell'odio, le Unità comuniste combattenti. I due ex guerriglieri, ancora oggi, sono latitanti.

Anche quello di Sergio Ramelli, massacrato a colpi di chiave inglese sempre nel 1975, era stato un delitto iniziatico. Questa volta a portare a termine l'azione era stato un commando del servizio d'ordine di Avanguardia operaia.

Nel processo per l'omicidio di Mario Zicchieri – anche lui assassinato nel '75 – erano stati coinvolti alcuni ex militanti dei Co.co.ce (il Comitato comunista di Centocelle) che dopo quel delitto avrebbero costituito l'ossatura della colona romana delle Brigate rosse. Erano stati condannati, in primo grado, due uomini di cui parleremo tra poco (Germano Maccari e Valerio Morucci) che avrebbero preso parte a loro volta al sequestro Moro, con ruoli, come sappiamo, di primissimo piano.

E sempre un omicidio iniziatico era stato quello che ebbe per vittima Enrico Pedenovi, nell'aprile 1976. Il dirigente missino, infatti, era stato freddato nella sua macchina da un gruppo di militanti extraparlamentari raccolti intorno alla rivista *Senza tregua*. Gli uomini, cioè, che uscendo da Lotta continua dopo il suo scioglimento avrebbero dato vita, proprio a partire da quel delitto, alla più famigerata delle bande armate degli anni Settanta: Prima linea.

L'ultima storia sconvolgente, e insieme esemplare, era quella di un'arma. Qui, oltre all'iniziazione, avevamo la prova di un arruolamento. Mi riferisco alla mitraglietta Skorpion che (impugnata da mani ancora oggi ignote) aveva cominciato la sua carriera davanti alla sezione romana di Acca Larentia ammazzando due giovani attivisti missini, Franco Bigonzetti e Francesco Ciavatta, proseguendola poi mirando agli obiettivi più diversi. I capitoli della storia di quella Skorpion erano stati scritti dalle perizie balistiche: prima con l'omicidio dell'economista Ezio Tarantelli, poi con quello del sindaco repubblicano di Firenze Lando Conti e infine con l'agguato mortale al senatore democristiano Roberto Ruffilli. La traiettoria di questa mitraglietta, dalle raffiche forsennate dell'Appio latino agli omicidi selettivi brigatisti, era un simbolo potentissimo, un inquietante «bignami» della lotta armata che non aveva nemmeno bisogno di essere collegato all'identità di un killer per spiegare il senso di una progressione di morte e di un apprendistato criminale. La Skorpion, dal punto di vista storico, era ancora più importante di chi l'aveva impugnata: era la testimonianza fisica, meccanica, di un passaggio dall'autonomismo armato al brigatismo organizzato. Quando nel 2013 è morto Jimmy Fontana, il cantante che incredibilmente aveva acquistato quell'arma e ne aveva smarrito le tracce prima di quella iniziazione criminale, molti necrologi hanno ricordato questa storia, che lui considerava una macchia. Durante un'intervista mi aveva detto, con uno sfogo che era sicuramente sincero: «Amavo le armi, ma quella Skorpion era maledetta. Mi ha rovinato un pezzo di vita». Era la tragedia di un uomo che dal gioco era passato al dramma, ma a quanti altri le armi avevano riscritto la biografia?

Ecco perché, mentre il tempo trascorreva, tutto mi appariva più chiaro. Per tutte queste formazioni che passavano dalla guerriglia al terrorismo, insomma, il tiro a segno sui «cuori neri» aveva rappresentato il primo delitto, il passaggio più difficile, il punto di non ritorno. Si trattava di delitti iniziatici, appunto, perché da quel momento in poi la pratica di morte non si era più interrotta. Ed era questo il principale motivo per cui raccontare quegli omicidi ai lettori di sinistra non era un risarcimento memoriale a una parte politica, ma poteva rappresentare una presa di coscienza civile.

Ovvero la scelta di mettere al centro del dibattito il problema che per alcuni parenti delle vittime, che avevano misurato sulla propria pelle la ferocia dell'oblio e della rimozione (e su questo, ancora una volta, Silvia Giralucci mi aveva fornito una testimonianza preziosa), era già allora chiarissimo: se nei giorni in cui venivano commessi gli omicidi si fossero affrontati quei delitti senza attenuanti e senza tentazioni negazionistiche, se per esempio se ne fosse compresa la gravità quando i corpi delle vittime erano ancora caldi, si sarebbero risparmiati lutti atroci a tutto il Paese. Infatti, come abbiamo visto, chi aveva inaugurato il proprio apprendistato di sangue sui «cuori neri» non aveva più smesso di sparare, colpendo poliziotti, magistrati, intellettuali, privati cittadini. Almeno quattro di questi imputati scampati al giudizio, per dire, si sarebbero ritrovati implicati nel sequestro di Aldo Moro: era una contabilità che nessuno prima aveva compilato, e il suo inventario mi appariva sconvolgente.

Il problema è che in quegli anni il fanatismo era riuscito a prevalere: e una traccia di quell'arroganza che portò un frammento minoritario ma importante della società italiana a fiancheggiare i presunti guerriglieri lo si può trovare nell'incredibile vicenda – minuscola ma significativa – di Susanna Ronconi, l'ex brigatista che nel 2007 avrebbe voluto diventare consulente di un ministro. Sono andato a intervistare Paolo Ferrero, che in quei giorni era il ministro della Solidarietà sociale che voleva assumere la Ronconi (come vedrete le polemiche lo fecero desistere) e sono rimasto stupito della serenità con cui ha continuato a ripetermi: «Ma lei aveva pagato il suo debito con la giustizia». A Ferrero, ancora molti anni dopo quei fatti, non passava per la mente l'idea che ci fosse un problema di opportunità che superava i vincoli di pena.

C'era poi quella che io chiamo violenza di carta. *Cuori neri* era anche il prodotto di una grande ricerca bibliografica, del lavoro di recupero, quasi maniacale, dei reperti smarriti di un tempo in cui ogni impulso politico si era trasformato, in un modo o nell'altro, in un prodotto tipografico. Ecco perché ci sono due libri importanti dal punto di vista documentale (fra i tanti che ho scoperto e aggiunto alla mia nutrita collezione solo dopo l'uscita di *Cuori neri*) che qui voglio ricordare. Ma siccome sono due reperti incredibili per la gravità loro contenuto, meritano di essere citati in queste pagine, come le testimonianze di una lingua morta, come le vestigia di una civiltà scomparsa.

Il primo è un volume collettaneo pubblicato nel 1976 dal titolo *Autonomia operaia*. Si presenta come un «saggio organico» dei documenti che hanno accompagnato la nascita dell'organizzazione e contiene testi e brani che oggi sono quasi intraducibili. Di tanti documenti ne voglio riportare uno, particolarmente truce, che testimonia il grado di aggressività armata a cui la superbia intellettuale e la spavalderia avevano spinto i teorici dell'Autonomia.

AAVV, *Autonomia operaia*, Savelli, 1976:

In questi anni il proletariato, la classe operaia e le avanguardie rivoluzionarie hanno imparato che colpire, annientare i fascisti è un dovere preciso, un compito storico non delegabile né altrimenti risolvibile nella lotta per l'abbattimento dello Stato borghese. Cacciare i fascisti dalle fabbriche, dai quartieri, dalle scuole, è un dato costante che l'Autonomia operaia ha sempre collocato all'interno della propria pratica politica.

È necessario aggiungere anche questo frammento (sottraendolo all'oblio di un testo altrimenti quai introvabile) perché, persino dopo la pubblicazione di *Cuori neri*, molti a sinistra – per esempio ex brigatisti come Valerio Morucci o ex leader di Potere operaio come Oreste Scalzone – hanno provato a negare la storia sostenendo che il cosiddetto «antifascismo militante» non era in realtà un pensiero centrale nell'elenco delle priorità politiche dei gruppi degli anni Settanta. Io invece sosterrei quasi il contrario: se qualcuno non avesse messo nero su bianco questi propositi, se qualcuno non avesse provato a trasformare la rabbia in dottrina, se qualcuno non avesse teorizzato in punta di penna la necessità della violenza fino a darle dignità politica, sarebbe stato molto più difficile immaginare la strage di Acca Larentia, il rogo di Primavalle e quasi tutti gli omicidi premeditati che avevo raccontato.

Il secondo testo dimenticato che mi era capitato tra le mani dopo il 2006 era ancora più singolare. Si tratta di un altro corposo volume, questa volta firmato da due autori – Gabriele Martignoni e Sergio Morandini – che raccoglievano ed elaboravano testi *dentro / fuori / ai bordi dell'area dell'autonomia*, come recita il sottotitolo. Era stato pubblicato nella collana «manifesto della lotta di classe», ed è uno di quei libri che bisogna scorrere, almeno una volta, per poter cogliere un sapore perduto, il sentimento profondo di un tempo feroce. È solo in testi come questi che si avverte senza filtri la brutale e rimossa intensità di un'intera stagione.

Gabriele Martignoni e Sergio Morandini, *Il diritto all'odio*, Bertani, 1977:

> Distruggiamo il concetto di bene e di male lasciando ai borghesi il falso moralismo: diventiamo tutti criminali, non esiste altro modo di essere veramente solidali con i compagni carcerati. E non solo intensificando la nostra attività antisociale, non solo estendendola a tutti compagni (è assurdo che gli studenti comprino libri quando è possibile rubarli, che le massaie comprino la merce quando è possibile saccheggiare i supermercati) ma rendendola veramente rivoluzionaria, ossia collettiva, al fine del rovesciamento di qualsivoglia carcere, sia esso chiamato scuola, famiglia, fabbrica, sistema, o qualsiasi altra puttanata.

Era il gergo politico iperideologico, contaminato con il turpiloquio della lingua di strada degli anni Settanta. Era la durezza verbale perfettamente fusa con quella teorizzata, inseguita e praticata nelle accademie dell'odio dei servizi d'ordine. La violenza di carta era il prodotto sublimato di quella fisica ma – come un serpente che si morde la coda – ne diventava anche il più solido presupposto.

Eppure, tutto quello che abbiamo detto sulle responsabilità di una parte importante della classe dirigente dell'epoca (e di una parte altrettanto importante della classe dirigente della sinistra) non significava certo negare le responsabilità dell'eversione nera negli anni di piombo. Al contrario: riconoscere le responsabilità di quei delitti che erano stati commessi contro i «cuori neri» era per me la condizione necessaria perché nel campo della destra si potesse finalmente far luce su una matassa di responsabilità che fino ad allora venivano puntualmente negate. Siccome la destra radicale negli anni Settanta si percepiva come un fortino assediato, e siccome quando devi far fronte a un nemico comune non ti fai domande su chi hai al tuo fianco, solo dopo aver dipanato la responsabilità di quei delitti si poteva chiedere di fare altrettanto sui tanti coinvolgimenti nello stragismo e sulle responsabilità che molti esponenti di Ordine nuovo e di altre formazioni di ispirazione neonazista avevano nei fatti di piazza Fontana e piazza della Loggia e sulle continue contaminazioni con gli apparati dei servizi segreti.

Il lavoro di Nicola Rao, culminato soprattutto ne *Il sangue e la celtica*, uno dei tre ponderosi volumi della sua *Trilogia della celtica*, avrebbe fatto emergere per la prima volta importanti testimonianze di ex terroristi neri che confermavano le collusioni e le infiltrazioni dei servizi: e questo sarebbe stato considerato così dirompente da far precipitare sulla testa di Rao (e persino sulla mia, come presunto «mandante» dell'operazione) accuse di tradimento e falsificazione.

Quando, in occasione del decennale di *Cuori neri*, la Sperling & Kupfer mandò in stampa una nuova edizione del libro con una copertina molto controversa e contestata (del caso ho già scritto nei dettagli e tornerò a parlare), qualcuno dichiarò che avrei dovuto ritirare dal libro un'introduzione in cui parlavo di un ex Nar come Massimo Carminati (poi protagonista di «Mafia capitale»), qualcun altro arrivò a dire che Carminati non aveva nulla a che fare con la storia della destra. Di nuovo la denegazione della realtà come strumento protettivo. Di nuovo la mitografia ricostruita che si sostituiva alla storia reale, talvolta nell'assoluta buona fede e inconsapevolezza di una parte di coloro che sostenevano queste tesi demenziali.

Quanto alla strage di Bologna, che segna come una pietra miliare la chiusura del decennio di sangue, dopo *Cuori neri* è uscito un libro importante sui fatti del 2 agosto 1980 – *Storia nera*, di Andrea Colombo, ex giornalista con una storia indubitabilmente di sinistra, firma de *il manifesto* – che sposa una tesi innocentista per i due esponenti dei Nar. Ne parlo in un capitolo specifico, perché gli elementi nuovi sono davvero molti. Non tutte le prove e le testimonianze addotte da Colombo, che ripercorrerò in questo libro, mi convincono: però forse ci sono ragioni per dire che la storia delle sentenze giudiziarie di questi anni è esattamente ribaltata rispetto alle verità che sembrano emergere dai fatti. Mi pare che per Bologna quello che è provato in via giudiziaria non sia storicamente certo, mentre per piazza Fontana quello che è storicamente provato – il coinvolgimento degli ordinovisti – non è giudiziariamente riconosciuto (con una condanna degli autori materiali). Anche dopo i libri di Nicola Rao nella *Trilogia della celtica*, e dopo quello straordinario documento storico che è la sentenza-ordinanza del giudice Guido Salvini su piazza Fontana, si può dire che siamo prigionieri di un paradosso rovesciato: molti ex estremisti di destra imputati sono stati assolti, talvolta per via di cavilli procedurali e follie processuali, per delle stragi su cui esiste un'innegabile e provata responsabilità storica. Mentre altri sono stati condannati in processi dove il teorema giudiziario non ha trovato riscontri probatori certi. Nel caso di piazza Fontana, per esempio, l'ictus che ha colpito il supertestimone Carlo Digilio gli ha impedito di ripetere in aula fatti già accertati senza dubbio negli interrogatori e nelle indagini.

Nel caso della strage di Brescia, poi, la sentenza di condanna degli imputati è giunta, alla fine, nel giugno 2017: ma è arrivata tre istruttorie dopo, quarantatré anni dopo, anche – e soprattutto – un secolo dopo. La sentenza è arrivata dopo il prefinale delirante del 2012, anno in cui, al termine del secondo grado (purtroppo è accaduto davvero), gli imputati erano stati assolti e le vittime erano state condannate a pagare le spese processuali. Ed è arrivata dopo l'appendice romanzesca e surreale (e anche stavolta, incredibilmente, è tutto vero) di uno dei condannati, Maurizio Tramonte, di cui si scopre la fuga solo il giorno della lettura della sentenza. Viene catturato soltanto perché la polizia portoghese riesce a rintracciarlo inseguendolo fino al santuario di Fatima, dove è giunto guidando nella notte precedente il verdetto e trovando il tempo di fare tappa in Francia: «Sono un devoto del culto mariano», racconta agli agenti che lo arrestano, «ero andato a chiedere la grazia». Uomini devoti e sensibili, sempre. Nel Paese che detiene il record della custodia cautelare, forse per via di tale delicatezza d'animo, a nessuno era passato per la mente di ritirare il passaporto del signor Tramonte.

Di sicuro la strage di Bologna, le inchieste e gli arresti che hanno fatto seguito alla devastazione della stazione, hanno rappresentato un segnale di chiusura, anche da parte degli apparati inquinati, un'occasione per mettere fine a un ventennale rapporto di continuità tra la galassia dell'eversione nera e i servizi deviati. E alcune verità hanno cominciato pian piano ad affiorare. Sono rimasto davvero stupito quando Pino Rauti, durante una trasmissione che avevo organizzato per ricordare l'anniversario della strage di piazza Fontana, in collegamento con il giudice Salvini, era arrivato ad ammettere, in diretta radiofonica su Radiotre, alcuni coinvolgimenti che fino a quel giorno aveva negato con risolutezza granitica: «È vero», ci aveva detto quel giorno, con un tono quasi pacato, oserei dire pacificato, «in nome dell'anticomunismo ho avuto rapporti con i servizi segreti». Era l'ammissione di una compromissione che per lui – immagino – era dolorosa da riconoscere. Ma l'essere uscito dalla politica attiva consentiva a Rauti di essere più libero.

Ancora una volta mi ritrovavo davanti a una prova di come il mutare del tempo e dei ruoli potesse modificare le scelte e le testimonianze dei protagonisti. Le pagine che avete tra le mani sono piene di queste rivelazioni postume, progressive, di un racconto che continua a riscriversi come uno stillicidio perché cambiano le condizioni di chi racconta. Non è mai un esercizio facile, e non sarebbe un gioco un'amnistia, se mai la politica avesse il coraggio e la forza di immaginarla. Durante il processo di pacificazione in Sudafrica, l'arcivescovo Desmond Tutu raccontava che molti ex torturatori afrikaner, che avevano praticato l'apartheid con gli strumenti più ripugnanti, posti di fronte alla possibilità di essere amnistiati se avessero ammesso le loro colpe, avevano preferito il suicidio. Non è facile spiegare a tuo figlio che per far parlare un sospettato hai buttato il suo bambino dalla finestra. E non sarebbe facile, per molti di questi ragazzi che si erano arruolati nella lotta armata, spiegare che anche loro avevano sparato e ucciso.

Solo su una delle affermazioni che avevo fatto mi sono dovuto ricredere. Se rileggo oggi il primo capitolo di *Cuori neri*, ci trovo una grande speranza, illusoria e ottimistica, che oggi non considero più ragionevole. Nel 2006 ero sinceramente convinto che l'auspicio trasformato in massima da Carlo Azeglio Ciampi, che nel nostro Paese si potesse arrivare a una «memoria condivisa», fosse realizzabile. Oggi credo che sia un obiettivo impossibile, se non sbagliato. Non solo per la distanza che nella memoria del dolore separa i testimoni di destra, quelli di sinistra e i loro eredi. Ma anche per l'impossibilità di conciliazione che a volte rende difficile tenere insieme persino persone che hanno una stessa identità politica. Mi sono reso conto che possono convivere almeno dieci distinte versioni di uno stesso fatto, persino nello spazio angusto della piazzetta di Acca Larentia, fra testimoni che avevano apparentemente tutti una storia di destra, ma che in uno stesso momento avevano visto cose diverse: figuriamoci se penso che oggi si possano riconciliare, in un unico punto di convergenza, sul problema delle colpe e delle responsabilità, uomini che in passato si sono sparati addosso.

Mi sono convinto che una memoria *condivisa* in Italia è possibile solo quando a tenerla insieme c'è una facciata di ipocrisia celebrativa che sorvola sulla sostanza incandescente delle cose, nel tentativo di anestetizzare le verità inconciliabili. Invece, anche grazie alle riflessioni fatte con tante vittime, il viaggio di *Cuori neri* mi ha consegnato la certezza che una memoria *comune* sia necessaria, e che costituisca il rito civile intorno a cui tirare una linea di sintesi.

Per questo racconterò due vicende esemplari di cui il libro è stato l'involontario innesco: la storia dell'associazione bipartisan tra parenti di vittime rosse e nere costituita da Giampaolo Mattei e dai fratelli Falvella, e quella dell'incontro fra lo stesso Giampaolo e Rina Carla Verbano, la mamma di Valerio. Molte polemiche e molti dubbi legittimi hanno seguito questi gesti, ed entrambe le scelte, per motivi diversi, hanno avuto epiloghi amari. Ma in tutti e due i casi si è trattato di percorsi importanti. A questi si aggiunge anche la vicenda dei coniugi Calidori, che con incredibile onestà intellettuale sono giunti a un altro esito sorprendente: Anna Di Vittorio (che aveva perso il fratello nella strage di Bologna) e suo marito Giancarlo, dopo una lunga riflessione, sono arrivati a maturare una sorta di perdono laico per i responsabili giudiziari di quella strage, che li ha messi in conflitto anche con altri famigliari delle vittime.

Ciò che mi importa è che, se avete questo libro tra le mani, dovreste condividere l'idea che la costruzione di una memoria comune non presuppone la vittoria egemonica di un'idea su tutte, ma la semplice consapevolezza degli altri e delle loro verità, ovvero il sentimento che ognuno di noi dovrebbe provare. Quando ho scritto *Cuori neri* non esisteva nessuna cerimonia ufficiale che riguardasse quelle vittime: adesso invece, ogni anno, una giornata della memoria vede affluire le famiglie al Quirinale per un ricevimento voluto dal presidente della Repubblica. Nella più importante di queste cerimonie, Giorgio Napolitano ha voluto simbolicamente far incontrare le famiglie Calabresi e Pinelli. Anche questa è stata una tappa importante sul piano dei simboli. Anche in questo caso, in mancanza di una memoria condivisa, la memoria comune rappresenta comunque un salto di civiltà rispetto all'indifferenza dei lutti altrui.

Un'ultima presa di coscienza l'ho vissuta quando, per decine di volte, mi è stata ripetuta – anche in modo aggressivo – la domanda sul perché avessi voluto scrivere un libro «sull'altra parte». Mi sono reso conto che, a seconda delle occasioni, davo due diverse risposte. La prima era legata all'episodio che mi aveva fatto scoprire il culto memoriale dei «cuori neri». Dopo anni in cui leggevo sui muri di Roma, a ogni anniversario, gli appuntamenti celebrativi in nome dei caduti, come se quelle cerimonie si verificassero in un altro pianeta, un giorno il mio giornale mi aveva dato l'incarico di intervistare Gianni Alemanno, che all'epoca era ministro dell'Agricoltura. Non ricordo più nemmeno quali fossero l'occasione e il motivo, so che lo avevo cercato inutilmente per tutto un giorno e che alla fine qualcuno mi aveva detto: «Ha staccato i cellulari ma, se ti serve, stasera lo trovi alla veglia per Paolo Di Nella a piazza Gondar». La sera ero andato alla veglia e quasi mi ero dimenticato del ministro, di fronte alla suggestione di quel rituale che coinvolgeva, dalla sera del 2 febbraio alla mattina del giorno successivo, migliaia di militanti. Poi, nel cuore della notte, Alemanno aveva fatto la sua teatrale comparsa sulla scena: indossava dei pantaloni verde militare senza giacca, e aveva osservato il suo turno di guardia davanti a un braciere. Quel giorno non avevo fatto l'intervista, ma ero tornato a casa con un vago senso di colpa perché non sapevo nulla di una vicenda che a vent'anni di distanza continuava a produrre una forma di celebrazione così radicata e persistente. Cercando nei libri non avevo trovato niente su quel delitto, se non una nota e poche righe nell'utilissimo saggio di Adalberto Baldoni e Sandro Provvisionato – *La notte più lunga della Repubblica* – che poi sarebbe diventato il cuore di *Anni di piombo*, uno dei libri più completi de «Le radici del presente».

Era stato un punto di partenza. Da quel giorno avevo iniziato un doppio scavo nel passato e nel presente. Nell'intervista che mi aveva rilasciato sulla storia di Di Nella, Alemanno mi aveva mostrato la croce celtica del suo amico che portava ancora al collo, dopo averla ricevuta in regalo dalla madre di Paolo. Questo dettaglio, di cui il futuro sindaco di Roma quel giorno andava orgoglioso, un anno più tardi fu estratto dal capitolo del libro da uno degli autori di un noto programma de La7, *Le invasioni barbariche*, per suggerirlo come spunto alla futura direttrice di Rai3. E dalle sue mani si era trasformato in un oggetto contundente. Durante l'intervista con Alemanno – infatti – la conduttrice Daria Bignardi ne aveva chiesto conto al dirigente di An domandandogli, con tono in apparenza giulivo ma in realtà di sfida, se fosse disposto a mostrargliela. Alemanno aveva risposto contrariato che per lui si trattava di «un simbolo cristiano», e aveva accettato di estrarla dalla camicia per esibirla davanti alle telecamere solo con molta riluttanza. Potenza della televisione e della memoria asimmetrica: quella celtica la portava al collo dal 1983, ma nessuno gli aveva mai chiesto di mostrarla. E adesso quel fotogramma diventava un fatto politico, e per di più un fatto politico imbarazzante: il ministro con la celtica, fotonotizia sui giornali del giorno dopo.

Se serviva un'immagine di come anche un dettaglio del passato potesse diventare un'arma a doppio taglio nella battaglia politica quotidiana, gli spettatori ne avevano avuto una prova tangibile. Ma anche questo episodio spiegava un altro fattore che adesso mi rende felice di aver scritto *Cuori neri* in quel tempo e in quegli anni, prima che tutti questi inquinamenti rovinassero l'irripetibile sincerità di alcune testimonianze che per me erano state decisive. Era così forte il legame fra il culto memoriale e l'identità della destra postmissina, che la mutazione del paesaggio politico innescata dalla fusione di An con il Pdl avrebbe avuto l'effetto inevitabile di modificare ancora una volta la memoria ela percezione del passato degli stessi protagonisti. Allora erano le radici di un'identità viva. Oggi sono le memorie di un'identità estinta. Oggi non sono sicuro che un ex deputato del Pdl mi racconterebbe con la stessa serenità che aveva mostrato nel 2005 il suo rapporto con quella storia (spingendosi fino ad ammettere di aver tirato, negli anni Settanta, dei razzi su un corteo di sinistra). Eppure dietro o al fianco di ogni «cuore nero» caduto c'era un futuro dirigente politico. Così come intorno a quei delitti si era formata un'intera classe dirigente, sia di destra sia di sinistra. L'esempio più clamoroso era quello del caso Ramelli, dove nel processo si erano fronteggiati, come avvocati, da una parte Ignazio La Russa (difendeva la famiglia) e dall'altra il futuro sindaco di Milano Giuliano Pisapia e il futuro deputato del Pdl Gaetano Pecorella (difendevano gli imputati).

Scrivere quel libro allora, così come scrivere questo oggi, mi faceva capire che di fronte a passaggi storici così controversi il tempo opera in due direzioni: in primo luogo modificando i ricordi del passato, in secondo luogo cambiando la percezione del presente. Gianfranco Fini, che più volte aveva declinato l'invito a farsi intervistare su quegli anni (ma che aveva fatto quella telefonata a De Angelis) un giorno del 2006 mi aveva chiamato al tavolo dove sedeva durante una conferenza programmatica di An alla fiera di Roma, sorprendendomi con queste parole: «Il libro mi ha commosso. Lo sai? Forse io sono uno dei pochi che quei ragazzi li ha conosciuti quasi tutti» (l'unico che poteva dire lo stesso, Teodoro Buontempo, è morto nel 2013). Ma poi, con la motivazione sincera che c'era una campagna elettorale alle porte, aveva di nuovo declinato l'invito a parlare: «Non vorrei che questi ricordi per me così importanti venissero strumentalizzati per motivi politici». Nel gennaio del 2013, quando ho intervistato ancora una volta Fini (questa volta nella sede di un altro partito, Futuro e libertà) mi ha promesso di accontentarmi, ma dopo le elezioni. Nel 2016 alla fine ha accettato. Lo scandalo Tulliani era già scoppiato ma non era arrivato in tribunale, Futuro e libertà si era estinto alle elezioni del 2012 e lui era in quel momento un uomo libero. Pensate a come l'influenza del presente modifica di continuo il rapporto di un politico con il suo passato, a come la sua possibilità di raccontare un'identità muta costantemente. Ne è una prova l'intervista di Marco Damilano a Sergio Mariani detto «Folgorino», primo marito di Daniela Fini (che troverete in questo libro), che per anni si era chiuso in un silenzio impenetrabile e che ha accettato di raccontare la sua storia solo dopo una rottura con il partito a cui aveva dedicato una vita, per beghe relative ad alcuni pagamenti tipografici.

Un altro esempio piccolo ma indicativo è la vicenda – mi sono sempre appassionato alle *sliding doors* e ai destini eventuali – che Luigi D'Addio, l'ex segretario della sezione di via Erasmo Gattamelata dove era stato assassinato Mario Zicchieri, mi aveva raccontato ai margini di una presentazione di *Cuori neri*, secondo cui Fini sarebbe stato salvato dall'espulsione dal Fronte della gioventù perché, dopo la morte di Zicchieri e gli scontri al Prenestino, Donato Lamorte (all'epoca collaboratore di Almirante e successivamente fedelissimo del futuro leader) aveva tenuto il pollice sulla sua faccia mentre nel 1975 mostrava al segretario del Msi una foto dei «ribelli» di Lotta popolare. Quando in un corridoio di Montecitorio, nel 2006, avevo chiesto a Lamorte – deputato di An e in seguito del Pdl – se fosse vero, mi aveva risposto con una risata e allargando le braccia: «Ma chi ti ha raccontato questa favola?» Ben cinque anni più tardi, dopo la nascita di Futuro e libertà, mi aveva fermato lui stesso alla buvette e, come se ne avessimo parlato due giorni prima, mi aveva apostrofato dicendomi: «Beh? La vuoi ancora sapere la vera storia della foto?»

La racconto qui, se non altro per mostrare quanto sia difficile la genesi di una carriera politica, ma anche per dire che le vicende piccole e grandi degli anni di piombo continuano a modificarsi insieme a quelle dei suoi protagonisti. E non vale solo per l'Italia, se è vero che in Germania un'immagine che mostrava l'allora ministro e leader dei Verdi Joschka Fischer mentre nel 1973 lottava con un poliziotto aveva provocato una polemica senza precedenti costringendo il ministro alle scuse. Anche questo – forse – era uno dei motivi per cui avevo potuto scrivere il mio libro. Io appartenevo a una generazione diversa da quella dei «cuori neri» e dei «cuori rossi» degli anni Settanta. Venivo da dopo il diluvio, e questo mi segnava nel bene e nel male, ma mi regalava una libertà che chi era coinvolto in quelle storie non poteva avere.

A questa diversità generazionale era legata la seconda risposta che davo quando mi chiedevano perché avessi voluto scrivere quel libro. Nel 1984, in un'altra vita (anche io ne ho più di una, ormai), mi sono iscritto alla Federazione giovanile comunista. Andavo a scuola al liceo Visconti, vicino a piazza Venezia, per chi conosce Roma non lontano da Colle Oppio. Solo un anno prima era morto Paolo Di Nella, l'ultimo «cuore nero», e con la visita di Sandro Pertini all'ospedale dove il giovane era ricoverato e il pianto del presidente si era chiusa – simbolicamente – la faida delle continue rappresaglie tra opposte fazioni. Una sera Mauro De Angelis, il responsabile della cellula Fgci del liceo Cavour, che era a pochi metri dalla più nota sede del Fronte della gioventù, ci aveva convocato davanti a scuola come rinforzo con queste parole: «Ci sono dei problemi per un'assemblea. Venite ad aiutarci perché quelli di Colle Oppio domani ci vengono a menare!» Eravamo corsi con il fiato in gola, la mattina dopo, in una giornata livida in cui «quelli del Fronte» si erano stagliati sulla silhouette del Colosseo come una falange macedone. Ovviamente non erano barbari, e infatti quel giorno il nostro schieramento e il loro impattarono l'uno con l'altro, si mischiarono in una strana scaramuccia, senza nessun episodio di violenza; l'assemblea in cui «i fascisti non dovevano parlare» si fece, intervennero tutti e – malgrado qualche scambio di insulti e qualche vigoroso sganassone – non accadde nulla di grave. L'angoscia che avevamo provato alla vigilia di quella guerriglia mimata e simulata aveva prodotto in me, quando tutto era finito, un senso di liberazione e una consapevolezza. Se fosse avvenuta solo un anno prima, quella ridicola mezza rissa, in quel territorio di confine così vicino a Colle Oppio, avrebbe potuto costituire un rischio, una scintilla, una delle tante schermaglie che per un nonnulla potevano degenerare in tragedia. L'essere entrati alle superiori solo un anno dopo la morte di Paolo Di Nella, o anche dopo la «fine della guerra», aveva regalato ai ragazzi della mia generazione la differenza fra il senso della contesa tra avversari e quello dell'odio. Con il sollievo di chi si era «salvato», dunque, potevo pensare di raccontare gli anni di piombo come un omaggio a chi – spesso incolpevole – si era ritrovato in mezzo a una guerra per via di un unico fattore: l'anagrafe.

Tante volte mi sono sentito rivolgere questa domanda, a volte seriamente, a volte con tono di scherno: «Ma erano tutti agnellini quelli che hai raccontato?» No, non lo erano, e il rischio di una angelicazione a posteriori era reale. Non necessariamente essere vittime significa essere innocenti: i «cuori neri e rossi» di cui narro le storie attraversano tutte le sfumature tra il bianco, il nero e il grigio, nel rapporto con la violenza del tempo che hanno attraversato. È vero, però, che la maggior parte di loro non era violenta. Ed è ancora più vero che molti di quei ragazzi sono davvero finiti stritolati, senza rendersene conto, in una spirale di morte. No, non erano agnellini. Ma quando scoppiano le guerre, a maggior ragione quelle non dichiarate, chi ci va di mezzo non sono i generali ma i fanti. E questa è l'ultima lezione che quelle storie ci insegnano. I grandi capi hanno intorno apparati gerarchici che li proteggono, reti di sicurezza, possiedono informazioni vitali: anche per questo motivo nessuno era riuscito a colpire capi politici e militari come Mario Moretti o Valerio Fioravanti. Quelli che vanno al macello, invece, sono sempre quelli che non hanno difese né protezioni.

Avevo volutamente escluso dall'indice dei capitoli – e anche per questo, come racconterò, ero stato attaccato da destra – coloro che erano caduti con le armi in pugno perché avevano fatto la scelta consapevole della lotta armata. Non perché le loro storie non fossero interessanti, ma perché quando scegli deliberatamente di impegnarti in una guerra devi mettere nel conto che anche la morte può essere un prezzo che si finisce per pagare. A Roma molti dei ragazzi uccisi – sia di destra sia di sinistra – erano del tutto estranei alla contesa che li aveva coinvolti: Roberto Scialabba stava portando a spasso il cane in un giardinetto e aveva l'unica colpa di avere in tasca una copia de *il manifesto* (è la prima vittima dei Nar); Ivo Zini è stato trucidato mentre consultava l'elenco dei cinema di Roma in una bacheca affissa a fianco di una sezione del Pci.

Se queste storie parlano ancora, dunque, è anche perché noi non abbiamo ancora deciso che cosa farne. Ci parlano perché il lutto non si è estinto, perché in moltissimi casi non sono stati trovati i colpevoli, perché si oscilla in modo schizofrenico tra un istinto di vendetta e una tentazione di oblio. Come è accaduto per la memoria dell'Olocausto, il peso di questo lutto può diventare una lezione, anche per chi non ha partecipato a quella guerra. Ma questi morti potranno essere utili a qualcosa, o a qualcuno, solo quando riusciremo a superare le tentazioni di strumentalizzazioni politiche e la maledizione dell'odio che non si estingue.

PARTE PRIMA

Un coro di madri e figli

1
Padova, il martello pneumatico della memoria

Il telefono aveva squillato il 30 gennaio 2006: «Luca, devi farmi un favore. Ti chiedo di ritirare la mia testimonianza dal capitolo su mio padre». Al telefono avevo riconosciuto subito la voce di Silvia Giralucci, figlia di Graziano, prima vittima delle Brigate rosse, ucciso a Padova nel 1974 con Giuseppe Mazzola. Mancavano venti giorni all'uscita di *Cuori neri* e questa richiesta, che mi stupiva e mi lasciava interdetto, era – oggi posso dirlo: per fortuna – tecnicamente irrealizzabile.

Per stampare e distribuire un libro di ottocento pagine serve quasi un mese, il conto alla rovescia che avrebbe portato il volume in libreria era già cominciato, ed era ormai irreversibile da quando, poche ore prima, avevo licenziato il terzo giro di bozze con la caporedattrice Mariarosa Milesi, una donna che avevo portato alla disperazione per via delle continue modifiche al testo, ben oltre ogni limite di chiusura. Questo abituale tempo di attesa prima dell'uscita, quasi una gestazione (chiunque abbia mai pubblicato la conosce bene), a causa delle incognite della scrittura e della mole dei testimoni che mi avevano affidato le loro confidenze si era tramutato per me non in una festosa vigilia, come era accaduto per gli altri libri, ma in un limbo di angoscia e di attesa.

Il motivo per cui quella telefonata mi stupiva era che, durante la lavorazione del libro, Silvia era stata per me molto più che la figlia di una vittima: era stata una testimone e un'amica. Di professione fa la giornalista, e per via della sua sensibilità – e per motivi che spiegherò tra breve – era la persona che condivideva con me l'aspettativa per quello che sarebbe potuto accadere dopo l'uscita. Nella sua testimonianza mi aveva trasmesso un fortissimo livello di autocoscienza, sia nella riflessione (che entrambi condividevamo) sugli anni di piombo, sia sul rapporto tra il suo lutto personale e la memoria collettiva. Solo tre mesi prima aveva riletto le bozze del capitolo sull'omicidio di suo padre Graziano e di Mazzola, aveva limato i dettagli della propria testimonianza parola per parola, aveva addirittura sofferto quando era venuta a conoscenza di alcuni contenuti dell'intervista che mi aveva rilasciato sua madre Bruna. In questo cortocircuito tra passato e presente innescato dalla scrittura, un episodio merita di essere raccontato, perché rivela quanto possano essere complesse le dinamiche della memoria dentro una famiglia attraversata da un dramma.

Un giorno, dopo che le avevo mandato la prima bozza del testo, Silvia mi aveva chiamato, cortese ma furibonda: «Luca, stai cercando di trasformare la storia della mia famiglia in un melodramma?» Detto così sembrava una bestemmia. E per me lo era, perché avevo scelto di attenermi rigorosamente ai fatti accertati. Le avevo risposto di no, e lei aveva proseguito, come se non si fidasse di me: «Non ci credo! Mia madre non mi ha mai detto, come tu scrivi, che aveva lasciato un impiego perché nell'ufficio in cui lavorava l'avevano sospettata di aver rubato i francobolli!»

Mentre mi parlava, la mia mente correva a quell'episodio, che ricordavo benissimo. A qualcuno sarebbe potuto apparire solo un dettaglio, ma era un dettaglio rivelatore, che proprio per questo avevo trascritto anche nella stesura finale del capitolo. Per la signora Bruna, il solo dubbio che quel sospetto dei suoi colleghi fosse alimentato dall'idea che lei potesse aver sottratto dei valori bollati perché «moglie di un fascista» l'aveva indignata. Quel giorno si era sentita inseguita dal pregiudizio, umiliata, offesa: «Non dissi nulla, non discussi, non protestai. Capii subito e mi licenziai». Non era una decisione da poco. Malgrado mantenesse Silvia – che all'epoca era solo bambina – con quell'unico lavoro, senza aiuti di sorta, aveva preferito lasciare l'impiego piuttosto che vivere inseguita da quell'ombra di dubbio ostile. Ma Silvia al telefono sembrava un fiume in piena: «Mi pare assurdo: abbiamo parlato tante volte di quegli anni, me l'avrebbe sicuramente detto! Se stai cercando di romanzare aggiungendo dettagli commoventi», aveva concluso, «sappi che te lo impedirò!»

Avevo risposto che non solo non stavo romanzando nulla, ma che da qualche parte avevo anche la registrazione. Ma l'avevo ancora? Mentre parlavo avevo fatto mente locale, poi avevo consultato gli appunti del mio quaderno di viaggio, ritrovando con un sospiro di sollievo quel passaggio, e infine, quando ne ero stato sicuro, le avevo chiesto: «Scusa Silvia, prima di arrabbiarti hai provato a sentire tua madre? Hai chiesto a lei?»

No, Silvia non le aveva parlato. Aveva ancora le bozze del capitolo tra le mani e la prima cosa che aveva fatto, investita da un'onda di emozione che avrei imparato a riconoscere (mi sarebbe accaduto con molti altri testimoni, e per quasi tutti i capitoli), era stata impugnare il telefono per chiamare me. *Clic*. Senza dirmi una parola di più, adesso aveva riattaccato, decisa a cercare la signora Bruna per avere la sua versione. Ero rimasto con il fiato sospeso. Erano passati minuti, ore.

Quella sera Silvia mi aveva richiamato con la voce rotta dall'emozione. Sempre orgogliosa, ma provata dal dialogo che aveva appena avuto con sua madre. Scossa come chi torna su un sentiero percorso mille volte, dopo aver scoperto che improvvisamente può prendere una direzione ignota: «Per una volta ti devo chiedere scusa. Sono andata a casa di mamma, le ho fatto raccontare di nuovo tutto quello che ha detto a te, e che io non sapevo, nei minimi dettagli. La storia del licenziamento per me è stata uno choc: come se qualcuno infierisse su una ferita non rimarginata. Ho sofferto di nuovo, non solo per me oggi. Ma anche per lei allora. Non so se riesco a descriverti il sentimento di rabbia per un'ingiustizia che ha subito quando io non potevo fare nulla per impedirla».

Quel giorno madre e figlia si erano chiarite, si erano abbracciate, avevano pianto. Poi Silvia aveva chiesto alla signora Bruna di quel nodo che le faceva due volte male, il non aver mai saputo delle dimissioni. Le aveva spiegato che lo viveva come una rimozione inspiegabile nel presente e come una ferita aperta nel passato, perché le faceva immaginare una mancanza di fiducia di sua madre nei suoi confronti, e la portava a formulare un interrogativo: «Se sono stata io stessa a chiederti di rispondere alle domande di Luca, a convincerti a parlare con lui... Come puoi aver detto una cosa così grave in quell'intervista, sapendo che sarebbe finita in un libro, dopo che per una vita intera non l'avevi mai raccontata a me?»

La signora Bruna era rimasta per qualche attimo in silenzio, poi aveva dato una risposta così bella che merita di essere trascritta perché tocca un nodo decisivo. Aveva ripercorso quella giornata drammatica e umiliante: le domande apparentemente casuali del capufficio, i silenzi dei colleghi, il senso di un'ingiustizia che attacca la tua identità, il peso di una decisione che ti può portare a scegliere fra la dignità e la fame. Poi, chiudendo il racconto, aveva spiegato alla figlia: «Non ti ho detto nulla su questo episodio, prima di oggi, per un motivo molto semplice. Non potevo correre il rischio che anche tu imparassi a odiare».

C'era, in quella risposta, tutta la filosofia di una madre che deve difendere qualcosa di più che la vita, persino la serenità, attraverso il non detto. Non è una scelta facile. Silvia mi aveva raccontato, in quella sua testimonianza, che delle tante rimozioni nel ricordo di suo padre lei aveva sofferto per anni. Un dettaglio le riassumeva meglio di qualsiasi altra cosa. Quando Silvia entrava nella stanza in cui sua nonna e sua madre parlavano di Graziano, improvvisamente piombava il silenzio. Suo padre, nel racconto famigliare, finché lei stessa non aveva scoperto drammaticamente la verità, era morto vittima di un imprecisato «incidente». Alla sua identità politica la signora Bruna non aveva fatto mai nemmeno un accenno. Per una sorta di contrappasso che mi avrebbe spiegato nell'intervista, considerando la figlia vittima di una scelta di militanza che aveva portato il padre alla morte (malgrado tutte le promesse del marito di chiudere con l'attivismo dopo la nascita della bambina), l'aveva cresciuta nella rimozione della politica. La signora Bruna credeva che Graziano fosse stato vittima di una violenza generata dalla politica, e quindi aveva voluto preservare Silvia da quelle radici, crescerla nel rifiuto assoluto della violenza finché era possibile, senza farle sapere nulla. Silvia non era diventata una persona di destra, e questa formazione anomala, a cavallo tra mondi – diversa da quella di tutte le altre vittime –, la poneva in un punto di osservazione che nella vicenda di *Cuori neri* era il più vicino al mio.

Quando Silvia frequentava le scuole elementari, una serie di svenimenti avevano imposto ai medici la necessità di un controllo neurologico. Sia lei sia sua madre mi avevano raccontato, da due punti di vista diametralmente opposti, quanto fosse vivido il ricordo di quella giornata. Mentre predisponeva l'elettroencefalogramma il medico ripeteva alla bambina, spaventata da tutte le ventose che le venivano applicate in testa, che quella macchina avrebbe «capito» che cosa non andava in lei. E Silvia, che già allora era angosciata dall'enigma che avvolgeva la morte di Graziano, aveva ripetuto mentalmente: Voglio il mio papà-voglio il mio papà-voglio il mio papà! La signora Bruna aveva visto Silvia fare un balzo, appena finito l'esame, e strappare dalle mani del medico la strisciolina del diagramma. A quel punto la bambina si era girata verso la signora Bruna e il dottore, esclamando delusa: «La macchina non ha capito nulla!» Ai suoi occhi il tracciato dell'elettroencefalogramma era lo scarabocchio di una incomprensione. Anche per effetto di questa cortina di inconsapevolezza caparbiamente custodita, Silvia – che all'epoca del delitto era molto piccola – aveva scoperto che suo padre era morto ammazzato dalle Brigate rosse solo al liceo, leggendo un volantino diffuso davanti a scuola dai militanti del Fronte della gioventù il 17 giugno, nell'anniversario del duplice omicidio.

Durante l'intervista che le avevo fatto a Padova avevo domandato alla signora Bruna perché avesse opposto una difesa così estrema, perché era stata così tenace nel cercare di preservare Silvia da ogni dettaglio della propria storia. Mi aveva risposto con la stessa drammatica calma di cui era stata capace con la figlia: «Prima o poi avrebbe saputo. Ma fino ad allora io avevo il dovere di proteggere lei dall'odio che aveva ucciso lui».

Cosa avrei fatto io al suo posto? Me lo chiedevo mentre uscivo dalla sua casa, e me lo domando ancora oggi. Non so che risposta dare. Molto spesso, invece, avrei trovato un filo di rabbia che, partendo dal lutto, alimentava il bisogno di vendetta o la ferita per la mancata giustizia. Un giorno ho letto una definizione di Altiero Spinelli che, parlando di altro, nelle sue lettere da Ventotene descriveva un sentimento legittimo, irrazionale e pericoloso che lui chiama «il rancore cieco della verità». Come era difficile l'equilibrio tra l'oblio, la rimozione protettiva e il rancore cieco della verità, che ha sempre una ragione sacra che lo alimenta, ma spesso è anche sbagliato, al punto da obnubilare la vista. La signora Bruna mi aveva raccontato come lo aveva vissuto lei, assistendo per tutte le sedute del processo allo spettacolo dell'indifferenza degli imputati, al loro spavaldo distacco. Soffrendo anche solo per il fatto di dover entrare in tribunale dalla stessa porta, di vederli uscire. Un giorno, quando una di loro aveva attraversato la strada davanti alla sua macchina, mentre stava tornando dal processo, aveva provato l'istinto gelido di pigiare sull'acceleratore e investirla. Ecco, da quel senso di ira e impotenza aveva cercato di proteggere sua figlia.

La vicenda dei francobolli mi aveva fatto sfiorare questo complesso e magmatico incrocio di sentimenti. Ma se in quel giorno del 2006 Silvia mi aveva chiamato chiedendo addirittura di cancellare le sue parole dal libro, c'era qualcosa di più. Proprio lei, che aveva sostenuto con coraggio il suo lutto, il processo, le polemiche successive. Proprio lei, che era passata attraverso prove indicibili, dopo essere cresciuta senza un padre, come tanti altri figli delle vittime degli anni di piombo, due volte vittima. Se stavolta improvvisamente aveva avuto questo istinto di protezione, se era arrivata a chiedere di ritirare la sua testimonianza, era perché stava per darmi una notizia che spiegava il mutamento del suo stato d'animo: «Mi è accaduta una cosa che cambia la mia vita: aspetto un altro figlio». E subito dopo: «Non posso rischiare che le reazioni che questo libro può suscitare possano avere delle conseguenze su di lui, che non è ancora nato. Capisci? Se a sollevare una nuova ondata di odio fosse questo libro, e magari le mie parole, non potrei mai perdonarmelo. Non per me, per lui». In un parallelismo del tutto imprevedibile, dopo essere stata la figlia tutelata dal lutto da Bruna, nel 1974, Silvia era diventata la madre protettiva del 2006. La tutela estrema si era trasmessa come un comandamento subliminale: quello che Silvia legittimamente contestava a sua madre, lo aveva inconsapevolmente riprodotto con suo figlio. Adesso il cerchio si chiudeva.

Ma il libro era già in stampa, qualunque fosse la reazione più giusta, non potevo fare nulla per fermarlo. Ero andato a dormire agitato all'idea che, al pari di Silvia e del suo figlio non ancora nato, molte altre persone erano appese a questa domanda: cosa accadrà quando le nostre storie diventeranno pubbliche? E cosa sarebbe successo a me, che avendole raccolte, sollecitate, trascritte, portavo la responsabilità per tutti? Quello che accadde a Padova nello spazio di due anni, curiosamente – dopo polemiche che lasciavano presagire il peggio – era stato il meglio che si potesse immaginare, sul piano dei simboli e della memoria, e anche solo per questo merita di essere raccontato.

Se dovevo cercare un'immagine che raccontasse il paradosso degli anni di piombo, infatti, via Zabarella, la strada in cui Graziano Giralucci e Giuseppe Mazzola erano stati uccisi, era la più incredibile e paradossale delle rappresentazioni della memoria sospesa di cui avevo parlato. Era il simbolo con cui si poteva raccontare tutto. Se un narratore avesse dovuto inventare a tavolino un'immagine letteraria per riassumere questo paradosso, non avrebbe potuto fare di meglio. Quando ero andato a Padova per le inchieste sul duplice omicidio del 1974, a quasi trent'anni dai fatti, la targa che ricordava il delitto era appesa a un palo. Non affissa, ma letteralmente sospesa. A fianco del portone dove negli anni Settanta si trovava la sede del Movimento sociale in cui i due militanti erano stati uccisi, al numero 24, fluttuava nell'aria, al culmine di un palo di acciaio tondo. Una targa di bronzo con una cornice di acciaio, sulla quale si poteva leggere una scritta anodina e ovviamente reticente: GIUSEPPE MAZZOLA E GRAZIANO GIRALUCCI, VITTIME DEL TERRORISMO, QUI BARBARAMENTE UCCISI IL 17 GIUGNO 1974. Era stato il consigliere di Alleanza nazionale Raffaele Zanon, che si era battuto per averla, a mostrarmela per la prima volta, con un senso di legittimo orgoglio. Era il frutto di una sua battaglia. Quando nel 2001 il consiglio comunale aveva deciso quell'affissione commemorativa, infatti, era accaduto di tutto. Per prima cosa i consiglieri di sinistra, tranne uno, erano usciti dall'aula. E poi i condomini della palazzina su cui la targa avrebbe dovuto essere affissa avevano opposto un rifiuto. Timore di rappresaglie, disagio per quella traccia duratura. Indifferenza.

La stessa formulazione della scritta approvata in consiglio, a ben vedere, era elusiva. «Barbaramente uccisi», non c'è dubbio. Ma da chi? A trent'anni di distanza, malgrado le sentenze, il nome delle Brigate rosse non poteva ancora essere scolpito, nero su bianco, ed essere associato a quel delitto. In *Cuori neri* ho raccontato quanta incredulità aveva accompagnato le indagini e le rivelazioni, se è vero che persino un giornalista come Giorgio Bocca era convinto che i covi delle Br fossero stati allestiti dalle forze dell'ordine per inventare, come in «una favola», l'esistenza di una formazione terroristica. Ma se questa ipotesi era storicamente folle nel 1974, come era possibile che tanti dubbi resistessero anche nel 2001?

Tra le motivazioni che mi vennero raccontate in via Zabarella, malgrado la mia incredulità, c'era persino l'idea che quella targa avrebbe potuto suscitare una rappresaglia. In quel capitolo, nel 2006, scrivevo: «Forse, tra qualche decennio, un condominio illuminato si riunirà, e riuscirà a deliberare quello che le assemblee elettive per ora faticano a riconoscere. Forse questa riunione di condominio del terzo millennio, incredibilmente unanime, riuscirà a certificare che i tempi sono maturi perché quella distanza tra la memoria e il senso comune possa essere ridotta a ragione, dalla sospensione dell'indeterminatezza, al grado zero di un intonaco».

Vale la pena di ricordarlo, questo auspicio, perché – per una volta – non sarebbero state le forze della società civile, ma quelle della politica e dell'informazione, a produrre l'abbattimento di una insensata barriera architettonica memoriale. Pochi giorni dopo l'uscita del libro mi aveva chiamato un collega del dorso veneto del *Corriere della Sera*, Alessandro Zangrando. Lo conoscevo da anni: un giornalista onesto e scrupoloso, si occupava delle pagine culturali, apparteneva anche lui alla generazione di chi era cresciuto dopo le guerre ideologiche: «Luca, ci credi? Abito qui da una vita, ma che quella targa sia appesa a un palo l'ho scoperto leggendo il libro. Mi sembra una follia, voglio fare subito qualcosa». Scoprire questa passione mi stupiva e mi rendeva felice: «E cosa si può fare?» Alessandro era determinato e aveva avuto un'idea semplice: «Ho mandato un fotografo in via Zabarella, vorrei che tu ci raccontassi perché questa targa così non può stare, domani ci facciamo la prima pagina».

Zangrando fu di parola, e la targa fu immortalata benissimo da Michela Gobbi, una professionista che sul giornale riuscì a far apparire la fotografia con una luce vivida, in un bianco e nero virato; il giorno dopo l'immagine campeggiava sulla prima del *Corriere del Veneto*, riaprendo il dibattito. Io stesso mi stupivo ancora una volta della potenza, anche evocativa, dell'informazione: la campagna di sensibilizzazione del *Corriere* ebbe un impatto inimmaginabile. La targa era appesa a quel palo da cinque lunghi anni: che cosa l'aveva trasformata, improvvisamente, in una notizia? Quale potere era in grado di mutare, con la leva immateriale di una prima pagina, la percezione marginalizzata di un errore in uno scandalo? Prima di tutto la sensibilità di un redattore scrupoloso. Quindi lo sguardo di un'ottima fotografa. Ma soprattutto la capacità di rendere visibile l'assurdo, attraverso la conoscenza di ciò che gli dà un senso: il racconto di quello che Leonardo Sciascia definiva «il contesto». Se non fosse stato accompagnato dalla storia di un omicidio, quel palo sarebbe stato un arredo urbano come un altro. Se si considerava la vicenda che lo aveva prodotto, era il simbolo di una rimozione. In quell'occasione era accaduto di più. Il sindaco Flavio Zanonato, ex iscritto del Pci, all'epoca nei Ds (e oggi nel Pd) aveva preso posizione: «Credo che questa targa sia un problema». La prima risposta che aveva ricevuto era stata un manifesto di insulti da parte degli autonomi in cui il sindaco, per le sue parole su via Zabarella, veniva paragonato nientemeno che ai nazisti. Doveva ancora passare del tempo, anni.

Pochi giorni dopo, quando ero andato a Padova a presentare il libro, Zanonato non aveva potuto essere presente, cosa che ovviamente aveva addolorato Silvia. La presentazione era stata resa possibile soprattutto per l'impegno di un ex amico di Graziano, Mario Bortoluzzi, che in un'altra vita era il leader di uno dei più antichi gruppi della musica alternativa, la Compagnia dell'Anello. Mario, che aveva prenotato una sala del comune in centro, mi raccontava al telefono, mentre lo ascoltavo incredulo, che per motivi di ordine pubblico, su suggerimento del questore, la presentazione era stata spostata in periferia. Con garbo e rammarico, certo. Ma con fermezza.

Il sindaco aveva mandato un messaggio di saluto, ma non era la stessa cosa. E quella serata era apparsa, sia a me sia a Silvia, un brusco passo indietro, dopo le speranze e il dibattito innescati dalla campagna del *Corriere*. Per l'occasione il centro storico di Padova era stato blindato come se si celebrasse un revival degli anni Settanta. E ai quattro angoli del quadrilatero di strade che circondavano la sala erano collocate le jeep della polizia, che attendevano la fine della presentazione con il motore acceso, come se da un momento all'altro dovessero esplodere dei disordini. Prima di entrare ero andato a parlare con il commissario che aveva la responsabilità della piazza e gli avevo domandato il motivo di un simile dispiegamento di forze: «Perché siamo a Padova. Perché abbiamo trovato scritte sui muri, questa mattina. E perché molto probabilmente gli autonomi si faranno vedere». Non sarebbero arrivati, per fortuna. Eppure quel clima da stato d'assedio era un segnale. La sala era stracolma, ma mancava lo spirito che Silvia aveva sognato, mancava la cerimonia comune, la ricomposizione della memoria divisa. Era una folla curiosa e interessata. Ma era solo una parte della città. C'era ancora tanta strada da fare perché si arrivasse al risultato sperato. La prima domanda che mi ero fatto, risvegliandomi la mattina del giorno dopo, era se fosse davvero possibile.

Eppure, sebbene non ne avessimo piena consapevolezza, anche quella presentazione assediata era stata una tappa di un tragitto più lungo. Il 17 giugno dell'anno successivo nel giorno dell'anniversario, un altro muro era destinato a cadere.

Ernesto Milanesi, *il mattino di Padova*, 18 giugno 2007: Solenne, dal punto di vista istituzionale: non mancava nessuno.

Simbolica, perché il listòn teneva insieme destra e sinistra. Storica, davvero. Fino in fondo. Senza più alibi. La commemorazione di Mazzola e Giralucci ha «suturato» la ferita aperta da trentatré anni. Tutte le autorità non hanno voluto mancare all'appuntamento convocato da Comune e Provincia: prefetto e questore, rettore e procuratore della Repubblica, vicario del vescovo e parlamentari. Alle 10.30 l'applauso in via Zabarella dov'è stata deposta la corona d'alloro a fianco di quella lasciata da Forza nuova. Poi tutti davanti a Palazzo Moroni [sede del Comune di Padova, *N.d.A.*], dove arriva anche il drappello di Fiamma tricolore (che se ne andrà in via Zabarella appena prende la parola Filippo Ascierto). Un'ora di cerimonia scandita dall'emozione, dai battimani, dagli sguardi incrociati. È stata la prima ufficiale, già data per acquisita nel futuro. Una «nemesi storica», come la definisce Marcello Vinci. Di fatto, è Flavio Zanonato a sancire la «memoria condivisa» delle prime vittime del terrorismo brigatista.

Che cosa era successo nel pugno di mesi che separavano la serata blindata della presentazione e il coro istituzionale della commemorazione? Mi piacerebbe dire che sottotraccia un dibattito serio e appassionato aveva preparato il terreno al salto di qualità. O forse era solo passato del tempo. Se non altro perché, anche grazie alla volontà ferrea di Zanonato, si erano costruite le condizioni politiche affinché questo progresso potesse avvenire. Nella cronaca di Ernesto Milanesi tutti potevano leggere la determinazione che il sindaco aveva messo nel suo discorso, lo scavo impietoso di un trentennio di oblio.

Ernesto Milanesi, *il mattino di Padova*, 18 giugno 2007:

Non era stato possibile nemmeno quando a Palazzo Moroni c'era il centrodestra. Il sindaco, sul palco, comincia puntuale leggendo i messaggi di Paolo Giaretta, Giovanni Tamburino e Piero Fassino. Ma nel discorso ufficiale si spinge fin dove è giusto: «Mazzola e Giralucci avevano la sola colpa di manifestare la loro appartenenza politica, pagata anche dopo la morte. Tutti ci rendevamo conto del falso pudore con cui si celebravano le due prime vittime delle Br, triste primato di Padova. Oggi le istituzioni e la città rendono omaggio a due martiri della democrazia sulla scia di quanto ci avevano indicato i giovani di An, Ds e Margherita insieme contro l'insorgenza del terrorismo». Zanonato aggiunge: «Ascoltando i cattivi maestri, non solo si finisce nella spirale del terrorismoma ci si rovina l'esistenza al di fuori della comunità». Il sindaco indica anche ai giovani «due persone per bene» che ieri con un «piccolo gesto» istituzionale hanno, trentatré anni dopo, aperto qualcosa di nuovo «in testa e nel cuore». Mario Verza, vicepresidente della Provincia, fatica davanti al microfono. «Scusate, ma non posso essere lucido», e si commuove. Scandisce, però, l'«infamante tesi della stampa dell'epoca di una faida interna alla destra». Ricorda come negli anni di piombo «per qualcuno ammazzare un fascista non era reato».

Come era cambiato il clima da quando, nelle ricerche per *Cuori neri*, mi imbattevo in articoli che sembravano scritti con la carta carbone, quelli in cui si dava per certo che Giralucci fosse un informatore del Sid in armi, un soldato della strategia della tensione alle dipendenze di Guido Giannettini, uno 007 con una doppia vita, e Mazzola un suo scaltro complice. Quanta distanza da quando si poteva scrivere che il duplice delitto fosse stato «mascherato» da azione armata brigatista soltanto per confondere gli inquirenti. Finalmente, in quel 17 giugno 2007, la ritualità civile recuperava come possibile memoria collettiva ciò che la verità giudiziaria aveva già riconosciuto come certo all'inizio degli anni Novanta. Eppure quel giorno, dopo le parole del vicepresidente della provincia e di Franco Miracco (portavoce dell'allora presidente della Regione, Giancarlo Galan), i protagonisti della giornata, le persone che con la loro passione sono in grado di operare una sintesi, sono proprio i due eredi di Giralucci e Mazzola. Silvia e Piero, così diversi tra loro, in quelle ore diventano la rappresentazione di due anime diverse che si possono conciliare in un gesto simbolico.

Ernesto Milanesi, *il mattino di Padova*, 18 giugno 2007:

È il turno di Silvia Giralucci con la voce incrinata, il cuore in tempesta e gli occhi di chi non parla in pubblico del padre. «Questo è il funerale civile che non hanno avuto trentatré anni fa», afferma. Piero Mazzola la abbraccia. E si rivolge ai padovani: «C'era il sole anche nel '74. Alle 10.10 ho sentito uno strappo dentro. E ricordo ancora l'umido fra le mani: era il sangue di mio padre. Come l'odore di formaldeide dalla bara. [...] Mio padre e quello di Silvia hanno reagito, senza armi, e sono morti da uomini liberi». Ringrazia i magistrati Calogero e Ruberto: «Con loro, non mi sono mai sentito un numero di fascicolo processuale». Non dimentica le offese dei «rappresentanti delle istituzioni non all'altezza».

È Zanonato a concludere quella giornata con frasi che non sono gettate lì per caso. Né la campagna di affissioni di Autonomia né le polemiche lo hanno turbato: «La cerimonia è finita. Resta inteso che fra un anno si ripete nello stesso modo». Eppure, anche se nessuno ancora lo sa, quella targa appesa ha i giorni contati: la storia si chiuderà con un nuovo colpo di scena.

Prima, però, c'è tempo per un'altra polemica imprevedibile, surreale e a suo modo esemplare: uno squarcio di follia che conquista le prime pagine. Sono passate solo poche settimane dalla cerimonia di via Zabarella. Il 24 agosto, nel cuore dell'estate, una nuova polemica divampa sui giornali (e deflagra anche a Padova), partendo dal pretesto apparentemente insospettabile di un festival del cinema. Accade che in concorso a Venezia ci sia l'attrice francese Fanny Ardant, che per lungo tempo ha vissuto in Italia. E succede che la Ardant, promuovendo il suo film, rilasci una sconvolgente intervista ad *A*, il settimanale diretto da Maria Latella. Bastano le parole che vengono rilanciate dal Tg2, prima ancora che la rivista arrivi in edicola, per dare il senso della gravità e dello smarrimento che le idee dell'attrice francese inducono nell'opinione pubblica: «Per me Renato Curcio è un eroe», dice la Ardant intervistata da Cristiana di San Marzano, «ho sempre considerato il fenomeno Brigate rosse molto coinvolgente e passionale».

Di nuovo un interrogativo pesante come un macigno precipita sulle nostre teste, il sospetto che una storiografia parallela e filoterrorista continui a sopravvivere come un culto minoritario ma tenace. Da anni divampano a giorni alterni le polemiche sul caso di Cesare Battisti, l'ex terrorista celebrato come scrittore in Francia, e una nuova querelle si è accesa intorno alla vicenda di un'altra ex brigatista, Marina Petrella, anche lei rifugiata a Parigi come un'«esule», con nessuna voglia di tornare in Italia. Filtrata attraverso il caleidoscopio distorsivo di queste vicende, troppo spesso la storia degli anni Settanta del nostro Paese viene raccontata all'estero come quella di una nazione in cui chi si opponeva veniva privato di diritti civili, dove il terrorismo poteva essere descritto come un legittimo moto insurrezionale, come una scapigliatura libertaria, e non come una mattanza. Battisti, anche secondo una pattuglia di intellettuali italiani, è un perseguitato politico processato in contumacia, la Petrella una donna inseguita da una giustizia vendicativa, la fermezza degli anni Settanta l'anticamera repressiva di una dittatura di sapore cileno.

Ed è per questo, allora, che le parole della Ardant alludono a una corrente di revisionismo leggero che arde come la brace sotto la cenere. È il revisionismo di chi nega la violenza, o la spiega con mille attenuanti, ma che fa comunque opinione. L'attrice, che fu la musa di François Truffaut, spiega cosa pensa degli anni Settanta in Italia: «Era un'epoca in cui si sceglieva un campo, c'era chi prendeva fuoco e decideva che poteva ammazzare e farsi ammazzare». La Ardant parla da protagonista de *L'ora di punta*, il film di un giovane talento del cinema italiano, Vincenzo Marra, con cui è in concorso alla Mostra (l'anno dopo reciterà ne *Il divo* di Paolo Sorrentino). L'ultimo libro che ha letto, dice, è *Spingendo la notte più in là*, di Mario Calabresi. «Quando ero giovane», racconta ancora nella sua intervista ad *A*, «il vostro Paese era il massimo della democrazia per me, ogni legge si poteva discutere.» Oggi, invece, «c'è un velo di opacità, gli unici interessi sono economici, come da noi in Francia, siamo tutti intrappolati dai divieti». La Ardant si sente ribelle, romantica e anarchica. Per questo dice di considerare Curcio come un eroe che combatte contro il conformismo dei tempi: «Lui non è diventato un uomo d'affari, come è successo in Francia ai poeti del '68, che ora sono i più grandi uomini d'affari!»

Ma siccome Curcio, «il carbonaro», è anche condannato per l'omicidio di via Zabarella, ecco che la polemica allucinata di Venezia entra in collisione con la storia suturata di Padova. Ancora una volta, a meditare un gesto estremo è Piero Mazzola, il figlio del militante missino che quando Cossiga voleva concedere la grazia a Curcio aveva deciso di rinunciare alla cittadinanza (aveva anche inviato una lettera chiedendo questo provvedimento estremo al Quirinale, senza ricevere alcuna risposta). Il giorno dopo le parole dell'attrice presenta una denuncia-querela contro la Ardant. Mazzola spiega che è un atto «doveroso», ricordando che Curcio è stato condannato proprio per il duplice omicidio. E anche quando la donna, nel corso di un'intervista al Tg1 a ventiquattr'ore dalla polemica, chiede scusa, resta fermo sulle sue posizioni: «Sono piccole emissioni di fiato. Che venga a chiedere scusa a mia madre».

Deve passare un altro anno perché, proprio con la cancellazione del monumento alla memoria sospesa, si chiuda definitivamente un ciclo. Deve passare un altro 17 giugno, quello del 2008. E questa volta ci vogliono una sega elettrica a lama diamantata, un piccone, un martello pneumatico e un avvitatore. Ci sono tre operai con i pantaloni arancione fosforescente che quella mattina arrivano in via Zabarella, davanti al palo che sorregge quella targa.

Concetto Vecchio, *la Repubblica*, 18 giugno 2008:

Nei giorni scorsi il sindaco democratico Flavio Zanonato, stufo di una trattativa senza sbocchi, ha firmato un'ordinanza in cui intima l'affissione di una targa in quanto «opera di pubblica utilità». Da ieri la memoria è onorata. Via Zabarella 24, nel ventre di Padova, è una via cruciale nella storia del terrorismo in Italia. Qui alle 10 del mattino del 17 giugno 1974 le Br fecero le loro prime vittime. A sparare materialmente fu un ragazzo di Reggio Emilia, Fabrizio Pelli, 22 anni, che cinque anni dopo sarebbe spirato in cella di leucemia, spalleggiato da Roberto Ognibene, che si fece 18 anni di galera e oggi s'è rifatto una vita a Bologna. Susanna Ronconi era «il palo». Su un'auto, lungo la strada, aspettavano Martino Serafini e Giorgio Semeria. Mazzola era un bell'uomo di 60 anni, prestato al Msi dal movimento monarchico: teneva la contabilità del partito. Giralucci, agente di commercio, aveva appena 29 anni e una figlia di 3, Silvia, che non serba alcun ricordo diretto del papà. I terroristi cercavano documenti, e una visibilità politica, ma trovarono due uomini. Li uccisero. Silvia Giralucci non è di destra, ma in questi anni ha cercato di salvare la memoria del padre, perché le vittime della violenza non hanno colore. Battaglia a lungo persa. Nel 1998 il condominio negò la lapide, senza mai motivare ufficialmente il motivo. Nel giugno del 2002 si trovò un penoso compromesso: attaccare una targa a un palo posto accanto al portone, in cui si rammentavano asciuttamente le due «vittime del terrorismo». Quel montante fotografava bene il sentimento della città. Uno stato d'animo d'irresolutezza.

Nella primavera di quell'anno Zanonato le aveva provate tutte, esaurendo ogni possibile via diplomatica. Era tornato alla carica con gli inquilini, promettendo che il Comune si sarebbe accollato le spese di eventuali imbrattamenti. Aveva aggiunto che si sarebbe garantita la vigilanza intorno alla nuova targa. Nulla da fare. Come nella ripetizione di una farsa, il timore mitologico delle rappresaglie degli anni Settanta era diventato il timore grottesco dello sfregio al decoro urbano. Il tentativo di sensibilizzazione si era tramutato in una trattativa strenua fra un rappresentante dei condomini di via Zabarella e il capogabinetto del sindaco. Di fronte all'ultimo ottuso e granitico no, il primo cittadino aveva deciso di chiudere una pagina di storia con una decisione definitiva. Firma una ordinanza che rimane addirittura riservata, e di cui informa preventivamente solo gli addetti della polizia municipale (con vincolo di riservatezza) e i parenti delle vittime.

Concetto Vecchio, *la Repubblica*, 18 giugno 2008:

Zanonato ha firmato l'ordinanza e ieri alle 13 gli operai municipali hanno attaccato la lapide al muro. Il palo è stato segato. Soprattutto, nella lapide, si legge finalmente il nome delle Brigate rosse. Ieri la città ha ricordato i suoi morti, davanti a Silvia Giralucci, sua madre, Piero Mazzola, e la vedova di Giuseppe, Giuditta Caccia. Dal discorso di Silvia: «Quando un giovane passerà da via Zabarella saprà che la memoria non è sospesa a un palo e che un sindaco di sinistra ha sfidato l'ignavia di un'assemblea di condominio perché in democrazia non ci devono essere nemici, ma solo avversari con cui confrontarsi». In Comune s'attendono un ricorso al Tar da parte degli inquilini.

Bene, il ricorso non ha avuto esito. La nuova targa oggi è ancora lì e recita: GIUSEPPE MAZZOLA E GRAZIANO GIRALUCCI, PRIME VITTIME DELLE BRIGATE ROSSE, QUI BARBARAMENTE UCCISI IL 17 GIUGNO 1974.

la Repubblica, 7 settembre 2007:

Azione Giovani Veneto aveva annunciato che durante la proiezione del film avrebbe distribuito volantini con l'elenco delle vittime delle Brigate rosse. Fanny Ardant, che nelle interviste aveva detto di non avere paura delle contestazioni, si è presentata sul red carpet con un abito nude look, composto di veli color carne.

La guerra dei simboli finisce con una deposizione e un'affissione che non sono importanti solo per la città, ma per tutto il

Paese. Inquadrare storicamente il primo omicidio delle Brigate rosse significa scrivere una pagina che parla a tutta l'Italia. Silvia Giralucci proseguirà il suo viaggio nella memoria con un libro e un film sulla Padova degli anni Settanta. Il titolo che sceglie per il suo libro, *L'inferno sono gli altri*, è un ideale anatema contro la demonizzazione del nemico che ha avvelenato gli anni di piombo. Per fare questo viaggio va a cercare fino a Parigi i testimoni dell'Autonomia operaia, si strugge per capire le motivazioni che hanno mosso i nemici di suo padre, ripercorre le pagine più violente della storia della sua città attraverso tanti personaggi esemplari, e uno su tutti che a me pare straordinario: Guido Petter, professore universitario, ex partigiano, aggredito nel 1979 a colpi di martello per essersi opposto alla prepotenza degli autonomi ai tempi in cui Toni Negri era il loro guru e il teorico della violenza antisistema. Sia il libro sia il film (proiettato a Venezia con grande successo di critica) mi commuovono. Per chi ha percorso questo viaggio sono una tappa di memoria necessaria, l'idea che quello che hai avuto in dono dalla sorte, in qualche modo, lo devi restituire. Per un'incredibile coincidenza, Petter muore pochi giorni prima dell'uscita del volume. Per questo è come se la sua fosse una testimonianza salvata dall'oblio, la memoria calda del racconto, come l'ultimo secondo di luce prima del buio irreversibile.

Esco dal lungo viaggio di Padova sempre più convinto che non esistono verità ufficiali, congelate, irreversibili. Anche la memoria degli anni di piombo è un organismo vivo, continuamente in evoluzione. Anche la battaglia per una memoria comune non può essere cristallizzata in un dogma scolastico. Adesso che la memoria sospesa è stata affissa ai muri della storia, si dovrà combattere ogni giorno perché non soccomba al revisionismo filobrigatista e perché non diventi mai un vuoto catechismo gravato del peso insostenibile della retorica.

2
Il sangue di Valerio e la scelta difficile di Carla Verbano

Io me la ricordo, Rina Carla Verbano, che mi fa sedere nella cucina di casa sua e parla. Me la ricordo, come se fosse ieri, che mi racconta del rubinettino della dialisi che le avevano impiantato nello stomaco dopo il tumore, e che lei considerava poco più che una formalità, un fastidio gestibile. Ricordo la sua abitazione borghese e semplicissima di via Monte Bianco, sessanta metri quadri proprio al confine tra il rosso quartiere dei Talenti e il nero quartiere Trieste. «Vedi? Quella è la stanza di Valerio.» Io me la ricordo, la serena, spietata dolcezza con cui Carla raccontava di quel giorno tremendo di febbraio in cui il sangue di suo figlio era rimasto incrostato nel suo appartamento, del ragazzo mascherato che l'aveva legata, delle preghiere spese invano perché Valerio non tornasse, mentre attendeva immobilizzata e impotente in camera sua. Mi ricordo del cuore che le si era schiantato in petto quando il campanello aveva iniziato a suonare, quasi festoso, una squillante avvisaglia di morte: «Ho sentito suonare, ho capito cosa stava accadendo, e non ho visto più nulla».

Adesso anche Carla è morta, portandosi nella tomba il più doloroso dei lutti per uno dei più efferati delitti degli anni di piombo: quello commesso da chi l'aveva costretta ad attendere la morte di suo figlio, a soffrire per la propria impotenza, come sotto tortura. La ricordo felice come una bambina, un giorno in cui mi aveva chiamato per dirmi: «Devi correre sotto casa per vedere il nuovo murale che hanno disegnato in ricordo di Valerio! Lo farai per me?» Considerava quella visita non solo come un omaggio alla storia, ma come un regalo a lei. Mi ricordo, però, anche di Carla con lacrime di rabbia in gola solo un giorno dopo, quando dei dementi, rimasti purtroppo senza nome, avevano imbrattato di vernice quel murale appena finito.

Mi ricordo come se fosse ieri di quando, mentre discutevamo amabilmente di altro, lei mi aveva detto con voce lieve, come se parlasse di una questione inessenziale: «Ho preso il porto d'armi, Luca, lo sai?» E io, stupito: «Il porto d'armi, ma perché? Scherzi?» E lei: «Perché un giorno io lo rivedrò quello che ha sparato a Valerio, ne sono sicura. Un giorno, prima che io muoia, lo ritroverò, non ho dubbi, lo riconoscerò. E allora, quel giorno, dovrò perdonarlo o spararglì. Ma quale di queste due cose dovrò fare, voglio poterlo scegliere da me, in quel momento». Non era arrabbiata, mentre lo diceva. E questo mi spaventava ancora di più. La donna più dolce e pacifica che io abbia incontrato aveva un fondo di granito su cui poggiavano sentimenti indelebili.

Carla è morta nell'estate 2012, e ovviamente non ha sparato mai. Hanno ragione gli amici di Valerio Verbano. Ha ragione Walter Veltroni, che l'aveva conosciuta molto bene e che il giorno della sua scomparsa scrisse una bellissima lettera, con una presa di posizione condivisa da tutti quelli che hanno visitato quell'appartamento e conosciuto la mamma di Valerio. Con tutte le case che si sono regalate o svendute in questo Paese, con tutti gli affari concessi ai furboni della Casta nella città di «Mafia capitale», sarebbe stato bellissimo se quei sessanta metri quadri di Roma che Carla aveva abitato potessero essere consacrati alla memoria di una persona pulita e splendida come lei, una che ha testimoniato finché ha vissuto. E soprattutto: consacrati alla memoria della violenza che la sua storia di coraggio rappresentava.

L'appartamento di via Monte Bianco 114 sarebbe dovuto diventare un piccolo museo. Era proprietà di un ministero, affittato a Sardo Verbano: una casa bella ma normale, una casa borghese. Però era anche una casa incastonata dentro una geografia di sangue che a Roma riassumeva in meno di un chilometro tutto il senso degli anni di piombo. La proposta di Veltroni mi aveva fatto pensare che la casa di Carla stava al terrorismo come quella di Anna Frank alla Shoah: non è l'estensione degli spazi che conta, ma l'intensità che trasmettono ai visitatori del futuro. In via Monte Bianco, nel 1980, muore Valerio; a Talenti, nel 1979, muore Stefano Cecchetti; il 12 marzo 1980, in via Tozzi, ammazzano un missino, Angelo Mancia; il 28 maggio dello stesso anno, davanti al liceo Giulio Cesare, uccidono Franco Evangelista detto «Serpico», un poliziotto. In piazza Gondar, dall'altro lato della tangenziale – da via Monte Bianco c'è lo spazio di uno sguardo in linea d'aria –, nel 1983 viene colpito un ragazzo del Fronte della gioventù: si chiama Paolo Di Nella, ed è l'ultima vittima degli anni di piombo. Due quartieri nemici divisi dalla linea di confine della tangenziale, il cerchio di un'epoca si chiude nel raggio di due chilometri.

Valerio muore nel soggiorno di casa sua, il 22 febbraio. È un ragazzo del movimento, vicino ad Autonomia operaia, che muore dentro la sceneggiatura del delitto più feroce della lotta armata. Vanno a suonare il campanello, proprio in quella casa. Trovano Carla, che dice: «È ancora a scuola». Ribattono da dietro la porta: «Apra, signora, siamo amici di Valerio, lo aspettiamo». Carla apre, e non si è mai perdonata di averlo fatto, per tutta la vita che le è rimasta da vivere. Mai. Anche questa è una ferita per cui nessuno ha pagato.

Da quel momento in poi, da quando ha fatto entrare in casa gli assassini, Carla si ritrova legata con suo marito in camera da letto, trafitta dall'attesa. Valerio le ha promesso di tornare, lei prega che non mantenga l'impegno, spera che sia andato in un prato con una ragazza, che abbia bighellonato, alla fine sogna che sia caduto con il motorino perché le sembra che stia tardando e vorrebbe che non arrivasse mai. Poi, però, quel maledetto campanello che suona, la porta che si apre, i rumori di una colluttazione. Valerio reagisce, lei sente lo sparo, le lacrime, senza poter andare a salvare suo figlio. Senza nemmeno poter accarezzare il suo volto o chiudergli gli occhi. Rimanere prigionieri della morte.

Gli investigatori della scientifica ricostruiranno la scena: Valerio si è trovato di fronte degli sconosciuti incappucciati, si è difeso bene, probabilmente anche perché faceva karate, ha strappato il cappuccio a uno di loro. Forse è stata quella la sua condanna a morte: la possibilità di riconoscere il volto dell'intruso. Lo stesso che Carla ha visto per un attimo fugace, prima che si calasse il passamontagna: il secondo più lungo della sua vita.

Il delitto viene subito rivendicato da un gruppuscolo che la polizia considera non credibile, il Gruppo proletario organizzato armato: la sigla ha una sonorità di sinistra, ma alla squadra mobile sanno che in passato è stata usata da destra per confondere le acque. Poi arrivano i Nar. Stavolta è una telefonata all'Ansa: «Abbiamo ucciso Verbano perché è stato il mandante dell'omicidio di Stefano Cecchetti». L'avevo raccontata in *Cuori neri*, quella storia: un ragazzo ammazzato solo perché ai piedi porta un paio di stivali Camperos e si trova davanti al bar *Urbano*. Un possibile errore. Questa rivendicazione dei Nar, però, suona autentica, perché la voce sconosciuta aggiunge un dettaglio che non è apparso in nessuna cronaca: «Abbiamo lasciato nell'appartamento una pistola calibro 7,65 che la polizia ha nascosto senza informare la stampa». Lo sapevano solo Sardo, Carla e la polizia. Era tutto vero.

La voce, dunque, apparteneva sicuramente a qualcuno coinvolto nell'azione. Questo qualcuno era davvero un militante dei Nar? Negli anni successivi, subito dopo l'arresto, ma anche oggi, il gruppo di Francesca Mambro e Giusva Fioravanti smentirà con grande nettezza la paternità di quel delitto. Mentono? O qualcuno del cerchio più esterno dello spontaneismo armato aveva adoperato la loro sigla?

Gli agenti ipotizzano quasi subito che i killer siano andati a casa di Valerio a trafugare l'archivio che il ragazzo aveva messo in piedi, con la passione ossessiva tipica della controinformazione di quel tempo, per schedare i fascisti del suo quartiere. Volevano interrogarlo, capire quanto sapeva, ma ha reagito e la situazione è degenerata: questo dicono gli inquirenti. Dopo aver seguito cento piste senza riuscire a chiuderne nessuna.

Nel 1982 un pentito, Walter Sordi, fornisce un resoconto che pare attendibile e pieno di dettagli. Rivela che alcune delle armi le aveva fornite un certo Mario Lopez, figlio di un meccanico. Dice di aver appreso in carcere da Valerio Fioravanti che a entrare in casa dei Verbano sono stati i fratelli Claudio e Stefano Bracci e Massimo Carminati. Quando queste rivelazioni arrivano sul tavolo dei magistrati, Bracci è già in carcere. Ma nel processo l'avvocato del principale sospettato riesce a far valere un'annotazione esangue nella sua agenda del 22 febbraio 1980: «Viterbo ore 14.30». Il legale spiega che Bracci segue un corso da pilota a Viterbo, che quella annotazione è la prova che si trovasse lì. Eppure quel giorno Bracci non ha volato.

Nel 1989 la posizione dei tre sarà archiviata. Scrivono i giudici sulle parole dei pentiti: «È appena il caso di evidenziare che le indicazioni da loro fornite sulle responsabilità del Bracci e del Carminati, consistono, nella loro stessa formulazione, in ipotesi di mero sospetto, ovviamente inidonee a fondare conclusioni processualmente indicative».

Eppure Carla, che ha seguito l'inchiesta per sette anni, attendendo quella sentenza, commenta indignata parlando con Alessandro Capponi del *Corriere della Sera*: «L'inchiesta, partita male, è arrivata cadavere».

Quello che colpiva Carla era il fatto che uno dei capitoli di *Cuori neri* fosse interamente dedicato all'omicidio di Stefano Cecchetti. Avevo raccolto la testimonianza della sorella di Stefano – si chiamava Carla anche lei – ancora schiantata dal dolore, dopo tanti anni di sofferenza: «Se c'era una persona per cui avevo paura, visto il clima dell'università che frequentavo, ero io, non certo Stefano. Lui non faceva politica, non frequentava tifoserie calcistiche, non faceva nulla che potesse apparire pericoloso».

Studiando archivi ed emeroteche avevo raccontato (e documentato) l'incredibile leggenda metropolitana che era nata su quella morte, quando molti giustificavano il delitto sostenendo che Stefano era fascista, e la famiglia si era ritrovata isolata a ribattere che Stefano non era né di destra né di sinistra, solo una vittima. Ma Cecchetti era vittima di uno dei tipici teoremi degli anni di piombo: siccome frequentava un bar di fasci non poteva che essere fascio, meritava di morire.

Il delitto era stato rivendicato così: «Un'ora fa abbiamo colpito nel quartiere Talenti un centro di aggregazione fascista. Abbiamo colpito fisicamente. Contro l'arroganza fascista sul territorio. Ora e sempre violenza proletaria. Compagni organizzati per il comunismo».

Nel 2006 avevo raccolto la testimonianza di «Gad», il giornalista che aveva condotto per *Lotta Continua* (il pezzo, come accadeva all'epoca, era firmato solo con il nome proprio) un'inchiesta nella scuola di Stefano, giungendo alla conclusione che davvero non era politicizzato. Gad, ovviamente, era Gad Lerner. E Stefano frequentava il bar *Urbano* solo perché era quello più vicino a casa sua, il bar dove era cresciuto. La «giustificazione politica» dell'omicidio di Stefano altro non era che una beffa, un inganno, come avevano scritto i compagni della III D del liceo Archimede nella lettera aperta che avevo ripubblicato nel mio libro: «Chi vuole usare la sua morte per fini politici non può che essere uno sciacallo con nessuna correttezza politica».

Per molto tempo nessuno aveva creduto alle loro parole. Solo l'inchiesta di Gad aveva messo a tacere le voci che rimbalzavano ogni giorno su *Lotta Continua*.

Devo dire che quando Carla Verbano mi aveva annunciato che stava leggendo quel capitolo ero rimasto con il fiato sospeso. Poi mi aveva chiamato lei, e mi aveva detto, come se i fatti fossero accaduti il giorno prima: «Valerio aveva chiamato in diretta Radio Onda Rossa dicendo che era da fascisti uccidere un ragazzo a tradimento, sparando nel mucchio». Oggi può sembrare solo una parola forte, ma allora – per un ragazzo come Valerio – una denuncia come quella voleva dire rompere con molti compagni della sua area. Il giorno dopo, all'università, Valerio vuole fare di più, intervenire contro coloro che inneggiano alla morte di Stefano. Non ci riesce. Torna a casa deluso. E arrabbiato.

Ma cos'altro sa di quel delitto? Carla non l'ha mai scoperto. E forse anche per questo Valerio potrebbe essere stato ucciso da qualcuno che agisce in quel quartiere. Magari per esaminare il dossier che lui ha iniziato ad assemblare indagando sui fascisti, sui poliziotti, sugli omicidi di due cuori rossi, Walter Rossi e Ivo Zini, girando con la Vespa e la macchina fotografica, insieme ai compagni del suo gruppo, quelli con cui viene arrestato in un casale dove stanno provando a mettere insieme un rudimentale ordigno incendiario. «Asini», li definisce Carla in un bellissimo libro (su cui tornerò tra poco per un dettaglio sconvolgente) scritto proprio con Alessandro Capponi. «Asino», impietosamente, anche suo figlio. Asini.

Ma torniamo ai Nar: perché Fioravanti e la Mambro, che avevano riconosciuto come propri oltre venti delitti simili e coevi a quello di Valerio, si ostinano a disconoscere proprio l'omicidio di Verbano? Un giorno Valerio Fioravanti mi aveva risposto in maniera molto netta, quasi brutale, a questa domanda: «È il delitto più infame del nostro tempo, i Nar non c'entrano nulla. Noi non c'entriamo nulla».

Nel 1980 si era diffusa la voce che a sparare a Valerio fosse stato Nanni De Angelis, un altro «cuore nero» che avevo raccontato, e che, come sapete, di lì a poco sarebbe morto «suicidato» nella cella di un carcere romano, poco dopo l'arresto. Nanni era il capo dei «Brutti», una delle squadre territoriali di Terza posizione (l'autonomia nera del quartiere Parioli-Trieste-Salario), e si ritrovava a essere il principale sospettato per quel delitto. Non che non ci fossero motivi per sospettarlo: al liceo Archimede si era diffusa la notizia che Valerio aveva accoltellato Nanni durante una rissa tra rossi e neri in piazza Annibaliano, durante uno dei cosiddetti «filtri», con cui in quel tempo si marcava il territorio. Subito dopo la morte di Valerio, nel mondo dell'autonomia a scuola e tra i compagni di Verbano girava voce, quindi, che il responsabile fosse proprio Nanni, e i rischi di una rappresaglia per lui stavano diventando concreti e imminenti. In un momento come quello, solo una donna come Carla poteva fare quello che aveva fatto.

Me lo aveva rivelato lei stessa mentre stavo scrivendo *Cuori neri*, e il racconto mi era stato confermato parola per parola dalla signora Rosa De Angelis, madre di Nanni. Carla aveva cercato sull'elenco del telefono l'indirizzo della famiglia De Angelis in via Ristori, un'incantevole strada alberata che si trova a un passo da piazza Ungheria. Tra me e me pensavo: inseguire il nome di un sospetto omicida di tuo figlio sull'elenco, con la stessa automatica tranquillità con cui si cerca un idraulico. Carla aveva trovato il numero e chiamato la signora Rosa, e le aveva detto semplicemente, senza troppi giri di parole: «Buongiorno signora, sono la madre di Valerio Verbano: vorrei parlare con suo figlio, vorrei vederlo». Non un accenno, non una parola di più. Anche la signora De Angelis le aveva risposto come se quelle parole fossero la cosa più ovvia di questo mondo: «Capisco, ne parlerò subito con mio figlio». Rosa vuole che Nanni faccia qualsiasi cosa per fugare quel dubbio, anche rischiando. Carla è disposta a combattere qualsiasi apparenza per inseguire la verità. È il massimo dell'antiretorica, ma anche la negazione più drastica del galateo omertoso che si potrebbe immaginare tra due genitori segnati dal familismo amorale. È una concretezza che si può immaginare solo tra due donne.

Dopo quel dialogo la signora Rosa era andata da Nanni, che in quei giorni era semilatitante per intuibili motivi di autotutela, e gli aveva chiesto: «Nanni, dimmi la verità: sei stato tu?» Lui le aveva risposto: «Te lo giuro mamma, non sono stato io». E così lei, pacata ma inflessibile, gli aveva detto: «Allora devi andare dalla madre di Valerio e glielo devi dire di persona». Nanni non se l'era fatto ripetere: «Andrò a casa sua».

La scena che aveva fatto seguito a questo dialogo pare tratta da un film western. Bisogna per un attimo immaginarsi cosa significava quella visita in uno dei momenti più drammatici degli anni di piombo, con la tensione che è alle stelle, i compagni armati, l'esasperazione, la rabbia, il presidio sotto casa di Valerio che si è trasformato in una manifestazione permanente. Bisogna provarci. I signori Verbano hanno parlato ai compagni di Valerio: hanno chiesto loro di non interferire con quell'incontro. Sembra impossibile, ovviamente. Si è diffusa la voce. Ci sono tutti gli amici di Valerio che aspettano sotto casa, sempre quella casa, sempre in via Monte Bianco, dove oggi c'è il murale che è l'ultima traccia di questa storia. Tutto potrebbe finire con un linciaggio, perché la tensione è enorme. I genitori di Nanni lo accompagnano in macchina e lo lasciano solo davanti al portone. Il padre di Valerio scende a prenderlo. Il gruppo si apre, in un silenzio irreale, tra due ali che lasciano passare il fascista indenne. Nanni sale. Carla lo accoglie, misurandolo con lo sguardo. Perché non parte dal viso, ma dal corpo. Non è lui, pensa prima ancora di arrivare al volto. «Non era lui», mi avrebbe ripetuto nel 2006.

Sarebbe potuto finire tutto lì, con quella identificazione tattile, silenziosa, quasi pudica. E invece i genitori di Valerio invitano Nanni a sedersi. Parlano. Di cosa? Nel pieno del dramma, con gli eserciti schierati, cosa dici a un giovane militante neofascista che fino a pochi istanti prima era accusato di aver ucciso tuo figlio? Carla sospirava: «È che Sardo era curioso. E anche io ero curiosa». Curiosa di capire, di sapere. Di chiudere quel viaggio incredibile. Lo saluta. Poi il padre di Valerio scende con Nanni, lo accompagna fino alla macchina.

Come un momento di sospensione impossibile in una guerra feroce. «Non era lui», le dice Sardo, suo marito. «Non era lui», ribadisce lei di fronte a me un quarto di secolo dopo, «troppo alto, troppo muscoloso. Io quello che aveva ucciso mio figlio lo avevo visto bene, anche se aveva coperto la faccia.» «Non era lui», mi ripeteva nella casa di via Monte Bianco, sempre quella casa. «Sardo lo ha riaccompagnato giù e se n'è andato senza che nessuno gli abbia torto un capello.» E mentre ripercorreva quel ricordo netto aveva aggiunto: «Vedi, il divano dove sei seduto ora è quello dove è caduto Valerio. Non avrei mai potuto cambiarlo, o gettarlo via. Fa parte di questa storia».

Già. Però anche questa storia nella storia ha un sottofinale incredibile. Nel 2010, nel libro scritto da Carla con Capponi (si intitola *Sia folgorante la fine*), scopro qualcosa che lei non mi aveva raccontato, nemmeno ripercorrendo quell'episodio, e che forse prima di allora non aveva rivelato a nessun altro. Considero *Sia folgorante la fine* qualcosa di più di un testamento: un'intervista, sì, anche se dal punto di vista narrativo la voce narrante è una sola, un monologo di Carla, un soliloquio, un flusso di pensieri senza rete o cautele, un'inchiesta diacronica che dura una intera vita. Un libro-verità in cui nulla viene velato, persino i pensieri più oscuri.

Quando però arrivo a pagina 194, l'ultima pagina, sento un colpo al cuore. Perché nel dialogo con Capponi Carla aveva rievocato tutti i dettagli di quegli scontri a piazza Annibaliano senza citare l'incontro con Nanni De Angelis. Strano, mi ero detto. Poi, in quell'ultima pagina, Carla aveva detto di tenere ancora, nel 2010, la sua arma dentro una cassaforte: «Una volta la pistola l'avevo usata per davvero». Ma come, quando? Quello che Carla consegna ad Alessandro è il suo racconto interiore di quell'incontro: «In casa nostra venne Nanni De Angelis. Venne a parlare con me e mio marito, a farsi guardare in faccia da noi: così almeno credeva lui. Così credevamo tutti». Carla racconta la sua emozione, il suo tumulto interiore, la sua sofferenza. A un certo punto dice di essersi chiusa in camera.

E poi accende la sua luce su una sequenza così buia da rimanere sepolta nella sua memoria per trent'anni: «Io ero sul letto, sdraiata. Niente poteva ridarmi Valerio. Dopo qualche minuto mi sono alzata, sono andata in cucina e ho preso la pistola. Avevo già deciso tutto quando sono uscita in balcone. Da lì ho camminato fino a raggiungere la portafinestra del salone. Sono arrivata fino al vetro, fino alle tende. Poi mi sono fermata». Fermata, mi rendo conto mentre rileggo tre volte, voleva dire che non aveva sparato.

In *Cuori neri* c'era un capitolo anche su Nanni De Angelis e sulla sua storia, ovviamente. Dopo l'uscita del libro Carla mi aveva chiamato e mi aveva detto: «Me ne porti una copia, ti offro un tè e ne parliamo?»

Nella cucina di casa sua, mentre discutevamo del libro, delle reazioni che aveva suscitato, delle cose terribili che le avevano detto in proposito persone imprecisate che conosceva, improvvisamente mi aveva messo una mano sul braccio, come per avere un contatto mentre ascoltava la risposta: «Ma perché lo hai scritto? Perché partire dai fascisti per raccontare questa storia?» Le avevo risposto con le stesse parole con cui lei aveva spiegato a me i termini dell'incontro con Nanni: «Ero curioso, dovevo capire». Aveva chiuso il libro, e poi mi aveva detto: «Adesso lo finisco, poi ci rivediamo».

Ed era quello che sarebbe accaduto. Pochi giorni dopo sarei tornato in via Monte Bianco, per uno dei colloqui più belli che io ricordi. In quell'occasione avevo io un favore da domandarle. Enrico Lucci, delle Iene, mi aveva chiesto se ero disposto a chiedere a due delle madri che avevo conosciuto meglio di registrare insieme un'intervista doppia sugli anni di piombo. Sapevo che non era una richiesta facile, ma avevo pensato, per la confidenza che avevo con loro, di chiederlo a Carla e a Maria Lidia, la madre di Mario Zicchieri.

Questo tentativo ci aveva offerto lo spunto per una discussione intensa, anche drammatica. All'inizio Carla mi interrogava sospettosa: «Ma cosa vogliono quelli delle Iene? Fare ascolti?» Le avevo risposto: «Se volessero fare ascolti avrebbero cento argomenti più accattivanti, e cento volti più noti di quelli di due madri settantenni». Era vero. Così avevamo iniziato a discutere del senso di quel gesto, dell'impressione che avrebbe potuto offrire a chi guardava l'intervista: «Che la guerra è finita. Che non c'è più odio», sostenevo io. Va bene, aveva detto Carla, facciamolo: «Fammi telefonare domani da quelli delle Iene».

Invece, in piena notte, mi aveva chiamato lei: «Ci ho ripensato. Lo so che non dovrei farlo, ma ci ho ripensato». «Non te la senti?» E lei: «Io so che voglio farlo. Ma so che Valerio non avrebbe voluto. Io, oggi, capisco. Ma non sono certa che lui, nel tempo in cui ha vissuto, avrebbe capito un gesto come questo».

Avevo passato tutta la notte a riflettere su questo incredibile nesso: la madre è portatrice del lutto, e di una memoria di cui diventa custode, a tratti anche contro la propria volontà. Pensavo a cosa avrebbero potuto dire Mario Zicchieri e Valerio Verbano, se avessero potuto ascoltare un'intervista come quella, le loro madri che parlano insieme. Non mi ero ancora messo in quella prospettiva: avevo studiato le loro biografie, ma non avevo proiettato nel futuro le loro idee. Cosa era fedeltà, in questo complesso gioco di specchi tra passato e presente, e cosa era tradimento?

La mattina dopo avevo chiamato Enrico, informandolo di questo travaglio interiore di Carla. Con dispiacere, ma con rispetto, avevamo deciso di cercare Danila Tinelli, la madre di Fausto Tinelli, ucciso a Milano con «Iaio» Iannucci, per proporle la stessa cosa. Danila aveva ascoltato con molta attenzione, e poi aveva detto: «D'accordo, sono disposta a farla».

Non so se quell'intervista doppia – rivista oggi – faccia a tutti la stessa impressione che ha fatto a me e a coloro che erano a conoscenza di questo lavoro dietro le quinte: io, quando avevo visto quelle due donne miti, ma piene di dignità, mi ero commosso. Forse perché conoscevo il retroscena e la difficoltà di quella gestazione, ma non credo: era la forza che entrambe emanavano che bucava lo schermo e che arrivava fino a noi. Era quella miscela indicibile di forza e di amarezza. Maria Lidia e Danila apparivano in uno schermo diviso, con la tipica impostazione delle Iene. Una su fondo rosso e una su fondo giallo con questo sottopancia: «Mamma di Mario (ragazzo di destra)» e «Mamma di Fausto (ragazzo di sinistra)». L'intervista doppia, intensa e lieve, ma a suo modo condotta nel segno della massima semplicità, finiva con queste battute:

Ha mai incontrato la madre di un ragazzo ucciso perché di sinistra?

Maria Lidia: «No».

Ha mai incontrato la madre di un ragazzo ucciso perché di destra?

Danila: «No».

Che cosa direbbe all'altra madre?

Maria Lidia: «Ci abbracceremmo perché siamo uguali».

Danila: «È una vittima anche lei, come lo sono io».

A cosa è servita la morte di suo figlio?

Maria Lidia: «A niente».

Danila: «La sua morte non è servita a niente».

Maria Lidia: «A niente».

Danila: «Sono morti inutilmente».
Maria Lidia: «Un pesciolino troppo piccolo».
Danila: «Per niente».

Brividi. Eppure ero andato a dormire inquieto leggendo su internet tantissimi commenti, anche discordanti tra loro, alcuni decisamente ostili: «È stata una cerimonia ipocrita», «C'è una banalizzazione che equipara e cancella le diversità di queste due morti, in nulla paragonabili tra loro». Di nuovo gli stereotipi degli anni di piombo: di nuovo la favola feroce della piuma e della montagna (ovvero la citazione di Mao Tse-tung usata per teorizzare l'insignificanza di alcune vite rispetto ad altre). «Un brutto capitolo di revisionismo.» E io pensavo: di nuovo i cliché del fanatismo che vanno in crisi di fronte all'umanità di quelle due madri.

Il giorno dopo mi ero risvegliato apprendendo da Lucci che gli ascolti erano stati superiori a quelli medi di una puntata de *Le Iene* dell'epoca. Le madri avevano davvero infranto lo schermo, quei commenti acidi erano rappresentativi di nulla. Ma tutto mi aspettavo, tranne che di ricevere questa telefonata proprio da Carla: «Luca, è stata una trasmissione bellissima. Un'intervista bellissima». Poi una pausa. «Adesso accetterei senza esitazioni.»

Le avevo chiesto: «E oggi non ti chiederesti che cosa potrebbe dire Valerio?» Carla si era fatta seria: «Ho visto questa intervista con sofferenza, mettendo la metà di me nei panni di Danila, e l'altra metà di me negli occhi di Valerio». Silenzio. Chiedo: «E cosa hai capito?» Un sorriso impercettibile, nelle parole di Carla: «Non sarebbe felice prima. Non credo che protesterebbe dopo averla vista. Ma se lo facesse ne potremmo discutere».

Il punto di vista della madre custode: non si chiudeva nella testimonianza, ma poteva evolversi nel tempo. Le madri che avevano trasmesso le passioni potevano continuare a vivere la memoria in modo dinamico, malgrado la morte dei propri figli.

Carla era capace di decisioni drastiche, libere, difficili. Era capace di contraddirsi. Di immaginare un omicidio. Ma anche di sognare un perdono. Ricordo che una mattina mi aveva chiesto il telefono di Silvia Giralucci, la figlia di Graziano, e che pochi giorni dopo avevo scoperto da entrambe che erano diventate amiche, a distanza, tra Roma e Padova.

Era ormai così radicata in Carla, questa convinzione del perdono, che un anno più tardi avrebbe accettato, sorprendendomi di nuovo, una proposta per lei ancora più impegnativa. Su invito di Walter Veltroni, in un incontro organizzato al PalaEur, era salita sullo stesso palco – lo racconterò in un altro capitolo – insieme a Giampaolo Mattei. Sapevo bene, e lo sapeva ancora meglio lei, che quel gesto avrebbe suscitato le ire – ma forse anche il legittimo dispiacere – di molti amici di Valerio, che non potevano concepire l'abbraccio con il fratello di due fascisti arsi vivi. Ma a quel punto Carla lo considerava il passo necessario di un percorso che non era solo suo, personale, ma parte di un processo più generale nel rapporto con la memoria. Mi chiamava a ogni compleanno e, con mio grande stupore e con precisione inesorabile, a ogni onomastico. Era una persona gentile, delicata, ma assolutamente granitica nelle sue scelte. Per questo non era difficile, per me, immaginare la sua determinazione nel prendere il porto d'armi, la sua tenacia nel custodire una pistola, come se fosse anche quello un dovere.

Carla Verbano, Alessandro Capponi, *Sia folgorante la fine*, 2010:

Prima di morire vorrei che l'assassino suonasse ancora alla mia porta. Vorrei che prima ancora di dirci buongiorno mi dicesse: «Io sono l'uomo che ha ucciso suo figlio». Lo farei entrare, gli parlerei. Prima di morire vorrei capire. Adesso ho quasi ottantasei anni e vorrei conoscere tutto di quella esecuzione. Non mi interessa sapere perché hanno ucciso in quel modo un ragazzo di diciotto anni, perché hanno legato noi nella stanza a fianco, perché sono venuti a spararglі qui, in casa mia, su quel divano. Lo farei accomodare, l'assassino, gli preparerei un caffè purché mi spiegasse perché l'hanno ucciso.

Il punto debole dei superstiti coincide con la loro forza: devono capire *perché*. Mi ricordo Carla nel suo salotto, nella sua cucina, minuta, nelle ricorrenze degli anniversari. E mi ricordo la storia di questi due ragazzi. Paolo Di Nella è un morto nero sul confine di un quartiere nero. Valerio Verbano è un morto rosso sul confine di un quartiere rosso. Un pugno di chilometri li separa, un tratto di penna su una cartina topografica, il confine di una tangenziale, come un fossato tra mondi in conflitto. Questa è stata la guerra a Roma. Morti che se ne stanno sui confini della nostra guerra civile, come le pietre miliari sulle antiche vie consolari di Roma. Per questo la casa di Carla non dovrebbe diventare un appartamento a equo canone, ma essere trasformato per sempre in un luogo della memoria. Carla ha cercato tutta la vita la verità. Abbiamo il dovere di donarle quel fazzoletto di Roma. Ma in fondo non è un regalo per lei. Sarebbe un regalo per la città e per il Paese.

3
La battaglia senza fine di Maria Lidia Zicchieri

Per trent'anni tutti si erano dimenticati di suo figlio, della sua terribile storia, della sua famiglia e di lei: Maria Lidia Zicchieri, madre di Mario, detto «Cremino», assassinato come un cane a colpi di fucile a pompa, il 29 ottobre 1975, davanti alla sezione Msi di via Gattamelata a Roma. Pallini doppio zero da caccia, arteria femorale recisa, il tappezziere del negozio accanto che prova a tamponare il sangue con quello che ha tra le mani, un tentativo disperato e impossibile di fermare l'emorragia: «Ho freddo, tanto freddo, non dite nulla a mamma».

La carta d'identità di Mario, che quel giorno rimane infilata nella tasca posteriore, intrisa di sangue e macchiata, tinta di rosso porpora, e la storia del rapporto di questo documento con la vita di Maria Lidia – che voglio raccontare – non sono un fatto personale, ma piuttosto un altro simbolo potente degli anni di piombo, del nostro rapporto difficile con la memoria. Una metafora che ci fa capire molti elementi irrazionali, indicibili, oscuri. Questa è la storia di una macchia di sangue e di una nuvola di oblio. È la storia di una madre, di un ragazzo e di un ex brigatista imprigionati in una nuvola di oblio e in una macchia di sangue, denso e indelebile. Questa è la storia rara di una liberazione dall'angoscia, resa possibile dalla libertà della memoria.

In quel lontano giorno del 1975 – è quasi certo – l'obiettivo non era Mario: volevano ammazzare il segretario della sezione Prenestina del Msi, Luigi D'Addio, testimone nel processo per la morte di Mikis Mantakas. Invece, per i casi del destino, proprio nei minuti in cui Mario si affacciava sulla strada durante una pausa nel lavoro al ciclostile, il dirigente missino era andato a seguire l'occupazione di un palazzo di periferia. Il commando dei killer, secondo gli inquirenti, era composto da un nucleo nato dentro il Co.co.ce, un gruppo extraparlamentare della Roma più periferica e arrabbiata degli anni Settanta, una palestra in cui sarebbero cresciuti tanti probabili o futuri brigatisti: secondo gli inquirenti, i killer erano arrivati con una Fiat 128 davanti all'ingresso della sezione, avevano segato le targhe di due diverse macchine per poterne ricomporre una falsa, in fotocopia, con un rudimentale trucco che – nell'era predigitale – ancora poteva riuscire a trarre in inganno la polizia.

Quella mattina, quando avevano scoperto che D'Addio non era andato in via Erasmo Gattamelata, gli uomini del commando che si era costituito per portare a termine l'azione erano già pronti a far fuoco: l'adrenalina nel sangue, le armi in pugno, il bersaglio che improvvisamente scompare, ma lì davanti l'immagine di due ragazzini accanto a un ciclostile. Viste dalla 128 quelle due sagome non sono più due ragazzi, ma due nemici. E così i killer avevano deciso che non se ne sarebbero andati senza sparare. Non un errore di persona, ma una persona uccisa al posto di un'altra. Ancora peggio: perché quando ti sei preparato a diventare assassino, prima o poi inevitabilmente spari. Un fascista vale l'altro. Un morto vale l'altro.

Mario aveva solo sedici anni.

«Ahò, ma io lo so che tu sei rosso! Mi spieghi perché ti dovrei parlare?» Non era duro, il tono di Maria Lidia Zicchieri, la prima volta che ero andato a bussare alla sua porta: era guardingo e ironico, vagamente canzonatorio nei miei confronti, semmai. Io, sul pianerottolo di un palazzo nei pressi di piazza Bologna, mi sentivo come quei venditori di spazzole che vengono tenuti sulla soglia di casa perché non sono graditi all'inquilino. Lei mi parlava attraverso lo spiraglio tra il battente e la porta, potevo vedere il suo volto, ma solo a metà. Mi diceva: «Dopo quello che mi hanno fatto i giornalisti in questi anni, dovrei sparare appena ne vedo uno. Ma siccome abbiamo già pagato troppo per la violenza, mi fermo qui».

Non avevo idea di come avrei potuto convincerla. E non potevo certo immaginare che il rapporto che si sarebbe creato tra me e Maria Lidia durante gli anni in cui avrei scritto *Cuori neri* sarebbe stato particolare, intenso, forte come quello che si era stretto con Carla Verbano, ma se possibile ancora più viscerale, spiazzante per entrambi: «la madre nera» e «il giornalista rosso». «Ahò, ma lo so che sei comunista, che cosa vuoi da me?» Però mi stava dando del tu.

La mamma di Mario, senza che io o lei potessimo immaginarlo, e come racconterò tra poco, avrebbe avuto un ruolo decisivo nella stesura del mio libro in un momento in cui stavo per rinunciare a tutto e gettare la spugna. La storia di quel ragazzo ucciso in via Gattamelata mi aveva letteralmente sconvolto, ed ero arrivato a un vero e proprio blocco di scrittura. Per questo voglio raccontare tutto ciò che era accaduto a partire da quella mattina. Proprio lì, sulla soglia di casa, indagando la metà di viso che potevo vedere, le avevo detto: «Signora Maria Lidia, mi sto documentando da tempo sulla storia di Mario, la conosco abbastanza per dirle una verità di cui anche lei è già convinta: c'è una cosa sola peggiore di averlo ucciso».

«E quale sarebbe?»

«Lasciare che sia dimenticato.»

La porta si era chiusa. Erano passati dei secondi che mi erano apparsi interminabili. Ma subito dopo, sentendo il rumore della catenella che scorreva via, avevo capito che la madre di Mario mi stava dando una possibilità. Non si stava rivolgendo a me con arroganza. Era una voce stanca, semmai, carica di dolore: «Ogni anno, il 29 ottobre, il mio tempo si ferma come un orologio rotto, e perdo un giorno di vita: non voglio commiserazione. Voglio rispetto. Ti do dieci minuti per convincermi, poi se non voglio fare l'intervista mi farai il piacere di andartene senza scrivere una riga: queste sono le condizioni».

* * *

Il numero e l'indirizzo di Barbara, sorella di Mario e figlia di Maria Lidia, me lo aveva dato Maria Carla Cecchin, la sorella di Francesco (anche lui una vittima degli anni di piombo di cui avevo raccontato in *Cuori neri*). Lei aveva accettato di parlare, in una giornata che difficilmente potrei dimenticare: una persona lucida, sensibile, segnata dal dolore e allo stesso tempo incredibilmente determinata. Molto timida, ma elegantissima nella sua dignità. Maria Carla mi aveva investito con il suo racconto fatto di piccole parole, di gesti misurati, di immagini custodite nel cuore e ricordi carichi di pericolo e di veleni, come certi contenitori di gas nervino sepolti nelle loro bare stagne sul fondo degli oceani. Ricordi chiusi e sigillati come nel cemento vivo, per tutelarsi, ma non per questo meno letali.

Maria Carla teneva in fondo al suo racconto quell'ultimo anello di dolore, le parole con cui Francesco, la sera in cui erano usciti insieme, le diceva: «Va' via, scappa! Corri a chiamare aiuto!» E insieme con questo ultimo messaggio si trascinava il senso di rimpianto non rimediabile perché avrebbe potuto salvarlo, se solo non avesse obbedito a quel grido disperato.

Avevo già radunato i documenti giudiziari sul delitto Cecchin, e dopo quell'incontro avevo scritto quasi in modo febbricitante per una settimana. Subito dopo avevo riconsegnato il capitolo a Maria Carla perché potesse controllare cosa avevo utilizzato del nostro colloquio, come le avevo promesso. Lei aveva modificato non più di due o tre parole (non tanto nella sua testimonianza, ma soprattutto in quella che avevo raccolto da sua madre) e mi aveva ringraziato. Maria Carla e io avevamo raggiunto sua madre Valeria a Nusco, il paese di origine della famiglia materna, dove Francesco aveva passato gli anni delle vacanze più spensierate, lo stesso luogo dove era sepolto: durante quel viaggio avevo visto Maria Carla trasformarsi repentinamente, passare dalla cupezza alla luce, accendersi di gioia solo per il fatto di dover frugare nella casa dei ricordi dove tutto le parlava di suo fratello.

Avevo steso la bozza del capitolo su Francesco con la sensazione che la scrittura avrebbe aiutato sia me sia lei a sciogliere alcuni nodi aggrovigliati di quella storia, a partire dalla grande ingiustizia che i Cecchin avevano subito: vedere negato il carattere terroristico di quella morte. E infatti, quando avevo riletto le prime bozze stampate del capitolo, mi ero sentito leggero e ristorato come dopo aver scalato una montagna.

Pochi giorni dopo Maria Carla mi aveva dato il numero di telefono di Barbara Zicchieri, che all'epoca, come lei, era impegnata nell'organizzazione di Alleanza nazionale nella sede di via della Scrofa. Lavorare per il partito erede della storia missina, per entrambe, era anche una sorta di prosecuzione dell'attività che i fratelli avevano dovuto interrompere: allo stesso tempo una forma di risarcimento e di impegno (oggi, dopo che An si è fusa nel Pdl, entrambe sono state allontanate o se ne sono andate, e anche questo è un esito che dovrebbe raccontare qualcosa). Ma Barbara, che avrei ritrovato insieme a Maria Lidia nella giornata chiave della storia che vi sto per raccontare, mi aveva detto che lei avrebbe accettato di farsi intervistare solo se prima avessi convinto sua madre: «Per me è una forma di rispetto dovuto: io senza mamma non voglio fare o dire nulla che riguardi la memoria di Mario». Poi mi aveva scritto su un biglietto l'indirizzo di casa di sua madre dicendomi: «Con te devo essere sincera, Luca. Mamma non vuole parlare. Se vuoi fare comunque un tentativo disperato, ti do questo consiglio: vai di persona. E cerca soprattutto di essere sincero».

Sul divano del salotto, adesso, mamma Zicchieri mi stava dicendo: «Hanno scritto che Mario era un picchiatore. Che se l'era cercata. Che io ero una pazza. Che noi, io e le mie figlie, costrette a cambiare scuola, campavamo di rendita sul nostro lutto. Perché questa volta dovrebbe essere diverso?» Non mi ricordo esattamente tutto quello di cui avevamo parlato, quel primo giorno. Tornai a casa che era quasi notte, al punto che Laura (la mia futura moglie) si era convinta che mi fosse capitato qualcosa: «Ti ho cercato per ore, avevi il telefono spento! Cos'è successo?» Guardando l'orologio, solo in quel momento mi ero reso conto che avevo totalmente perso la nozione del tempo.

A Maria Lidia avevo spiegato che pensavo di scrivere il libro in quattro mesi e che invece ero già al terzo anno di lavoro. Che avevo raccontato le storie delle altre madri che avevo incontrato, da un capo all'altro dell'Italia, e di come quei lutti, compreso il suo, fossero apparentemente tutti diversi, ma anche in una certa misura tutti uguali. Le avevo detto cosa comportasse, per me, inseguire questo rosario di storie. Le avevo mostrato alla fine lo scatafascio delle fotocopie che avevo stampato dai giornali dell'epoca, passati al setaccio nell'emeroteca del Senato, con tutto quello che era stato pubblicato sulla storia di Mario. A questo punto lei era andata a prendere il suo libro dei ricordi, dei ritagli, delle sentenze. Un archivio raccolto negli anni, con metodo, e conservato meticolosamente. Subito dopo aver poggiato quell'incartamento sul tavolo, mentre la polvere degli anni non si era ancora posata, mi aveva dettato le sue condizioni: «Io proverò a raccontarti tutto, anche se per me sarà doloroso. Tu potrai scrivere tutto quello che ti dico, voglio provare a fidarmi. Mi darai la bozza del capitolo, prima di andare in stampa. Ma se dovessi chiederti di togliere qualche cosa che io penso non sia vera, lo farai». Da quel momento in poi non eravamo più un giornalista rosso e una madre nera: eravamo le ultime due persone che potevano ricostruire la storia di Mario e sottrarla all'oblio.

Telefonata a *l'Unità*, 9 dicembre 1977:

Qui il commando armato dell'esercito combattente Mario Zicchieri. In previsione dell'assemblea dei topi rossi al teatro Parioli, questa mattina, abbiamo provveduto a renderlo inagibile.
Sieg Heil!

Telegramma al *Secolo d'Italia*, 9 dicembre 1977:

Apprendo che al nome mio povero figliolo Mario s'intitolano gruppi incendiari teatro Parioli. Esprimo mio accorato dolore per tanto profanatorio abuso.
Maria Lidia Zicchieri.

Se la ricordava bene, quella mattina, Maria Lidia. Come si ricordava bene quei giorni di ferro e di fuoco avviati dalla fucilata che in via Erasmo Gattamelata aveva falciato la vita di Mario.

A San Lorenzo, il 30 ottobre, vanno a sparare in nome di suo figlio a Emilio Petruccelli, il segretario della sezione di Lotta continua del quartiere. Lo stesso giorno Petruccelli viene convocato in commissariato: gli spiegano che al suo posto è morto un altro. A restare a terra, sotto i colpi di due motociclisti armati di P38, infatti, è solo un ragazzo di ventun anni, che ha l'unica colpa di portare come lui un filo di barba. Si chiama Antonio Corrado. In *Cuori neri* avrei pubblicato una poesia scritta da Antonio contro la violenza, un inno alla vita sedato a colpi di pistola.

Poi ci sono i funerali di Mario, che finiscono con un altro bollettino di guerra e scontri tra polizia e giovani missini, scene di guerriglia urbana che costano l'espulsione a molti iscritti e qualche problema anche al giovane Gianfranco Fini. E infine c'è quella bomba nel teatro che sarebbe diventato il regno di Maurizio Costanzo, nel cuore dei Parioli. Avevamo riletto insieme a Maria Lidia la stessa cronaca di quella giornata di dramma, scritta da Marco Molendini, che poi avrei citato nel libro: «Arrangiata in mezzo alla strada con microfoni e altoparlanti, snaturata nei contenuti, perché dedicata più all'attentato che alle elezioni, l'assemblea al teatro Parioli si è svolta ugualmente. Gente affacciata ai balconi, centinaia ad ascoltare lungo via Giosuè Borsi. Hanno parlato in molti. La sigla che ha rivendicato l'attentato», raccontava il giovane cronista che per un caso anni più tardi sarebbe diventato mio caporedattore a *Il Messaggero* e uno dei più famosi critici musicali italiani, «è un'etichetta trovata sul momento, parafrasando quella dei commandi rivoluzionari dell'ultrasinistra. All'ufficio politico sono convinti che sia un'azione partita dall'Azzarita, il liceo dove esiste una presenza, sia pure di minoranza, dei fascisti».

Pensate, solo per un attimo, al dolore di Maria Lidia. Essere vittima e dover vedere vittime che cadono dopo essere state abbattute nel nome di tuo figlio. Dover assistere a tutta quella violenza, impotente. Maria Lidia era corsa all'ufficio postale e, come dice lei, «con semplicità», aveva dettato quel telegramma, stringendo i pugni per la rabbia mentre tornava a casa. La mamma di Mario conosceva benissimo quel confine sottile tra vivere e morire, tra ribellarsi e sparare. Ricordava la felice incoscienza di Mario il giorno in cui le aveva raccontato di essere scampato al crepitare dei proiettili durante gli scontri di piazza Risorgimento in cui era stato ucciso Mikis Mantakas: «Sono vivo per miracolo, mamma». E mi aveva parlato delle foto che la Digos le aveva mostrato facendole vedere suo figlio e alcuni suoi amici con delle catene addosso. All'inizio si era chiesta perché le mostrassero quegli scatti: poi, da un dettaglio, aveva capito che si trattava effettivamente di Mario.

«Vedi», mi aveva detto, «lui pensava solo di andare in palestra, e quelli gli insegnavano a giocare alla guerra. Gli avevo fatto una scenata che non ti puoi immaginare.» Quanto era stato difficile raccontare questo confine sottile, questa ennesima «zona grigia» tra vittime e carnefici.

Quello che in *Cuori neri* non avevo raccontato è che nella casa vicino a piazza Bologna c'erano delle foto di famiglia da cui – con delle forbici – era stata ritagliata una figura. Quella del padre di Mario, Antonio. Cancellato, anche fisicamente, dalla memoria domestica, per i postumi di quel delitto, e non solo. «Antonio», mi aveva raccontato Maria Lidia, «era venuto a sapere della morte di Mario prima di me da Rino Barillari, celebre paparazzo de *Il Messaggero*, che era passato a bussare alla porta di casa nostra per chiedere una foto di Mario. Io in quelle ore ero al lavoro. Lui aveva appreso della sua morte ed era crollato. Quella mattina si era messo a letto, distrutto, e da allora aveva iniziato a combattere contro la depressione.»

Anche questa era una costante che avevo ritrovato in tante storie. Le madri che sopravvivono per custodire la memoria e far sopravvivere la famiglia. I padri che si abbattono, come schiantati dal dolore, perché non sopportano il peso del lutto. Era il ribaltamento di qualsiasi cliché sul sesso forte. Ma era anche la traccia di qualcosa di più profondo, il sentimento delle madri che trasmettevano la passione politica: la madre di Mario, con i suoi racconti del nonno gerarca. Ma anche la madre di Carlo Falvella – ucciso a Salerno nel 1972 – che girava con i manifesti della Fiamma fissati con lo scotch sul cofano. Maria Lidia ricordava le tante volte in cui aveva detto: «È rischioso», «Non andare», ma anche tutte quelle in cui – con una perfetta e comprensibile scissione fra ansia e passione – aveva dato a suo figlio i soldi per comprare una confezione di Sichozell, la colla per parati che veniva comunemente usata per attaccare i manifesti.

Quello che però la signora Maria Lidia non avrebbe mai potuto accettare, nel complesso rapporto che si era ridisegnato con il marito dopo la morte di Mario, era che il giorno in cui avevano dovuto decidere se costituirsi parte civile nel processo ai presunti assassini di suo figlio il signor Antonio le dicesse: «Maria Lidia, se lo facciamo è come metterci contro le Brigate rosse, lo hai capito?» Maria Lidia lo aveva capito, e lo aveva fatto. Senza di lui, da sola. E cancellando un nome dal suo cuore, per sempre. Maria Lidia sola nelle aule di tribunale, o con le figlie, sola a ritagliare i giornali, a parlare con gli avvocati, sola contro tutto e tutti, come si era sentita da quel giorno in poi. Ci sono scelte che possono scavare fossati inestinguibili tra persone che un tempo si sono amate. Quando, dieci anni più tardi, il signor Antonio aveva deciso che era tempo di rifarsi una vita, lo aveva fatto con un'altra donna.

Non mi stupiva, dunque, che nella foto in cornice il suo viso fosse stato reciso con un colpo di forbice così netto.

Era stato il giorno del nostro secondo incontro, però, che Maria Lidia mi aveva consegnato il suo ricordo più incandescente e pericoloso da maneggiare, per chiunque. Era la sequenza per lei più drammatica, quella in cui si era avviato il congegno di eventi che culminava con la notizia della morte di Mario. Ma ciò che rendeva tutto più doloroso e lacerante era il fatto che all'inizio nessuno le avesse detto tutta la verità, che il dramma fosse precipitato sulla sua testa avvolto nella cortina fumogena dell'inconsapevolezza, che il racconto di uno scherzo da ragazzi si fosse improvvisamente virato di un presentimento di morte, e chiuso con una comunicazione ferale. Maria Lidia ripeteva questo racconto con la stessa scansione di passaggio dalla spensieratezza svagata all'angoscia cupa con cui l'aveva vissuto. E raccontava di rivivere molte volte l'anno, non solo nell'anniversario della morte di Mario, questo incubo a occhi aperti. Sempre le stesse immagini, sempre le stesse parole, tutto uguale, sempre.

Lei è al lavoro, in un giorno come tanti, in pasticceria. Il telefono squilla, ed è per lei, fatto inconsueto. A chiamarla, evento ancora più raro, è suo cognato Enrico, con cui non è in buoni rapporti. Enrico ha una voce strana, ma lei non capisce. Le dice di non preoccuparsi, ma di correre al San Giovanni, che hanno ferito Mario con un colpo di catena, nulla di grave. Tutto ancora più inverosimile, ma lei di nuovo non vuole capire. Chiama un taxi e ci sale, e il tassista, che sta sentendo un notiziario, a un tratto, quando parlandole apprende il suo cognome, spegne precipitosamente la radio. Ma, persino allora, lei non si insospettisce. Ha fatto in tempo a sentire che si parla di colpi di fucile al Prenestino, ma il suo inconscio la sta già proteggendo, con un riflesso automatico. Il tassista le ha chiesto il suo cognome. «Zicchieri», ha risposto lei, e non le è venuto da pensare che ci fosse una qualche connessione con il fatto che lui poi le ha detto di esporre un fazzoletto bianco fuori dal finestrino. Il tragitto si trasforma in una corsa disperata senza che lei ne abbia la consapevolezza; il taxi arriva a destinazione, sotto la statua di San Giovanni, mentre la mente di Maria Lidia ancora immagina di dover comminare una lezione esemplare a un figlio indisciplinato. Ad aspettarla ci sono suo cognato e anche sua cognata, ma cosa ci fanno? È solo a questo punto che un sospetto inizia a squarciarle il petto, Maria Lidia sta correndo verso l'ospedale risalendo la collinetta del grande prato verde, e a un tratto non capisce più nulla, sta correndo, mentre davanti agli occhi baluginano immagini e lampi di un caleidoscopio impazzito: all'ingresso ci sono fotografi, giornalisti, un deputato missino che le dice qualcosa, voci confuse e distorte nel ricordo, e un dottore, in camice bianco, come un fantasma, che non dimenticherà mai. Al termine di questa sequenza che inizia con un telefono che squilla in una pasticceria, c'è un fantasma in camice bianco che le dice: «Signora, suo figlio è morto». E poi il buio.

Come sarebbero stati traumatici il risveglio e la vita dopo quel buio. Maria Lidia mi avrebbe raccontato tutto, e la sua storia l'ho riportata in *Cuori neri*. Un marito che si eclissa nel suo tormento solitario, un processo infinito, un rapporto carico di dolore e di impossibilità di condivisione con Marco Luchetti, il ragazzo che era stato ferito nello stesso giorno e per cui lei aveva pregato come se si trattasse di suo figlio. Le due bambine che devono cambiare scuola, e perdere un anno, perché sono inseguite dal peso del cognome che portano, come una condanna, nei giorni assurdi degli anni di piombo. Non ho mai rivelato che quel racconto, scandito con i tempi di un orologio, e perfetto come la formula di un veleno, avrebbe iniziato a scavare anche dentro di me. Così come la scrittura del capitolo su Cecchin era stata pressoché fulminea, e mi era sembrata quasi guidata da una mano invisibile, adesso la scrittura del capitolo su Mario diventava onerosissima, e si incagliava sempre nello stesso punto, appena quel telefono iniziava a squillare nella pasticceria. Mi mettevo al mio tavolo da lavoro per provare a trascrivere quel blocco di memoria, e finivo sempre per non riuscirci. C'erano giorni in cui dicevo in partenza: adesso no, non me la sento, non è il momento giusto. Altri in cui pensavo di essere dell'umore adatto, ma tornando stanco, dopo un giornata di lavoro al giornale, sentivo di avere l'alibi per rimandare. Altre volte riuscivo a iniziare ma qualcosa fatalmente mi interrompeva.

Una domenica pomeriggio, il mio amato caporedattore, Mario Sechi, mi chiedeva se ero disposto a prendere un aereo per andare a seguire l'improvvisa trasferta di un ministro in Africa. E io dicevo sì, con un quasi consapevole sollievo, lasciando quella pagina in bianco, lasciando quel telefono che squillava nella memoria di Maria Lidia – e nella mia testa – senza risposta. Intanto passavano i giorni, i mesi, e tutto il libro si era come incagliato intorno a quell'ostacolo psicologico invisibile. Non potevo rileggere le bozze perché non finivo di scrivere quel capitolo, posticipavo tutto, non rispondevo alle sollecitazioni del mio editor, le carte si accatastavano sulla mia scrivania, mi sembrava che, se non avessi trovato la forza per sollevare quel macigno, non avrei potuto fare più nulla, come se l'intero libro perdesse di significato perché non ero riuscito a saltare un ostacolo.

Finché, una mattina, il mio cellulare non aveva squillato, consegnandomi la voce solare di Maria Lidia. Finché il peso della telefonata della pasticceria che aveva ricevuto lei non era stato sostituito dalla leggerezza della telefonata di Maria Lidia che mi scuoteva dall'incantamento: «A Lucaaaa! Ma quanto ci metti? Ancora un po' e muoio! Me lo fai leggere, questo capitolo, o no?»

Maria Lidia rideva, ma al tempo stesso era seria, e io iniziavo a conoscere per la prima volta le sue infinite riserve di umanità. Era come se, senza che io le avessi detto nulla, lei avesse capito che qualcosa si era inceppato, nel congegno delle mie sicurezze e della mia scrittura.

Allora mi ero rimesso al lavoro davanti al computer, una mattina. Avevo ripreso il mio taccuino con l'intervista a Barbara, quella in cui mi diceva: «Io penso che ci sono alcuni che hanno un appuntamento con la morte, e che mio fratello fosse tra questi». Avevo trascritto il ricordo che Barbara bambina aveva di sua madre che, il giorno in cui Mario voleva andare in tribunale a seguire il processo per il rogo di Primavalle, gli gridava: «Sono tempi brutti e tu mi fai stare in pena!» Maria Lidia, mi raccontava Barbara, aveva chiuso Mario in soggiorno, la notte prima dell'udienza, per impedirgli di uscire di casa. E poi aveva riaperto la porta, alle cinque del mattino, per permettergli di andare in bagno quando si fosse svegliato. Ma suo figlio se n'era andato di soppiatto, e si era ritrovato in mezzo alla sparatoria di piazza Risorgimento, vicino all'angolo dove era esploso il cranio di Mikis Mantakas, e dove un futuro esponente dei Nar come Franco Anselmi aveva visto schizzare il sangue del ragazzo greco sul suo passamontagna. Barbara ricordava suo fratello maggiore che esclamava, a metà fra l'emozione e lo spavento: «Sono vivo per miracolo!» E mentre, scrivendo, provavo a immaginarmi la sua faccia, contavo sulla punta delle dita, per scoprire che solo otto mesi dopo quel grido di salvazione era morto.

Per fare tutto questo ci avevo messo quasi tre ore. Poi avevo infilato nel registratore la cassetta con il racconto di Maria Lidia (esistevano ancora i registratori!) ed ero ripartito da quella sequenza: ero finalmente riuscito a saltare sul treno della memoria di cui da mesi perdevo le tracce.

«Maria Lidia, devi lasciare il lavoro, vieni subito al San Giovanni! Mario ha un problema.»

«Che problema?»

«L'hanno ferito, una catenata. Nulla di grave.»

L'insostenibile leggerezza delle menzogne. Avevo scritto quattro righe, e mi pareva di avere scalato una montagna. Ma adesso ero partito, e mi assisteva l'idea che quando avrei finito il lavoro avremmo potuto rileggere quel racconto insieme, Maria Lidia e io, riuscire a domare quella belva.

«Arriviamo sotto la statua di San Giovanni e dico: 'Quant'è la corsa?' E il tassista, che non ho più rivisto: 'Nulla signora, nulla. Ho preso la chiamata perché mi era di strada'.» Maria Lidia trova il cognato, supera la barriera dei cronisti: «Vedo l'onorevole Saccucci, che conoscevo, venirmi incontro. Caccia tutti, mi stringe le braccia, cerca anche lui di dirmi qualcosa, ma non capisco nulla, nulla. Vedo le bocche che si muovono, non sento i suoni. Entriamo in una stanza. C'è un dottore in camice bianco. Sono quelle le uniche parole che sento: 'Signora, suo figlio è morto'. Per la prima volta tutto si ferma. Mi sono risvegliata in una stanza di ospedale.» Scrivere questo, e non solo, mi ha impegnato tutta una notte.

Ci sono molte imperfezioni da levigare, ci sono dettagli essenziali che turbinano e devono trovare posto, ma sento che ho superato il blocco. Il giorno dopo mi sveglio tardissimo, rileggo tutto nella luce della mattina. Sono soddisfatto di come sono riuscito a rendere il fiume impetuoso delle parole di Maria Lidia. Il resto del capitolo si incastra perfettamente con le ultime pagine che ho scritto, come se fosse un mosaico a cui mancava solo una tessera, quella.

Telefono alla mamma di Mario e le dico: «A che ora posso passare?» La sento sorridere. Poi mi fa: «Puoi venire dopo le sei? Vorrei che ci fosse anche Barbara».

Arrivo a casa Zicchieri con due bozze del capitolo stampate su fogli A4. Entro, Maria Lidia è solare, come sempre. Ma quando vede il mazzo di pagine fa un sospirone. Finisce così. Io seduto sul divano del soggiorno, con una delle due copie e una penna, per le annotazioni. Lei al tavolo con l'altro fascicolo, e Barbara al suo fianco. Madre e figlia si passano i fogli, scorrendoli e girandoli via via sul mucchietto delle pagine lette. Maria Lidia, pagina letta, silenzio, e il foglio passa a Barbara. Barbara, pagina, silenzio, legge e rigira il mazzo.

Tutto scorre così per minuti che mi sembrano interminabili, nel salotto di casa, con le foto di Mario sulla credenza. Anche io, in silenzio, ripercorro le pagine, come se le leggessi per la prima volta: i volantini, i giornali, la testimonianza di Marco, l'amico di Mario, sopravvissuto, che non ero riuscito a ritrovare e le cui dichiarazioni avevo recuperato dalla collezione del *Secolo d'Italia*. Mai avrei immaginato che Luchetti sarebbe ricomparso dal nulla, due anni dopo, nella mia redazione, in un giorno d'inverno, per raccontarmi anche lui la sua dolorosa testimonianza, il suo frammento di verità. Rileggo l'incredibile sequenza delle rappresaglie. La testimonianza di Teodoro Buontempo, che mi racconta di Mario che imitava la sua voce roca vincendo la propria timidezza, e prendendolo in giro per i rudi consigli pre-manifestazione: «Ahò! Si nun ce volete venì nun ce venite, chiaro? Nun ce venite proprio. Ma se ce dovete venì venite disarmati, chiaro?» Mario ripeteva la frase a scioglilingua, parodiando Buontempo, e tutti ridevano. Tempi in cui si doveva ricordare a dei sedicenni di lasciare pistole e coltelli a casa.

Adesso, mentre scrivo, Buontempo è morto da quattro anni, e io penso che sia stata una fortuna pubblicare *Cuori neri* in quel tempo, trovando tutti quei testimoni. Per un attimo Barbara dice a Maria Lidia: «Hai letto Teodoro? Questa non me la ricordavo». Un anno più tardi avrei incontrato anche Luigi D'Addio – l'uomo a cui probabilmente volevano sparare quel giorno – durante una presentazione del libro in via del Seminario. Mi aveva parlato con un tono cupo, amarissimo: «A Telè, erano giorni infami! Io Mario me lo sogno la notte. Eravamo brutti, sporchi e cattivi, tutti quanti. E sopravvivere con il senso di colpa, a volte, può far soffrire più della morte. Io non sono lo stesso di allora: io ero negazionista, picchiavo... Vivevamo solo per la politica. E tutto quello che abbiamo fatto non è servito a nulla».

Poi di nuovo silenzio nel salotto di casa Zicchieri, e fruscio di pagine girate. Infine si arriva a quella che nel libro sarebbe diventata pagina 349. È Barbara che inizia a parlare, con la voce rotta dall'emozione: «Mamma, ma qui tu dici che nelle foto che ti ha fatto vedere la polizia Mario aveva una mazza di ferro!»

Era vero. Maria Lidia me lo aveva raccontato quasi con un tono asettico, di quando in commissariato le avevano messo davanti agli occhi quegli ingrandimenti: «Sono in gruppo, la foto non è a fuoco. Sto per dire che no, non li conosco. Poi noto un dettaglio, il bracciale d'argento. Allora lo guardo meglio e subito dopo lo riconosco: è Mario. Ecco, questo figlio non lo conoscevo».

Maria Lidia risponde a Barbara, è calma: «Sono stata io a dirlo a Luca. Ha scritto tutto, perché anch'io voglio raccontare tutto». Barbara ha la voce che si rompe, sotto la forza di lacrime trattenute: «Ma chi ti dice che chi leggerà capirà che questa è una ragazzata? È tutta la vita che lottiamo per restituire a Mario la sua vita. Chi ti dice che qualcuno a causa di questa frase non penserà: Lo dice pure la madre, 'era un violento'? Hai pensato come possono essere usate queste parole?» Non era solo amore di sorella. Era una percezione legittima.

A questo punto anche Maria Lidia si era commossa: «Barbara, è tutta la vita che litigo con mio figlio, pure da morto. Non abbiamo bisogno di un santino. Abbiamo bisogno della verità. E questa foto, vera, non toglie nulla all'umanità di Mario: semmai lo rende più vero». Barbara aveva sospirato, era rimasta immobile. E poi aveva fatto cenno di sì, con la testa, senza dire nulla. Io, sul divano, era come se fossi trasparente. Ma sentivo che c'erano più risposte sugli anni di piombo in quel dialogo che in decine di volumi scritti con la cura notarile dei becchini o dei contabili. Mario era uno dei morti quasi dimenticati di quella stagione: la sua sezione si era estinta e il rituale della memoria che lo riguardava era scomparso insieme a lei. Da anni nessuno faceva il «Presente» in via Erasmo Gattamelata, nel giorno dell'anniversario sui muri di Roma non c'erano manifesti con il suo nome. C'era solo quella scritta a caratteri cubitali – mario vive! – sul muro della strada, tracciata da mani che venivano da altri quartieri. Ogni volta che passo da via Gattamelata, e mi capita spesso, la ritrovo lì. Cancellata, ricoperta, e poi sempre ripristinata da misteriosi e sconosciuti imbianchini memoriali.

Dopo *Cuori neri* il nome di «Cremino» sarebbe tornato come per magia nelle agende, nei dibattiti, e persino nei manifesti commemorativi. Nulla era stato casuale, né prima né dopo. Dietro quell'oblio c'era un processo che si era chiuso in modo controverso, prima con una condanna, poi con un'assoluzione. Non era stata creduta, alla fine di un processo teso e complicato, Emilia Libera, la terrorista pentita che nel 1982 aveva rivelato: «Mario Zicchieri era stato ucciso per ottenere una promozione a brigatisti».

Ancora una volta un delitto iniziatico. La Libera aveva tracciato un racconto molto circostanziato e pieno di dettagli: «In una riunione ristretta del Comitato comunista di Centocelle si parlò dell'omicidio Zicchieri. Uno dei membri del commando è un Germano, che abitava a via Anagni». Germano, cioè Germano Maccari, l'«ingegner Altobelli» che nel caso Moro sarebbe diventato attore protagonista affittando l'appartamento in cui sarebbe stato rinchiuso il presidente della Democrazia cristiana. E un altro brigatista, Walter Di Cera, si sarebbe spinto a raccontargli che un giorno, in un momento di confidenza, Bruno Seghetti gli aveva detto: «Zicchieri lo abbiamo ucciso in tre: io, Pecos e Maccari». Pecos, cioè Valerio Morucci. Antonio Savasta aveva raccolto un'altra confidenza di Seghetti: «Eravamo in tre, ma non volevamo uccidere».

Perché tutte queste testimonianze concordanti, in tempi di processi e tribunali draconiani, sarebbero state derubricate a semplici indizi? Mistero. Certo è che durante il processo Maria

Lidia ha l'impressione che si faccia di tutto per assolvere gli imputati. L'avvocato della famiglia, Stefano Giorgio, mi racconterà un episodio quasi sconcertante. Un giorno, in aula, mentre vengono negate perizie e confermati alibi a dir poco traballanti, Giorgio vuole controinterrogare un brigatista. E chiede: «Presidente, posso fare una domanda a Davoli?» E il presidente: «No. Il compito della parte civile in questo processo è limitato».

Che cosa possa significare questa frase, Maria Lidia, che non ha perso una sola udienza, se lo è chiesto per anni. Giungendo alla conclusione che mentre Maccari muore, e Morucci diventa l'unico pentito che collabora con i magistrati per ricostruire i misteri del sequestro Moro, la morte di quel ragazzino di periferia diventa, nell'economia distorta della giustizia italiana, un dettaglio quasi insignificante. Una piccola verità sacrificabile alla ragion di Stato. Resterò di stucco io stesso quando nel 2006, avendo ospite Morucci durante una puntata del programma che conducevo all'epoca su un canale satellitare, *Planet 430*, mi troverò a essere allo stesso tempo responsabile e testimone di questo dialogo surreale tra l'ex telefonista delle Br (in studio) e una incontenibile Maria Lidia (al telefono). Ero stato proprio io a dirle che poteva telefonare, quando aveva saputo che Morucci era mio ospite. Era serena, quasi distaccata, mi aveva chiesto di farle questo piacere assicurandomi che sarebbe stata calma e angelica. Poi, in trasmissione, era intervenuta come un carro armato: «Scusi, Morucci, lei ha avuto l'insufficienza di prove. Adesso voglio sapere chi ha ucciso mio figlio!»

Quello che mi aveva sconvolto erano state le parole di Morucci. Obbligate forse, data la sua storia, ma del tutto inverosimili:

Lei può dirci tutto quello che sa sul caso Zicchieri?
«Sinceramente neanche me lo ricordo. È stato ucciso quel giovane, davanti a una sezione del Msi... e non si è venuti a capo.»
Lei sa se c'è qualcuno che conosce la verità su questi delitti?
(Pausa) «Penso proprio di sì.»

Ma si poteva essere stati processati per omicidio, per cinque anni, e raccontare di non ricordarsi nemmeno il caso? In quel momento mi convinsi che Morucci non poteva, o non voleva, dire la verità.

Dopo *Cuori neri* Maria Lidia aveva iniziato a essere tempestata da richieste di interviste: giornali, radio, programmi tv. Ma lei, abituata dal suo carattere romano a temperare tutti gli eccessi, aveva accettato solo tre inviti: il primo a *Omnibus*, su La7, ospite di Antonello Piroso, giornalista di cui apprezzava l'equilibrio. Il secondo quello delle Iene (con Danila Tinelli, madre di Fausto, di cui abbiamo parlato nel capitolo precedente). E infine quello di uno speciale del Tg2 sul delitto commesso contro suo figlio: «Per tenere viva la memoria di Mario mi forzo anche se non ho voglia di parlare», spiega.

Ma un giorno era stata lei a chiedermi di poter rilasciare un'intervista a *il Giornale*, per rivolgere di nuovo un invito a lui, Valerio Morucci, il suo demone. All'ex brigatista Maria Lidia si rivolgeva per dire: «Oggi può parlare, deve parlare: non voglio vendette, per anni ho odiato lui e i suoi compagni per ciò che avevano fatto a mio figlio e a Marco Luchetti, che era con lui. Ma se oggi Morucci dice la verità, con coraggio, prometto: per lui mi metto davanti ai tribunali perché gli diano il minimo della pena».

Mi rendevo conto che si trattava di una presa di posizione simbolicamente straordinaria. Ma sapevo anche che i giornali spesso faticavano a parlare del terrorismo, a trovare spazio nelle affollate pagine della cronaca. Eppure quando avevo chiamato Maurizio Belpietro, direttore del mio quotidiano, che era stato un lettore attento della saggistica sugli anni di piombo, non avevo dovuto mendicare spazi: «Vai, intervistala, scrivi una pagina intera».

Ovviamente il ragionamento di Maria Lidia si basava sul fatto che Morucci, già assolto per quel delitto, non avrebbe più potuto essere condannato per lo stesso crimine. E si chiedeva: di cosa aveva paura, dunque? Di coinvolgere persone terze? Di perdere parte della propria reputazione? Vale la pena di trascrivere il ragionamento che quel giorno Maria Lidia mi consegnò, perché né io né lei potevamo immaginare che avremmo ottenuto una risposta, e per giunta di quale tenore.

Luca Telese, intervista a Maria Lidia Zicchieri, *il Giornale*, 4 febbraio 2007:

Signora Maria Lidia, che significa questo suo appello?

«Dopo trent'anni questo Paese può farsi carico dei suoi morti, fare verità: non per me, o per le altre madri di destra e di sinistra rimaste senza giustizia. Per tutti quanti, per gli altri, anche per chi non c'era: il dolore del lutto avvelena noi parenti, ma anche la società. Per spiegarmi devo raccontare qualcosa di molto privato e doloroso che mi riguarda.»

Prego.

«Quando è morto Mario, non avevo nemmeno una foto di come era. Mario sfuggiva agli obiettivi come alla peste, non voleva farsi fotografare. Di lui avevo solo due immagini: una ancora bambino, foto di classe. La seconda, più recente, della sua carta di identità. Ma quella non potevo toccarla, nemmeno con un dito.»

Perché?

«Mario era morto dissanguato. Il documento lo portava nella tasca posteriore, quando un tappezziere generoso gli corse addosso cercando di fermare l'emorragia tamponandola con la carta di giornale. Non ci riusciva, e lui ripeteva: 'Non ditelo a mia madre'. Povero Mario.»

Che storia ha quella carta di identità?

«Rimase all'ospedale e poi andai a ritirarla, insieme agli effetti personali. Quando la vidi la prima volta svenni, era ancora umida del sangue di mio figlio. La portai a casa e la chiusi in un cassetto.»

E poi?

«Da lì la tirarono fuori quando il Msi fece costruire la tomba, per riprodurla sulla lapide. Non potevo nemmeno guardarla, ma li pregai con tutto il cuore che non la perdessero.»

E non andò persa.

«La ricevetti indietro avvolta in un foglietto di carta in cui

Donato Lamorte, braccio destro di Almirante, aveva scritto di suo pugno: 'Attenzione, restituire alla madre'.»

Maria Lidia mi aveva raccontato che quel foglietto con l'appunto del dirigente missino le aveva fatto compagnia per trent'anni, diventando uno strato protettivo: «Prendevo il pacchetto, lo sfioravo, e non riuscivo ad aprirlo. Poi, col passare del tempo, il ricordo del volto di Mario che si indeboliva nella mia memoria, andavo a prendere la carta d'identità, e ogni volta non riuscivo a togliere quell'incarto: una fitta di dolore fisico insostenibile, crollavo». Era terribile quella battaglia contro se stessa: avere bisogno della fisicità di un contatto, ma subire questo cortocircuito di memoria, una barriera invisibile che le inibiva la possibilità di maneggiare quel documento. E così avevo chiesto alla madre di Mario perché era arrivata a rivelare un dettaglio così privato.

Luca Telese, intervista a Maria Lidia Zicchieri, *il Giornale*, 4 febbraio 2007:

Perché racconta questa storia proprio oggi?

«Perché solo ora la posso toccare. Sa perché?»

C'entra il fatto che i sospettati del delitto non vennero mai condannati?

«Assolutamente sì. Sulla morte di Mario scrissero le cose più assurde, compresa la fesseria della faida interna, finché nel 1982 non parlò una pentita, Emilia Libera, e disse: il delitto fu commesso da un commando di futuri brigatisti. Un battesimo del fuoco per farsi accettare in società. I tre responsabili? Vennero identificati. Le rivelazioni? Confermate da altri pentiti. Uno di loro, Walter Di Cera, raccontò: 'Fu Seghetti, durante un addestramento in Abruzzo, a dirmi che a uccidere Zicchieri erano stati lui, Pecos e Germano Maccari'. Pecos era il nomignolo d'arte, se così posso dire, di Valerio Morucci.»

Come andò il processo?

«Nel modo più infame. Lo Stato di allora ci trattò come cani. Eravamo pesci piccoli: la figlia di Moro aveva perdonato i sequestratori del padre. Mario era un ragazzetto di periferia, un morto di serie B, non potevamo fermare l'ingranaggio.»

Maria Lidia raccontò le cose che ho appena scritto. Che la prima sentenza fu di assoluzione, per insufficienza di prove. Che la difesa, lei stessa e le sue figlie furono prevaricate con ogni mezzo. Che gli avvocati Bartolo Gallitto e Stefano Giorgio erano stati «addirittura irrisi dai giudici». Che «si trascurò persino la testimonianza di un aviatore che aveva rincorso e identificato Morucci e Maccari!»

Luca Telese, intervista a Maria Lidia Zicchieri, *il Giornale*, 4 febbraio 2007:

Perché?

«Quei brigatisti servivano a ricostruire l'unica verità che interessava allo Stato: il caso Moro. Noi eravamo, si dice a Roma, d'impiccio.»

C'era l'appello.

«Arrivarono a dichiarare il nostro ricorso inammissibile, inventandosi uno sciopero. L'ha scritto su *Il Messaggero* una giornalista non certo di destra come Fiorenza Sarzanini. Ecco, questo dolore l'ho portato dentro peggio di una ferita. Le mie figlie cacciate da scuola, mio marito che entrava e usciva dalle cliniche, la giustizia per noi non c'era. Sa quando l'ho toccata, poi, quella foto?»

Me lo dica lei.

«L'anno scorso scopro per caso che Morucci sarebbe stato ospite in una trasmissione su Sky. Chiedo di telefonare, ci riesco. Lui non se l'aspetta: nel video sembra interdetto, quasi seccato.»

Che impressione aveva di lui?

«Avevo imparato a conoscerlo nei processi: freddo, controllato, emozioni zero. Quel giorno, a *Planet 430*, cade dalle nuvole. Io scoppio: 'Perché ha ucciso un ragazzo che si affacciava alla vita?'»

Quasi una fucilata, per lui.

«Sì, ma quello che mi colpisce è che Morucci non si scompone. Dice addirittura: 'Non ricordo'. Lei crede che se la accusassero di un omicidio per cui ha subito due processi potrebbe dire non ricordo? Io no.»

Si è sentita male?

«No, anzi: ero felice, liberata. La giustizia non ci aveva rispettato, ma io ero riuscita a fare quel che dovevo al mio Mario.»

Lo ha fatto.

«Oh, sì! E ora chiudo la storia del documento: dopo quel giorno ho potuto riprenderlo in mano. Ora posso anche mostrarvelo, non mi fa più male.»

Questo fatto per me era ancora più sorprendente: quel giorno Maria Lidia aveva voluto, anche simbolicamente, farsi fotografare con la carta d'identità di Mario tra le mani. Ho chiesto al fotografo che la fece, Gerald Bruneau, di poter inserire quello scatto in questo libro, perché se esiste una prova che la memoria può rendere forti è proprio in questa immagine. La foto di Gerald, un maestro del ritratto, è forte come un racconto.

Tuttavia, quel giorno, avevo qualcos'altro da chiedere alla madre di Mario.

Luca Telese, intervista a Maria Lidia Zicchieri, *il Giornale*, 4 febbraio 2007:

Ma allora perché ora vuole che Morucci parli ancora?

«Perché tutti hanno il dovere di dire quel che sanno, su tutti i morti di quegli anni: di destra, di sinistra, tutti. Un anno fa il signor Lucci, delle Iene, mi fa l'intervista doppia con la madre di Fausto Tinelli, un ragazzo del Leoncavallo ucciso a Milano. All'inizio ero scettica, e poi sono stata felice di aver accettato: era una mamma come me, non ci eravamo mai incontrate, ma dicevamo le stesse cose, rifiutavamo vendetta e odio.»

Qualcuno dice: non si devono riaprire le vecchie ferite, bisogna lasciare i morti in pace dove sono.

«E invece no, va fatto per noi, per Valerio Verbano, ragazzo di sinistra ucciso davanti ai suoi genitori! Per la famiglia Cecchin, che ha subito l'infamia di un omicidio, quello di Francesco, che non è nemmeno considerato vittima del terrorismo! Per i Mattei. Mi ha commosso sentire la madre di Virgilio e Stefano dire in tv che non vuole vendette, che la vendetta per gli assassini di Primavalle è vivere trent'anni con le loro coscienze sporche.»

L'omicidio non si prescrive, lei sa che Morucci si metterebbe in un guaio se rispondesse al suo appello?

«Maccari, che era con lui, è morto. Seghetti è muto, non parla più. Io prometto: se avesse il coraggio di parlare, mi batterò per lui, perché – chiunque sia il responsabile – ottenga il minimo della pena.»

Lo farebbe davvero?

«Li hanno assolti quando avevano le prove. Possono punirli se confessano? Chiederei il minimo della pena, come La Russa e mamma Ramelli per gli assassini di Sergio. Se serve mi metto con i cartelli davanti al tribunale.»

Perché Morucci dovrebbe rischiare?

«Per un solo motivo. Oggi è libero, ma non è nulla: un reduce che campa scrivendo brutti libri sulla sua 'peggio gioventù. Avesse il fegato di parlare darebbe senso alla sua vita. Le pare poco?»

Difficile che rischi.

«Se la società non ci lascia sole, no. Se i giornali da domani vanno a chiedergli: 'Beh, cosa rispondi a mamma Zicchieri?' no. Sennò mi quereli. Io non mi scordo di lui finché campa.»

Adesso. Morucci avrebbe potuto rispondere in molti modi: dichiarando la sua innocenza, ovviamente. Oppure dicendo che si metteva in qualche modo a disposizione di questo appello, che avrebbe aiutato facendo il possibile; cercando di non dimenticare che per il delitto di Mario era stato processato ben due volte (ottenendo l'assoluzione in circostanze a dir poco fortunose). Oppure avrebbe potuto rispondere, molto più semplicemente, con il silenzio. Molte cose avrebbe potuto dire o fare, ed ero ovviamente curioso di capire che reazione si poteva avere di fronte a un appello di questo tipo. Poi una risposta era arrivata. Il giorno dopo l'intervista di Maria Lidia, inseguito e raggiunto da un'appassionata e testarda giornalista dell'Adnkronos, l'ex brigatista aveva parlato.

Adnkronos, 5 febbraio 2007:

«Non mi interessa minimamente.» Sembra cadere nel vuoto l'appello lanciato all'ex Br Valerio Morucci da Maria Lidia Zicchieri, la madre di Mario, che il 29 ottobre del 1975, a sedici anni, fu ucciso con un fucile a pompa davanti alla sezione dell'Msi di via Gattamelata, a Roma. «O è responsabile dell'omicidio o sa chi ha sparato», ha affermato la donna in un'intervista rilasciata a *il Giornale*, dicendosi disponibile a battersi nei tribunali per lui se l'ex terrorista decidesse di fare luce sull'omicidio del figlio. «Facesse, facesse», risponde all'Adnkronos Morucci, non nascondendo un certo tono amaro nella voce, «non mi interessa minimamente. Non commento.» Anche se a lanciare l'appello è la madre di una vittima? «E allora? Facesse. Io sono stato imputato per tre anni per l'omicidio Calabresi.»

Ora, io non so cosa intendesse Morucci con il riferimento al delitto Calabresi. Forse che era innocente per entrambi i delitti, e che le sue due assoluzioni si rinforzavano a vicenda e lo mettevano al riparo da ogni sospetto. So che quel «facesse, facesse» mi colpiva, e che aveva un suono sinistro, come di un vago motteggio. Non era un sì, non era un no, non era nulla: era una mezza risposta sibilata con tono quasi sprezzante o irrisorio, un modo per dire: «fai come vuoi, tanto me ne frego».

Anni fa avevo avuto l'occasione di parlarci, con l'uomo che aveva telefonato a Franco Tritto, uno dei più stretti collaboratori di Moro, per dirgli dove avrebbe potuto recuperare il cadavere del suo maestro, con la stessa freddezza con cui si comunica che si deve passare a ritirare un pacco. Lui, il segretario di Moro, era scoppiato a piangere. Per il suo maestro che era morto, per l'assurdità di quella comunicazione. Lui, Morucci, era rimasto impassibile. Continuava a ripetere come un disco rotto il suo messaggio. È il 9 maggio 1978, e quella è una telefonata che cambia la storia d'Italia:

Morucci: «Adempiamo alle ultime volontà del presidente comunicando alla famiglia dove potrà trovare il corpo dell'onorevole Aldo Moro».

Tritto: «Che cosa dovrei fare?» (interferenza) Morucci: «Mi sente?»

Tritto: «No, se può ripetere per cortesia...»

Morucci: «No, non posso ripetere, guardi. Allora, lei deve comunicare alla famiglia che troveranno il corpo dell'onorevole Aldo Moro in via Caetani. Lì c'è una Renault 4 rossa. I primi numeri di targa sono N5...»

Tritto: «Devo telefonare, io...»

Morucci: «No, dovrebbe andare personalmente». Tritto (singhiozzando): «Non posso...»

Morucci: «Non può? Dovrebbe per forza». Tritto (inizia a piangere): «Per cortesia no!...»

Morucci: «Mi dispiace: se lei telefona verrebbe meno all'adempimento delle richieste che ci sono state fatte espressamente dal presidente».

Ancora oggi, ogni volta che risento quella telefonata avverto un brivido alla schiena. Ancora oggi, ogni volta che la risento, ci trovo un sovrappiù di violenza inutile, le tracce di un esercizio sadico, un incredibile ribaltamento logico. Non so perché Morucci pensasse di dover incalzare Tritto, affinché andasse lui, personalmente, a dare alla famiglia la notizia dell'avvenuta esecuzione. E trovo ancora più incredibile quella pignoleria nel ribadire un'incredibile mistificazione. Il ribaltamento era questo: *Lei verrebbe meno all'adempimento delle richieste che ci sono state fatte espressamente dal presidente...* dice Morucci. È tutta la storia degli anni di piombo che si capovolge, facendo perno intorno a questo cardine di follia. Pensateci un attimo: seguendo il filo di questa intimazione, non erano più le Brigate rosse ad aver ucciso Aldo Moro, e i suoi congiunti a dover subire la violenza di quella comunicazione. Nelle parole di Morucci le Brigate rosse erano piuttosto diventate le sollecite esecutrici testamentarie della volontà di Moro, e il suo più stretto collaboratore – un uomo che lo amava – un renitente alla leva, colpevole e inadempiente.

Ogni volta che ascolto quella telefonata mi sento al fianco di Tritto, mi trovo dalla parte dell'uomo che piange. So bene che quel pianto è il segno di una sconfitta, ma non mi rassegno all'idea che sia una prova di debolezza. In quel pianto c'è l'orgoglio dell'Italia ferita che aveva già lasciato il suo sangue sulle strade e che ancora sarebbe stata costretta al sacrificio per anni: poliziotti, giornalisti, magistrati, servitori dello Stato. Sento che quell'uomo siamo stati tutti noi, in questo Paese: quelli che erano sotto la minaccia di un ricatto e non per questo hanno rinunciato alla propria umanità. Eppure, malgrado questo, malgrado quello che mi dicevano le mie viscere, pensavo che il tempo fosse passato anche per Morucci. Ero convinto che gli anni di pena che aveva scontato in carcere non fossero trascorsi invano, che l'uomo di cinquant'anni che mi ero ritrovato di fronte, e che nella sua nuova vita faceva il tecnico di computer, non fosse più il ragazzo che si faceva chiamare Pecos e che nel tempo del piombo si divertiva a fare il pistolero a largo Argentina, e nemmeno il telefonista glaciale che si immaginava esecutore testamentario della sua vittima. Credevo, e mi sbagliavo. Fra i tanti modi che si possono scegliere per dire una cosa scomoda, difficile, o sbagliata, quel giorno Morucci, rispondendo alla giornalista dell'Adnkronos, aveva scelto il più algido. E il più infame.

Questo dialogo senza interlocuzione, a distanza di anni, ha un sottofinale. È il 6 febbraio 2009, il giorno in cui cade un altro muro: il giorno in cui Valerio Morucci si reca a CasaPound a Roma. L'ex brigatista rosso nel centro sociale nero: il dibattito (un tempo) impossibile suscita a sua volta dibattito prima ancora di celebrarsi, e per tre giorni i quotidiani pubblicano articoli su questo evento prima ancora che si verifichi. Quel giorno avevo deciso di andare, da cronista, a sentire che cosa avrebbe detto Morucci nel centro sociale di destra più famoso d'Italia.

Ovviamente avevo trovato una folla mai vista. Sala piena, circuito chiuso, persone che si affollavano nei corridoi tendendo l'orecchio pur di carpire qualche frammento degli interventi. A discutere con l'ex telefonista delle Br era stato invitato un parterre molto assortito: un intellettuale eretico come Giampiero Mughini, uno studioso della destra radicale (proveniente da Potere operaio) come Ugo Maria Tassinari, un intellettuale di destra della generazione più giovane come Angelo Mellone. Ma la tensione era così alta che appena Morucci aveva preso la parola una ragazza era svenuta. Non per il contenuto delle sue prime tre frasi, ma per un calo di zuccheri.

Il dibattito, a quel punto della sera, era già iniziato da un'ora. Una lunga attesa che Morucci non aveva deluso. Quando finalmente era giunto il suo turno, l'ex brigatista aveva iniziato a parlare molto lentamente, dosando le parole, ma arrivando subito al nodo: «Io sono qui perché sto combattendo una battaglia per la libertà di parola». Sulla sala del palazzo occupato di via Napoleone III era calato un silenzio tombale.

La prima notizia di quel giorno è che l'intervento dell'ex brigatista era stato salutato dalla platea – prevalentemente composta da ragazzi di destra – da tre applausi a scena aperta. Non sapevo se interpretare questo tributo come un segno di civiltà o di denegazione. Ma era comunque un fatto. Aveva detto Morucci: «Io sono qui, e devo spiegare perché. Io sono un uomo, ma anche un ex terrorista. Per la società non conta il mio presente, ma conta il mio passato». Poi, dopo un'altra pausa, più lunga: «Sono qui come nemico perché le vostre proposte per cambiare la società sono opposte alle mie idee. Io sono qui e rappresento solo me stesso. Rappresento anche un'altra cosa: la mia storia, che però su questo argomento ha un certo peso».

Morucci aveva raccontato che cosa gli era successo dopo essere stato contattato dai ragazzi di CasaPound, delle tante pressioni che aveva ricevuto anche da persone che considerava amiche: «La decisione è stata facile, la scelta un po' tribolata. Ci sono stati degli ostracismi...» Poi, con un cambio di passo, una battuta quasi sorprendente su una celebre massima mussoliniana: «Non ne ho tenuto conto. So che qui si usano altre locuzioni storicamente più note, ma io non le uso». Era ovviamente un riferimento al *me ne frego*, e la platea aveva colto l'ironia della criptocitazione concedendo a Morucci il primo applauso.

Il ghiaccio era rotto, e il relatore era subito tornato al suo registro più serio: «È un discorso difficile, quello di stasera. Ci sono troppe tragedie, troppi morti, non si possono usare parole fuori luogo. La mia è una testimonianza, non mi pongo sopra gli eventi, serve a offrire delle interpretazioni degli eventi a cui ho preso parte». Poi un passaggio autocritico che avrebbe riscosso un altro applauso: «Non ho mai avuto remore. Quando la mia libertà di pensiero e di critica è entrata in conflitto con la mia fede, io ho rotto con la mia fede». Tutti avevano capito che Morucci stava parlando del suo abbandono delle Brigate rosse, della rottura nell'Organizzazione sulla decisione di uccidere Moro, a cui lui e Adriana Faranda si erano opposti. E Morucci aveva fatto ricorso a un piccolo colpo di teatro, sollevando la fotocopia di un vecchio giornale, *Il Messaggero* del '79: «Io, in un volantino firmato Brigate rosse, criticavo l'omicidio di Guido Rossa: questa è la pagina, guardate».

Poi, un altro passaggio pronunciato con tono di voce basso, con grande lentezza: «Io, che ho discriminato e che ho ostracizzato, sono venuto a dire che nessuno deve essere ostracizzato e discriminato». E, quindi, una personale spiegazione sulle ragioni del conflitto degli anni di piombo: «La discriminazione arriva a cancellare l'identità dell'altro fino al punto di annullare la dignità del nemico. A quel punto la sua dignità non è più nulla, è una sottospecie umana e porta alla soppressione del nemico». Un'altra pausa: «Io ho aderito a questo schiacciamento nel nulla dell'identità del nemico. Sono qui per dolermi di avervi aderito e ovviamente per lanciare un guanto di sfida». Infine un altro strappo: «Era una guerra? Io credo di no. Era», aveva rincarato la dose Morucci, quella sera, «una pratica di pulizia etnica. Non si è ucciso solo il nemico che si aveva di fronte, ma si è andati a cercarlo nelle case».

La fine di questa riflessione era stata salutata da un altro applauso. Avevo visto, o mi era parso di vedere, nel pubblico Marco Luchetti. Era lontano da me, non ero riuscito a commentare con lui. Mi era sembrato scosso. Anche gli altri relatori avevano portato provocazioni e spunti diversi per il dibattito, soprattutto quando aveva parlato Mughini: «Non ci penso neppure a dirmi antifascista, non so nemmeno cosa significhi. Ma se l'antifascismo oggi è l'idea che bisogna togliere la parola a qualcuno, mi chiedo, allora che cazzo di antifascismo è?! È solo cretineria».

Mughini aveva interloquito con Morucci senza peli sulla lingua: «Noi siamo qui anche per dire che Valerio nel '72 era un cazzone sesquipedale. Ma che oggi nel duemila punto nove è una persona diversa, che ha pagato un prezzo per le sue scelte». Mentre ascoltavo Giampiero, capendo il senso delle sue parole, mi domandavo se questo Morucci era lo stesso che aveva risposto a Maria Lidia. Ma Mughini aveva proseguito: uno dei polemisti più noti della tv italiana stava dicendo che si sentiva a casa fra i poster di Brasillach, di Evola, di Berto Ricci e di Luciano Bianciardi che decoravano la sala in cui si svolgeva il dibattito. E aveva aggiunto: «Non ha senso chiedere di mettere gli ex brigatisti sulla sedia elettrica, ma bisogna ascoltare la loro testimonianza. Superare la tragedia degli anni di piombo significa superare l'idea della violenza». Giusto. Ma era davvero un uomo diverso, Morucci? E se fosse stato davvero un uomo diverso, avrebbe potuto rispondere in un modo diverso?

Quel giorno, per la famiglia Zicchieri aveva parlato Barbara, in una breve intervista a *il Giornale*: «Io a CasaPound non ci sono andata. E se ci fossi andata... mi sarei avvelenata». E aveva spiegato: «Noi non vogliamo perseguitare Morucci. Al contrario. Vorremmo solo verità da lui».

E a proposito del silenzio dell'ex brigatista sul delitto di cui era stato vittima suo fratello: «Sono convinta che protegga qualcuno, qualcosa, forse se stesso, forse dei suoi ex compagni». E non considerava comprensibile un atteggiamento come questo? Qui Barbara diventava irremovibile: «No. Credo che sia omertoso. E credo che sia un ostacolo alla risoluzione del problema che questo Paese ha con la memoria degli anni di piombo». Lei cosa aveva fatto? «Ho scritto persino a Fini. Ma solo per un bisogno simbolico: Mario era suo amico». Che cosa chiedeva ai ragazzi di destra? «Di non celebrare la memoria di mio fratello e degli altri ragazzi caduti solo negli anniversari. Di non mettere anche loro le vittime nel dimenticatoio e i carnefici sugli altari.» Ma aveva provato a spiegarglielo? «Ho scritto una e-mail ai dirigenti di CasaPound. Mi hanno risposto: 'Ci abbiamo parlato noi, Morucci è sincero'.» Ne erano convinti, evidentemente. «Temo che in questo modo non si farà mai giustizia. Noi non vogliamo vendette. Ma nemmeno un'amnistia maldestra in cui ci si lava le mani fra ex nemici, con un gesto che non è coraggioso né nobile, perché trascura ciò che ci sta più a cuore: la verità.»

Ho sempre ammirato la sobrietà e la tenacia con cui Barbara ha mantenuto il rapporto con la memoria di suo fratello. Non c'è stato un giorno in cui abbia dato a vedere il suo dolore, non uno in cui non abbia passato del tempo a ricordare Mario.

Il 12 gennaio 2009 Morucci viene invitato anche all'università La Sapienza per tenere una lezione sugli anni di piombo, ma scoppia una mezza insurrezione. L'ex brigatista avrebbe dovuto essere ospite del dipartimento di Letteratura angloamericana della facoltà di Scienze umanistiche, per una conferenza su «Cultura, violenza e memoria», e la notizia era stata anticipata da *la Repubblica* dieci giorni prima. Ma dopo le proteste di professori, politici e giornalisti, a fare dietrofront è stato lo stesso promotore dell'iniziativa, il professor Giorgio Mariani, fermato da una e-mail del suo preside, Roberto Nicolai: «Appare al di fuori delle competenze di Morucci intervenire in un corso di Letteratura americana».

Ai tanti consensi per l'annullamento della conferenza si accompagna qualche critica, tra cui quella – sorprendente – di un leader di destra come il segretario di Forza nuova, Roberto Fiore: «Quanti hanno un passato importante di cui parlare devono ricevere apertura mentale e non bigotto ostracismo».

Anche un deputato del Pdl, Renato Farina, ritiene un errore la cancellazione dell'incontro: «Guai a limitare il diritto di espressione. Se lo si ritiene giusto si abbia il coraggio di fare una legge che vieti la libertà di parola e di pensiero nei luoghi pubblici a chi ha commesso certi delitti. Sarebbe una legge liberticida, contraria alla convenzione sui diritti umani: equivarrebbe a una pena di morte civile».

Ma davvero senza una legge che lo vieti esplicitamente non si può ricorrere al senso di opportunità? Davvero, con i tanti luoghi in cui si può discutere, non ci si rende conto che l'università è una sede inappropriata? Davvero non si pensa mai al punto di vista delle vittime? Come si può immaginare di proporre ai ragazzi un simile testimone fuori da ogni contesto? Tutti hanno diritto di parola, ma non in ogni luogo e non senza contraddittorio. Così come in un'altra occasione avrei difeso il diritto di Morucci di parlare, in quella mi sembrava palesemente inopportuno.

Questa è la storia di una madre, di una sorella, di un ragazzo e di un ex brigatista imprigionati in una nuvola di oblio e in una macchia di sangue, denso e indelebile come il passato che racconta. E questa è – forse – anche la storia di tutti noi.

Ho pensato molto alla carta d'identità di Mario, e a tutti i dilemmi che riesce a contenere nel perimetro rettangolare della sua pergamena seppiata: oggi mi sembra un simbolo straordinario del nostro rapporto mutevole con la memoria degli anni di piombo. Oggi il rosso porpora di quel documento macchiato si è asciugato, è diventato un velo di ombra che tende a tonalità seppia: il tempo ha filtrato sia i colori sia le passioni. Quel sangue rappreso, per Maria Lidia, era stato a lungo un ostacolo insormontabile, la prova psicologica, e allo stesso tempo documentale, di una sofferenza irrisolvibile. Poi, dopo un gesto liberatorio imprevedibile ma catartico, il sangue di Mario aveva cambiato significato, diventando energia e speranza, una possibilità di liberazione. Anche Maria Lidia, la madre che custodisce la memoria ed è in grado di trasformarla in una battaglia, ha cambiato il suo ruolo: da vestale di un lutto cupo e a tratti indicibile a testimone di una verità, di una nuova possibile coscienza civile.

«*Facesse, facesse...*» dice Morucci, con il suo tono di scherno. Morucci aveva ragione, ma non nel senso che immaginava lui: perché quello che Maria Lidia Zicchieri può fare è insegnare con la sua storia che la memoria rende forti e che la verità rende liberi.

4
Stefano Recchioni, il mosaico di una vita

Provare a ricostruire il complesso mosaico di una vita a distanza di vent'anni è sempre un esercizio imperfetto. È sempre un enigma. Certo: ci sono i fatti, le testimonianze, gli atti dei processi. Ma nei primi anni Duemila cercare di capire chi erano davvero i «cuori neri» che stavo raccontando era un altro discorso. Che mistero era per me – ne cito una per tutte – la complessa storia di Stefano Recchioni.

Stefano in quella foto in bianco e nero incredibile, rintracciata da Adalberto Baldoni, l'attimo prima della sua morte, quella sera del 1978 davanti alla sede di Acca Larentia. Una mano nella tasca dei pantaloni di velluto, la giacca pesante sopra il maglione con il collo a «V» di lana grossa. Stefano che parla con un ragazzo avvolto in un impermeabile bianco mentre quello si accende una sigaretta. Subito dopo questo scatto, il ragazzo dell'impermeabile si muove di lato ed è colpito a una gamba da un lacrimogeno. Si chiama Gianfranco Fini. Stefano invece si muove in avanti, dove stanno divampando gli scontri tra polizia e ragazzi di destra, viene centrato da un proiettile alla fronte, perde conoscenza, muore due giorni dopo in ospedale.

Stefano da ragazzo, su un autobus, di ritorno da una gita a strimpellare con la chitarra con Gabriele Marconi, futuro cantautore alternativo, oggi giornalista e scrittore. Stefano in carcere a Regina Coeli, accusato di aver sparato davanti alla sezione del Pci di via del Boschetto. Stefano con suo fratello: lui iscritto al Fronte della gioventù, Massimo simpatizzante di Lotta continua: distanze ideologiche che mettono a rischio persino la forza di un legame adelfico. Incomprensioni, litigi, poi Massimo per Natale regala a Stefano un pupazzetto, che diventa il simbolo di un rapporto rinnovato, riannodato in extremis proprio quando sembra essersi infranto. Il tempo avrebbe trasformato questo dramma in una parentesi, e invece è la morte a decidere che quella riconciliazione diventa il punto finale della loro storia di fratelli: quel pupazzetto nella bara insieme a Stefano.

Lettera di Fiamma Avvantaggiato, febbraio 2006:

Caro Luca,
ho appena finito di leggere il suo libro, e innanzitutto devo dire: complimenti, per il coraggio e il gran lavoro. Non avrei potuto, come tanti, non leggerlo, perché in parte riguarda anche il mio passato; ma ho alzato gli occhi sul mio comodino, dove in una cornice d'argento a forma di cuore c'è una piccolissima foto in bianco e nero di me e Stefano che ci baciamo sulla bocca e ho sospirato. Ho quarantacinque anni, oggi sono una donna di sinistra, ma tanti anni fa sono stata una delle persone che ha conosciuto meglio Stefano Recchioni. Con lui ho condiviso le prime esperienze d'amore, sesso, tenerezza, allegria, tradimenti, pianti, riappacificazioni come solo a quell'età si può fare, ma anche la militanza politica.

Stefano e le sue donne, quante donne, tutte incantate dai suoi occhi, dal suo piglio anticonformista e dal suo fascino: Fiamma, la ragazza con cui è stato più a lungo, e con cui – come spesso accade, nella vita – non riesce a rompere del tutto un rapporto intenso. Ma anche Stefano con un'altra ragazza che si considera la sua fidanzata, con la quale il giorno della strage dovrebbe uscire, senonché lei, dopo «un riposino» pomeridiano, non si sveglia in tempo, e per via di questo sonno innocente e fatale non lo vedrà mai più. Stefano che quel giorno esce con un'altra ragazza, Iolanda Tallarico, e gira per Roma con lei (follemente innamorata di lui), spiegandole come sarebbe bello abitare in piazza della Libertà, per avere quell'indirizzo sulla carta d'identità: «Te lo immagini? Stefano Recchioni, piazza della Libertà».

Era stata Iolanda a raccontarmi, con la sua intensissima testimonianza, quell'ultimo pomeriggio passato insieme. Stefano che partecipa con lei a un volantinaggio in piazza Mazzini solo poche ore prima di incontrare la pallottola che gli toglie la vita. Stefano che prende in giro i suoi camerati che si esaltano con i coretti perché, sostiene, «*All'armi siam fascisti* porta sfiga». Stefano che svuota le tasche rovesciandole davanti a Maurizio Gasparri e Annalisa Terranova per dire: Non c'ho una lira. Stefano che vorrebbe lasciare il Msi perché non sopporta il doppiopetto almirantiano, i compromessi. Ma che quando viene a sapere della strage sale in macchina e corre verso il suo destino ad Acca Larentia. «È morto per un atto d'amore», dirà sua madre Silvana. Quanti Stefano diversi ballavano insieme nelle pagine di *Cuori neri*. E quante lettere, quante testimonianze su di lui mi continuavano ad arrivare dopo la sua morte, come a perpetuare l'enigma.

Stefano e la polizia che dichiara: «Quel giorno aveva una pistola in tasca». Ma non è vero, dicono in coro quelli che erano con lui. Stefano odiato anche dopo la sua morte. Una mattina del marzo 2006 c'è un signore che mi vede scendere dall'autobus alla fermata di piazza Vittorio, si precipita verso le porte, scende anche lui, mi insegue per duecento metri, mi raggiunge con il fiatone che gli spezza le parole e con sguardo irato mi apostrofa: «Ma tu hai capito che nel tuo libro hai fatto l'apologia di un mezzo assassino? Io Recchioni lo conoscevo. Un giorno mi stava per sparare con la pistola. Tu lo sai questo?» Io ribatto a questo signore con l'aria da ragazzo invecchiato: «Mi dica come si chiama e mi racconti la sua parte di storia». E allora lui si irrigidisce: «Ennò, niente nomi. Non mi posso esporre». Allora gli dico che non mi interessano testimonianze anonime e me ne vado verso casa. Però quel tarlo continuava ad attraversarmi, anche mentre armeggiavo con la serratura del portone:

quante vite, quante sfaccettature in un'unica persona. Un violento? Un ipersensibile? Un ragazzo con due identità?

Lettera di Fiamma Avvantaggiato, febbraio 2006:

La nostra storia è iniziata nel 1976, io avevo quindici anni, lui diciotto. Aveva una bellissima famiglia, e anche se ancora tremo al pensiero della soggezione che la sua mamma mi incuteva, ricordo il calore di quella casa quando si era tutti attorno al tavolo, nonna compresa, sento ancora nelle orecchie il fischio del papà che rincasava dal lavoro. I figli gli correvano incontro su un lungo corridoio su cui erano allineate gabbie di uccellini cinguettanti. Il padre era un uomo molto tenero, sempre accomodante, innamoratissimo della moglie al punto da litigare in strada se qualcuno si girava a guardarla, e Stefano ne prendeva l'esempio. Io, cresciuta senza padre, e oltretutto di estrazione sociale ben differente, ho sempre invidiato quella famiglia così numerosa e l'impegno che i genitori vi mettevano, e per me sono rimasti per sempre un modello. Anche solo andare una giornata al mare a Ostia con tutti loro era una gioia, indimenticabile.

Di sicuro la storia di Stefano Recchioni era diventata la chiave di molte altre storie, quel 7 gennaio 1978. Il terzo morto di una strage. Una morte che segna le vite degli altri, le cambia. La testa boccoluta di Stefano, colpito a morte ma ancora vivo, tra le mani di Francesca Mambro, che racconterà a Giovanni Minoli: «Io posso ricordare il colore degli occhi della prima persona che mi è morta vicino, per esempio. Azzurri, molto belli. Che però si sarebbero richiusi». E allora Minoli le chiede: «Chi era?» Lei risponde: «Era Stefano Recchioni».

Vent'anni dopo, Iolanda dirà: «Non erano azzurri, quegli occhi, Francesca si è sbagliata». Forse, ipotizzano Valerio Cutonilli e Luca Valentinotti, autori di un bel libro sulla strage (*Acca Larentia. Quello che non è stato mai detto*), nella memoria di Francesca è rimasto impresso il ricordo degli occhi azzurri della signora Silvana, con cui ha trascorso ore di veglia in ospedale.

Era un ricordo esatto, fondato su un dettaglio falso? Pensate di quante verità ci parla questo particolare: la dimensione soggettiva che prevale su tutto il resto, il ricordo personale che diventa più importante della realtà per ricostruire il senso di una storia.

Stefano vegliato in macchina da Bruno Di Luia, uno stuntman ex nazimaoista che appartiene alla generazione precedente alla sua. L'ultima corsa verso l'ospedale. «Non ho dubbi, ero lì: primo, non aveva nessuna pistola. Secondo, gli ha sparato il capitano Sivori», dirà Di Luia. Sivori mi ha querelato per il capitolo di *Cuori neri* in cui avevo raccolto le testimonianze su di lui, compresa quella dell'ex ministro dell'Interno Francesco Cossiga. Siamo andati in tribunale. Quando sono riuscito a chiudere il contenzioso gli ho chiesto un'intervista. Mi ha detto che me la darà.

E quindi il mistero di quello sparo, unica certezza: il colpo di una pistola che però ufficialmente non era registrata tra le armi di ordinanza in dotazione ai carabinieri. Un colpo di pistola che, chiunque lo abbia esploso, segna la rabbia dei ragazzi di destra contro il fuoco amico delle forze dell'ordine, contro lo «Stato assassino». Da quel momento in poi si può sparare sui poliziotti: per i giovani di destra che hanno scelto la via della lotta armata le divise diventano un obiettivo, perché «non dimenticate cosa hanno fatto a Stefano».

Lettera di Fiamma Avvantaggiato, febbraio 2006:

Nel 1976 mi ha introdotto nella sezione di Colle Oppio, che pian piano ho iniziato a frequentare, sempre più assiduamente. Lì ho trovato persone che non comprendo perché non siano menzionate nel suo libro: Alvaro, Nicoletta, Barbara, Giuliano, Stefano, Olimpia, Costantino ed altri, oltre al suo unico e vero amico, Terzo. Questi erano i camerati con cui, ricordo nitidamente, Stefano condivideva tutto, in maniera quasi morbosa.

La sezione presto è diventata anche per me un impegno quotidiano e costante, al punto da marinare la scuola, per preparare manifesti, attaccarli o fare volantinaggio.

La vita di Recchioni e la sua morte erano una *sliding door* cruciale, nella storia degli anni di piombo, la porta girevole su cui faceva cardine un destino che avrebbe potuto essere diverso. La fine assurda di Stefano, senza senso, subito dopo la strage in cui erano morti altri due ragazzi missini, aveva rappresentato un punto di non ritorno, la scintilla di un incendio che aveva portato una generazione in armi. I Nar esistevano già, è vero. Ma era quel giorno che avevano trovato una leva di militanti pronti a sparare e uccidere.

Stefano neofascista irregolare e ribelle degli anni Settanta, come il punto di sintesi di un'identità collettiva, unica e irripetibile, forgiata in quel tempo incandescente dentro il calderone ribollente della sezione Colle Oppio: la stessa di cui anni prima era stato segretario Giulio Salierno, autore della un tempo famosa *Autobiografia di un picchiatore fascista*, libro scandalo degli anni Settanta. La stessa sezione dove aveva compiuto la sua formazione il futuro ministro Giorgia Meloni. Quel frammento di mura in mezzo al parco occupato dai missini nel 1948 e, dopo aver ospitato anche An, oggi abitato da Fratelli d'Italia.

Stefano figlio di una madre di sinistra, progressista, colta, professoressa e scultrice, Stefano raffigurato nel bassorilievo che Silvana ha realizzato per la sua tomba. Stefano ironico, rabbioso, innamorato. Stefano indagato, dopo la sua morte, per un folle paradosso giudiziario, per il tentato omicidio del capitano Sivori, lo stesso uomo che secondo la ricostruzione di Cossiga, preso dal panico durante gli scontri, dopo che gli si era inceppata la rivoltella di ordinanza ne aveva estratta un'altra e aveva aperto il fuoco.

Lettera di Fiamma Avvantaggiato, febbraio 2006:

Nell'agosto del 1976 Stefano è stato arrestato per aver sparato di fronte alla sezione del Pci di via del Boschetto, ma come lei stesso ha detto è stato assolto per insufficienza di prove. Da Regina Coeli mi ha mandato telegrammi tenerissimi, che ancora conservo.

Ho assistito a tutto il processo, insieme alla sua mamma, che al termine ha tuonato un: «D'ora in poi se gli succederà qualcosa sarà colpa tua!» Credo che ancora mi consideri responsabile, per non esser stata capace di tenerlo lontano dalla politica. Ma ero troppo piccola.

Subito dopo aver ricevuto la lettera di Fiamma mi ero fatto spedire il suo numero di telefono e l'avevo chiamata. Intanto volevo chiederle il consenso per pubblicarla. E poi mi colpiva quella sua sorprendente mutazione di appartenenza politica: dagli anni della militanza a Colle Oppio, raccontati con tanta passione, al sentirsi di sinistra nella stagione in cui mi scriveva. Si poteva essere così segnati da una militanza e poi abbracciare un'altra identità? Mi chiedevo quale parte di questa lunga lettera fosse giusto divulgare, perché tutti i dettagli privati del suo racconto, dalle divagazioni sui gusti musicali al ritratto della famiglia di Stefano, alle difficoltà incontrate con sua madre, fino alle complicate vicende sentimentali, alla fine rappresentano la spettrografia di un'identità, e indirettamente il ritratto di una generazione in cui quei due ragazzi che si tenevano per mano a Colle Oppio erano completamente immersi. Alla fine avevo chiesto a Fiamma il permesso di pubblicare integralmente le sue parole, per restituirne il senso compiuto, sia nelle sue piccole ingenuità sia nelle sue sottigliezze da grande osservatrice. Se a me quella lettera diceva molte cose, altrettanto avrebbe potuto fare per i lettori di *Cuori neri*. Non potevo immaginare che per adempiere a questa intenzione avrei fatto attendere la lettera in un cassetto per dieci lunghi anni.

Lettera di Fiamma Avvantaggiato, febbraio 2006:

Alla fine dell'anno scolastico 1976-77 sono stata allontanata dal liceo Nazareno e la motivazione addotta dal preside a mia madre che era andata a chiedere spiegazioni era che ero fidanzata con un picchiatore fascista. Quindi sono passata al liceo Croce dove insegnava la signora Recchioni. A quel punto ho iniziato a comportarmi male fino al punto di tradirlo. Non che lui non l'avesse mai fatto prima, ma si sa, da una donna non si accetta! L'ho fatto molto soffrire, lo so, e le cose, anche se erano riprese, non sarebbero mai state come prima. Prima di tutto, dovevamo vederci di nascosto, perché la mamma non voleva più saperne di me. E poi lui ha iniziato a frequentare altre ragazze. «Nonostante tutto.» Come mi ha scritto lui dietro una foto fatta insieme tre giorni prima della sua morte. Quel pomeriggio eravamo andati insieme in un negozietto dell'usato in via Napoli, vicino casa sua, e ci eravamo scambiati un regalo: io gli ho regalato la giacca «da compagno» che indossava la sera che è morto, insieme a un foulard nero, e lui un maglione a righe bianche e celesti. Il giorno precedente alla strage abbiamo pranzato insieme al solito posto, e abbiamo fatto un lungo discorso sulla morte: io ne parlavo spesso, come tutti gli adolescenti.

Stefano, il giorno prima di morire, a discutere come un giovane Werther. A parlare della morte con piglio da poeta romantico, in uno squarcio di luce anticipatoria che ora sarebbe esagerato definire di premonizione. Fiamma in questa lettera manifestava un'unica, inconsapevole, umanissima debolezza. Quella di voler apparire come l'unico autentico amore di Stefano, anche a costo di mettere in ombra i sentimenti delle altre due ragazze. A distanza di tanti anni, in una donna così sensibile, mi pareva quasi incredibile. Eppure non era forse anche questa sorta di gelosia retroattiva, trascinata come un bagaglio essenziale da un secolo all'altro, appuntata sul petto come una medaglia, un modo per rispondere alla mia domanda di partenza? Non era insieme un grande atto di amore, e anche un modo per raccontare Stefano?

Lettera di Fiamma Avvantaggiato, febbraio 2006:

Io la morte la invocavo con una facilità estrema, rimproverando a Stefano di aver rovinato tutto fra noi perché sapevo, me lo aveva detto che c'era quella ragazza, che conoscevo bene. Quella stessa che il 7 gennaio non si è svegliata dal riposino pomeridiano e non si è presentata all'appuntamento: «Mi piace davvero quella stronza», mi ha detto. Iolanda, che per tutta la vita ha benedetto il cielo per aver passato quelle due ore in compagnia di quel ragazzo che le piaceva tanto, credo lo avesse conosciuto al massimo da un mese. L'ha conosciuto meglio dopo la sua morte, perché le piaceva farsi raccontare di lui, sarebbe stata ad ascoltare per ore. S'è avvicinata a me in ospedale mentre lui era in coma dicendomi: «Tu sei Fiamma? Stefano mi ha parlato molto di te». Poi siamo diventate amiche, nel senso cameratesco del termine. Non dimenticherò mai i singhiozzi di Terzo il giorno dopo il ferimento di Stefano, mentre guidava tornando da Acca Larentia, passando tutti i semafori rossi, dopo che gli avevano messo in mano i suoi mocassini chiedendogli: «Sai di chi sono questi?» Eravamo entrati nella 500 di Stefano, lui la sera prima l'aveva lasciata aperta, e io mi ero ripresa il foulard nero, che era nel cruscotto. Stefano non stava per partire per arruolarsi nei paracadutisti, sarebbe partito di lì a qualche giorno per andare in aeronautica, se non ricordo male a Viterbo, per stare vicino alla famiglia. Quel giorno, sotto alla giacca «da compagno» indossava un maglione grigio chiaro di lana pelosissima che gli avevo fatto io ai ferri, tutto al dritto, perché non conoscevo altri punti.

Lettera di Giulio Salierno, 17 febbraio 2006:

Ho letto stanotte *Cuori neri*. Splendido. Straordinario. Documentatissimo. Hai fatto un lavoro che resterà. Ho constatato – ma lo intuivo già – che la mentalità, la generosità e l'onestà dei giovani fascisti degli anni Settanta sono le stesse dei giovani da me conosciuti quando ero segretario della sezione missina di Colle Oppio. Di diverso, i simboli (di Tolkien o di Odino allora non si parlava) e la volontà o la casualità omicida, come difesa o offesa. Ho poi frequentato (e appoggiato), proprio negli anni Settanta, i ragazzi di estrema sinistra: stesso coraggio, dedizione alla causa. Sia gli uni che gli altri, orientati alla lotta armata, non erano i peggiori dei loro gruppi, ma i migliori. Del resto non può che essere così: non si mette in palio la propria vita senza essere degli idealisti alla ricerca dell'assoluto. E credo che per la società italiana perdere-spingere questi giovani nelle galere, all'esilio o nei cimiteri sia stato e sia un danno senza pari. Poteva essere diverso? Forse no. Ciao, e grazie.

La prima cosa stupefacente, leggendo questa lettera che mi arrivava quasi in contemporanea con quella di Fiamma, è che quando a metà degli anni Settanta Salierno aveva scritto la sua *Autobiografia* (uno dei pochissimi libri «veri» sul neofascismo italiano) a destra era stato bollato come un traditore infame. L'*Autobiografia di un picchiatore fascista* infatti, pubblicata da Einaudi (sulla copertina campeggiava il particolare di un fumetto in cui un pistolero nero indugiava sull'estrarre o meno il revolver del suo cinturone), era stato un autentico bestseller, un caso editoriale di quel tempo. Un libro tanto bello quanto contestato, scritto divinamente, avvincente, pulp, ma anche inevitabilmente oggetto di contesa ideologica. Alla sinistra di allora, quel volume, con il suo impietoso autoscavo e un racconto feroce e senza filtri dell'estremismo nero, pareva una conferma di tutti i propri sospetti. Salierno aveva scritto in carcere, dove si trovava a scontare una condanna per omicidio, dopo aver sparato a un ragazzo che aveva resistito al furto della sua auto, nel 1953. Era fuggito dall'Italia, era stato nella legione straniera, poi era stato arrestato, aveva studiato il marxismo in prigione, era diventato un detenuto modello, era stato graziato da Giuseppe Saragat nell'anno fatale 1968. In quella stagione di cambiamento aveva inaugurato una nuova vita, impegnandosi in una battaglia contro le istituzioni repressive, per la riforma del sistema carcerario e per la chiusura dei manicomi. Era stato uno dei primi a raccontare il sistema da dentro, a mostrarne i suoi paradossi e la sua ferocia.

Ma dopo la pubblicazione dell'*Autobiografia*, comprensibilmente, alla destra quell'ex camerata che era stato nel cerchio magico degli allievi di Julius Evola, e che metteva nero su bianco dettagli sgradevoli sulla violenza politica a Roma, «il fascista pentito» fino al punto di rivelare che negli anni Cinquanta alcuni missini di Colle Oppio si travestivano da comunisti per fare gli attentati e dare loro la colpa, pareva un traditore e un infame. Non era vera né una cosa né l'altra, e il libro di

Salierno era in realtà la sintesi di due verità in conflitto tenute insieme solo dal filo della scrittura. Da un lato uno straordinario documento etnografico sulla destra, dall'altro il diario di una «conversione» che, anche se non religiosa, ripeteva tutti gli stilemi e i riti delle conversioni: innamoramento, disillusione, confessione, nuovo inizio. Io non so se Salierno condividerebbe questo giudizio: so solo che il suo libro non si può non leggere, qualunque giudizio se ne dia, se si vuole provare a capire quel tempo, i primi vagiti del neofascismo (documento imprescindibile, al pari de *Il sangue e la celtica* di Rao, che inizia con il folgorante racconto della missione per uccidere il partigiano che aveva catturato Mussolini). Quando pensavo a Salierno, alla sua seconda vita come scrittore del carcere prima, e di sociologo progressista e autore einaudiano poi, mi veniva in mente il Tiresia cantato da Peter Gabriel in una delle prime suite dei Genesis, il saggio che era stato sia «uomo» sia «donna», che come uomo aveva scoperto la profondità del mare e come donna la fecondità della terra. Tra la generazione di Salierno (la prima a diventare missina) e quella della Meloni (l'ultima che aveva anagraficamente fatto in tempo a esserlo), nella storia di Colle Oppio, c'era Stefano.

Quello che non potevo certo intuire era che la lettera indirizzata a me sarebbe stata l'unico gesto di riconciliazione di Salierno, o meglio l'ultimo. Infatti il 27 febbraio, solo pochi giorni dopo avermi scritto la sua riflessione sui ragazzi neri, Giulio sarebbe morto, solo e di un male prematuro, a settantuno anni di età.

Lettera di Fiamma Avvantaggiato, febbraio 2006:

Stefano aveva ricevuto un'educazione musicale ad alti livelli, gli piaceva molto Beethoven, non solo suonava il pianoforte (e come lo suonava!) ma componeva. Un giorno gli ho detto che mi sarebbe piaciuto l'adagio *Al chiaro di luna* di Chopin, ha comprato lo spartito e l'ha suonato! La musica italiana la ascoltava, ma direi che forse preferisse Battisti. Cantava in falsetto l'assolo di voce di *The Dark Side of the Moon* dei Pink

Floyd in maniera grandiosa. Ma sapeva anche disegnare molto bene, conservo delle caricature di Almirante divertentissime.

Ernesto Menicucci, *Corriere della Sera*, 9 gennaio 2012:

Acca Larentia, il giorno dopo. Passate le manifestazioni contrapposte, i quattro diversi «Presente» (con tanto di saluti romani) delle varie anime della destra estrema (ex degli anni Settanta, raduno «ufficiale», CasaPound e Forza Nuova: come informa il blog di Ugo Maria Tassinari), il coro «10-100-1000 Acca Larentia» urlato dai militanti di sinistra all'Alberone, l'Appio-Tuscolano torna alla sua normalità. Sul campo, resta solo uno scampolo di polemica che riguarda Giorgia Meloni, ex ministro della Gioventù, per la sua presenza di fronte alla lapide con nuova dicitura: FRANCO BIGONZETTI, FRANCESCO CIAVATTA, STEFANO RECCHIONI. ASSASSINATI DALL'ODIO COMUNISTA E DAI SERVI DELLO STATO. Presenza abituale, quella della Meloni. Ad Acca Larentia come ad altre commemorazioni di ragazzi di destra uccisi negli anni di piombo. A innescare la polemica, un titolo dell'*Unità* («La targa della vergogna davanti all'ex ministra») e un'intervista sul *Messaggero* allo storico Piero Ignazi («rappresentanti delle istituzioni non possono partecipare senza dir nulla a manifestazioni dove ci sono lapidi che definiscono le forze dell'ordine servi dello Stato», la sua opinione).

Lei, la Meloni, in quelle ore reagisce con veemenza: «Quella sulla mia presenza ad Acca Larentia», fa sapere, «è una polemica montata ad arte e mi fanno sinceramente orrore coloro che utilizzano le storie di ragazzi morti non ancora ventenni per additare l'avversario politico, alimentare speculazioni giornalistiche o peggio ancora raggranellare qualche consenso». La Meloni insiste: «Non sono andata alla sostituzione della targa. Tutti sanno che sono andata ad Acca Larentia a deporre una corona di fiori istituzionale come faccio ogni anno. Come ministro lo facevo a nome del governo, sabato ho accompagnato l'assessore Fabrizio Ghera a deporre quella del Comune. E per quello che mi riguarda sarò ad Acca Larentia ogni 7 gennaio della mia vita». Perché? «È una delle tappe del lungo lavoro che, insieme a esponenti di destra ma anche di sinistra, stiamo facendo per iscrivere le storie di tutte le vittime degli anni di piombo nella memoria condivisa del nostro popolo, perché il loro sacrificio possa almeno servire da insegnamento ai più giovani, e perché quell'odio e quella violenza non si ripetano mai più.»

Tutti hanno diritto a fare dei gesti. Ma è solo la storia personale, la tua coerenza, che decide sulla legittimità di un gesto che è insieme pubblico, istituzionale e privato.

Quelli sono giorni di fuoco, come ogni anno. E, anche in questo caso, come ogni anno, il rapporto con la memoria – invece di pacificarsi – diventa materia sempre più incandescente. In questa giornata di prese di posizione e tributi memoriali, in queste ore di topografia celebrativa e di battaglie campali intorno al fuoco dei simboli, per anni Alleanza nazionale ha scelto di commemorare la strage in un luogo diverso dalla piazzetta di Acca Larentia, al Parco della Rimembranza, proprio per evitare guerriglie davanti alle lapidi con gli apparati dell'ultradestra. In questa vera e propria battaglia – una guerra di egemonia memoriale, direbbe forse Antonio Gramsci – la cerimonia principe, quella che per tradizione si svolge con un corteo che attraversa il quartiere Appio Latino e si chiude nella piazzetta della strage, è gestita negli ultimi tempi da CasaPound.

L'aspetto più interessante dell'articolo del giornalista del *Corriere* nell'anniversario della strage, però, è che Menicucci riesce in un piccolo scoop. Quello di dare la parola a un signore che non è andato né ad Acca Larentia né al Parco della Rimembranza. Uno che per trent'anni ha taciuto. Si tratta di Paolo Bigonzetti, fratello di Franco, uno dei due ragazzi che erano rimasti a terra prima di Stefano sotto i colpi della Skorpion, quella mattina del gennaio 1978. Paolo è stanco, quasi addolorato, per tutte le polemiche che si celebrano sulla tomba di suo fratello. «Lo ricordo a modo mio, come sempre. Troppe strumentalizzazioni, da tutte le parti.» La polemica sulla targa? «L'ho seguita, che devo dire? Sono quelli che hanno ucciso mio fratello: la storia della Skorpion finita poi alle Br è nota. Ma nessuna lapide mi riporterà indietro Franco.»

Quasi due anni prima, nel febbraio 2010, Paolo aveva deciso di non partecipare neppure all'incontro organizzato dall'allora ministro della Giustizia Angelino Alfano, che aveva convocato quasi tutti i famigliari delle vittime di quegli anni, di destra e di sinistra. In quella giornata Alfano e il sindaco Gianni Alemanno avevano promesso la riapertura di diciannove *cold case* – un orribile neologismo anglicizzante, da serie televisiva, per indicare i tanti casi rimasti insoluti e senza colpevole. Tra questi c'era anche l'inchiesta carsica, tormentata e infinita, sui due ragazzi trucidati ad Acca Larentia (Bigonzetti, appunto, e Francesco Ciavatta). Notizie, da allora? Quando parla con il giornalista del *Corriere*, Paolo viene attraversato da una risata amara: «Nessuna, come immaginavo. Ma l'avevo detto all'epoca: anche quella era un'iniziativa strumentale... Dopo quell'incontro, infatti, non abbiamo più saputo niente».

Quello stesso pomeriggio del gennaio 2012, mentre Paolo Bigonzetti punta il dito sulle promesse non mantenute di Alfano, i famigliari di Recchioni scelgono di ricordare Stefano senza polemiche, con una messa nella basilica di Santa Maria degli Angeli, in piazza Esedra.

Lettera di Fiamma Avvantaggiato, febbraio 2006:

Aveva l'arte nel sangue, era un romantico, ma sapeva anche essere spiritoso, ancora oggi io rivendo ai miei figli le sue battute, tipo «Rosso di sera / spremuta di pera», e ridiamo.

Dopo la morte di Stefano ero sbandatissima, e intravedevo nella sezione l'unica mia ragione di vita. Quando vi sono rientrata ho trovato le persone che lei ha citato, e che forse, prima di me, intravedevano la mia crisi. Sono stata scacciata, poi richiamata, poi la cosa è finita dopo un paio d'anni. E con alcuni di loro neanche bene. Gran parte dei ricordi che avevo di Stefano sono finiti alla madre, che non ha voluto restituirmeli, così come non mi ha voluta al suo funerale. Dopo quindici anni, proprio al matrimonio di Iolanda, il padre di Stefano mi ha seguita sul sagrato della chiesa mentre tutti erano dentro, dicendomi: «Ti posso abbracciare? Io amo tutto quello che è stato di Stefano».

Non lo dimenticherò mai. Ma non ho mai smesso di respirare l'aria del Colle Oppio, dove per anni ho portato a giocare i miei figli, poi a scuola, in via Bonghi, perché è lì vicino che ho comprato la mia casa. Perché le dico queste cose? Forse per difendere quello sgorbietto nero che ero, che ancora piange, ma anche perché penso che la verità si possa cercare solo attraverso la verità. Tante cose non le posso dire, tante cose non le voglio dire, e un giorno le porterò via con me. Ma non dimentico.

Perché la lettera di Fiamma mi aveva colpito così tanto? Potrei dire semplicemente: per com'era scritta. Perché era sincera, diretta. E perché era emozionante aggiungere tanti dettagli al quadro, vedere i personaggi (che talvolta la retorica e il tempo avevano trasfigurato in eroi inanimati) acquistare volume, colore, pregi e virtù, saltare fuori dalla prigione aurea dell'agiografia per prendere vita: penso per esempio alla figura del padre di Stefano, che mi era già stato magistralmente raccontato da Iolanda in *Cuori neri*, con il suo lutto civile e non esibito (arriva senza rivelare la propria identità davanti alle pozze di sangue di Acca Larentia e chiede con pudore: «Scusate, quali di questi tre è il luogo dove è caduto Stefano Recchioni?»). È lo stesso padre che nel ricordo di Fiamma riesce a esprimere così tanto affetto e sensibilità in quell'abbraccio, con un gesto non consueto per un uomo della sua generazione. Ma poi potrei aggiungere: anche io un giorno sono stato a casa Recchioni, tra quadri a olio, sculture, libri (non ricordo gabbie di uccelli). Anche io ho incontrato la signora Silvana, una donna in cui baluginano e si danno il cambio almeno tre figure: la professoressa carismatica, l'artista ispirata, la madre segnata dall'inquietudine ma non piegata dal lutto. E da questi elementi incrociati posso intuire tutta la complessità e la ricchezza che hanno formato Stefano, le tante sfaccettature della sua personalità, così lontana da ogni cliché.

Invece ora voglio dire qualcos'altro. Ricostruire un profilo a distanza di un ventennio è sempre difficile: la memoria di tanti è appannata dal ricordo, dall'emozione, dai macigni depositati dal tempo trascorso, da molte delle tante reticenze necessarie e non, dalle stratificazioni successive. Per me che lo inseguivo, Stefano era uno degli enigmi più grandi. Amato o ingiuriato da chi diceva di averlo incontrato, senza vie di mezzo, ricordato comunque con passione anche da persone che fingevano di averlo conosciuto, e che magari lo amavano (o lo odiavano, non fa differenza) più come simbolo che come persona.

Solo nel 1997, alla fine di un lungo processo, e grazie unicamente alla testardaggine dei suoi famigliari e del loro avvocato, Francesco Tallarico (il fratello di Iolanda), la vicenda processuale di Stefano si era potuta chiudere con una sentenza che lo faceva finalmente passare dal ruolo di imputato allo status di vittima. Per ottenere questo doveroso riconoscimento ci erano voluti la bellezza di diciannove lunghi anni.

Ma io, dovendo ponderare una media di queste memorie scomposte, nella sintesi della scrittura, quando avevo scritto *Cuori neri* avevo scelto di affidarmi anche a quello che diceva il mio intuito. Oggi sono contento di come ho scelto di raccontare Stefano, contento di aver riportato quel brano della rivendicazione in cui i suoi assassini, in cerca di una legittimazione morale, arrivavano a definirlo «uno spacciatore di Colle Oppio». Avevo trascritto quel passaggio come un documento, senza dargli nessun credito. Dopo la pubblicazione del libro, un giorno, alla Camera, una collega giornalista (di sinistra, la conosco bene, ma so che non vuole essere citata) mi era venuta incontro e mi aveva raccontato commossa di una poesia scritta per lei da Stefano, del suo eclettismo, della sua capacità di essere delicato. Ancora una donna. E tanto per me aveva pesato il racconto meticoloso di un suo caro amico, Bruno Catalucci. E ovviamente, mi ero fidato di Iolanda, dei suoi ricordi di ragazzina, tanto pieni di passione quanto lucidi, chiari, vividamente sinceri. Infine era arrivata quella lettera di Fiamma, un'altra donna, un altro racconto.

Non tutti, forse, lo riconosceranno in questi ritratti, non tutti saranno d'accordo, ma molte tinte di tonalità simile arrivano a comporre un quadro che non deve essere molto lontano dalla verità. Anche io, in certi giorni in cui sono di un umore un po' così, sento risuonare dentro di me il gorgheggio di *The Great*

Gig in the Sky e corro ad ascoltare i Pink Floyd: ho letto tanti anni dopo, in un libro meraviglioso di Michele Mari (che sarebbe sicuramente piaciuto a Stefano e a Francesco Cecchin), che quel vocalizzo è opera di una corista che arrivò in studio per caso e scomparve per venti anni dopo quella session mozzafiato (ma questa è un'altra storia, *Rosso Floyd*, Einaudi). La vita, in questo caso, proprio come nella storia di Stefano, è fatta di misteri e di fantasmi, di vite che turbinano cercando sempre un perché. A chi per anni mi ha accusato di aver «umanizzato» le vittime, come se si trattasse di un crimine, adesso rispondo nel modo più diretto possibile che ha ragione: *umanizzare* i protagonisti di questi anni, i «cuori rossi» e i «cuori neri», è l'unico modo per poter capire le loro vite, i loro gesti, le loro scelte.

Dopo quella lettera, e la prima telefonata, avevo parlato ancora un'ultima volta con Fiamma. Mi aveva raccontato di essere stata chiamata da tanti ex amici della sezione di Colle Oppio che non sentiva da un ventennio: avevano visto la lettera sul mio blog, si erano ricordati di lei e le avevano mandato una foto scattata nel 2005, quando si erano riuniti tutti. Chi aveva letto la lettera di Fiamma sapeva che era diventata di sinistra. E lei mi raccontava il suo moto di piacevole stupore per quei fili interrotti bruscamente e poi miracolosamente riannodati, di come le ombre erano scomparse, del fatto che le barriere architettoniche delle nuove identità di ognuno, come per incanto, quel giorno non avessero contato nulla. Ma il dettaglio più divertente era il commento caustico del figlio (allora ventiduenne), che lei descriveva così: «Praticamente un no global». Ebbene, quel figlio aveva guardato la madre sorridente dopo tutte le telefonate con gli ex camerati e le aveva detto, a metà strada tra l'ironia e lo stupore: «A ma', non mi dire: ma che alla tua età te stai a rimette in giro coi vecchi fascistoni!?» Il figlio di Fiamma si chiama Alekos, in omaggio al leader della resistenza greca Panagulis (protagonista di uno dei pochi libri belli della Fallaci, *Un uomo*).

Prima che ci salutassimo, Fiamma mi aveva raccontato un altro imperdibile calembour recchioniano, questa volta a risposta incrociata. Era il modo in cui Stefano amava apostrofare le persone che vedeva la prima volta. Prima si presentava, e poi chiedeva: «Ma a te piace, oppure il pollo?» Mi ha spiegato, Fiamma, che Stefano si divertiva come un matto e catalogava le risposte in tre categorie. Quelli che non capivano ma si vergognavano di dirlo, e allora rispondevano «Eh...» E poi quelli che non capendo si buttavano sul sicuro, e rispondevano: «Il pollo». Infine c'erano quelli che a lui piacevano di più. «Quali?» avevo chiesto a Fiamma. E lei: «Quelli che senza farsi prendere in giro danno la risposta che darei io: 'Ahò, ma che cazzo stai adddì?'»

5
Primavalle, il rogo che non si spegne mai

E poi c'è questa ragazza torinese dagli occhi azzurri. In Sudamerica, una con quegli occhi non può passare inosservata. Si chiama Solange Manfredi: arriva in Nicaragua il 19 marzo 2003, come un personaggio fuggito da un film, una di quelle giovani donne fatali che a volte affiorano nella saga di *Mission Impossible* al fianco di Tom Cruise, e poi scompaiono in due scene, non prima di aver trafugato segreti blindati. La ragazza dagli occhi azzurri arriva e in un baleno si ritrova immersa, come un pesce nell'acqua, in un ambiente di italiani espatriati per i più svariati motivi. Si muove con scaltrezza tra ex guerriglieri che hanno dovuto deporre le armi, cercatori di fortune dissipate, affaristi equivoci e latitanti trafitti dalla nostalgia.

Il padre della ragazza è morto in circostanze misteriose, e lei non ne parla volentieri: Solange ha poco più di trent'anni, è un avvocato, sembra avere buone disponibilità economiche, ha un temperamento solare, ma appare anche avvolta in una tenue aura di mistero. Nella piccola comunità italiana che popola la capitale del sandinismo si diffonde la voce che stia cercando un buon affare su cui investire. Nessuno può immaginare che, dove avevano fallito le polizie di mezza Europa, potesse riuscire una giovane donna che dice di non avere nessuna esperienza, e che apparentemente manifesta interesse solo per la ristorazione.

Poco più di un mese dopo il suo arrivo – il 1° maggio 2003 – a Managua, durante una cena al ristorante *Magica Roma*, all'epoca di proprietà dell'ex brigatista Valerio Casimirri, Solange incontra per la prima volta l'uomo a cui cambierà la vita. È anche lui italiano, anche lui un ex terrorista. È latitante dal 1973: fuggito passando per la Svizzera, valicando la montagne in giacca e cravatta, aiutato da una misteriosa attrice romana che nessuno ha mai identificato e dall'ex leader di Potere operaio Oreste Scalzone. Sulla sua testa pesa l'accusa per uno dei delitti più infami degli anni di piombo, l'unico – stragi a parte – in cui sia morto un bambino. L'ex terrorista ha trovato riparo in Svezia in modo rocambolesco: per anni ha fatto su e giù, clandestinamente, con Parigi e con l'Italia, poi è sbarcato in Sudamerica. Faceva parte delle Brigate rosse. Non può mettere piede nell'ambasciata del suo Paese, ha una tessera speciale da rifugiato politico, è un latitante, ha fama di duro, in quarant'anni non ha detto a nessuno una sola parola sul proprio passato. Ma Solange, come molti italiani di Managua, conosce un particolare importante: sa che è proprio lui l'uomo che il 16 aprile 1973 faceva il palo in macchina, mentre il suo amico Achille Lollo abbandonava su un pianerottolo una tanica di benzina super innescata con un doppio preservativo riempito di acido: la chiamavano bomba Lilli. L'ex brigatista, invece, è Manlio Grillo: è uno dei tre condannati per il rogo di Primavalle.

Giampaolo Mattei, agosto 2015:

È venerdì 22 febbraio 2008. Una mattina. Sono appena uscito dal palazzetto dello sport. Sono confuso. So bene cos'è accaduto, ma tutto è successo troppo in fretta per mettere le immagini a fuoco in modo distinto. La testa mi gira per l'emozione. Il telefono inizia a squillare subito. Sorelle, amici, conoscenti. Ma anche persone che non ho mai sentito in vita, mia. Persone che mi danno del tu in modo sprezzante, come se fossero i miei più stretti parenti, e per questo autorizzati alla confidenza e all'ingiuria. È un diluvio di rabbia, che si abbatte su di me: «Giampaolo, ma ti rendi conto che stronzata hai fatto?»

«A Giampà, ma 'ndo cazzo sei annato?»

«Ahò, lo sai che così hai tradito la memoria dei tuoi fratelli?»

«Ma che è sta scenetta che te sei messo affà, con la madre di uno stronzo di autonomo?»

«Scusa, ma che per caso te voi candidà deputato col Pd?»

Giampaolo Mattei prende un respiro profondo, si ferma un attimo come per decomprimere i ricordi. Credo che sia una delle persone più pacate che conosco, fisicamente un gigante, con la sua corporatura imponente e qualcosa di splendidamente infantile nello sguardo, l'anima di un bambino custodita in una montagna di ossa e carne.

L'ho conosciuto nei giorni in cui scrivevo *Cuori neri*, nell'appartamento del quartiere Flaminio dove avevo intervistato sua madre. Né io né lui avevamo mai potuto dimenticare quel pomeriggio, quando nel salotto della casa popolare dove abitava la famiglia Mattei, davanti a noi due e alla figlia Silvia, la signora Annamaria aveva accettato di ripercorrere la notte di cui non parlava da trent'anni. Mamma Mattei aveva raccontato tante cose, e poi ci aveva spiegato che dall'aprile 1973 non aveva più potuto toccare una mela, né vederla sulla sua tavola, perché non poteva cancellare dalla mente l'immagine di suo figlio Stefano che ogni pomeriggio la chiamava dal cortile di Primavalle per la merenda, chiedendole di gettargliene una dalla finestra: «Mamma, mamma! Una mela!» Eravamo rimasti muti. Anche loro, i figli, che già sapevano tutto: ma una cosa è vivere una rimozione, altro è sentirla ricordare, spiegare, renderla simbolo esplicito di un'assenza lancinante.

Ero tornato a trovare la signora pochi mesi dopo. Oltre a Silvia – che come sempre accudiva la madre con una devozione sacrale – c'era Graziano Cecchini, un amico di famiglia, poco più che cinquantenne, ex volontario nazionale del Msi che all'epoca investiva Giampaolo di affetto paterno, e che solo due anni dopo lo avrebbe scomunicato pubblicamente per le sue scelte, proprio sul tema della memoria famigliare. Pochi mesi prima di questo strappo avevo rincontrato Cecchini da cronista – e lo racconterò fra poco – nella sua seconda vita di «artista futurista», quando da inviato de *il Giornale* mi ero trovato a raccontare la clamorosa azione di colorazione della Fontana di Trevi in tonalità rosso fuoco. Un'immagine che aveva fatto il giro del mondo e lanciato Cecchini come personaggio glamour, proiettandolo in un momento di breve ma folgorante notorietà mediatica.

Penso di conoscere bene, ormai, l'indole pacifica di Giampaolo: ma spesso intuisco anche i suoi umori profondi e tellurici, i suoi nodi di sofferenza non cauterizzata. Sono passati nove anni dal giorno di quegli insulti, dal giorno in cui era salito sul palco di una manifestazione politica del partito più lontano dalle sue idee, e aveva concluso quella mattinata abbracciando Carla Verbano, la madre di Valerio, l'autonomo ucciso dai fascisti. Lui grande e grosso e gentile si era ritrovato tra le braccia una donna minuta dal cuore d'acciaio. La madre del «nemico».

Mentre stava compiendo quel gesto Giampaolo ancora non lo sapeva, ma l'immagine che raccontava quella scena, quello scatto di macchina fotografica che diventava subito icona, avrebbe fatto il giro d'Italia suscitando dibattito e scandalo: non solo quelle immagini stavano modificando la percezione che il suo mondo, la sua famiglia e la sua comunità umana di riferimento avevano di lui. Ma stava cambiando lui stesso, nella sua essenza più profonda, e in mondo irreversibile. Non era una folgorazione, una di quelle vampate di emozione che ti stravolgono, ti attraversano e si esauriscono in un singolo momento. Era piuttosto il punto di partenza di un processo più lungo, un filo di storia privata che si dipana da quella mattina fino a oggi come un percorso: come se quella stretta di corpi fra il gigante e la bambina potesse diventare un simbolo, un seme, una cosa che ti cresce dentro e cambia il baricentro delle tue percezioni, una giornata che ti trasforma per sempre.

Anche quando una mattina capisci da una telefonata che Carla sta per morire. Anche quando tutti – dopo il grande clamore – si sono di nuovo dimenticati di te.

Giampaolo Mattei, *La notte brucia ancora*, Sperling & Kupfer, 2008:

Erano ragazzi. Le vittime e i carnefici. Erano gioventù da bruciare. Peggio dei ragazzacci del film che rese celebre James Dean. Gioventù da bruciare, malaerba da estirpare: personaggi equivoci o, nella migliore delle ipotesi, avventati. Esclusi dalla pietà dei propri simili, perché diversi dagli altri, una diversità di nascita e di appartenenza sociale.

Per trentacinque anni – nel tempo dell'odio e anche dopo – una larga fetta di questo Paese ha considerato la mia famiglia e i miei fratelli così. Non vittime. Non esseri umani, e nemmeno ragazzi. Gente che in qualche modo se l'era cercata, piuttosto. Anche se i miei fratelli erano morti nel cuore della notte, in casa propria. Anche se qualcuno aveva incendiato una tanica di benzina dietro la nostra porta e poi se ne era andato via, convinto di aver compiuto una sorta di dovere civico. Il 16 aprile del 1973, la mia famiglia si risvegliò nel suo appartamento di Primavalle, a Roma, avvolta dalle fiamme. Non ho ricordi di quella sera e per anni anche la memoria dei racconti mi è stata negata, per una scelta di estrema protezione da parte dei miei genitori.

Per salvarsi, mio padre e le mie sorelle si erano dovuti buttare dalla finestra del terzo piano, ritrovandosi in strada fratturati e ustionati. Io invece – che allora avevo solo quattro anni – ero uscito con mia sorella in braccio a mia madre, dalla porta di casa. Mamma era stata l'unica che era riuscita ad attraversare il rogo, prima e ultima nella nostra casa.

Sono nato fortunato, dice qualcuno. Non ne sono così sicuro.

Corriere della Sera, 19 ottobre 2007:

Roma – Un atto forse dal vago sapore d'annunziano. E non a caso a rivendicarlo è un gruppo che si fa chiamare «Ftm Azione futurista 2007». Ma sicuramente un atto vandalico. Una sostanza colorata, un liquido rosso, è stato versato da un – per ora – ignoto vandalo nella Fontana di Trevi nel centro di Roma, la cui acqua è diventata completamente rossa. [...]

Subito sono intervenuti i vigili urbani in servizio sulla piazza che hanno raccolto le testimonianze. Pare che l'autore del gesto sia un uomo che aveva un giubbotto chiaro e un berretto in testa. Gli agenti della polizia municipale hanno avvertito la centrale operativa ed è stata contattata la sovrintendenza comunale ai Beni culturali e sono state diramate le ricerche dello sconosciuto.

In un primo tempo si temeva che la sostanza potesse aver danneggiato gravemente il monumento. Anche l'acqua che cadeva dall'alto infatti era rossa perché la Fontana di Trevi utilizza acqua a circuito chiuso, per cui si temeva che a lungo andare anche i marmi ne potessero risentire. Così è stato deciso di bloccare il flusso e successivamente è cominciato il deflusso dell'acqua colorata dal bacino della fontana: contemporaneamente è stata immessa nel circolo acqua pulita che progressivamente ha diluito quella colorata fino a sostituirla del tutto. «Non ci sono danni alla fontana e tutto è tornato alla normalità. Nessun danno al sistema idrico, nessun danno ai marmi del monumento», ha detto poco dopo l'assessore alla Cultura Silvio Di Francia. Anche il sovrintendente ai Beni culturali di Roma, Eugenio La Rocca, rassicura: «Il danno arrecato dal colorante rosso alla Fontana di Trevi non è grave. Si tratta di anilina».

Sono a casa. Mi chiama il mio amico Nicola Rao, che come già sapete è autore della *Trilogia della celtica*, ma in quei giorni anche coanimatore del sito che dedichiamo alle storie e ai protagonisti degli anni di piombo.

«Luca, hai sentito di questa trovata della Fontana di Trevi?»

«Certo, meravigliosa.»

«Ma tu per caso hai visto la foto ricavata dalle telecamere di sorveglianza?»

«Sì, ma si vede solo un berretto, e sotto una faccia sgranata.»

«Quindi non l'hai riconosciuto?»

«La faccia?»

«No, il berretto! Luca, tu sai benissimo chi è il proprietario di quel berretto.»

«Sei sicuro?»

«Ma certo! Quello è il cappello di Graziano Cecchini!»

Non so se Nicola avesse una sfavillante memoria fotografica o solo una buona fonte. Forse entrambe, perché aveva ragione. E solo poche ore dopo questa telefonata, tutta la stampa internazionale si sarebbe precipitata alla caccia del proprietario del berretto e della faccia sgranata: l'uomo del giorno, secondo il noto teorema della celebrità di Andy Warhol, proiettato su scala planetaria, data la celebrità del monumento in questione.

In quel momento avevo un grande vantaggio competitivo: il numero di telefono di Cecchini. Che sarebbe stato identificato e raggiunto dalla polizia nel giro di ventiquattr'ore, ma che per tre giorni avrebbe continuato a rilasciare interviste con una tesi vagamente schizofrenica, dettata dalle raccomandazioni degli avvocati: quell'uomo non sono io, ma so perché lo ha fatto, e so che è un genio. Meravigliosa l'intervista di un ottimo collega de *il Giornale*, Francesco Borgia, che aveva bruciato tutti gli altri. Il botta e risposta veniva pubblicato a fianco di un mio articolo-ritratto ed era fitto di perle autocelebrative come la seguente.

Francesco Borgia, intervista a Graziano Cecchini, *il Giornale*, 22 ottobre 2007:

Cosa pensa di questo eroe mediatico che ha usurpato la scena alla Loren e alla Bellucci?

«È un vero artista futurista. Uno che con un semplice (e molto economico) gesto è riuscito a smascherare le ipocrisie dei politici e dell'establishment artistico.»

L'inchiesta fermerà l'azione di questa «avanguardia futurista» o continueranno le azioni di goliardica protesta contro il potere?

«Se fossi in loro, dopo il 'rosso Trevi', sceglierei il 'blu puffo' per la prossima azione.»

E perché mai?

«È il colore che meglio si addice a chi ci governa.»

Se fosse stato lei a sfruttare le proprietà dell'anilina, considererebbe il suo un gesto politico o artistico?

«Tutti hanno stigmatizzato il gesto. Da Alleanza nazionale all'estrema sinistra, a eccezione forse di Giancarlo Galan. Ed è ovvio che il gesto li mette in difficoltà.»

Addirittura!

«Chi ha creato il 'rosso Trevi' ha voluto smascherare le ipocrisie di un sistema capace di sperperare 15 milioni di euro per una Festa del Cinema in una città dove con gli stessi soldi si riuscirebbe a dare un tetto alle famiglie che dormono in auto.»

Poteva durare la finzione del Cecchini innocente che dichiara la propria totale estraneità all'azione, e nello stesso tempo – siccome non riesce a tenersi – ne approfitta per esaltare il geniale artista futurista, e reo, cioè se stesso? Ovviamente no, e infatti in breve arrivarono insieme, come in uno strano apologo, sia l'imputazione di reato sia l'identificazione del nuovo eroe mediatico. L'ex volontario nazionale e il futurista tornarono a essere la stessa persona, gravata da un insidioso processo per vandalismo e da un coro di critiche unanimi della politica. Ma diventarono anche una figura popolare, gratificata dalle lodi sperticate di Oliviero Toscani e di Vittorio Sgarbi, che a Cecchini avrebbe dedicato una prosa entusiastica.

Vittorio Sgarbi, *il Giornale*, 19 ottobre 2007:

A vederla, quella foto, quale rinnovato divertimento che le parole non possono descrivere! Quell'effetto di gazpacho, di zuppa di pomodoro fredda nel piatto settecentesco, e il felice contrasto con il bianco del prospetto e delle sculture. Da ringraziare, e da conservarla così per qualche tempo è invece la smodata reazione del nuovo segretario del Partito democratico, le parole pronunciate con tono grave e voce bassa: «Quanto è accaduto oggi alla Fontana di Trevi è stato davvero molto grave. È un'offesa a Roma per fortuna senza gravi conseguenze. C'è gente che non perde occasione per dimostrare di voler male alla città». Fatico a capire dove sia il male, quali siano le conseguenze, se non gravi; e perché *davvero*. In quel «davvero» c'è tutto Veltroni. Come può un gesto divertente offendere la città? D'altra parte non doveva essere «davvero» così grave se nel resoconto del vicecapo gabinetto del sindaco, Luca Odevaine, si dice che, già alle 22, «a tempo di record, la fontana era completamente ripulita».

Si può discutere la quantità di valore estetico del divertimento, ma non si può discutere che il gesto si sia fermato nel più autentico spirito dell'avanguardia. E non si capisce perché le baggianate di Maurizio Cattelan o, prima, gli impacchettamenti di Christo abbiano avuto ammiratori deliranti e critici assolutamente favorevoli, così come i concerti al Colosseo e tutte le imprese *son et lumière* che hanno illustrato Roma e i suoi monumenti per maggior gloria del sindaco.

Nello stesso pomeriggio avevo raggiunto Graziano nel suo appartamentino alla periferia del quartiere Tuscolano, offrendogli – insieme al produttore Lorenzo Mieli – una presenza fissa nel nostro programma di allora, *Tetris*, la mia prima serata su La7. Pochi giorni dopo avremmo persino girato un promo vicino alla fontana, inseguiti, scortati e sorvegliati da un battaglione di agenti, perché in quel momento Cecchini era ancora sotto libertà condizionale, come una volpe che ritorna nel pollaio la mattina dopo un saccheggio notturno. Quando ero entrato in casa, l'«artista futurista» era al telefono con la televisione svedese e negoziava le condizioni di un'intervista esclusiva nei Paesi scandinavi. Pochi minuti dopo sarebbe stata la volta della tv giapponese, e – ovviamente – anche di quella americana. In serata Graziano partiva verso la Toscana alla volta della Sterpaia, dopo aver ricevuto e accettato l'offerta di «asilo artistico» da parte di Oliviero Toscani. Fra i politici più inviperiti non c'erano solo quelli di centrosinistra, che si sentivano bersaglio diretto dell'azione, ma anche quelli di centrodestra, che temevano l'effetto discredito, visto che Cecchini fino al giorno prima del raid aveva lavorato come addetto stampa factotum per Marco Visconti, il presidente aennino di un municipio romano. Avevano il bisogno di recidere il sospetto di qualsiasi legame, l'accusa di essere committenti indiretti del gesto, «destra vandala». A leggere le agenzie e a saggiare il tenore di quegli anatemi, sembrava di ascoltare il coro di invettive intonato per censurare un criminale incallito e pericoloso. Ma il problema di Graziano, in quel momento, era che intravedeva la possibilità di uscire dalla vita di stenti che non si vergognava di raccontare, e di fare il grande salto, progettando subito una nuova, eclatante azione che potesse ancora una volta fare il giro del mondo.

Eppure – come vedremo – anche su di lui pesava l'anatema che insegue tutti i fortunati che sfondano in modo imprevedibile, l'incubo di tutti i registi di opera prima che sbancano al botteghino, l'angoscia di tutti gli esordienti a caccia del secondo libro: «Difficile è tornare».

Nicaragua, primavera 2003. Gli ex combattenti in armi sono diventati grigi e malinconici. La rivoluzione ha perso e, in barba a una celebre massima del compagno Mao Tse-tung, è diventata un pranzo di gala. Nel periodo in cui Solange lo conosce, Manlio Grillo non lavora, ha qualche problema economico e deve mantenere una famiglia: è per questo, forse, che si interessa a quella ragazza italiana, che dice di voler investire soldi in una attività ristorativa. Lei racconterà di essere stata contattata da lui, e che è Grillo a chiederle di poter lavorare nella sua futura impresa. È davvero andata così? È davvero lui che la cerca, o è lei che abilmente si fa cercare? Quel che è certo è che la ragazza e l'ex guerrigliero si incontrano diverse volte. Lei riferisce che è Grillo a consigliarle di aprire un ristorante, a dirle che potrebbe gestire con facilità e successo il locale.

Un giorno lui le domanda a bruciapelo: «Mi conosci? Sai chi sono?» Lei gli risponde così: «So che facevi parte delle Brigate rosse e che, in seguito a una condanna, sei scappato in Nicaragua». Poi aggiunge: «Dei famosi anni di piombo non so nulla. Alcuni dicono che in quel periodo in Italia ci sia stata una guerra civile, altri che si sia trattato di terrorismo, non so se tu sia un soldato che ha perso una guerra civile o un terrorista». Solange ha sfiorato un abisso, e lo sa. Fa una pausa: «Non conosco quel periodo e quindi, come sempre faccio quando non padroneggio un argomento, non giudico. Non ti giudico».

Dice oggi lei: «Mi sembrò che a Grillo la mia risposta fosse piaciuta». Poi aggiunge che non gli aveva mai domandato niente su quegli anni perché in diverse occasioni aveva notato che la sua reazione di fronte a chi gli domandava di quell'epoca era di chiusura, fastidio o, nel migliore dei casi, palese sarcasmo. Lui, quasi compiaciuto, aveva sorriso. Solo in quel momento, tra di loro, era davvero scattata quell'irripetibile alchimia che si chiama fiducia. Un anno dopo, mentre la sta interrogando minuziosamente su quei dialoghi di Managua, il pm Paolo Ionta le chiede, con un filo di impalpabile ironia:

«Senta dottoressa Manfredi, ma per caso lei fa parte dei servizi segreti?»
(Sorriso) «Lei pensa che se fosse così le risponderei di sì?»
«No, non lo penso.»
«E allora, scusi, perché mi fa questa domanda?»
«Per vedere che faccia fa mentre mi risponde.»

È l'estate 2016. Incontro Giampaolo, dopo tanti anni, a Roma, nella sede dell'associazione intitolata ai suoi fratelli. Siamo sotto il livello del Tevere, in una terra di nessuno fra il centro e la periferia, una lingua di terra e un reticolo di strade caotiche aggrovigliate come una rete a cavallo tra il quartiere Portuense e la Magliana. Noto subito i muri sgarrupati e le infiltrazioni d'acqua, ma non dico nulla. Nel 2008 avevo chiesto al più giovane dei Mattei di scrivere un libro sulla sua storia per «Le radici del presente» e lui si era messo a lavorare con entusiasmo, costruendo un legame non solo creativo, ma anche di amicizia, con il giornalista Giommaria Monti, un esperto autore televisivo (scuola Michele Santoro) nel quale nutrivo fiducia assoluta, e che da quel momento in poi avrebbe condiviso con lui la passione e la memoria.

La notte brucia ancora – il parto di questo sodalizio – è un'autobiografia preziosa, che è stata presentata in pompa magna dall'allora presidente della Camera e dal leader del più importante partito di sinistra, che ha avuto buone recensioni e che purtroppo non ha venduto quanto avrebbe dovuto. Ma io ero rimasto rapito fin dai primi capitoli che Giampaolo aveva scritto, riassumendo già nelle prime quattro folgoranti pagine il senso dell'assenza che lo aveva segnato, la sofferenza di un'intera vita, il bilancio della stagione del sangue e della sua inestinguibile eredità.

Prima di incontrarlo, ero corso a riguardarmi, nelle pagine finali del libro, il racconto di quella mattinata al PalaEur. Giampaolo aveva ripercorso e spiegato la dinamica dei fatti, ma si era fermato, quasi pudicamente, prima di raccontare quel diluvio di parole e ingiurie che lo aveva investito. Me ne aveva accennato a caldo, per telefono, lo stesso giorno, quasi minimizzando, e di certo per eludere la mia evidente preoccupazione. Ma quando dopo otto anni ci rivediamo, quasi automaticamente, il flusso di memoria riparte da quelle ore concitate. Come se il filo del racconto dovesse riprendere esattamente da dove si era interrotto.

Giampaolo Mattei, giugno 2016:

Mentre in macchina torno verso casa, ascoltando queste voci, che mi rimbombano nella testa, mi rendo conto che c'è un codice violento tutto particolare nel tipo di insulti che ricevo. Agli occhi di chi mi chiama devo essere per forza un traditore, un rinnegato, un venduto. Devo aver fatto quello che ho fatto solo per opportunismo. Devo averlo pianificato in modo freddo e cinico, e ovviamente secondo una logica di utilità. E proprio mentre metabolizzo la forza di queste accuse – con il senno di poi – mi rendo conto che è esattamente il contrario. Ho agito d'istinto, senza farmi domande. Mi sono spinto al confine estremo della mia storia e della mia identità, proprio alle colonne d'Ercole, capisci? E quando metto a fuoco questo punto di svolta, mi rendo conto di una cosa che non è per nulla scontata: se lo avessi deciso a mente fredda non ci sarei riuscito, ma oggi sono convinto che ho fatto benissimo a farlo. Senza ancora averne consapevolezza, mi ero mosso nell'unica direzione in cui il mio percorso di crescita interiore mi poteva portare.

Eppure, per il mondo fuori, quello che accade è questo: il giorno dopo le foto di quell'abbraccio sono su tutti i giornali. Anche perché il contesto in cui si svolge l'incontro in qualche modo lo rende inevitabile. Nel febbraio 2008 Walter Veltroni, sindaco ancora in carica di Roma, si sta candidando alle elezioni politiche. E per farlo sceglie di costruire una serie di eventi che lo aiutino a rappresentare la sua idea di un'Italia che deve uscire dal clima del muro contro muro. Recita il suo primo discorso da candidato a Spello, nel cuore dell'Umbria che più ama, con un presepe naturale sullo sfondo. Sceglie come inno la rassicurante *Mi fido di te*, di Jovanotti, è inseguito dall'accusa di essere «un buonista». Si impone – come per un fioretto – di non nominare mai in nessuna occasione il suo avversario Silvio Berlusconi. Nelle elaborate perifrasi imposte da questo dogma, il Cavaliere di Arcore nella bocca di Veltroni diventerà addirittura «il leader dello schieramento a me avverso». Era la scelta giusta? Sinceramente non lo so. Seguendo le tappe della campagna elettorale, sul torpedone con tanti giornalisti, a caldo, proprio mentre sto tornando da Spello, ho l'impressione che questa scelta drastica esprima di sicuro una determinazione molto forte di Veltroni, ma non l'umore profondo di un Paese che – malgrado gli sforzi di una rappresentazione alternativa – era ancora drasticamente diviso tra destra e sinistra, tra comunismo e anticomunismo: quella del 2006 è l'ultima campagna elettorale «quarantottesca» della storia repubblicana. Alla fine del viaggio, questa consapevolezza investe quasi somaticamente il leader del Partito democratico, che in Sicilia si deve addirittura fermare, per un malanno, interrompendo i suoi comizi. L'evento coincide con le rilevazioni (riservate) che – malgrado l'ottimismo esibito sui media – fotografano un distacco irreversibile dal centrodestra. La politica attraversa i corpi, e li imprime in modo indelebile con il suo suggello. E infatti quelle elezioni, come è noto, le avrebbe vinte ancora una volta Berlusconi. Ma qui ciò che importa è che la manifestazione del PalaEur si era inserita in questo sogno veltroniano, nel tentativo di racconto di una riconciliazione possibile. Era anche questo che rendeva quell'abbraccio giornalisticamente e politicamente rilevante, una notizia da prima pagina e da telegiornale della sera.

Giampaolo Mattei, *La notte brucia ancora*, Sperling & Kupfer, 2008:

Per una parte importante dell'opinione pubblica nessuno di noi meritava solidarietà incondizionata. Dopotutto eravamo fascisti: molto probabilmente ce l'eravamo cercata, di sicuro quell'incendio era frutto di un regolamento di conti, di una «faida interna» (come si disse allora, ricorrendo al vocabolario della mafia), forse ci eravamo dati addirittura fuoco da soli, un raccapricciante caso di masochismo per far ricadere la colpa sui «rossi» innocenti. Gioventù da bruciare, certo, e bruciata non per colpa di altri, di chi aveva appiccato le fiamme: per colpa nostra. Non lo potevo certo capire, all'epoca, ma era come se fossimo stati bruciati dall'odio ideologico di una stagione. Non importava più di tanto che Virgilio fosse poco più di un ragazzo e Stefano appena un bambino, di cui sono rimaste soltanto le foto in grembiule nel cortile della scuola. Essendo fascisti, borgatari, e inevitabilmente – per la natura che veniva attribuita al nostro ambiente sociale e politico – un po' provocatori, dovevamo proprio essercela cercata da soli. E allora si inventavano inesistenti arsenali che mio fratello avrebbe conservato sotto al lettino della stanzetta in cui dormiva insieme a Stefano e ci si domandava come mai Virgilio avesse chiamato soccorsi per telefono, parlando con chi, e per quante volte. E ci si chiese persino – sui giornali di quei giorni, non in una miserabile diceria – come mai mia madre fosse arrivata vestita in strada, quella sera. Non è che sapesse già quello che sarebbe accaduto? Non è che per caso si era preparata al rogo dei propri figli come si fa per una festa da ballo? Era falso anche quello, fra l'altro, perché mamma si ritrovò fra i pompieri scalza, sanguinante, in camicia da notte. Ma noi, «i Mattei», da quella sera in poi, nell'immaginario di una parte importante di questo Paese, non potevamo essere dei normali esseri umani, con le nostre debolezze, le nostre ferite, i nostri dolori. No. Eravamo altro. Carne da cannone. Subumani.

Eravamo fasci.

Roma, 16 gennaio 2008. Sono arrivati nelle prime ore della notte, con un'organizzazione perfetta e quasi militare. Venti ragazzi, apparentemente studenti, con gli zainetti per non dare nell'occhio e confondersi fra i turisti. Tutto studiato, tutto preparato. E poi lui, Graziano Cecchini, l'ex volontario nazionale del Msi diventato artista di Azione futurista, già noto in tutto il mondo per la beffa della Fontana di Trevi tinta di rosso.

L'appuntamento, annunciato con un tam-tam solo ad alcuni giornalisti la sera precedente, era per le otto e mezzo. Lui, Graziano, fino a pochi minuti prima se ne stava in un bar a Trinità di Monti, a sorseggiare placidamente un caffè. L'idea gli era venuta quasi un mese prima: «Ma poi ci sono voluti sopralluoghi, calcoli, prove, e soprattutto 25.000 euro per realizzarla. Ho dovuto persino trovarmi degli sponsor!» (e infatti a pagare erano stati due: un piccolo quotidiano free press torinese, *Cronaca qui*, e un sito di suonerie *Zig.it*. Incredibile!). Tutto pronto, tutto preparato, dunque. Ma qual era l'obiettivo? Cecchini, alla vigilia della sua impresa lo spiegava così: «È un'azione dimostrativa per rispondere con la gioia dei colori alla tristezza di un'Italia sommersa di rifiuti». Detto fatto.

Alle 8.30 scatta l'ora X e attraverso il cellulare Graziano impartisce l'ordine ai camion, che aspettano con i motori accesi nelle vicinanze. «Ci sono dieci enormi balle piene di palline colorate», spiega, «mezzo milione di pezzi.» Al via, la squadra di Azione futurista inizia la sua corsa contro il tempo: «Eh, eh», ride lui, «ho cronometrato che in non più di dieci minuti ci troviamo tutte le forze dell'ordine di Roma addosso!»

Gli enormi e pesanti sacchi con le sfere di plastica vengono trascinati lungo i gradini, devono essere messi tutti in posizione, alla sommità delle due meravigliose gradinate, due braccia che tengono strette il cuore monumentale di Roma. Li spingono in tre, e si suda. Uno viene issato sopra la balaustra. C'è una coreografia precisa: dal lato sinistro della scalinata le palline sono solo rosse, dall'altro sono di quattro colori. I sacchi sono tutti sigillati con un adesivo posticcio: decoro urbano, e il simbolo del Comune di Roma (fantastico...). Le palline iniziano a rotolare, sembrano un piccolo fiume policromo, il rumore è simile a quello di una grandinata torrenziale. Una scena surreale. Su quel fiume policromo ci si può addirittura surfare. Mentre i vigili iniziano a sigillare la scalinata la gente irrompe nella piazza. C'è chi si mette in tasca le sfere come fossero dei souvenir.

Intorno al futurista si raccoglie il capannello dei cronisti. Cecchini inizia a parlare: «In tutta Europa gli inceneritori si fanno, solo qui non ci si riesce... È colpa di un governo che non riesce a capire quali sono le priorità». «Adesso si butterà in politica?» gli chiedono. «Non ci penso nemmeno. Me lo hanno chiesto in tanti, ma io resto un artista.» Subito dopo arrivano un vigile, i carabinieri, la polizia. Confabulano indecisi alla ricerca di un capo di imputazione. Alla fine comunicano ai giornalisti che l'arresto è per «imbrattamento». Cecchini sale sulla gazzella dei carabinieri, con in testa lo stesso cappellino «Italian Army» che aveva il giorno dell'azione alla Fontana di Trevi. L'assessore alla cultura capitolino, Silvio Di Francia, rilascia dichiarazioni durissime: «Era in crisi di visibilità mediatica. È stato un gesto di folclore molesto, i responsabili pagheranno le conseguenze, perché questi costi non vanno addebitati ai cittadini, ma ai colpevoli dell'azione». Ma lui, Cecchini, mentre si chiude lo sportello dell'auto che lo porta in caserma non batte ciglio: «Tranquilli, ho studiato tutto. Me la caverò con una semplice multa, eh, eh».

Managua, agosto 2003. Una sera, mentre sono a cena insieme, Manlio Donia, primo marito dell'attuale moglie del fratello di Solange (Alberto Focardi, anche lui residente in Nicaragua), chiede a Grillo cosa sappia della morte di Giangiacomo Feltrinelli. Grillo incomincia a parlare in modo vago: mezze parole, sottintesi, ironie. La ragazza ascolta la conversazione senza intervenire e mostrandosi poco interessata all'argomento. Solange ricorda che questo atteggiamento incuriosisce Grillo, che a bruciapelo le chiede: «Come pensi che si siano svolti i fatti quella sera a Segrate?» Possibile che sia proprio lui, in quell'occasione, a intavolare un discorso su uno dei temi che di solito eludeva? È un test, quello che le sta facendo? Lei risponde, ma con apparente distacco: «L'argomento non mi interessa». Grillo è stupito, adesso è lui che la incalza: «Perché non provi ad azzardare un'ipotesi?» Lei ribatte: «Perché non ho la più pallida idea di cosa sia accaduto». Lui insiste: «Che cosa sai?» E solo allora lei butta lì: «Secondo me, Feltrinelli è stato ucciso, l'incidente è stato simulato». Grillo, almeno nel ricordo di Solange, pare soddisfatto, intrigato da quel dialogo in cui sembra che lui faccia il gatto e lei il topo. Insiste: «Come pensi che possa essere stato simulato l'incidente?» Di nuovo la ragazza si ritrae. Si mostra un po' annoiata dalla conversazione e gli risponde: «È possibile che gli uomini che si trovavano sotto il traliccio avessero dato a Feltrinelli una miccia lunga, collegata a un detonatore che stava alla base del traliccio e che, una volta che lui era arrivato in cima, l'avessero fatta esplodere». Ricorda Solange che Grillo a quel punto si era complimentato con lei. Scherzando le aveva detto: «Potresti essere un'ottima investigatrice».

Pochi giorni dopo il latitante, riferendosi a quella conversazione sulla morte di Feltrinelli, le chiede il motivo del suo scarso interesse: «Il tuo comportamento è anomalo... soprattutto per una donna». A questo punto Solange risponde: «Io nei confronti delle persone mi comporto sempre allo stesso modo: non faccio domande, aspetto che siano loro, se desiderano e quando desiderano, a parlarmi della loro vita».

Ai magistrati che la interrogheranno, Solange dirà: «Davvero non nutrivo curiosità morbose nei suoi confronti: aveva più di sessant'anni di vita da raccontare, se desiderava poteva dirmi ciò che voleva quando voleva, ma la cosa importante era che non mi prendesse in giro, cosa che non ero disposta a tollerare. La mia spiegazione lo colpisce molto e, dopo avermi manifestato la sua stima, mi dice: 'Comunque hai ragione tu: Feltrinelli è stato ucciso, non si è trattato di un incidente'».

In quella occasione – prosegue lei – Grillo racconta che all'inizio Feltrinelli era stato coinvolto nella lotta armata per i suoi contatti, i suoi soldi e le potenzialità propagandistiche offerte della sua casa editrice, ma che poi questo rapporto si era rivelato sempre più difficile da gestire perché Feltrinelli aveva un suo progetto che voleva portare avanti e attuare con tempi e modalità diversi da quelli decisi dall'Organizzazione che lo aveva accolto. Grillo dice che, facendo leva sulle sue conoscenze e sul suo denaro, voleva comandare e decidere tutto. Inizialmente l'Organizzazione aveva cercato di frenare Feltrinelli nei suoi entusiasmi e nella sua idea di rivoluzione sul modello guerrigliero guevarista, ma lui non aveva voluto sentire ragioni.

Alla fine Grillo aggiunge una frase cruciale: «L'Organizzazione aveva deciso di uccidere Feltrinelli con un falso incidente». È una rivelazione da saltare sulla sedia, ma lui rimane apparentemente impassibile. Solange domanda: «Perché mi dici tutto questo? Io non ti ho mai chiesto nulla». E lui: «Ho apprezzato il tuo comportamento nei miei confronti. Sei la prima persona che ha parlato con me interessandosi all'"uomo Manlio' e non al 'brigatista Grillo'». E ancora: «Guarda che se io parlassi delle cose che so, e se facessi ii nomi dei protagonisti di quegli episodi, molta gente finirebbe in galera e la storia ne sarebbe stravolta».

Solange racconta di non essersi per nulla turbata: «Il tuo modo di rapportarti con le persone per me è difficile da comprendere: vedi, io sono chiara e diretta e amo le persone che si comportano con me nello stesso modo, dalle altre mi allontano». Lui, secondo lei, ci rimane male, prova a recuperare con la rivelazione che ha tenuto in serbo per chiudere quella chiacchierata: «A uccidere Feltrinelli è stata l'Organizzazione che poi è diventata la mia Organizzazione. Le Brigate rosse».

Le cose per Giampaolo, quel giorno, erano andate così: Walter Verini, braccio destro del sindaco, una mattina lo aveva chiamato e gli aveva annunciato che Veltroni sarebbe stato contento di averlo come ospite in una grande manifestazione che stava organizzando al PalaEur. Giampaolo si era ritrovato accompagnato fino a una poltrona riservata per lui in prima fila, tra persone che conosceva di vista come l'ex prefetto Achille Serra e i genitori del tifoso laziale ucciso durante una folle sparatoria in autostrada pochi mesi prima. Dietro di lui c'era Rosa Calipari, vedova del funzionario del Sismi assassinato mentre cercava di portare in salvo Giuliana Sgrena. Poi, quando – come nel gioco della sedia – all'inizio della kermesse aveva preso posto, aveva scoperto di essere stato collocato vicino a Rina Carla Verbano. Dietro di lui c'erano i principali dirigenti e deputati della sinistra romana dell'epoca, da Ermete Realacci a Paolo Gentiloni: un mondo che non era il suo, una sensazione che gli metteva addosso un filo di inquietudine.

Giampaolo non aveva ancora materialmente incrociato Veltroni, né scambiato una sola parola con lui, quando Verini gli aveva sussurrato: «Hai nulla in contrario se il sindaco chiamerà te e la signora Verbano per salutarvi?» Qui bisogna di nuovo affidarsi alle sue parole: «Non riesco a pensare, tutto scorre veloce. Totti che fa gli auguri a Veltroni, Max Pezzali, Fiorella Mannoia davanti a me che canta *La storia*. Poi sale sul palco Veltroni e a metà del suo discorso scandisce le frasi che sono destinate a evocare la signora Carla e me». Eccole:

La storia della nostra città è segnata dall'odio e dalla violenza, da ragazzi che diventavano delle strisce di gesso nei rilievi della scientifica. L'odio e la violenza non hanno prodotto nulla di buono se non lacrime, abbandono, solitudine. E poi il dolore più terribile che ci sia, quello di un genitore che sopravvive al proprio figlio. Ma l'Italia può essere altro. Per questo vorrei chiamare sul palco la signora Carla Verbano e Giampaolo Mattei, vorrei che la loro presenza qui insieme fosse il simbolo di come l'Italia può essere: un grande Paese unito, unito dal rispetto delle differenze, unito dal rifiuto dell'odio e della violenza.

Racconta ancora Giampaolo:

Veltroni si ferma mentre salgo sul palco insieme alla signora Verbano, la bacio sulle guance. Quella foto campeggerà l'indomani su tutti i giornali, il filmato scorrerà nei notiziari della sera. Io, alto e grosso, il doppio della signora Carla, sembro un gigante accanto alla bambina. Una bambina di ottantaquattro anni, proprio nelle ore in cui ricorreva il ventottesimo anniversario dell'uccisione di suo figlio. Io ho pensato a mia madre. Quell'abbraccio diventava un simbolo, ma per me, e anche per la signora, era un gesto istintivo e naturale. Dal palco non vedo molto, le luci sono accecanti. Ma sento il silenzio che avvolge il catino del palazzetto pieno, sento la commozione che si scioglie in un lungo, dolorosissimo applauso: «I morti non hanno colore», dice Carla tornando al suo posto.

E così anche il più giovane superstite della famiglia Mattei parla, sente di dover dire qualcosa. Parole improvvisate, che pure rilette oggi stupiscono per quanto sono misurate e prudenti: «Essere qui, oggi, è un passo avanti non solo per me, ma per tutte le vittime del terrorismo. Chiedo rispetto in cambio di rispetto. L'obiettivo è ottenere verità e giustizia grazie al sostegno di una volontà politica trasversale, e per questa strada arrivare finalmente a costruire una memoria condivisa».

Rispetto in cambio di rispetto, giusto. Anche se mi metto per un attimo nei panni di un elettore di Alleanza nazionale (esisteva ancora) che avesse sentito quel discorso, pronunciato dal fratello di una delle famiglie simbolicamente più importanti per la storia missina e postmissina. Poteva sentirsi ferito? Sicuramente. E forse ancora di più dal fatto che tutto questo avvenisse nel contesto di una manifestazione politica. Ma era legittimo questo sentimento di fastidio nei confronti di Giampaolo? Il punto era tutto qui, ed era speculare e simmetrico a quello che abbiamo raccontato quando la scelta della «contaminazione con il nemico» era toccata alla signora Verbano. Fino a un certo momento della tua vita tu sei un erede, un simbolo, non sei solo te stesso, ma soprattutto la storia che rappresenti. Ma poi diventi, e devi diventare, anche il senso delle tue scelte, l'espressione del tuo libero arbitrio.

Quanto a Veltroni: credo di conoscerlo troppo bene per non essere certo che quando aveva chiamato quei due nomi sul palco già immaginava la forza mediatica e l'eco possibile dell'immagine che stava costruendo. Aveva potuto farlo, riuscire a portare Giampaolo e Carla in quella prima fila, perché da sindaco aveva avuto con entrambi una lunga storia di coerenza e di attenzione che non erano estemporanee. Perché era andato a trovare la madre di Giampaolo senza dare pubblicità ai suoi gesti. Perché si era scontrato con il proprio mondo per approvare le intitolazioni delle strade e delle lapidi. Perché era andato a ricordare un personaggio così distante dalla sua storia politica come Valerio Verbano. L'allora capo gabinetto del sindaco, Walter Verini, era titolare di una sorta di ufficio-memoria che aveva rintracciato tutti i famigliari delle vittime romane. Io credo che Giampaolo avesse una qualche premonizione – magari non esatta – di quello che poteva accadere, ma che allo stesso tempo non avrebbe detto di no al sindaco, perché gli era intimamente grato per quello che aveva fatto da primo cittadino per la memoria della sua famiglia. Insomma, la giornata del PalaEur, e la foto che l'aveva sintetizzata, erano una perfetta rappresentazione del terribile conflitto di identità di storie, potenzialità e intenzioni che si erano condensate su quel palco.

Luca Telese, *il Giornale*, 17 aprile 2007:

Walter Veltroni arriva puntuale. Forse è la prima volta che si ritrova a una cerimonia insieme a Roberto Fiore, leader di Forza nuova. C'è, ma non parla, anche Gianni Alemanno. Il cerimoniale previsto dalla famiglia recita: solo un rappresentante istituzionale e un membro dell'Associazione potranno parlare. Si inaugura la sede dell'Associazione Fratelli Mattei, un bel localone affittato dal Comune a prezzo politico, nel quartiere Marconi.

All'entrata, appoggiati su un tavolo, tre pannelli di legno dipinti, sotto cui troneggia un buffet spartano. Sul primo c'è un profilo del Duce, sugli altri due le vestigia dell'antica Roma e i gioielli architettonici del Ventennio fascista, un cielo azzurro e tante piccole rondini bianche in volo, con sopra i nomi dei ragazzi di destra caduti negli anni di piombo: Paolo Di Nella, Francesco Cecchin, Mikis Mantakas, Nazareno De Angelis, Mario Zicchieri, Carlo Falvella, Graziano Giralucci, Giuseppe Mazzola... Sul terzo una frase che pare messa lì per riassumere il senso di una giornata: 'La pacificazione non può essere disgiunta dalla verità e dalla giustizia'.

Era il 16 aprile del 1973. Esattamente trentaquattro anni fa Virgilio e Stefano Mattei morivano carbonizzati nella loro casa a Primavalle, uccisi dall'odio politico di tre militanti dell'autoproclamata Brigata Tanas, una scheggia impazzita di Potere operaio, che quell'omicidio occultò e negò, mentre faceva scappare i suoi esecutori. Oggi, a due anni dalla nascita, l'Associazione Fratelli Mattei ha trovato casa, in questi locali di via Fabio Conforto, al numero 11. Giampaolo ha la voce incrinata dall'emozione quando prende la parola. Vicino a lui le foto in bianco e nero di Virgilio e Stefano: all'epoca dei fatti aveva quattro anni e ancora ricorda con orrore «l'attentato che ha rovinato la mia famiglia, una famiglia popolare che credeva e crede in valori che mai nessuno potrà offuscare». Ed è per questo che nel 2005 aveva fondato l'associazione, per creare «uno schermo protettore su mia madre da alcune dichiarazioni infamanti, come quelle di Lollo e Grillo», soprattutto «per portare avanti un discorso sociale e avere un punto di riferimento» per il quartiere che non sia «un surrogato di una sezione», ma «un'associazione trasversale che lavori nel quotidiano per onorare due persone morte in modo atroce», nella quale «sarà vietato non solo fumare, ma anche chiacchierare, mentre sarà possibile fare e operare». «Non un'associazione di destra, ma uno spazio socialmente utile.»

Dal giorno in cui ha scoperto del rogo, spiega Mattei, «ho giurato che i miei fratelli non saranno ricordati solo per un cartello elettorale», e per questo «non voglio strumentalizzazioni sui fratelli Mattei e sulla strage di Primavalle». A trentaquattro anni di distanza ancora esige «verità e giustizia», ma lancia un messaggio: «Qui ci sono avversari politici, non nemici. E non c'è bisogno di restaurare semi d'odio tra una fazione e l'altra, non c'è bisogno di randellare o di massacrare di botte».

Anche gli occhi di Veltroni sembrano lucidi. Il sindaco dice ai giornalisti di non tenere conto del discorso che aveva preparato per la stampa, mette da parte i suoi fogli e parla a braccio:

«Questo piccolo luogo parla al Paese intero», dice, «il rogo di Primavalle fu uno degli atti più efferati di quella storia di follia che è stato il terrorismo in Italia. Oggi dedichiamo alla memoria dei fratelli Mattei l'omaggio di tutta la città». Quella vissuta negli anni Settanta, ricorda il sindaco, «fu una guerra italiana, degli uni contro gli altri», e proprio attraverso Virgilio e Stefano «oggi ricordiamo tutte le vittime innocenti di quel periodo». Quindi l'appello a finirla «con l'odio, una malapianta che ogni tanto riaffiora. Il no all'odio è il senso più profondo di questa iniziativa, quell'orrore non torni più». E quello alle forze politiche «destra e sinistra», che «siano insieme a dire che questa famiglia ha diritto ad avere verità e giustizia, a sapere chi è il responsabile dell'accaduto».

A cerimonia conclusa, anche Alemanno sottolinea l'importanza dell'iniziativa: «Ricordare i fratelli Mattei significa ricordare l'abisso in cui la guerra civile che abbiamo vissuto negli anni Settanta e Ottanta ha trascinato l'Italia, e anche ricordare l'atto più efferato compiuto in quel periodo. È una memoria presente che deve essere ribadita anche alle nuove generazioni». Il riconoscimento da parte dell'amministrazione Veltroni, conclude l'esponente romano di An, «è un atto dovuto, ma molto importante». Fiore se ne va soddisfatto, ma non risparmia una battuta ironica, forse per il sindaco: «Ho visto tanta bontà, oggi...» Mancava mamma Mattei. Per lei il 16 aprile è un giorno in cui persino le giunture della gambe si rifiutano di obbedirle. Pare, però, che passato l'anniversario abbia promesso a Veltroni di celebrare a modo suo: «Con una carbonara». Un mito. Per qualcuno sarà una cerimonia inutile, per qualcun altro un atto di opportunismo. A me, che scrivo, sembra un altro bel passo avanti fuori dal sentiero dell'odio.

Managua, 28 gennaio 2005. Il tempo in Sudamerica, soprattutto per chi viene da fuori, è uno spazio magico. Proprio come nei romanzi di Gabriel García Márquez, scorre a un voltaggio alternato, si misura in un modo diverso che nel resto del mondo. A tratti sembra sospeso, a tratti vola. Nei due anni successivi Solange Manfredi diventa socia di un piccolo ristorante di

Managua, *La casa del pomodoro*, si ambienta nella capitale nicaraguense come se ci abitasse da sempre, diventa un riferimento. Per una incredibile coincidenza (ma è davvero una coincidenza?) il figliastro che Grillo ha acquisito in Nicaragua dalla sua compagna peruviana – all'epoca è un ragazzo, si chiama Allan Barreras – lavora proprio in quel locale come cuoco.

Anche per questo motivo Grillo passa diverse serate a mangiare e discutere, ai tavoli del locale, chiacchierando con la sua nuova amica. Si trova alla *Casa del pomodoro* anche la sera in cui – il 28 gennaio – dall'Italia arriva la notizia che è scattata la prescrizione per i tre condannati del rogo di Primavalle. È una notte in cui tutto cambia, quella decisiva in cui il rapporto tra l'ex brigatista e la ragazza improvvisamente si stringe, come un nodo che si tira perché la nave attracca. Racconta Solange che, sapendo della sua laurea in giurisprudenza, Grillo la tempesta di domande. È agitato, emozionato, preoccupato. Adesso sembra davvero aver bisogno di confidarsi. Al pm Ionta lei racconterà di aver risposto alla raffica dei dubbi, di aver provato a rassicurarlo: «Da oggi sei un libero cittadino, puoi entrare in ambasciata, tornare in Italia senza paura di essere arrestato». Lui però non le crede fino in fondo. Teme ancora che possano essergli contestati altri capi di imputazione. Vorrebbe spiegarle anche il motivo, ma fino all'ultimo si trattiene. Saranno le parole di un suo ex compagno, solo pochi giorni dopo, a rivelare i segreti custoditi per quasi mezzo secolo, a far precipitare la situazione.

* * *

Questo è ciò che Solange Manfredi mi ha raccontato, quando l'ho incontrata nel gennaio 2016, di quella serata così importante nel loro rapporto:

Grillo ritorna a trovarmi, agitatissimo, alla *Casa del pomodoro*: è la sera del 10 o dell'11 febbraio 2005. È preoccupato per gli effetti delle dichiarazioni rilasciate da Achille Lollo in una clamorosa intervista al *Corriere della Sera*. Non tanto per se stesso, ma [lo scopriremo fra breve, *N.d.A.*] per qualcuno in Italia a cui tiene in modo particolare. Qualcuno che teme possa essere minacciato dal polverone e dalla chiamata di correo di Lollo, che ha fatto i nomi di altre persone che oltre a lui avrebbero partecipato all'attentato.

L'intervista di Lollo – un vero scoop – è firmata dal corrispondente dal Brasile Rocco Cotroneo, ed era l'ultimo evento saliente con cui avevo chiuso il capitolo di *Cuori neri* su Primavalle. Viene pubblicata il 10 febbraio, ma forse Grillo, complice il fuso, non la legge lo stesso giorno in cui va in pagina. Oppure è rimasto per alcune ore in pena, e solo dopo ha scelto di confidarsi. Lollo rivela a Cotroneo: «Non siamo stati in tre a organizzare l'attentato. Eravamo in sei. Oltre a me, Marino Clavo e Manlio Grillo c'erano altri tre compagni che hanno vissuto liberi e tranquilli trentadue anni. I loro nomi? Paolo Gaeta, Diana Perrone ed Elisabetta Lecco».

Ancora il racconto di Solange:

In quell'occasione il mio socio Fabrizio Vignale gli domanda: «Ma perché non scrivi un libro?» Grillo sa che amo scrivere. Invece di mandarlo a quel paese, si gira verso di me e mi chiede: «Saresti disposta a farlo con me?» Gli rispondo che non ho problemi, ma che, ammesso che anche lui sia convinto, si doveva fare in fretta perché il mio definitivo rientro in Italia era già fissato, di lì a pochi giorni (per il 24 febbraio 2005) e non potevo spostarlo: «Sei vuoi farlo davvero sarà necessario vederci tutti i giorni. Il mio biglietto è già fatto, abbiamo poco tempo: se accetti registreremo tutto su cassette che poi, con calma, sbobinerò in Italia». Grillo mi guarda e risponde: «Ci vediamo domani, anche qui, se a te va bene».

Luca Telese, *il Giornale*, 17 gennaio 2008:

Roma – Per giorni, malgrado molti sapessero che preparava «qualcosa», non aveva rivelato nessuna carta, mantenendo una impenetrabile cortina di silenzio sulla sua nuova, imminente «performance». Ieri sera, invece, aveva mandato un messaggino di testo sul telefonino ai giornalisti che lo avevano seguito in passato, enigmatico ma nemmeno troppo: «Domani, 8.30, piazza di Spagna, Azione futurista». Lui era già lì dalla notte prima. Aveva calcolato quasi tutto, compreso il fatto di essere «fermato». Ma pensava di essere rilasciato nel pomeriggio, e ancora non sapeva che lo avrebbero messo dentro con un'accusa molto più grave di quella che immaginava lui. Però anche stavolta, come ai tempi della Fontana di Trevi, la sua provocazione è chiara.

Cecchini, quando domani la gente leggerà di questa ultima performance cosa dovrà pensare di lei?

«Quello che vuole. Non intendo l'arte come forma di autopromozione, ma come espressione e comunicazione. Se le va, persino poesia.»

Però, al contrario del «rosso Trevi», in cui lei agì solo, stavolta c'è uno «sponsor». Questo cambia qualcosa?

«Se è per questo, come sa, gli sponsor sono anche due. Ma persino Michelangelo senza Giulio II non avrebbe combinato un tubo. Anche il Rinascimento senza i Medici...»

Non esageri con i paragoni...

«E perché? Quel che conta è che non ho avuto vincoli o condizioni. Ho pensato l'azione in assoluta autonomia, come un'altra opera d'arte. Che era molto cara.»

Quanto hanno messo gli sponsor?

«Più o meno 25.000 euro.»

Addirittura?

«Ehhh! Non è stato un gioco: dieci camion, 500.000 palline colorate... Ha idea di quel che ci vuole a metterla su, questa impresa?»

Se è per questo ho visto anche trenta persone impegnate...

«Nonnò...»

Come no? Non erano al suo fianco?

«Per tutte le eventuali conseguenze c'è un unico responsabile, il sottoscritto.»

Non vuol mettere a repentaglio i suoi «complici»?

«No, sono dei ragazzi che... Sono qui per caso. Per me l'onore e la lealtà contano qualcosa.»

Teme che stavolta la mettano in gattabuia?

«No! Codice alla mano, è difficile giudicarmi per qualunque reato superiore all'imbrattamento.»

Ovvero una multa?

«E io, come voi sapete bene, sono disoccupato e nullatenente. Quindi...»

L'altra volta la Fontana di Trevi diventò rossa per protesta contro gli sprechi della Festa del Cinema e i guasti della precarietà...

«Siccome questa è una forma d'arte, e non di propaganda, ognuno può trovare in questo passaggio dal 'rosso Trevi' alla quadricromia quello che crede. Però...»

Però?

«Una bella cascata di colori vuole illuminare questa Italia che oggi sembra sepolta nella cupezza e nelle tinte lugubri delle cataste di rifiuti che la ammorbano.»

La Campania?

«Non solo. Vede quel cestino sulla piazza? Sono qui da stanotte. L'hanno svuotato tre volte. Secondo lei quante volte ci vanno in periferia?»

Il volantino di rivendicazione è «marinettiano»?

«Volutamente. E c'è pure una frase che dovrebbe far riflettere: 'Noi siam da tempo calpesti e derisi, perché non abbiamo governi decisi'.»

Ce l'ha con Prodi o con Bassolino?

«Con tutti quelli che per non scegliere ci hanno portato dove ci troviamo oggi.»

Scegliere su cosa?

«Magari anche solo un inceneritore. In tutte le capitali europee, da Vienna a Berlino, ci sono termovalorizzatori in mezzo alle città che inquinano molto meno delle cataste di rifiuti.»

Che c'è, adesso si prepara alla candidatura?

«Al contrario. Ho rifiutato diverse offerte. Non cerco posti, ma l'arte per me ha una finalità sociale.»

Lei si è arricchito?

«Ah, ah, ah... Devo ringraziare il mio avvocato, Antonio Pompò, un eroe che continua a difendermi gratis.»

Questa azione è l'ultima?

«Macché ultima e ultima!... La prossima volta ce ne andiamo a Parigi.»

Managua, febbraio 2005. È come entrare senza preavviso nella vita di un altro, come salire su un treno in corsa, come interconnettersi con i segreti più profondi di una persona per un cortocircuito. La muraglia che Manlio Grillo ha eretto intorno alla sua seconda vita si sgretola sotto l'incalzare degli avvenimenti. Ha appena proposto a Solange di scrivere il libro, ed ecco che i suoi problemi si rivelano alla ragazza, uno dopo l'altro, nel fuoco dell'emergenza. L'ex brigatista chiede di poter usare il computer della ristoratrice per telefonare in Italia via internet. Ed è così agitato che non può velare nulla: «In alcune conversazioni a cui ho assistito direttamente», racconta Solange, «Grillo rassicurava Tina sul fatto che sarebbe andato tutto bene, che lui aveva già parlato con suo fratello Enzo, il quale gli aveva riferito che l'avvocato Tommaso Mancini [legale degli ex militanti di Potere operaio fin dal lontano 1973, *N.d.A.*] voleva assolutamente che lui facesse una dichiarazione ai giornali specificando tre punti che erano essenziali per la difesa dei tre ex potoppini chiamati in causa da Lollo. In caso contrario – minacciava l'avvocato – Elisabetta Lecco avrebbe parlato dicendo tutto quello che sapeva. Solo se lui avesse fatto quello che gli chiedeva la Lecco non avrebbe detto nulla e la cosa sarebbe morta lì».

Solange si chiede di cosa potesse avere paura, dopo le rivelazioni di Achille Lollo, un uomo che aveva trascorso gli ultimi quarant'anni della sua vita da latitante. La risposta si chiama Tina. Qui la figura di Grillo, la sua apparente intransigenza, l'apologia di se stesso come guerrigliero che non parla, recupera una dimensione di umanità. Maria Assunta Baldani detta «Tina», è la sua ex compagna, la madre di suo figlio. Nell'inchiesta del 1975 era stato appurato che alcuni frammenti cartacei bruciacchiati repertati sul luogo dell'attentato esplosivo contro la sede del Msi di Primavalle erano costituiti da un cartoncino a tre strati, la cui composizione e le cui caratteristiche chimico-merceologiche erano identiche a quelle di un involucro dello sciroppo *Rondomicina* recante un numero di preparazione uguale a quello di un flacone dello stesso medicinale sequestrato e trovato privo di involucro di cartone nella sua casa. Le caratteristiche di questa particolare confezione – per sfortuna di Tina – differivano da quelle di altri involucri di *Rondomicina*, che avevano diverso numero seriale di preparazione. Malgrado l'accuratezza di queste indagini, le condanne dell'epoca erano state molto indulgenti con i sospetti complici. Ma quando vede che Lollo li ha tirati dentro, Grillo sa che i tre ex compagni di Potere operaio, i tre borghesi che fino ad allora sono scampati al carcere, sono a conoscenza di un particolare che può trascinare Tina nel vortice dell'inchiesta, e lo dice a Solange: «La 500 con cui è stato compiuto l'attentato ce l'ha prestata lei».

Nel 2016 Solange mi rivela che c'è un punto preciso in cui lei smette di essere un'amica di Grillo e diventa la donna che tradendo la sua fiducia lo denuncerà ai pm:

Avevamo registrato la prima sessione di racconto. Lui era venuto con una montagna di fogli e foglietti: documenti, appunti su quello che doveva dire. Quando io avevo mosso la mano per spegnere il registratore, lui aveva sorriso: «Queste sono balle, come quelle che hanno raccontato tutti gli altri». Quindi io chiedo: «Ma allora è tutto vero quello che è stato scritto su Primavalle?» Grillo mi aveva risposto di sì. Allora – credici o no – io ho pensato alla signora Mattei, che aveva perso i suoi figli in quel modo orribile, e ho pensato che la mia lealtà non doveva essere esercitata nei confronti di Manlio, ma verso quella madre, a cui non era stato risparmiato nulla. Mi identificavo nella signora Annamaria, e immaginavo che qualsiasi cosa riuscissi a scoprire poteva alleviare il suo dolore. Da allora, malgrado ci vedessimo tutti i giorni, apparentemente per un lavoro comune, Grillo ha lavorato a un libro, e io a un altro. Avevo uno di quei primi registratori digitali in cui non c'erano nastri, ma tracce. Ogni volta che lui finiva l'intervista ufficiale, sfioravo il tasto fingendo di spegnere e invece continuavo a registrare. E se mi raccontava qualcosa in assenza di registratore – per esempio quando ci fermavamo per mangiare – cercavo di farglielo ripetere a microfoni aperti. Alcuni poi hanno pensato che fossi scaltra, in realtà ero incosciente. Sapevo poco o nulla della lotta armata, e dopo le interviste passavo le notti su internet a cercare di capire il senso e trovare riscontri. Durante le nostre chiacchierate facevo domande così elementari che quando le ho rilette trascritte me ne sono vergognata. Eppure – malgrado questo tratto di ingenuità, e malgrado non sapessi quanto di quello che Grillo raccontava fosse vero – sul rogo di Primavalle, sulle Brigate rosse e sulla storia della sinistra eversiva, capivo che mi stava fornendo una ricostruzione che cambiava molte verità ufficiali.

Non posso fare a meno di chiedere anch'io a Solange come mai Grillo si fosse fidato solo e proprio di lei: per i suoi occhi azzurri, forse? Lei sorride, come se fosse una cosa buffa: «Non credo. Non sono una seduttrice. Più semplicemente era il momento in cui si era aperto un varco. Grillo era solo, non sapeva cosa fare. E aveva bisogno di soldi. Pensava che con un libro, anche con un piccolo anticipo di qualche migliaio di euro, in Nicaragua avrebbe potuto far vivere la sua famiglia».

Giampaolo Mattei, giugno 2016:

Le vere ripercussioni della manifestazione dell'Eur, anche molto pesanti, arrivarono dopo. Non solo quell'accusa che per me già sarebbe bastata ad avvelenarmi: «Hai tradito i tuoi fratelli». Ma anche altre cose demenziali e gravissime dette persino dal mio amico fraterno Graziano Cecchini: «Volevi fare il merchandising sulla memoria con le magliette, volevi candidarti». Non ne parlo volentieri, ma ti dà l'idea di quale lacerazione ho subito con queste accuse: devi sapere che Graziano per me era un fratello maggiore, amico e coetaneo di Virgilio, del 1953, come lui. Ero cresciuto sapendo che lui e gli altri Volontari nazionali avevano messo la loro vita a rischio per difendere la mia, mi avevano fatto da scorta e da balia in tutti gli anni di piombo. I Volontari nazionali facevano la spesa per noi, ci portavano a scuola, erano gli angeli custodi della mia famiglia. Erano l'unico vero risarcimento che avevamo avuto dopo la strage.

Con Graziano, però, il rapporto era continuato anche dopo la fine del Msi: era il fratello che non avevo avuto, ma anche il compagno di una battaglia di memoria che ci univa. Con lui avevamo messo insieme i dossier e le attività dell'associazione prima del clamore suscitato da *Cuori neri* e prima della confessione di Lollo, quando, cioè, di fatto non ci ascoltava nessuno. Potevo accettare che una persona così importante dubitasse di me fino a questo punto?

Quella rottura non era solo personale, ed era accompagnata da un dubbio più profondo. Come era possibile che molti di quei ragazzi, degli angeli custodi della mia infanzia – pensa a Guido Zappavigna o Dario Pedretti – fossero diventati dei terroristi dei Nar, fossero finiti a sparare? E se io mi ritenevo, ed ero, vittima, quando incontravo una vittima dei Nar come mi dovevo considerare? Come il fratello minore di quei ragazzi che avevano sparato o come una vittima dell'odio, solidale con tutte le altre vittime dell'odio? Adesso puoi capire cosa era esploso dentro di me, e nella mia vita, dopo, e anche per effetto dell'abbraccio con la signora Verbano.

Su questo punto qualcosa si rompe dentro il gigante, il meccanismo dell'appartenenza:

La politica non mi rappresentava più. Non avevo un partito amico, eravamo soli. La svolta di Fiuggi per me era stato un errore drammatico, la fine di una storia, il passo più lungo della gamba che avrebbe portato alla cancellazione della nostra identità. E questo mi impediva di giudicare Gianfranco Fini in modo sereno. Ma siccome Fini era l'ultimo erede della mia famiglia politica, l'unica che mi era rimasta, non condividere la sua scelta era come sentirsi abbandonato per la seconda volta. Mio padre per rabbia si era addirittura candidato con una formazione di destra estrema, e per la prima volta avevamo parlato della notte del rogo, proprio in occasione di questo passo traumatico.

Venivamo fuori da Tangentopoli con le mani pulite, e avevamo consegnato le nostre bandiere ad altri. E noi Mattei, che eravamo mussoliniani e almirantiani, cosa c'entravamo con i berlusconiani da una parte e gli eterni antagonisti della destra radicale dall'altra? Ero un cattolico convinto del valore sacrale della vita: come potevo condividere qualcosa con i pagani che per nichilismo consideravano zero la vita degli altri? Ero fascista, cosa c'entravo con i terroristi? Questo sentimento di disagio con molti di coloro che aveva conosciuto e frequentato era reciproco. Ecco un aneddoto illuminante: a luglio, dopo un incontro alla Fondazione Almirante, incrocio Luzi e Gramazio, due politici di lungo corso che a Roma venivano da quella stessa storia missina. Mi avevano girato le spalle. E avevo sentito Gramazio sibilare a mezza bocca: «Secondo me tu parli troppo con i comunisti». Cosa dovevo pensare di questi signori che poco tempo dopo avrei ritrovato nelle intercettazioni di «Mafia capitale»? Evidentemente loro parlavano con altri soggetti. E, per fortuna mia, parlavamo con persone diverse.

Mariagrazia Gerina, *l'Unità*, 23 febbraio 2008:

«A votare non vado più da tempo», dice Giampaolo Mattei, in difficoltà quando qualcuno gli chiede di definirsi oggi politicamente. «Un mussoliniano, come il resto della famiglia», risponde aggiungendo subito: «Mi riferisco a prima del 1938, perché io nelle leggi razziali proprio non mi posso riconoscere». Però chi è per lui Rina Verbano, la donna che ieri ha abbracciato sul palco del Palalottomatica accanto a Veltroni, lo dice con quattro parole: «Un'altra vittima come me». Non l'aveva mai incontrata prima, «ma come io ho avuto i fratelli uccisi dai comunisti lei ha avuto un figlio ucciso dai fascisti». E tanto basta per riconoscersi in quel gesto, costato molto a tutti e due.

Ansie, paure. E il giorno dopo – racconta Mattei – sono arrivate puntuali pure le critiche. Anche se di quelle non vuole parlare il figlio del segretario missino di Primavalle, che aveva quattro anni quando i suoi due fratelli furono uccisi dal rogo che Lollo e gli altri militanti di Potere operaio decisero di appiccare a casa Mattei. «Quell'abbraccio per noi», risponde Giampaolo, «era un atto dovuto, per la politica e per il Paese invece deve rappresentare l'inizio di una nuova lettura degli anni di piombo. Altro che chiudere con quella storia: dobbiamo seppellire l'odio, ma quegli anni hanno ancora bisogno di verità e giustizia e speriamo adesso di non essere soli a pretenderle.»

Un gesto forte, quell'abbraccio. A chi era rivolto?

«Al mondo politico prima di tutto, perché gli anni Settanta avranno la giusta lettura solo se ci sarà una precisa volontà di fare luce. Poi mi auguro che quanti oggi sentono ancora in modo forte l'appartenenza a una parte capiscano che quegli anni devono essere letti in maniera più pacata per dare dignità alle vittime e ai sopravvissuti.

«Quell'abbraccio pretende che ora ognuno si prenda le proprie responsabilità. Vedere in galera le persone non mi interessa: a me non ridarebbe i miei fratelli e alla signora Verbano non ridarebbe suo figlio. Però vogliamo la verità. Non è giusto che la madre di Valerio Verbano non sappia chi ha ucciso suo figlio. Come non è giusto che non abbia avuto giustizia la madre di Mario Zicchieri.»

Vale anche per voi, ovviamente....

«Per i miei fratelli è diverso: sappiamo chi li ha uccisi, ma non è mai stata eseguita la pena e Lollo ha parlato solo quando la condanna era già stata prescritta. Intanto per trentacinque anni hanno continuato ad accreditare la tesi della faida interna. È così che le vittime sono state beffate e strumentalizzate. Adesso basta.»

Cosa si aspetta concretamente?

«Che si comincino a tirare fuori i documenti per fare luce su quegli anni. So che ci sono. È brutto aspettare il prossimo libro di qualche terrorista per apprendere pezzetti di verità mescolati ad ambiguità. A questo deve servire l'abbraccio tra me e Rina Verbano: un gesto che deve avere un seguito dopo le elezioni.»

La sua famiglia è stata sempre diffidente, anche rispetto alla destra. Perché vi siete fidati di Veltroni?

«All'inizio ero scettico: poi mi sono reso conto che avevo davanti una persona che faceva quello che diceva. Nel 2005, quando fu prescritta la condanna per i colpevoli del rogo, fece una dichiarazione molto dura. Nel 2006, il giorno del compleanno di mia madre, venne a trovarla: eravamo in campagna elettorale e lui ha mantenuto il massimo riserbo...»

Ma salire su quel palco domenica è stato difficile?

«Dentro al Palalottomatica non conoscevo nessuno, a parte Veltroni e il suo braccio destro Verini. Anche emotivamente mi è costato molto. E però mi è sempre dispiaciuto che in tutti questi anni nessuno di sinistra mi avesse invitato a raccontare la mia storia. A me non interessa confrontarmi solo con quelli che la pensano come me. Sono sempre stato trasversale, anche all'interno della destra. E poi quando parlo degli anni Settanta e dei miei fratelli non sono né di destra né di sinistra, chiedo solo che tutti si assumano le proprie responsabilità di fronte alla storia... C'è una cosa a cui tengo.»

Prego.

«Spero che non venga abbandonata l'idea che lanciò Veltroni di costruire un monumento per ricordare i morti dell'una e dell'altra parte. So che piaceva anche al figlio del commissario Calabresi. Non ci conosciamo, ma noi vittime siamo tutte unite da un filo sottile.»

Aldo Cazzullo, intervista a Giampaolo Mattei, *Corriere della Sera*, 9 maggio 2008:

Veltroni per me resta un avversario politico, ma riconosco che ha fatto molto per la mia famiglia. Quel giorno, quando sul palco è salito Rutelli, io ne sono sceso. Ma rivendico di esserci andato, e di aver abbracciato la signora Rina, la madre di Valerio Verbano, un ragazzo di sinistra ucciso negli anni di piombo. E non meritavo le telefonate di protesta e di insulti, cose indicibili e vergognose, piovutemi addosso da persone che ritenevo amiche. I funerali di Almirante sono stati funerali anche per la nostra famiglia. Da allora siamo stati dimenticati. Più ancora dopo la nascita di An. Almirante era uno di casa. Venne alla mia comunione, alla mia cresima, ai miei compleanni, perfino alla festa quando rifacemmo il tetto di casa. Al mio matrimonio è venuta donna Assunta.

A casa c'erano spesso i dirigenti del Msi romano: Donato Lamorte, Giulio Maceratini. Così come ricordo gli avvocati che fecero emergere la verità: Vittorio Battista, Michele Marchio, Raffaele Valensise. Da tempo, però, non vediamo più nessuno. Gasparri, Alemanno, non uno di loro ha mai fatto una telefonata alla mamma, un 16 aprile. Chiami, e ti fanno parlare con il vice del portaborse. Fini disse che si sarebbe adoperato per l'estradizione di Lollo, poi non ne abbiamo saputo più niente. Forse non era davvero possibile, non so. Nessuno ha mai aiutato la mia associazione. In vita mia ho votato una volta sola, nel 2000: per Francesco Storace. Mi ha deluso pure lui. Il vecchio Msi era una comunità, di cui si sono perse le tracce. È un isolamento che mi fa male, anche perché sento cominciare nel Paese una stagione difficile, vedo i segni dell'odio politico che ritorna. Per quel poco che posso fare, mi batterò perché questo non accada, e per far vivere memoria e giustizia.

La Sterpaia, Cecina, febbraio 2007. Graziano Cecchini si è rifugiato nel laboratorio di Oliviero Toscani. Ma dal suo «esilio» deve fare un bilancio. Il problema della seconda azione non è che è andata male, ma che è andata troppo bene. Non era stato possibile fare esperimenti prima, perché non esiste nessun luogo al mondo simile a Trinità dei Monti, eppure – miracolosamente – la pioggia di palle colorate in piazza di Spagna si era svolta esattamente come lui aveva immaginato. Di più: la forma della scalinata, come per magia, aveva veicolato quel fiume policromo verso piazza di Spagna, realizzando un effetto spiazzante e sommergendo la Barcaccia. Solo che era mancato il lampo di cattiveria, il brivido del proibito, il mistero sull'identità dell'artefice che aveva illuminato la beffa del 'rosso Trevi', amplificandone gli echi.

È a partire da quella mattina che il fenomeno Cecchini inizia a essere normalizzato e ridimensionato dal tritacarne dei media che tutto divora. Non c'è un motivo particolare: forse solo la noia, la pigrizia. Malgrado la pioggia delle palle colorate sia stata infinitamente più difficile da realizzare del tubo di tempera buttata dentro la Fontana di Trevi, da quel giorno Azione futurista non riuscirà più conquistare il primo titolo e la prima pagina. Non susciterà polemiche infuocate, solo commenti via via più distratti. Personalmente avevo trovato bellissima l'immagine della Barcaccia sommersa di colori, le istantanee delle sfere policrome che rotolavano, gli scatti dei carabinieri che arrancavano lungo la scalinata per procedere all'arresto pattinando in mezzo alla plastica.

Ma qualcosa per il grande congegno dei media si era rotto. Il sistema, che aveva digerito come se nulla fosse il passato di Cecchini nella destra radicale, adesso sembrava scandalizzato dall'idea che potesse farsi sponsorizzare. Però il guerrigliero futurista non riusciva più a essere la favola che era stata scritta per lui nello storytelling apparentemente spontaneo dei tg, piccoli dubbi incrinavano la sua aura: «Ma allora lo fa per soldi?»

Il 10 agosto 2008 Cecchini torna per la terza e ultima volta a Roma con una nuova azione di «arte pubblica». Davanti a Castel Sant'Angelo libera in cielo una installazione aerea che ha pomposamente intitolato *Obelisco del sangue e della libertà*. Nelle sue intenzioni si tratta di un'opera di protesta contro la censura della stampa in Cina, per la chiusura del Laogai e a favore dei diritti del popolo Karen. L'obelisco è composto da quattro striscioni con le scritte FREE TIBET, FREE KAREN E STOP LAOGAI. L'opera è sollevata in cielo da tre palloni colorati, uno rosso, uno giallo e uno azzurro. Cecchini dichiara: «Vogliamo far prendere coscienza delle migliaia di condanne a morte che ogni anno avvengono in Cina. Voi volete una nuova Auschwitz? Noi no». Però stavolta il fermo immagine è molto inferiore alle due azioni precedenti, si tratta di tre grandi palloncini. Leggo sull'Adnkronos righe di fuoco: «Queste le parole di Cecchini, autoproclamatosi rivelatore di novità sconosciute al mondo! Ma non contento dell'arma letale della retorica, in questo video dice anche che farà un reportage». Sui quotidiani nazionali la notizia non riesce più a conquistare lo spazio vitale di una immagine.

È il 19 maggio 2008. La presentazione del libro di Giampaolo diventa un evento politico memoriale, se non altro perché mette insieme Gianfranco Fini e Walter Veltroni. È la prima volta che il leader di An, all'epoca presidente della Camera, interviene pubblicamente su quella stagione: La7, per una precisa, caparbia volontà del direttore del suo telegiornale, Antonello Piroso, decide di trasmettere la serata che si celebra in modo quasi solenne all'Auditorium. Io faccio una cronaca sulle pagine de *il Giornale* che ancora oggi credo renda bene il clima e il tono di quella discussione.

Luca Telese, *il Giornale*, 20 maggio 2008:

L'ultima volta si erano incontrati per celebrare una sfida, prima delle elezioni. Stavolta si sono affiancati per celebrare una riconciliazione, discutendo sugli anni di piombo. Ed era difficile ieri, dopo aver sentito parlare Gianfranco Fini e Walter Veltroni a Roma, immaginare che si trattasse di avversari, due che negli anni Settanta si sarebbero considerati «nemici». Il presidente della Camera, quando ricorda, a tratti è protettivo: «Walter è più piccolo di me...» Veltroni è spietato nel criticare la sinistra del tempo: «Ci fu una grande manipolazione. Vergognosa, una specie di dogma». Per Fini quella stagione è chiusa: «Capisco le vittime, e non mi permetto di consigliarle. Ma per fortuna i tempi sono cambiati». Il leader del Pd spiega perché per lui è importante la memoria di quegli anni: «È stato il nostro Vietnam». Fini: «Senza l'esempio di Almirante, che ci insegnò a non odiare, sarebbe stata una guerra civile».

Accade all'Auditorium, in una cornice più liturgica che politologica. Si presenta il libro di Giampaolo Mattei, *La notte brucia ancora*, con il racconto del rogo di Primavalle, e della lunga ricerca della verità, del più giovane dei superstiti. Luci teatrali, tre capitoli letti con magistrale asciuttezza da Leo Gullotta e con emozione coinvolgente da Amanda Sandrelli. Il primo recita Giampaolo, la seconda le parti femminili, quelle in cui Mattei e il suo coautore (Giommaria Monti) danno voce alle sorelle e alla madre. La signora Anna, a venire in sala non ce l'ha fatta, troppe emozioni («Tutto bruciava, le mie ciabatte si erano fuse al pavimento...»). Le figlie invece ci sono: occhi umidi, cuore in tumulto. Giampaolo, sul palco, a tratti è pietrificato mentre Gullotta ricostruisce il dramma. Le sorelle escono fuori quando la Sandrelli ripercorre le loro testimonianze: «Mi sporsi dalla finestra per aiutare mio fratello... caddi nel vuoto sbattendo sul davanzale...» Anche il conduttore, Antonello Piroso, rompe ogni ritualità con una nota autobiografica: «Nel 1976 ero un giovane iscritto al Pci, per il carisma di Enrico Berlinguer: diffondevo *l'Unità*». Pausa. «Ed ero convinto che quel rogo i Mattei se lo fossero appiccati da soli.»

Persino il padrone di casa, Gianni Borgna, presidente dell'Auditorium, ha legami personali e non ha esitato a promuovere l'evento: «Ero dirigente del Pci a Primavalle: da subito mi trovai a combattere contro chi a sinistra sosteneva il contrario». Di formale c'è molto poco. Fini: «Questo libro fa soffrire chi ha avuto la sfortuna di vivere quegli anni». E dopo una pausa: «Conoscevo Virgilio, facevamo politica insieme, aveva un anno più di me». Veltroni: «Oggi possiamo dirlo. Non esistono morti più vicini o più lontani. Solo morti e basta, vittime. È difficile spiegare ai ragazzi di oggi che un compagno di classe con un'idea diversa dalla tua poteva esserti nemico. Ma», aggiunge il leader del Pd, «gridare oggi '1-10-100 Nassiriya' non è meno grave di gridare 'Basco nero, il tuo posto è il cimitero'». Giampaolo Mattei non cerca buonismi: «Per anni le memorie dei terroristi sono state la memoria. Ci chiedevamo perché i magistrati non ci leggessero dentro le notizie di reato». Fini: «All'epoca a sinistra erano moltissimi a dire: 'Se hanno ammazzato un nemico, un fascista, ci sarà una giustificazione'». E poi: «Erano anni talmente pieni di odio da far dire, penso alla mia parte politica, che il golpe in Cile aveva fermato il comunismo. Si trovavano ragioni per giustificare follie». Infine: «Altro discorso, assai più misterioso, è quello dello stragismo, su cui non c'è ancora verità giudiziaria, e il cui contesto internazionale non è stato ancora del tutto svelato». Piroso gli chiede: «A cosa allude, Presidente?» Fini risponde che non capisce la domanda. Per stasera, lascia intendere, ha detto abbastanza.

Quella serata, ripercorsa oggi, sembra quasi aver ricostruito un equilibrio magico, dentro e fuori la famiglia Mattei: la sala gremita da persone delle più diverse appartenenze politiche è il simbolo di un riconoscimento collettivo, di un abbraccio in cui si uniscono diverse anime della città. Per Giampaolo, sua madre e le sue sorelle, è una serata di gioia.

Ma il rapporto tra la memoria e il presente è un cortocircuito continuo. E l'effetto domino della giornata dell'Eur, per Giampaolo, continua a essere più forte di ogni cosa, come una chiamata del destino. Tessera dopo tessera arriva il giorno in cui si attraversa il punto di non ritorno. Per lui è quello in cui i due ex fratelli si separano in modo traumatico e violento, il giorno in cui l'uomo che è stato più vicino a Giampaolo rende pubblico il suo strappo e i suoi sospetti, e prende la parola in uno dei luoghi simbolo della destra radicale per scagliare il proprio anatema sul più giovane dei Mattei – nel modo più duro e spietato che si possa immaginare – fra sarcasmo, retroscena inquietanti e battute al vetriolo.

Francesco Cutillo per *Cuorineri.it*, 7 giugno 2008:

«Giampaolo Mattei? È un infame.» Graziano Cecchini a Casa d'Italia Prati, a Roma, racconta la sua verità sul rogo di Primavalle in un suggestivo incontro dal titolo «Dalla notte che brucia ancora alle azioni futuriste» nel quale, come recita l'invito, «la comunità identitaria» intervista il Maestro per fare luce su una strage di cui ancora oggi, a trent'anni e più di distanza, secondo Cecchini, «non si sa ancora tutta la verità».

Accolto sulle note di *Eravamo quattro amici al bar*, il futurista fa il suo ingresso in sala tra applausi scroscianti e, non appena prende la parola, attacca subito Giampaolo Mattei: «È un infame! Non basta un cognome per essere fratelli. Sappiate che c'è chi – come il sottoscritto – ha onorato la memoria dei fratelli Mattei più dei suoi stessi famigliari».

Cecchini racconta di sentirsi «anche se non biologicamente ma, di sicuro, sentimentalmente, fratello di Virgilio», anche perché, dice, «ancora oggi sento il profumo delle mele». Quelle mele che la mamma di Virgilio Mattei, la signora Anna, tirava a suo figlio dal balcone al ritorno da scuola. «Conosco questa storia», spiega ai moltissimi ragazzi presenti all'incontro, «perché l'ho vissuta ma anche perché, sentendo la necessità di scoprire la verità, mi sono informato presso i tribunali. Ho cercato di scoprire le falle della giustizia ma sono stato estromesso: i fratelli a volte, come in questo caso, possono essere più deleteri del nemico.»

Ci sono delle responsabilità molto più grandi, secondo Cecchini, nel rogo di Primavalle, di quelle filtrate finora: «Perché, ad esempio, non si dice che per anni Lollo e Grillo non sono stati sul bollettino dei ricercati? Perché non si sa che Grillo è andato in Brasile con un passaporto italiano? Sapete chi glielo aveva fornito? L'ambasciatore dell'Angola! E poi... mi tocca seppur a malincuore difendere Fini che non è stato messo nelle condizioni giuste per chiedere l'estradizione di Lollo. Il signor Giampaolo dice che è stato abbandonato da Fini! Per forza... Voleva fare il deputato!» Risate e applausi.

Intanto Cecchini fissa il libro di Mattei che ha portato con sé: «Vi prego, se potete, non compratelo! Vi svelo un retroscena: questo libro, che come potete immaginare non è stato scritto da Giampaolo Mattei, perché non ne sarebbe stato capace, è un puro e semplice spot. Sarebbe dovuto uscire dopo la vittoria di Veltroni alle ultime elezioni ma, nonostante, per fortuna, sia andata diversamente, la Sperling ha deciso poi di pubblicarlo lo stesso». Cecchini definisce «questo libello» una «cortina fumogena» che non permette di conoscere la verità. Ma, quale verità? «Ecco la bomba!» promette Cecchini, che giura: «Questa sera si chiude la mia fase politica perché non parlerò mai più di questa storia... se poi il signor Giampaolo mi querela e beh... allora», dice in romanesco, «*je sfascio er culo!*» Ci sono documenti secretati, fa capire il futurista, che prima che fossero tali «io ho avuto l'occasione di leggere e trascriverli per poterli conservare». Il teorema Cecchini sulla strage di Primavalle è semplicissimo: Grillo, a suo avviso, era colluso con gli apparati dello Stato, con i servizi segreti, e godeva, lascia intendere, anche della copertura del generale Dalla Chiesa («Erano parenti!»). Parole, queste, che, seppur forti, in sala non riscuotono l'interesse dovuto. Qualcuno tra i più giovani, per esempio, pensa addirittura che si stia parlando del comico genovese: «Grillo? Ma chi, quello del Vaffaday?» chiede all'amico accanto.

Quindi, Cecchini ritorna su Giampaolo Mattei: «Dice di essere stato abbandonato dal partito! E io? Chi ero? Con me c'erano altre venti, trenta persone che gli sono state sempre vicine: lo abbiamo difeso, scortato. Questa è l'ennesima dimostrazione: il Mito non è della famiglia ma della comunità che lo onora. Il signor Giampaolo, poi, pensate, non parla con la madre da sei mesi! Si è fatto un'associazione *ad personam* e ora scrive un libro (o meglio si fa scrivere un libro da un veltroniano doc come Giommaria Monti dopo quattordici ore di interviste) ed evita di dire la verità. Su ventisei caduti di destra e altrettanti della sinistra è l'unico che ha voluto attirare su di sé tutta questa attenzione. Che dire... è un infame!» Urla dalla sala: «Noooooo!! Il vero infame è Luca Telese che ha inventato questo modo di raccontare le cose: si privatizza e si umanizza ciò che è stato, tramutando l'elemento tragico in piagnistei!» E Cecchini: «Io ho detto che stimo Telese... naturalmente solo dal punto di vista della scrittura, sia chiaro. Tuttavia non lo definirei infame anche se devo ammettere che effettivamente l'operazione 'cortina fumogena' di finta pacificazione l'ha avviata proprio *Cuori neri*». Ma c'è persino chi lo bacchetta: «Grazià! Quel libro avremmo dovuto scriverlo noi e non lo abbiamo fatto, diamo atto a Telese di aver sollevato i nostri morti dall'oblio in cui erano caduti!»

Il paradosso è tale che anche io che scrivo, per un momento, finisco dentro questo cortocircuito: se non altro perché so che il povero Giommaria all'epoca era così dalemiano da soffrire solo all'idea di essere etichettato come uno strumento del «veltronismo». E ovviamente perché sapevo bene che l'idea del libro di Giampaolo nulla aveva a che vedere con le elezioni e con la politica; il volume era stato commissionato addirittura alla fine del 2006 senza altro intento che non fosse di carattere editoriale. L'altra cosa buffa è che – per pura coincidenza – in quei giorni Cecchini era ospite fisso del mio programma dell'epoca, *Tetris*, che andava in onda su La7. Eppure anche l'idea che all'origine delle scelte del più giovane dei Mattei ci dovessero per forza essere una demone, un retroscena, una manipolazione politica, è indicatrice di come fosse simbolica la rottura tra Giampaolo e Graziano.

Come due figli di una storia comune che dopo essere stati uniti e paralleli diventano opposti e divergenti. Se li guardi da lontano, oggi, questi due amici che diventano nemici erano – oltre il fatto personale – anche il simbolo di una diaspora, un annuncio premonitore che anche la storia postmissina, proprio nel momento in cui tornava ancora una volta al governo, stava finendo.

Parigi, 8 marzo 2008. Graziano Cecchini diffonde, attraverso YouTube, un videomessaggio in cui, facendosi riprendere con l'Arco di Trionfo alle spalle, annuncia un'imminente azione nella capitale d'oltralpe. Nel 2010, il 21 ottobre, trasporta a Firenze, in una notte 400 tonnellate di marmo. Sedici tir sono partiti dalle cave di Massa e Carrara e nel capoluogo toscano hanno scaricato quello che serve per edificare un enorme arco di trionfo in piazzale Michelangelo. Ma non c'è nulla di trasgressivo, i permessi sono tutti in regola: l'opera è stata ideata in occasione della quinta edizione del Festival della Creatività e sostenuta dalla sponsorizzazione (non disinteressata) delle imprese del marmo carrarese. Ma Graziano rilancia, e di nuovo pensa di portare il suo portale marmoreo a Parigi, di fronte al Museo nazionale d'arte moderna Pompidou.

Il 31 gennaio 2011, accompagnato da una squadra di ragazzi e fiancheggiatori, tenta di introdursi nella casa del *Grande Fratello* durante la diretta dell'undicesima edizione del reality. Di nuovo il brivido del proibito. Ma stavolta gli agenti della sicurezza lo fermano. L'azione abortita diventa giusto un trafiletto per archivisti. Nel maggio dello stesso anno, a Roma, tinge di tricolore la fontana delle Naiadi in piazza Esedra, per protestare – spiega lui – contro la privatizzazione dell'acqua.

Nell'estate 2013 appare ad Ales, nel cuore della Sardegna, con una matita e un carboncino – disegna anche bene – nella piazzetta dove è ospitato il cubico e marmoreo monumento che ricorda la nascita in quel paese di Antonio Gramsci. Ma la magia che aveva conquistato i titoli non si riproduce più. Il treno della grande fama è passato.

Il mondo che conta si sta dimenticando rapidamente del videoartista e delle sue geniali trovate.

Managua, febbraio 2005. Nel memoriale che inizia a dettare a Solange, Manlio Grillo ripercorre tutte le tappe della sua biografia politica, e da subito anticipa, rispetto a tutte le ricostruzioni delle inchieste, il passaggio del suo gruppo di lavoro illegale dentro Potere operaio all'area di gravitazione intorno alle Brigate rosse:

«Ancora non c'era la clandestinità», spiega, «ma si chiedeva ai compagni dei servizi d'ordine, si chiedeva ai compagni che già si erano distinti nelle lotte nei quartieri o negli scontri contro i fascisti se se la sentivano di cominciare a praticare questa lotta armata, cominciare a istruirsi alla pratica delle armi, o di altri tipi di lotta, addestrandosi nei vari modi possibili e immaginabili. Quello fu il periodo della cosiddetta 'scelta' che veniva posta a ognuno di noi, il cosiddetto 'salto del fosso'».

La cosa sorprendente, dunque, rispetto a tutte le testimonianze, è che l'azione di Primavalle in questo racconto non è più il colpo di testa di un gruppetto di esagitati, ma una tappa del percorso necessario che li porta, molto prima dello scioglimento deciso a Rosolina, verso la stella a cinque punte: «Anche a me, purtroppo», racconta Grillo, «venne fatta questa richiesta, se me la sentivo, di entrare a far parte della lotta armata all'interno di cellule autonome. Ricordo molto bene che questo fu in un venerdì di gennaio del '73. Il primo venerdì di gennaio del '73 mi si chiese se il lunedì avrei potuto dare questa risposta. Io dissi di sì». Non si tratta di una scelta individuale, ma di un percorso collettivo.

In quel periodo Grillo esce con una compagna di Potere operaio. «Ricordo di aver passato il sabato e la domenica con lei.» Per due giorni di seguito se ne vanno a Fiumicino, in pieno inverno. Di quei giorni rammenta «lo spettacolo spettrale» delle cosiddette palanche, le casette che sostengono enormi bilancioni da pesca. I due – racconta lui – restano lì, sdraiati sul sedile dell'auto, per un suo «bisogno di solidarietà umana». Lirismo prebrigatista.

Grillo spiega a Solange la differenza tra l'ala militare e l'ala operaista, animata da leader come Toni Negri, Oreste Scalzone «e gli altri intellettuali». Poi le parla dell'ala militare: «Erano tutti quelli dei servizi d'ordine, di cui feci parte anche io. Praticamente i capi erano Morucci e Lanfranco Pace. All'epoca di Primavalle, ufficialmente, il capo della cellula che avevamo formato era Marino Clavo». Ma, aggiunge, si trattava di una designazione formale: «In realtà», ci tiene a precisare, «i capi eravamo io e Achille. Però ufficialmente il capo era Marino perché come lui in quel periodo era segretario della cellula di Primavalle di Potere operaio, noi dovevamo salvare la faccia. Ancora non avevamo comunicato a Potop che volevamo uscire, che stavamo in prova, diciamo, per entrare nelle Brigate rosse».

Ecco, il concetto dello «stare in prova», ben prima dello scioglimento, è la vera novità del memoriale, e diventa, nella ricostruzione che Grillo fa alla sua «biografa», il vero movente del delitto: «Ogni volta che si sceglieva un obiettivo», spiega nel suo vernacolo romanesco, «si sceglieva dopo una inchiesta. Non è che dalla mattina alla sera si diceva 'Domani andate a sparà a quello!' L'inchiesta la faceva l'esecutivo di quella colonna. C'erano le colonne, no? Le Brigate rosse erano divise in colonne, no? La colonna torinese, la colonna milanese, la colonna romana, no? La colonna fa l'inchiesta. L'inchiesta va mandata all'esecutivo nazionale: Curcio, Moretti e questa gente, che valutavano e decidevano, no? Se sì o se no. Una volta che veniva l'ordine, che sì, che accettavano, era la colonna che decideva. L'esecutivo poteva dire solo no. Capisci? Però chi era l'obiettivo lo decideva la colonna locale, perché loro non potevano sapere chi. Va bene?»

Grillo si vanta di avere partecipato a ben otto azioni con le Br, da Primavalle in poi. E di averle fatte tutte fuori dalla sua città: «Cioè, io non ho mai fatto una cosa a Roma. A quei tempi si parlava della *cosa*. Io non ho mai fatto una *cosa* a Roma. Da Roma andavo a Milano, da Roma andavo a Torino. Cioè, io andavo sempre a Torino e a Milano, ma mai a Roma».

E qui Grillo torna al 1973, alla genesi che porta i servizi d'ordine e le strutture illegali di Lotta continua e Potop dentro le Br, rivelando il retroscena di un passaggio storico nella storia della lotta armata: «Ci fu una riunione a Milano: si sa, Lc se ne andò da Potop. Si scissero, per fare un gruppo loro. Secondo loro noi eravamo esagerati, eravamo», annota con uno spagnolismo, «troppo *guerreristi*. Invece loro pensavano di poter fare le due cose. Loro non negarono la lotta armata e infatti, dopo, quando vennero create le Brigate rosse, la maggior parte di Lotta continua, dei suoi servizi d'ordine, se ne sono andati e sono entrati nelle Br. L'ala dura di Lotta continua entrò interamente nelle Brigate rosse. Come l'ala dura di Potere operaio passò interamente nelle Brigate rosse. C'era, appunto, questa divisione in ogni gruppo. Autonomia operaia... Lotta continua, Potere operaio, poi, piano piano...»

La strage dei fratelli Mattei, per Grillo, aveva avuto una funzione precisa e un committente nelle Br, un personaggio misterioso di cui non fa il nome: «La *cosa* di Primavalle, il fatto di Primavalle fece sciogliere Potere operaio. Dopo quella vicenda ci fu il congresso e si arrivò allo scioglimento, perché si incazzarono tutti, perché non riuscivano a controllare un cazzo. Cioè, ci dissero che eravamo una banda di assassini e di casinari... allora tutti questi grandi intellettuali si fecero indietro. Nessuno sopportò l'attacco mediatico». E ancora: «Il congresso che sciolse Potere operaio fu quello in cui Pace e Piperno dissero proprio questo: 'Siete matti? Ma quale lotta armata, le Brigate rosse sono' – la famosa frase – 'i compagni che sbagliano, sono compagni però sbagliano'. Sono stati i primi a dire no. Che poi loro hanno sempre cercato di metterli in mezzo, anche per *la cosa* di Moro, questi Piperno, Pace».

Secondo il Grillo che parla da Managua, persino l'uccisione di Mikis Mantakas, nel 1975, aveva prodotto un arruolamento brigatista, in occasione delle mobilitazioni davanti al tribunale dove si apriva il processo per il rogo di Primavalle: «Tutto Potere operaio era andato lì a manifestare a favore mio. Arrivati a piazzale Risorgimento due militanti di Potop di allora spararono. Poi naturalmente, viste le condizioni e saputa la loro bravura, sono stati chiamati nelle Br. Spararono loro a Mantakas, il greco che fu ucciso a piazzale Risorgimento. Lo pigliarono proprio uno in fronte e uno in petto. Uno era Varo [Alvaro Lojacono, *N.d.R.*] e l'altro era Casimirri. Morucci li ha visti e se li è portati dentro. Era Morucci che se li tirava uno per uno, che si pigliava i migliori...» I migliori, in questo mondo rovesciato, sono quelli che sparano.

Noto che nel suo memoriale Grillo non cita l'altro attentatore, Fabrizio Panzieri. Forse perché non divenne brigatista e aderisce alle Unità comuniste combattenti? Mistero. Ma è dopo queste rivelazioni minori che racconta la cosa più stupefacente, una vera e propria committenza del rogo: «Il capo effettivamente, a te lo dico, era uno delle Br, che è quello ci ha detto: 'Fate 'sto nucleo, e poi vediamo'. Capisci? *Quello* è uno grosso. *Quello* sta fuori. Si è salvato pure da tutte le cose delle Brigate rosse. Non ho mai capito. Nessuno ha mai fatto il nome di questo qui. È uno potente adesso. Già allora era potente a livello politico, potente a 'sti livelli qua... delle Br e compagnia bella, poi del caso Moro. Hanno parlato tutti, duemila persone in galera, e di lui? Mai hanno fatto il nome suo».

Ma chi è questo misterioso «uno grosso»? Quello di Grillo è un identikit molto dettagliato, a cui manca solo il nome: «Era quello che organizzava questi movimenti proletari, Radio Onda Rossa, Radio Proletaria, era un leader carismatico, molto popolare. Capisci? Quindi, evidentemente, per rispetto. Certo stranamente. Io me ne sono sempre meravigliato. Non è mai uscito, mai. Tutti i pentiti, tutti i dissociati che ci sono stati, mai, mai, mai!»

È a questo punto che Solange gli domanda se questo capo della cellula a cui Manlio fa riferimento fosse informato sull'azione del 16 aprile: «Se lui sapeva di Primavalle?... E come non lo sapeva? Lì veramente c'è il progetto. Noi avevamo fatto otto attentati. Ci siamo messi d'accordo con lui, faremo questo, questo, questo. Lui controllava... ci dava i soldi per comprare le cose. Mi ha dato i soldi ogni volta che sono partito. C'era un bar grande, tipo Far West: si chiama *Corsetti*. Sempre lì ci incontravamo, lì fuori, anche perché io abitavo vicino, in via della Magliana. Lui era quello che mi dava fiorini, marchi, faceva tutte le rapine». Un misterioso capo, rimasto impunito ancora oggi: «Anche adesso, nell'ambito della società, è rimasto proletario. È quello che mi trova i passaporti. Quando andai in Svezia, quando sono venuto qua. A me però, eh! Con Marino e Achille non c'ha mai avuto niente a che fare. Loro non lo conoscono», osserva Grillo con un tocco di perfidia, «se no Achille avrebbe fatto il nome, te lo dico io».

Millanterie? Esagerazioni? Una ricostruzione con un fondo di verità? La tesi più sorprendente, però, non riguarda l'identità del committente, quanto la missione. Di nuovo una costante che torna, da Primavalle ad Acca Larentia, dal caso Zicchieri a quello Ramelli: il delitto come «esame» di un gruppo, come una iniziatica prova di ammissione. Ma anche il delitto come grimaldello per far saltare un gruppo politico concorrente. L'evoluzione darwiniana della lotta armata porta all'estinzione dei vecchi dinosauri: la guerriglia prende il sopravvento sulla politica, si sta estinguendo la generazione degli agitatori, è il tempo dei combattenti. Il tempo delle pistole sta battendo i suoi primi sanguinosi rintocchi. Innescare l'ordigno che fa deflagrare Potop, dice Grillo, produce un esercito di pistoleri da reclutare senza dover combattere le guerre ideologiche del Sessantotto. I gruppi si sono scontrati sull'interpretazione delle sacre scritture marxiste o paramarxiste, sulle ideologie, sulle parole. Ma il rogo di Primavalle segna il passaggio di epoca. Il velociraptor delle Br, più ottuso, ma più evoluto rispetto alla ferocia dei tempi, ti chiede soprattutto due cose. La prima è se sai sparare. La seconda è se hai il fegato di farlo.

Roma, gennaio 2008. Nel senso di smarrimento di identità che sta vivendo, in questo ribaltamento di ogni punto fisso che gli echi della manifestazione hanno ulteriormente accentuato, il più giovane dei Mattei si ritrova a costruire un rapporto personale con l'ultima persona di cui aveva immaginato di poter diventare amico e confidente: la signora Verbano. La forza della foto del PalaEur divide Giampaolo da una parte importante del suo mondo, ma continua a tenere uniti il gigante e la bambina con la forza di una magia, abbatte tutte le distanze che solo un anno prima avrebbero reso impossibile quel dialogo tra mondi diversi.

Giampaolo Mattei, giugno 2016:

Dopo qualche giorno vado a casa sua, quasi timoroso, e torno dall'incontro con una gioia interiore. E poi ci vado ancora, con la familiarità che non richiede appuntamenti. Andavo a casa di Carla in via Monte Bianco, a Talenti. E ogni volta mi stupivo di entrare in un appartamento che sembrava fermo nel tempo, con quel divano dove era caduto morto Valerio. La mia casa di Primavalle era stata carbonizzata, la sua memoria era andata dissolta, e nessuno di noi tornava volentieri nel quartiere, per un sentimento inconscio e indicibile di disagio. La madre di Valerio, invece, abitava nel mausoleo di suo figlio. Ogni tanto mi chiedevo se stavo sbagliando qualcosa, se ero di troppo. Altre volte pensavo a cosa sarebbe accaduto se Virgilio e Valerio si fossero incontrati. Ti farò sorridere: un giorno, mentre ero preso da questi pensieri, avevo fatto due giri a vuoto intorno al palazzo prima di citofonare. Poi lo avevo raccontato a Carla e lei mi aveva detto: «Tu sei matto».

E infatti subito dopo mi rendevo conto che non si trattava di loro due, ma di noi due. Che parlavamo la stessa lingua, che eravamo uniti dalla stessa rabbia per l'ingiustizia sociale e giudiziaria di cui eravamo testimoni. Che entrambi, sia pure così diversi e in momenti così distanti delle nostre vite, sentivamo come un imperativo quello di diminuire il tasso di odio che ci circondava. In altri tempi non era stato così né per me né per lei. In altri tempi avevamo avuto entrambi la priorità della testimonianza. Adesso era così. Un giorno Carla mi guarda e mi fa: «Vedi, Giampaolo, io non odio i fascisti. Io odio con tutte le mie forze i fascisti che hanno ammazzato mio figlio». Se ci pensi, avrei potuto dire esattamente lo stesso, all'opposto.

Managua, febbraio 2005. Sono passati solo due o tre giorni dall'inizio dell'intervista, ma il racconto di Manlio è già arrivato al crocevia del suo destino: Primavalle. Si inizia con la descrizione delle battaglie per l'autoriduzione delle bollette, con il racconto dei tentativi di fare proselitismo dei giovani rivoluzionari animati da fede quasi messianica che combattono in borgata contro il riformismo del Pci. Grillo, per spiegare la sua rabbia giovanile, evoca l'immagine che non fa dormire, quella dei bambini sfigurati dalle punture delle zanzare nelle periferie infestate, acquitrinose e prive di fognature. Ed è su questo campo di battaglia, fra volantinaggi e discorsi sulle bollette, che Grillo incontra i cinque compagni con cui si spingerà fino ai confini dell'imponderabile. Il primo racconto della sera del delitto, minimale e autoassolutorio, con lui che ride in macchina insieme con la Lecco mentre «i Mattei» si bruciano da soli, coincide con quello, altrettanto difensivo, fatto da Achille Lollo nella sua intervista al *Corriere*. Ma è ancora più ricco di dettagli. In questa inconsapevole esibizione di cecità di fronte all'orrore, il tono che minimizza ogni cosa mette i brividi. Dice Grillo:

Quando da lì fui mandato a Primavalle cominciai ad allontanarmi dal sindacato e cominciammo insieme a Marino, Achille, Elisabetta, Paolo e Diana Perrone. Sì, erano di Potere operaio. Sì, li conobbi tutti a Primavalle. Loro erano della cellula di Primavalle e io fui assegnato ad andare a lavorare con loro.

E i Mattei?

Chiaramente... già sapevano che avrebbero subito l'attentato. È la famosa storia che Achille sentì la voce «Eccoli!» quando mise questa tanica. La porta fu aperta e questa tanica fu introdotta. Perché tutte le fotografie delle perizie di parte e controparte.... c'è la foto della base della tanica nell'ingresso, vicino all'attaccapanni, e tutti i vestiti dell'attaccapanni sono intrisi di esalazioni di cherosene e benzina. Capisci? E tutti, il padre e la madre e le sorelle dei Mattei, sono feriti alle spalle.

Grillo sembra dimenticare che il residuo della tanica era stato molto probabilmente spinto dentro da una pedata dei pompieri. Che solo la madre di Giampaolo era riuscita a varcare la porta d'ingresso, che tutti gli altri si erano dovuti buttare dalla finestra.

Continua:

Sono usciti tutti dall'appartamento. Il ragazzo, il più grande... non mi ricordo come si chiamava, Stefano! Del più grande, ci sono le telefonate: ci sono tre, quattro telefonate che lui ha fatto alla polizia, alla sede del Msi. Sta lì, perdendo tempo, con le fiamme in casa? Tu stai lì a telefonare che stai subendo un attentato? A quel punto lì c'è stata un'esplosione, non l'incendio. Non ho mai capito perché dicono «hanno incendiato». Non hanno incendiato proprio niente. Loro volevano dire che avevano messo la benzina sotto la porta. Fatto completamente falso. C'era una tanica di benzina, che... è esplosa perché lui c'aveva in casa bidoni, quelli enormi, da 20-25 chili di pittura. Loro erano imbianchini e quindi, quando il fuoco è arrivato alla pittura, i bidoni sono esplosi. Ci sono i reperti, no? Le perizie a mille gradi di calore. Quindi, lui è rimasto intrappolato nel *quarto* [appartamento in spagnolo, *N.d.A.*]. Di fatti si vede non... che c'è sul balcone... e sono rimasti carbonizzati in quel quarto. Però tutto l'appartamento è esploso, non s'è incendiato. L'esplosione, in tutte le perizie, è interna. Cioè, la fonte di calore va da dentro in direzione esterna. Quindi l'attentato fu fatto con l'intento intimidatorio e lì finiva, con una grande fiammata che t'anneriva la porta, e finiva lì. Il fatto è che loro hanno tirato dentro la tanica e questo s'è messo a dire: «Sto subendo un attentato!»

Nel primo racconto di quella notte, dunque, ancora una volta i Mattei si sono bruciati da soli. Grillo si rifiuta di credere che la bomba Lilli confezionata da loro stessi perché esplodesse, potesse essere esplosa davvero. Bisogna di nuovo appendersi, dopo quarant'anni, a quel meccanismo autoprotettivo, alla denegazione. Si sono bruciati da soli. Peggio: si sono dati fuoco come dei fessi.

Ma la vera notizia è che anche per Grillo – come per Lollo – erano stati in sei ad aver progettato tutto. Sei colpevoli, ma solo tre imputati: lui, Clavo e Lollo. Perché gli altri tre cambiano improvvisamente ruolo:

Loro [i magistrati, *N.d.A.*] li hanno usati come testimoni. Loro sono andati al processo, sono stati interrogati. Elisabetta Lecco è quella che fece il nome mio. Chi m'ha denunciato? Io non sono mai uscito fuori. Achille non ha mai parlato. Chi ha fatto il nome di Marino Clavo e di Manlio Grillo è stata Elisabetta Lecco. Tant'è, questo Achille non l'ha detto, lo dico io. Dopo, quando noi stavamo a Stoccolma, quindi, dopo quattro o cinque anni, Elisabetta Lecco venne a Stoccolma e, addirittura, ci portò due milioni a testa a me e Marino. Ne mandò due milioni anche in carcere ad Achille, avendo venduto una casa. Evidente segno di chi ha la coscienza sporca, perché lei era rimasta fuori.

Ma quella notte ha segnato tutti:

Marino Clavo ed Elisabetta Lecco si sono lasciati. Diana Perrone e Paolo Gaeta, che erano fidanzati, anche loro si sono lasciati. Ci sono state delle crisi interne tra loro. Cioè accusandosi reciprocamente: spia, io non volevo, sei stato tu, no, sei stato tu, no, è stata la famiglia mia, no, è stata la famiglia tua. Elisabetta Lecco, quando venne su a Stoccolma a trovarci, lo disse chiaramente che erano stati *pressionati* [altro spagnolismo, *N.d.A.*] dai loro genitori. Il padre di Elisabetta Lecco era uno scrittore. Un romanziere: Lecco. Il nome non lo so. C'aveva un attico a Santa Maria a Trastevere. Insomma. L'altro, invece, il papà di Gaeta, era un famoso penalista. E il fratello di Paolo Gaeta è quello del *noticiero* [notiziario in spagnolo, *N.d.A.*] Tg1, il corrispondente in Iraq. Era il più piccolo, stava a Potere operaio. Con noi però era un bambino, aveva quindici o sedici anni.

E poi c'è Maria Assunta Baldani, la compagna di cui diventa complice, ma che da quella notte scompare dalla sua vita:

Tina sapeva. Lei prestò la sua macchina. Era la donna mia, ti pare che non sapeva? Siamo andati lì quella notte, lì. Al ritorno. Al ritorno siamo tornati lì. Achille s'era bruciato. Lei l'ha curato e lui se n'è tornato a casa.

Già. Ma Grillo non si rende conto dell'enorme incongruenza che c'è nel suo racconto.

Se davvero la tanica non era esplosa mentre lui era sul pianerottolo, se non c'erano state fiamme, se erano stati i Mattei a far deflagrare improvvisamente l'ordigno dentro casa... Se tutto questo era vero, con che cosa si era bruciato Achille Lollo?

L'amicizia impossibile tra il giovane gigante e la vecchia bambina dura cinque anni. Poi, le comunicazioni di rito che si intrecciano con i rispettivi anniversari iniziano a scandire un conto alla rovescia. È il 16 aprile, la vigilia della cerimonia commemorativa per il rogo di Primavalle. Giampaolo rallenta il ritmo del suo racconto e ricorda con gli occhi lucidi: «Carla era già ricoverata in ospedale. Lo sapevo, ma era tale la forza della sua carica vitale che non avevo ancora preso in considerazione la sola idea che potesse capitarle qualcosa di grave. Nell'ultima chiamata precedente a quella sera lei, sempre pignola sulle date e sui compleanni, mi aveva preannunciato che avrebbe potuto essere costretta a eludere quell'impegno. E invece mi chiama con una voce che non scorderò mai e mi fa: 'Ciao... Giampaolo, ciao!...' E mentre pronunciava il mio nome la voce si era incrinata ed era scoppiata a piangere. Sai, c'è qualcosa per cui lo capisci, e sai che nulla più si può dire: quel 'ciao' pronunciato con tanta fatica era un congedo definitivo».

La morte della mamma di Valerio fa naufragare un progetto clamoroso che i due avevano immaginato insieme.

Giampaolo Mattei, giugno 2016:

Quell'anno Carla mi aveva invitato alla veglia per Valerio. Era come il punto di approdo, quasi naturale. E io mi ero preparato a rispondere a questo invito facendomi molte domande. Aveva senso, ci avrebbero preso per pazzi? Ci avrebbero capiti? Beh, ovviamente quando Carla è mancata non sono potuto andare né alla veglia né al funerale. Ma questa ultima scelta per me è stata dolorosa. Era come se dopo essere stati persone tornassimo a essere personaggi. E io non volevo accettarlo. A un certo punto mi sono vestito, sono uscito, e mi sono detto: «Vado». Anche se gli amici di Valerio l'avessero considerato un oltraggio e mi avessero preso a pizze non me ne sarebbe fregato nulla. Vado per lei.

Ma era un rischio che non potevo correre. Non quello di essere ancora una volta non capito. Così mi sono fermato, sono tornato indietro, e alla fine non ho fatto nulla. Questa volta non avevo più nessuno a cui citofonare. Sono rimasto in macchina, appoggiato al volante. Solo.

Managua, febbraio 2005. A Solange sembra di essere entrata dentro un film. Esce dal ristorante, la sera, quando le chiacchierate si interrompono perché il tempo non basta, e già pensa all'appuntamento seguente. Il giorno della sua partenza si avvicina, ma ci sono ancora tappe decisive della vicenda. La fuga e l'interrogatorio, per esempio, che occupano ore di racconto, con il loro tono surreale e rocambolesco. Grillo racconta il *day after* precipitoso per cui, dopo il 20 aprile, i sei non si rivedranno mai più tutti insieme per tutta la vita: «Marino Clavo fu mandato in una casa nei dintorni di Firenze. A me mi misero in una casa antica, in una torre, che sta di fronte all'isola Tiberina, nella quale rimasi circa quindici giorni prima che si decidesse che la cosa migliore da fare era cominciare a pensare a espatriare, a portarci all'estero. Stavo chiuso lì tutto il giorno, la proprietaria della casa mi dava da mangiare. Lei era un'artista di teatro e non seppe mai quello che stava succedendo, né chi ero io».

Questo ingresso nella latitanza è segnato da scene drammatiche, ma anche tragicomiche. La notte in cui Grillo se ne va «nella torre», accompagnato da Valerio Morucci e da un giovane autista che si chiama Alessio Casimirri, Grillo restituisce le armi che aveva in dotazione, ma non sa bene cosa fare con cento candelotti di dinamite che ha in macchina ma che non può trasportare troppo a lungo in giro per la città. E allora che cosa fa? «Siamo andati in un prato dietro lo stadio Olimpico, no? Li abbiamo aperti e così [Grillo fa il gesto di spargere a terra il contenuto, nota del teste, cioè della Manfredi], cioè seminavamo. Perché, se no, dove li mettevamo? Andavamo con la 500 piena di dinamite?»

L'ex brigatista ha spiegato a Solange – a dir poco turbata – che non è come nei film western, che la dinamite senza un innesco non brilla. Ma quale migliore posto che un pratone davanti allo stadio Olimpico? Il bello, però, sta per arrivare: «A un certo punto si avvicina una macchina della polizia, *Wow-wow-wow* » – l'onomatopeismo è suo – «facendo segno con la paletta di accostare. Io ho accostato e quelli, *woooow!* Perché chiedevano strada. Quelle cariche esplosive non gliel'ho ridate [a Morucci, *N.d.A.*] perché era pericoloso. Di notte giro con la macchina piena di dinamite? Sono stato fortunato».

Il prato di candelotti di dinamite, all'Olimpico. Chissà, forse sono ancora lì, sepolti da qualche parte.

C'è un'attrice, una certa «Paola» che porta Grillo a Milano. «La divisa militare, dove la lascio, a Milano?» Occhiali e baffi finti – che a tratti gli si staccano – li porta da giorni. Ha una valigetta che trascina con sé da Roma: «La giacchetta, camicia e cravatta, no?» A Milano abbandona la divisa in un bagno e si mette il vestito. E con quello, come sappiamo, valica il confine, sapendo che andrà in Svezia, senza avere nemmeno un cambio e uno spazzolino da denti.

Ma in Svizzera c'è la resa dei conti con i dirigenti di Potere operaio, e con il suo braccio militare, Valerio Morucci. «Pecos» ha raccontato come era andato il suo celebre colloquio con Marino Clavo:

Mi siedo davanti a lui. Prendo la pistola, avvito il silenziatore e la poso accanto a me. E dico: «Allora, dimmi». E lui, senza pensarci un attimo, confessa: «Siamo stati noi». Mi dice che i fascisti a Primavalle rompevano le scatole: quello che si chiamava «antifascismo militante»... Ma che non volevano uccidere, che non avevano calcolato. E io m'incazzai ancora di più: «Come fate a non calcolare che se si dà fuoco a una casa qualcuno può morire?» Il fatto che avessero ucciso due persone senza volerlo, per me era un'aggravante.

Tralasciamo per un attimo che Oreste Scalzone ha considerato questa versione vanagloriosa ed esagerata. Il clima, però, doveva essere quello.

Torniamo al racconto di Grillo. Arrivano in tre: Valerio Morucci, Oreste Scalzone e Jaroslav Novak, detto «Jaro». Lo portano in una bella casa di Lugano, sulle rive del lago, e cominciano dicendo che non si deve preoccupare, che lo avrebbero aiutato ad espatriare in Svezia. Gli mostrano una ventiquattrore dove ci sono soldi, un cambio e un passaporto pronto. Però gli fanno vedere anche una pistola con il silenziatore, una Walther Pk.

È sempre Morucci a fare il duro, a dirgli che era ora di parlare seriamente perché, come da una parte c'era una forma di aiuto, dall'altra c'era anche la minaccia di poterlo eliminare («Se continuavo a fare il cretino, no? parole testuali»). Come negli interrogatori dei film di mala, come nei momenti fatali di certi personaggi di Martin Scorsese, chiedono a Manlio di ripetere ancora una volta tutto quello che sa sul rogo di Primavalle. Lui prova con la solita tiritera, ribatte che non sa nulla, che nessuno dei tre compagni nominati, né Achille, né Marino, né lui c'entravano qualcosa.

Racconta Grillo:

Quando loro arrivano da me io continuo a negare, a contar cazzate, e invece loro già sapevano tutto. A un certo punto vidi che si guardarono in faccia tutti e tre e Morucci cambiò espressione, fece uno sguardo abbastanza duro, occhi come gelidi e mi disse: «Adesso basta con questa buffonata, stai a sentire». Tirarono fuori dalla ventiquattrore un registratore, lo accesero e ascoltai una registrazione con la voce di Marino Clavo in cui naturalmente raccontava tutta la storia di Primavalle, l'attentato, che eravamo stati noi e tutto il resto. Una forma di confessione. Lo spense e mi disse: «Allora, ti rendi conto adesso che stai dicendo un sacco de fregnacce? Hai qualcosa da aggiungere, ci puoi dare altri particolari? Ricordi qualcos'altro?»

Io risposi, ancora una volta, che non mi riguardava niente, dissi va beh, che era vero, che però doveva capire che era giusto che io mentissi perché non potevo tradire i compagni. Disse: «Sì, sì, ma a noi ci interessa sapere cosa sai di più per poter fornire delle versioni agli avvocati per fare in maniera che non entrino in contraddizione le dichiarazioni fra te, Lollo, Marino, e che non si crei una gran confusione che possa favorire l'accusa». Io ribadii, ancora una volta, che non avevo niente da dire, niente da aggiungere.

Ovviamente i tre non sono convinti. Si riuniscono, per decidere il da farsi. Grillo in quei minuti pensa davvero di rischiare la pelle o sta romanzando un po'? Il fatto che lo turba è che sul piatto c'è il disco con la colonna sonora di *Arancia meccanica* che viene ripetuta continuamente per tutta la durata del rendez-vous, per sei ore, a tutto volume. Perché nessuno senta.

A Solange racconta questo: «Uscirono dalla casa per un'ora, un'ora e mezza circa, evidentemente andavano a decidere della mia vita e, quando tornarono, io guardai Oreste, che era mio amico, che ci volevamo molto bene, che era stato sempre molto comprensivo e ci conoscevamo, sapendo che Oreste era una persona molto umana, molto intelligente, molto politica e non violenta e stupida come il compagno Morucci. Jaro stette tutto il tempo in silenzio e non disse una parola. Però a brutto muso, tra i denti mi disse: 'Va beh, basta con 'sta storia, facciamola finita, prima ti levi dai piedi e meglio è. Ti portiamo a Ginevra e lì, con un aereo, raggiungerai Stoccolma dove c'è una nostra compagna – amica di Oreste, con niente di politico, amica dei bagni di Forte dei Marmi, si conoscono come famiglie – che è stata avvisata e che è disposta a ospitarti'».

Tutto può immaginare, Grillo, tranne che quella donna «con niente di politico», per un decennio, sarà sua moglie.

Giampaolo Mattei, *La notte brucia ancora*, Sperling & Kupfer, 2008:

Tutto questo, per fortuna, fu in parte risparmiato al bambino che ero. Ma accadde, e tornò a pesare come un'ombra sulla mia vita futura. E quando vennero arrestati i ragazzi che quel rogo lo avevano appiccato – alcuni coetanei di mio fratello, extraparlamentari di sinistra che in qualche caso persino conoscevamo – molti si convinsero subito della loro innocenza. Dovevano essere vittime di un complotto, ovviamente, non era possibile che avessero ucciso, volontariamente, consapevolmente, in quel modo così barbaro. Era una montatura della polizia, fascista anche quella ovviamente, come del resto lo Stato stesso. E quando due dei colpevoli si diedero a un'immediata latitanza e il terzo sparì subito dopo l'assoluzione in primo grado, si guardò al loro gesto con indulgenza e comprensione.

Compagni che avevano sbagliato. Intellettuali e militanti fecero a gara per aiutarli, qualcuno, che oggi si pente o non ricorda più, li accompagnò fisicamente lungo i sentieri della latitanza e io mi trovai a crescere in un mondo di valori curiosamente rovesciati. Eravamo noi che avremmo dovuto vergognarci, non loro.

Quel rogo, però, visto oggi, non fu solo l'incendio che sottrasse alla mia famiglia figli e fratelli, ma la fornace in cui vennero carbonizzati i sogni di una generazione, a destra e a sinistra. Quando un bambino brucia per effetto dell'odio ideologico, l'innocenza la perdono tutti, anche quelli che pensano di essere estranei al lutto. A destra si alimentò per anni la brace della rabbia; a sinistra crebbe pian piano la sofferenza per una rimozione impossibile. Ma adesso, dopo un'inchiesta lunga una vita – che fatica a produrre sentenze, però almeno ha ben chiarito chi siano le vittime e chi i carnefici –, dopo che tanti muri sono caduti, nella memoria dei protagonisti, nei ripensamenti di chi visse quella stagione, nei libri che stanno cercando di sanare gli orrori giornalistici prodotti dalla stampa negli anni di piombo, adesso forse anche la storia della mia famiglia e dei miei due fratelli può essere nuovamente raccontata. Non per regolare conti o cercare vendette postume. Non per togliersi soddisfazioni personali. Ma per chiudere la stagione dell'odio con la forza di una memoria privata che può essere finalmente condivisa con gli altri. Per estinguere davvero, se è possibile, le fiamme di quel rogo di verità che per trentacinque anni non hanno mai smesso di ardere. È tempo che ai miei fratelli sia restituita la loro identità: quella di un ragazzo e di un bambino che non erano né migliori né peggiori di altri, ma a cui, come a tutti gli altri, doveva essere riconosciuto il diritto alla vita, alla propria appartenenza e alle proprie idee, quali che fossero. Adesso è il tempo di spegnerlo davvero, questo rogo. È il tempo di spegnere le braci di quella notte che brucia ancora. Non solo per la mia serenità personale, né per quella delle mie sorelle e nemmeno per quella di mia madre, che non potrà recuperarla mai più. Nemmeno per chi appiccò quelle fiamme e ha scelto di vivere una vita di impunità e latitanza morale. Non solo per una generazione, non per i carnefici o per le vittime.

Per tutti noi. Per quella che in altri luoghi del mondo si chiama la coscienza di un Paese.

Managua, 20 febbraio 2005. Per Solange gli ultimi giorni prima della partenza sono febbrili, e segnati da molti timori. Far parlare Manlio del libro che lui pensava di scrivere, e poi subito dopo fingere di spegnere il registratore e continuare a farlo raccontare per estorcergli quello che lei vuole sapere, è un rischio molto grande.

Nel 2016, quando tutto è superato, Solange mi racconta di aver avuto molta paura: «Ci sono state due volte in cui Manlio mi ha detto: 'Ma hai spento?' E ho avuto un brivido lungo la schiena. La seconda sembrava davvero poco convinto di quello che gli dicevo, forse avevo simulato il gesto con troppo automatismo. Oppure deve avermi letto qualcosa in faccia, perché ha insistito con un tono molto fermo, e io mi sono sentita persa: 'Senti', dice, 'fammi sentire quali sono le ultime parole che hai registrato'».

E qui Solange mantiene il sangue freddo, impugna il suo registratorino, solo un attimo prima che lo faccia lui, e poi trova di nuovo la forza di fingere: «Manlio, ma questo mica ha la cassetta, che riavvolgi il nastro! Questo ha delle tracce digitali! Come sei antico...» Allora, rassicurato o intimidito, Grillo allarga le braccia, e rinuncia a controllare da sé. Di nuovo, quando smetto di parlare con questa ragazza, mi domando dove abbia trovato la forza per dimostrare spericolatezza, per osare così tanto. Quanto rischio: se davvero ha fatto tutto questo per una madre che non conosce nemmeno, è un'eroina.

La stessa Solange oggi spiega di non poter dire se tutto quello che le ha raccontato Grillo sia vero: «Non ho una conoscenza così approfondita di quella stagione. E vorrei sapere le cose che so oggi, mentre in quei giorni ero quasi al buio. Posso dire che quando notavo che Manlio esagerava, si vantava, si perdeva nelle lodi, come si sente dalle registrazioni, lo fermavo». Sì, Grillo a tratti è un po' gradasso, ci tiene a esibire il suo *pedigree*. Per esempio quando dice: «Siamo usciti fuori come dei duri, questo sì. Eravamo conosciuti. Pure sul libro della *Notte della Repubblica* c'è il curriculum mio che termina proprio così: 'Tutti lo conoscevano come un duro'». *Il curriculum mio*: fantastico. Oppure quando si compiace dei suoi ritorni in Italia, dei suoi periodi da terrorista-pendolare, con una doppia vita: «È chiaro che sentendo [notizie] in televisione o sul giornale i pratesi, alcuni pratesi più fini politicamente, dicevano: 'Ogni volta che tu vai a Roma succede sempre qualcosa. Non sarai tu che vai e torni?' Insomma si scherzava. Vado-l'ammazzo-e-torno, sai come si dice, no? Mi mettevo a ridere e invece era vero. Hai capito?»

Però non c'è dubbio che sui fatti che ha vissuto da testimone Grillo sia più attendibile di quando ricostruisce scenari storici. E che lo sia in maniera indubitabile su Primavalle, proprio perché rivela a Solange tutti gli inquinamenti che sono in atto. Quando riceve dall'Italia quella telefonata dell'avvocato Mancini che gli chiede di smentire Lollo, decide di rilasciare un'intervista a *la Repubblica* per raccontare proprio le tre balle che gli è stato chiesto di ripetere: «Secondo l'avvocato solo questo, io devo dire solo questo. Devo dire», ripete quasi ossessivamente Grillo, «solamente che Potere operaio non c'entra assolutamente un cazzo. Lo devo dire oggi, stasera: domani esce sul giornale. Ci sono Tommaso [Mancini, avvocato difensore di Elisabetta Lecco, *N.d.A.*] ed Enzo, mio fratello. Mi hanno detto 'Fai 'sta cosa così. Lunedì, martedì...' Perché oggi deve uscire al Tg3 che li indagano per strage, a tutti e tre. Allora, loro devono sapere assolutamente che io sto cercando di proteggerli, tutto qua. Cioè, gli avvocati adesso di cosa... di Diana, Elisabetta e compagnia bella quando vedono questo se ne serviranno, no? Dice: 'Vedi che Manlio, invece... grazie, non c'è stato per niente'... Questo è. Solo questo».

Ma *solo questo* comporta screditare un altro compagno, un amico che – come lui ormai giudiziariamente impune – ha scelto di dire la verità. L'avvocato che ha chiamato Manlio da Roma gli ha scritto una piccola sceneggiatura: «Io devo fare una dichiarazione in cui dico che Achille è un matto. Che per livore borgataro, dopo trent'anni, cerca di vendicarsi di questa gente. Punto e basta. Non esiste nessun giuramento. Loro mi hanno detto due cose: 'Non esiste nessun giuramento e non esistono 'sti tre'. Perché, come Elisabetta quella volta fece il nome tuo, se non esce una cosa in cui io sto cercando di difendere sia loro che quelli di Potere operaio, 'sta gente continua a parlare. Poi se li indagano a ruota libera, come si dice..... esce fuori tutto, anche Tina. Capito? Sto cercando di difenderla, che fa? È questo il punto».

Leggi le parole di Grillo, le sue reazioni, e capisci che potrebbero essere quelle di qualunque altro latitante, capisci come funziona un congegno psicologico abituale. Chissà quante volte si è ripetuto questo meccanismo, in questi anni, e per quante storie di verità manomessa o insabbiata: la fabbrica dell'omertà che mantiene i segreti sugli anni di piombo, a destra e a sinistra. Anche per questo il memoriale di Grillo è importantissimo. Nella sua scelta di tradire Lollo giocano diversi fattori, ma forse, ancora una volta, anche quello di classe. Lui che viene dal popolo, ma che a Campo de' Fiori poteva dire ai compagni borghesi di avere lo stipendio. Lui che infarcisce di romanismi la sua prosa, ma è contento di essere riconosciuto come interlocutore politico e di poter confinare Achille nel cliché del borgataro rancoroso. Lui che vuole scrivere il libro per guadagnare sui diritti «come tutti gli altri». Come la Lecco porta i suoi assegni intrisi di vergogna ai tre latitanti, Grillo paga il suo tributo postumo al perpetuo bisogno di accettazione sociale. E si compiace, ancora una volta, di essere un duro: «Ecco, l'unica persona di cui non si conosce mai una parola so' io! Se all'improvviso esco fuori la mia versione c'ha credibilità proprio perché non ho mai fatto 'Pappa-pi pappa-pa!' Capisci? Se un giudice mi chiede la rogatoria internazionale non l'accetto». E ancora: «Capito? Anche rispetto a Piperno, Scalzone e Morucci e gli altri, a Lanfranco Pace, io continuo a essere il compagno serio, che non ha mai parlato e continua a dire: 'No, voi non c'entrate niente'. Cioè, conservo la mia immagine. Capisci? L'immagine mia politica. Hai capito?» Fedele a un mondo che non esiste più. Tanto testardo quanto inconsapevole.

Mica male, come beffa, passare quarant'anni a compiacersi di essere il più dritto, aggrapparsi a questa illusione di coerenza, e poi affidare quindici giorni di confessioni a una ragazza di Torino di cui non sa nulla, che ha registrato ogni parola, e che si ripropone di consegnare quelle confessioni alla famiglia Mattei. *Pappa-pi pappa-pa!*

Giampaolo Mattei, giugno 2016:

Mia madre ha sempre avuto una figlia prediletta, Silvia. Io ero un principe, l'unico figlio maschio superstite. Ma ero anche tre volte anomalo rispetto ai meccanismi più segreti che il lutto aveva imposto alla mia famiglia: ero «il Mattei, il maschio», da esibire come erede, ero il più piccolo, ma soprattutto ero quello che quella notte non c'era. Ero l'unico della famiglia che poteva essere protetto, ma che – allo stesso tempo – non poteva condividere i ricordi, non aveva accesso alla memoria, alla ferita dell'orrore. Le mie sorelle hanno tenuto questa consegna del silenzio, in famiglia, come per un tacito patto con mia madre. Lucia non parla, Silvia non parla. Antonella non parla.

Tu in *Cuori neri* hai scritto una cosa che mi ha fatto pensare molto: hai detto che il lutto a volte unisce e a volte divide. Beh, posso dirti che la mia esperienza è questa: il lutto divide. E nel tempo divide sempre di più. È la storia di tutte le nostre famiglie, di tutte le altre vittime che io conosco segnate da traumi violenti. E so che chi non ci è passato immagina il contrario, gli abbracci catartici e commossi dei film americani: io, invece, ho imparato sulla mia pelle che ognuno il lutto lo metabolizza in un modo diverso dall'altro. Non è una carica di energia, è un veleno ad alto potenziale, che ti resta dentro. E così il meccanismo che si crea è quello che io ho scoperto con le mie sorelle: ognuno è trafitto dalla sua pena, ognuno ha bisogno di qualcosa, tutti cerchiamo l'antidoto al veleno ma, per una strana beffa, ciò che cerchiamo senza sapere cosa sia è sempre una cosa diversa da quella che l'altro ti può offrire.

Latina, 13 maggio 2011. La politica, si sa, è una brutta bestia. È una malattia che non ti passa, come la passione per le donne, come il gioco d'azzardo. Aveva detto che non si sarebbe mai candidato, e invece Graziano Cecchini si candida, a Latina, come possibile consigliere comunale e – in caso di vittoria – assessore. Siccome le vite sono complesse, Graziano, che da militante e guru era stato così intransigente, anche nei confronti di Giampaolo, finisce sotto il simbolo di Futuro e libertà, il partito del «traditore Fini». Ma va detto che lo fa perché è trascinato dal suo amico «fasciocomunista» Antonio Pennacchi.

Armato di bombolette spray e vernice bianca, Cecchini ha prima imbiancato un muro di un edificio del centro e poi ci ha disegnato sopra la figura di un Cristo sostenuto dalla torre comunale di Latina e da due prostitute: «Sono il simbolo del meretricio della politica», ha precisato. Parlando con la stampa, Cecchini ha spiegato il senso di questa provocazione indirizzata a «scuotere la politica locale e nazionale». Viene bloccato dai vigili, denunciato per imbrattamento e deturpamento di monumento.

Ma il problema più grande è che non viene eletto.

Roma, luglio 2015. Siamo dentro i locali dell'associazione alle cui pareti si sovrappongono i poster dei caduti di destra e quelli dei caduti di sinistra. Giampaolo parla più lentamente, con un tono grave:

L'abbraccio che ho scambiato con Carla era l'antidoto che non ho potuto trovare nella mia famiglia. Il libro, l'abbraccio, i sospetti messi in giro ad arte, l'idea che io non fossi più soltanto un custode del sacrario di famiglia, hanno scavato un fossato tra me e una parte della mia famiglia, tra me e mia madre. Sono cose che passano nell'aria, come i virus. Sono nuovi veleni da cui nessun vaccino ti può proteggere. Sapevo che sarebbe bastato tornare indietro perché tutto finisse. Sapevo che bastava pochissimo per tornare a essere quello che mamma voleva che io fossi. Ma io non potevo: non ero più il più piccolo dei Mattei, ero solo Giampaolo. Così mia madre è morta senza che potessimo chiarirci.

Mia madre è morta senza che ci parlassimo più.

Torino, 25 febbraio 2005. Alla fine Solange è riuscita a fare esattamente quello che aveva immaginato in Nicaragua. «Tornai in Italia e chiesi a una persona di cui mi fidavo, l'avvocato Carlo Palermo, ex magistrato, ex deputato, persona colta e seria, di sbobinare con me e valutare il materiale. Abbiamo discusso, letto libri, capito che molte delle cose dette da Grillo avevano comunque un grande valore documentale.»

Palermo è legale della famiglia Mattei. Consegna una copia dei testi a Giampaolo e lavora a un lungo documento, una «domanda giudiziale», per chiedere ai magistrati di procedere contro gli avvocati che – a suo giudizio – hanno consapevolmente inquinato le inchieste in corso. Si tratta di un testo di duecento pagine scarse, scritto straordinariamente, che riporta quasi integralmente i colloqui e li inquadra in una dimensione storica. Purtroppo non riesce a far riaprire il caso, ma ha il merito di aver messo agli atti l'involontaria confessione. Alcuni stralci di questo documento finiscono su *la Repubblica* nel 2006, pubblicati da Marco Ansaldo: si tratta di una piccolissima parte del memoriale Grillo, ma ovviamente è uno scoop. Che però si trascina dietro l'effetto collaterale di una polemica, che produce un intervento a sorpresa del latitante, il suo ultimo messaggio dal Nicaragua.

Era accaduto questo: nel dialogo Grillo aveva detto che un'imprecisata attrice, «Paola», l'aveva aiutato nella fuga. Solange gli aveva chiesto d'istinto: «Paola Pitagora?» Lui aveva ripetuto, quasi meccanicamente: «Paola Pitagora!» Nella sintesi del testo pubblicato da *la Repubblica*, per motivi di spazio, quella chiosa era diventata un nome tra parentesi: non un dubbio ma una certezza. E così la povera Pitagora, senza aver fatto nulla, si era ritrovata complice di una fuga. Lei, che all'epoca era estranea a qualsiasi gruppo extraparlamentare, trasformata, per un equivoco di trascrizione, in una fiancheggiatrice di Potere operaio. Questa idea doveva essere insopportabile anche per Grillo, che fa recapitare all'attrice una propria foto e un'audiocassetta, subito trascritta e pubblicata nel blog della Pitagora. La precisazione diventa il pretesto per uno sfogo rabbioso – e non potrebbe essere altrimenti – contro la sua intervistatrice.

Manlio Grillo, 18 maggio 2008:

Sono Manlio Grillo e vivo in Managua. Sono nazionalizzato nicaraguense dal 1990. Solange Manfredi ha ingannato e distorto volutamente il senso dell'intervista del libro manipolando il registratore per suoi propri interessi. Non ho mai fatto il nome di Paola Pitagora come nostra complice, nel senso che vuol far credere Solange, per appagare la sua sete di protagonismo. Il nome di Paola Pitagora esce per una manipolazione del registratore da parte di Solange, per pura coincidenza il nome di lotta di una certa persona che era appunto «Paola», che manipolato da Solange Manfredi, diventa Paola Pitagora. Questo si spiega nella registrazione che però Solange omette volutamente, registrando e non registrando quello che le faceva più comodo, in un attimo di pausa e di ironia che avrebbe dovuto essere fuori campo.

Ma l'equivoco sul nome dell'attrice, chiarito in poche battute, diventa per Grillo lo spunto per contestare, ovviamente, il senso di tutto il memoriale. L'ex militante di Potere operaio racconta che lei «teneva il registratore sotto il tavolo». Che lui le aveva ribadito l'estraneità della Pitagora, e che lei avrebbe risposto: «Non preoccuparti che non è stata registrata e comunque un po' di balle fanno bene ai libri, li rendono più interessanti e più facili da vendere».

Ancora più interessante è la descrizione del rapporto con la ragazza fatta da Grillo subito dopo: «Non lo nascondo: un po' di superficialità nelle mie dichiarazioni c'è stata anche perché suggestionato da Solange, della quale all'inizio avevo una grande stima, la quale mi pulsava quasi forzatamente la veste superficiale. Sembrava quasi che le interessassero solamente le frasi ad effetto trascurando i dettagli».

E poi si scatena l'invettiva più personale:

Solange Manfredi è una persona con grossi problemi psicologici: il suo amico di famiglia Paolo Bosio, buonanima, conosciuto da Solange e suo fratello fin dai tempi di Gioventù d'Italia a Torino, ed assiduamente frequentato qui in Managua nel suo ristorante *La Magica Roma*, ha raccontato che Solange è stata ricoverata, in tempi passati, in una clinica di Torino per problemi mentali, crisi depressive, anoressia e mania di persecuzione. Non mi stupirei che fosse vero, visto il comportamento anormale che Solange aveva qui in Managua.

Grillo racconta che Paolo Bosio è morto nel 2007. E poi aggiunge che Solange è arrivata in Nicaragua con uno strano personaggio di nome Manlio: «Un siciliano che operava nella finanza milanese e che trascina con sé grossi problemi di cocaina, al punto tale che muore di overdose circa un anno dopo in Granada in Nicaragua. Solange», aggiunge Grillo, «ha sostenuto davanti a testimoni che Manlio, nome mio omonimo, l'ultimo anno in Italia si è tirato più di un miliardo di lire in cocaina, bei colleghi aveva in Italia. Proprio loro due mi contattano per aprire una spaghetteria e comprare un locale, *La Piazzetta*, che avrebbero pagato circa 200.000 dollari, il locale che non valeva quasi niente, che però a loro interessava e che di soldi ne avevano tanti».

Secondo Grillo, era stato Bosio a parlargli della ragazza prima del suo arrivo: «Il capo di tutti era una certa Solange, imparentata con i Valletta, e per ragioni di sicurezza bisognava tacere». L'amico aveva aggiunto che «Solange era un po' malata di cervello, però bisognava tenerla buona perché lei controllava i soldi di tutti, più di un milione di dollari in contanti».

L'ex brigatista ci tiene a contestare la genesi del memoriale: «Chi mi propose di fare il libro è stata lei, io non mi sarei mai sognato di pubblicare un libro. Solange sostiene che decise di non fare più il libro perché si accese in lei il sacro fuoco della giustizia, un grande gesto di stakanovismo patriottico, a discapito della Paola Pitagora e sfruttando la vicenda Mattei. Balle. Laura (Solange) fa un viaggio in Italia per parlare con l'editore che aveva conosciuto per intermezzo, così mi disse, a proposito del nostro libro, o meglio del suo».

E ancora: «Andava in giro dicendo che la inseguivano agenti segreti che entravano di notte in casa sua, di avvelenamenti di cani, bigliettini di morte lasciati sulla sua macchina, sabotaggio ai freni della sua Suburban, computer sotto controllo, telefonini spiati, tutto frutto della sua mente bacata. C'erano giorni in cui aveva tremende crisi depressive e andava in giro come uno zombi, con lo sguardo fisso a terra, e schivava tutti; sosteneva persino che suo padre è stato ammazzato dai medici che lo avevano in cura a Torino, per ordine della mafia. Ho finito qui la mia dichiarazione».

Ma nemmeno allora riesce a finire davvero: Grillo aggiunge un post scriptum, dice che a Managua Solange viveva sotto falso nome e si presentava come Laura Martini, che era dovuta fuggire dall'Italia, abbandonando la professione di avvocato in uno studio importante «su ordine di un magistrato perché la mafia la voleva ammazzare per certe indagini che la magistratura stava facendo su certi conti svizzeri riguardanti suo padre». Grillo rivela che Laura/Solange «andava in giro dicendo che tutti erano delinquenti e che le rubavano soldi quando era lei che li regalava, anche a me ha regalato dei soldi, e che solo lei era una brava persona. Le brave persone non fanno società con tossicodipendenti. Le brave persone», conclude questa volta davvero Grillo, «non sfruttano i dolori altrui per trarne profitti personali».

Giampaolo Mattei, giugno 2016:

Forse solo adesso che i sospetti più ridicoli si sono dissolti posso dirlo: ho un debole per Veltroni. Alla mia famiglia ha dato da sindaco di Roma quel rispetto e quella considerazione che era dovuta, ma lo ha fatto, e lo ha fatto con scrupolo, con sensibilità umana. Io, il primo giorno che ha messo piede nella nostra casa lo consideravo un nemico. Poi ho potuto misurare in cinque anni la bontà delle sue affermazioni. Ho verificato che il suo rapporto con noi, «i Mattei», era inserito in una visione complessiva che riguardava tutti gli anni di piombo, e in un'idea che adesso è anche mia: «Bisogna deideologizzare la memoria delle vittime». Da quando Veltroni ha lasciato il Pd nessun politico ha più mostrato interesse per questo percorso.

Ti faccio un esempio che puoi verificare da te: vedi questa sede? È il simbolo di un paradosso tutto italiano. Io qui sono un abusivo. Veltroni ce la assegnò a tempo di record, con un gesto meritorio, fra l'altro simile a quello fatto per altre associazioni di ogni segno e colore: poi, quando si dimise, cominciarono i guai, e la grande macchina burocratica che governa l'Italia è tornata a imporre il suo potere. Io in questi locali ci sto da sette anni ma non ho il contratto. Abbiamo incontrato due volte la Funari, assessore alla Casa e al patrimonio, ma è come se non fosse accaduto nulla, come se fossimo spettri, fantasmi. Non ci caccia nessuno, ma nessuno ci regolarizza. Una situazione che fotografa perfettamente il rapporto con la memoria di questo Paese, delle sue amministrazioni. Manca la delibera di assegnazione, ma nessuno la vuole fare. Incontrai Marino, quando era ancora sindaco, e lui mi disse: «Simbolicamente ti devo riconsegnare le chiavi!» Beh, non c'è riuscito nemmeno lui, e si è dimesso dopo non aver mantenuto anche questa piccola promessa.

Adesso c'è il prefetto Tronca, non so cosa sperare. Vogliono da me i soldi del condominio. Ma non posso pagarli perché sono un abusivo. Si è prodotto questo danno, questa infiltrazione. Vorrei intervenire, ma quando mi rivolgo all'amministratore mi dicono: «Con lei non posso interloquire, voglio parlare con il legittimo affittuario». Che però non esiste. Una follia. Siamo un non-luogo, un buco nero. Finirà che un giorno chiudo la serranda e buonanotte.

Il problema non è l'affitto di un locale: insieme alle altre vittime vorremmo costituirci ed essere riconosciuti, come Consulta sugli anni di piombo. E non per avere un solo centesimo, ma per fare la nostra attività, per dialogare a livello istituzionale. Eppure anche lì non c'è stato nulla da fare.

L'associazione mi ha portato a occuparmi degli altri. Andiamo nelle scuole, da clandestini. Siamo andati alla Ruiz. A Tiburtino Terzo, al liceo artistico, con la figlia del questore Improta, una persona entusiasta che crede all'impegno civile. Si è creata una rete di relazioni: ho conosciuto persone come Agnese Moro e Giovanni Ricci, figlio di Domenico, caduto della scorta del presidente Dc. Con tutti si è creato un vincolo di amicizia, con Giovanni un rapporto ancora più stretto. Con loro non percepisco barriere, perché non scatta quel meccanismo di separazione che si è creato nella mia famiglia. Con loro posso condividere interrogativi e risposte: ci siamo trovati a discutere delle nuove perizie sul caso Moro, del dna sul passamontagna, di tutto quello che le inchieste postume di questi anni stanno rivelando. Il caso Moro, comunque lo si veda, è il perno intorno a cui ruotano tutte le risposte che cerchiamo, le domande importanti sulle Brigate rosse e sulle nostre inchieste: il memoriale di Solange Manfredi è importante perché spiega che il rogo di Primavalle è stato il battesimo di un gruppo di fuoco che è partito dalla borgata e si è ritrovato a via Fani. Vedi, conoscere questi altri famigliari è come rivedere cento altri te stesso, negli occhi degli altri. Anche nelle altre famiglie si ripetono in modo simile le dinamiche di cui ti ho parlato, la maledizione della non condivisione.

Non avevo notizie di Graziano Cecchini da almeno cinque anni, quando sulla prima pagina de *Il Tempo* leggo il titolo di un'intervista di Massimiliano Lenzi: «Con Salvini farò rotolare persone». Occhiello: «Cecchini, l'artista delle palline: forse si candida a Roma con la Lega». Chiamo Lenzi, uno dei giornalisti più eclettici e brillanti, che lavora a cavallo fra televisione e carta stampata, e gli dico la verità. Che un po' sono invidioso perché ha riscoperto un personaggio scomparso dai radar. Recupero il numero di Cecchini – è sempre lo stesso – gli telefono proprio nei giorni in cui sto chiudendo questo capitolo. Mi spiega che si è trasferito a Genova, che ha la politica sempre nel cuore, che si guadagna da vivere lavorando in alcune fondazioni che si occupano di arte, che ha stretto un rapporto con il leader della Lega in Liguria, Edoardo Rixi. Adesso ha una figlia, sta bene. Ma Roma è sempre nel cuore, e la casetta popolare del Tuscolano è ancora lì. A Lenzi aveva detto di aver ricevuto una proposta per candidarsi alle Comunali. Non gli dispiacerebbe accettare. In questo caso organizzerebbe una marcia sul Campidoglio. Nell'intervista a Massimiliano, a un certo punto dice: «Oggi colorerei la Fontana di Trevi di verde marcio: il colore che è la fotografia dei nostri giorni».

Giampaolo Mattei, giugno 2016:

La politica oggi tace. Magari non gliene fregasse nulla, sarei più pacificato. Ma il problema è che non sanno davvero che dire. E invece serve un sforzo di verità: dietro ogni storia c'è un punto interrogativo. In tutti i casi ci sono zone d'ombra, interferenze più o meno plateali, e mai spiegate, di apparati dello Stato. Io mi chiedo: perché stanno zitti Morucci e Fioravanti? Davvero vogliamo credere che abbiano raccontato tutto? Se tu stai zitto è perché hai fatto un patto con qualcuno che ti ha dato garanzie. Impunità in cambio del silenzio. Altrimenti non si capisce perché da un decennio siano tutti fuori. Scattone oggi non può insegnare, ma i pluriomicidi degli anni di piombo sono liberi e fanno gli assistenti sociali. Bene, dentro di me questa presa di coscienza significa che io sono più vicino alle vittime Verbano e Scialabba che a Valerio Fioravanti. I miei fratelli sono morti, e le mie sorelle soffrono ancora perché quei personaggi non hanno pagato. E questo può accadere per un solo motivo.

Di questi morti non gliene frega un cazzo a nessuno.

Roma, febbraio 2015. Spiego a Solange Manfredi che, per quel che mi riguarda, nulla di ciò che Grillo dice di lei inficia il valore della sua intervista. Che però – se questo dettaglio fosse vero – è curioso che lei girasse per Managua con un nome falso. Lei sorride sonoramente: «Hai mai sentito pronunciare Solange da un nicaraguense? Quel *ge* finale, in spagnolo, è tecnicamente non riproducibile. Il mio secondo nome, Laura, semplificava di molto la vita». E il cognome? «Sai quante donne vengono chiamate con i cognomi dei loro compagni?» E davvero gestiva milioni di euro provenienti dalla cocaina? Si fa una grande risata: «Se fosse così mi avrebbero arrestata quando sono andata a testimoniare». Le dico che se avesse programmato tutto, se avesse pianificato una strategia per far parlare Grillo e ci fosse riuscita, qualunque fosse la ragione che l'aveva mossa, la mia stima per lei crescerebbe, e non diminuirebbe. «Se avessi pianificato», risponde, «lo avrei fatto sicuramente meglio.» Davvero ha consegnato la registrazione per amore di verità? Ride di nuovo: «Se non fosse così, perché avrei dovuto farlo?» Le chiedo allora, un po' provocatoriamente, se secondo lei il granitico Grillo avesse ceduto perché invaghito dei suoi occhi azzurri. «Dei miei occhi non credo», risponde.

«Dei miei soldi sì. E non per cupidigia, ma perché si trovava in uno stato di necessità.»

Sono passati quarantaquattro anni, e le fiamme di Primavalle continuano a bruciare. Rileggo le storie dei personaggi che si annodano in questo capitolo, come se per scriverle avessi scalato una montagna. Mi rendo conto che, mentre le racconto, mi piacerebbe che in queste vicende non si cercasse nessuna morale, consolatoria o eclatante. Più passa il tempo, più l'impunità si rivela un trucco: le vite dei carnefici e quelle dei superstiti sono legate alla stessa catena in modo indissolubile, sono tutte, direbbe l'ex sindaco di Torino Diego Novelli, «vite sospese». Sospese come quel locale affidato da dieci anni ma fatalmente senza contratto, come quella latitanza senza redenzione, come quelle inchieste senza sentenze, come le rogatorie senza risposta, come le mezze verità sempre obliterate dalla menzogna. Sospese come l'identità del brigatista che commissionò il delitto che forse è davvero «un pezzo grosso», o forse è solo un fantasma: non è decisivo.

Annamaria Mattei è morta nel luglio 2013, senza ottenere la giustizia che desiderava: ma ha fatto in tempo a sentire le ammissioni di Lollo e a leggere il memoriale di Grillo. È riuscita a ottenere la verità che le era stata negata quella sera in cui arrivarono a dire che si era vestita bene per veder morire arsi i suoi figli. L'incredibile storia della sua famiglia, e anche quella degli ex ragazzi che hanno provato a sterminarla, oggi, mi sembrano come una porta aperta, come un varco che collega il passato e il presente. Dieci anni fa odiavo i carnefici. Oggi mi fanno pena. Dieci anni fa pensavo che Giampaolo Mattei prima o poi avrebbe in qualche modo vinto la sua battaglia di memoria. Oggi so che ha perso. Ma mi rendo conto che anche nella sua sconfitta c'è l'unica lezione utile di questa storia. Ciò che non ti uccide ti rende libero.

E questa meravigliosa lezione, dopotutto, è solo un abbraccio che nulla potrà cancellare.

6
Tobagi: la controstoriografia delle vittime

Ho dovuto prendere il più eccentrico dei libri di cui parlerò per comprendere qualcosa che mi sfuggiva, ma che allo stesso tempo mi sembrava cruciale. All'inizio non mi era chiaro, ci ho dovuto pensare su. C'era qualcosa di molto importante, nel romanzo di Benedetta Tobagi su suo padre, qualcosa che per me era vitale, ma che non riuscivo a inquadrare bene. L'ho capito quasi alla fine, quando sono arrivato a un capitolo che si intitola «Voci». In quelle pagine, che sono uno snodo decisivo del racconto, ci sono due aneddoti che potrebbero condensare tutto il senso di una memoria.

Il primo è quello in cui Benedetta è alle prese con novantotto nastri nei quali Walter Tobagi ha diligentemente raccolto tutte le registrazioni delle sue interviste e dei suoi discorsi pubblici. Qui Benedetta è drastica: «Ci sono lezioni universitarie», ci dice, «qualche intervento a congressi. Il tono è vescovile, quasi soporifero». Attenzione. Sta parlando del padre che ama follemente e a cui ha dedicato un monumento di carta di trecento pagine: eppure non cede mai a una tentazione banalmente apologetica. Anzi. Sia in questo caso sia in altri passaggi decisivi, prova sempre a combatterla, e questa lotta controcorrente è una delle sottotracce che conferisce dinamismo a tutto il suo racconto.

Ma è il secondo aneddoto che è il cuore di tutto, quello che mi ha fatto capire di più, e ovviamente non solo sul caso Tobagi. Arriva proprio alla fine del racconto di Benedetta, quando sembra che la ricerca tra i reperti di casa non abbia salvato proprio nulla del lessico famigliare, del papà che ha perso, e di cui non possiede nemmeno un ricordo diretto. È a questo punto che, «dopo aver rovistato in ogni angolo di casa, da un armadietto salta fuori una scatola di vecchie cassette scarabocchiate». Ci sono due nastri anonimi, gusci di plastica affiorati dall'antiquariato degli anni Settanta. In uno dei due c'è un reperto di un minuto e 57 secondi che commuove (sia Benedetta sia noi che leggiamo): «Stiamo registrando, ragazzi! Questa è la voce del papà che parla!» Lo ha trovato, lo abbiamo trovato, quello che cercavamo. Subito dopo, in un circuito di piani narrativi e di memoria, ritornano la voce con la zeppola di Tobagi (solitamente corretta dal giornalista in pubblico), la voce del fratello e il prodigio dell'intervista scherzosa del papà alla stessa Benedetta: «Adesso si sente la voce della Bebina...» È Walter che ripetutamente la invita a parlare. La bimba è riluttante, poi prende coraggio e affronta il microfono: «Tanti auguri, papà».

È stato solo a questo punto che ho compreso quello che prima non riuscivo a mettere a fuoco. Non solo su *Come mi batte forte il tuo cuore*, ma su tutta la recente letteratura che ha dato voce alle vittime degli anni di piombo. Fino all'inizio degli anni Duemila, la memorialistica della stagione più complessa della nostra storia recente contemplava solo le testimonianze dei carnefici. Per motivi diversi (il peso del lutto sui protagonisti e sui loro famigliari, l'interesse distorto dei media, la sciatteria delle case editrici, la pigrizia dei giornalisti) sembrava che solo Caino fosse destinato a fare notizia. E così gli anni di piombo erano diventati un ennesimo paradosso italiano, l'unico luogo del mondo e della storia in cui la verità storica l'hanno fatta prima i vinti che i vincitori. Era più facile che si raccontasse la biografia di Valerio Fioravanti che quella del giudice Emilio Alessandrini, era più folta la bibliografia degli ex brigatisti che quella degli ex gambizzati (fenomeno che nel cinema continua ancora oggi). Per anni (l'ho già ricordato, ma voglio tornarci) c'era un solo meraviglioso libro che rompesse questa regola, *Colpo alla nuca*, scritto dall'architetto Sergio Lenci, sopravvissuto a un attentato nel 1980: ma era una chicca per bibliofili, un rarità antiquaria letta da poco più di un migliaio di lettori.

Oggi, dopo alcuni libri-chiave (il più importante è stato *Spingendo la notte più in là* di Mario Calabresi, il più completo *I silenzi degli innocenti* di Giovanni Fasanella e Antonella Grippo, il più amaro *Ricordare stanca* di Massimo Coco), sono arrivate le storie delle vittime, e hanno iniziato anche a scalare le classifiche, accumulando ristampe una sull'altra. Con una particolarità. A scrivere è la seconda generazione: il figlio di Calabresi, il figlio di Mattei, il figlio di Alessandrini, il figlio di Ambrosoli, la figlia di Rossa, il figlio di Torregiani, la figlia di Tobagi, la figlia di Rostagno, e Silvia, che come sappiamo è la figlia di Graziano Giralucci (che però ha scelto di raccontare il mondo dei nemici di suo padre, e non suo padre), la quale ha pubblicato un libro e insieme un bel documentario, *Sfiorando il muro*, in cui esibisce l'equivalente visivo del nastro della Tobagi, il filmino della sua comunione: basta vedere la piccola Giralucci con il vestito bianco per commuoversi. Tante voci, la controstoria dei figli del lutto che esplode come un ordigno a scoppio ritardato.

Ma questa anomalia memoriale ne ha prodotta un'altra. La prima è che il ricordo della seconda generazione non è meno nitido, ma se possibile più forte di quello della prima: è guidato dall'ossessione per il dettaglio, possiede l'amplificazione di un'emotività troppo a lungo compressa, e non conosce il filtro del pudore di chi è stato colpito direttamente. Il secondo: la letteratura «brigatese», fatta dai protagonisti e dagli ex più o meno pentiti, ha avuto una funzione sostanzialmente assolutoria. La letteratura delle vittime della seconda generazione, invece, solo apparentemente o solo indirettamente ha per oggetto il racconto della lotta armata, e ha una potente aspirazione civile. Certo, ha anche un'oggettiva funzione terapeutica rispetto al trauma del lutto, ma questo sentimento la rende letterariamente più drammatica e alta: i figli del lutto hanno un'ambizione e una qualità di scrittura che i carnefici si scordano.

Poi arriva l'ultimo e fondamentale ingrediente: la violenza. E proprio per tutto quello che ho detto, questa violenza riverberata – ma non attenuata – dalla scrittura, la avverti ancora di più, come una violenza non estinta. Il racconto della violenza non mediato da nulla che non sia la scrittura arriva con la capacità mitografica della morte annunciata. Ed è la testimonianza di una violenza che non si è estinta con i delitti che ha prodotto, ma che è continuata dopo la morte. Quando Mario Calabresi, in *Spingendo la notte più in là*, racconta della festa del liceo in cui un ragazzo che non lo conosce gli racconta di come la famiglia Calabresi si sia fatta ricca con la menzogna, tu ti senti ferito dalla violenza di questo racconto quasi come se fosse accaduto a te.

Prendete *Come mi batte forte il tuo cuore*. Vi si spezza il fiato in petto quando aprite il capitolo che inizia con questa citazione dal diario di Walter Tobagi: «Che cos'è la paura? Camminare per strada e sobbalzare a ogni macchina che ti passa vicino, guidare l'automobile e spaventarsi a ogni moto che ti si affianca. L'altra mattina, 30 gennaio, mi telefona Abruzzo alle otto e mezzo. Ha la voce affranta. 'Gresti ti vuole parlare, dice...' È stata ritrovata una scheda con il mio nome nella borsa ventiquattrore lasciata da un terrorista in viale Lombardia». La premonizione della morte. La morte che cammina al fianco di Tobagi, e la sua voce che ce la racconta in presa diretta, con trent'anni di ritardo. È un voce in diretta, ma è un omicidio che conosciamo, che possiamo solo rivivere con un senso di impotenza addosso. Se fossimo in Sudamerica potrebbe essere Garcia Márquez: l'incubo della lotta armata entra in scena e inizia la sua danza macabra nelle pagine, a metà del racconto, ci insegue come una morte annunciata.

Ma non è nemmeno questo il vero cuore narrativo del racconto. Penso al libro di Calabresi, e quello che mi resta, molti anni dopo la sua uscita, non è la storia della vita del commissario, non sono Lotta continua e Adriano Sofri, ma è l'immagine del bambino che combatte per recuperare il fotogramma di un ricordo, un abbraccio in mezzo a una folla, il padre che solleva il figlio più in alto di tutti, per dargli modo di vedere bene. Penso a come Mario deve aver inseguito quel ricordo nella sua memoria: cosa mi ricordo io di quando avevo due anni? Qual è il primo ricordo di mio padre che ho, io che come molti ho avuto il privilegio di poterlo ricordare per tutta la mia vita?

Penso al libro di Sabina Rossa – *Guido Rossa, mio padre* – e, malgrado lo stilema sia quello dell'inchiesta, anche in questo caso il cuore forte del racconto sono il recupero del coraggio, le frasi lucidissime di Guido sul senso della storia e l'umanità: il comunista che fa una scelta di vita, e decide che deve testimoniare contro le raccomandazioni di tutti, rischio in prima persona, seguendo un imperativo etico. La letteratura brigatista gioca con le prove a discarico del minimalismo giudiziario, la letteratura civile delle vittime è continuamente tentata dall'assoluto della memoria, forse proprio per il desiderio di rispondere con il titanismo dei valori salvati dalla tempesta del lutto e dalla metodica ferocia della banalità del male.

Sabina Rossa ha trovato in questa memoria del padre la forza di andare a cercare gli uomini del commando che sparò a suo papà Guido: e quando li abbraccia con il suo racconto – ancora una volta le pagine più belle – scopri che quegli uomini, dietro di sé, sembra non abbiano nulla. Volenterosi carnefici all'epoca: solo automi svuotati di senso ora che la guerra è finita. Per farsi un'idea basterebbe il racconto del faticosissimo percorso con cui Sabina ha inseguito Vincenzo Guagliardo, uno dei tre membri del commando brigatista che ha ucciso suo padre. È una telefonata straziante, che dura 7 minuti e 58 secondi. Come fa a ricordarsi con esattezza persino dei secondi? «Perché», spiega Sabina, «non dimentichi mai la prima volta che parli con uno degli assassini di tuo padre.» Chissà se anche lui se lo ricorda questo dialogo, che in qualsiasi film sembrerebbe un'invenzione di sceneggiatura.

«Ti telefono perché sei l'ultima persona che ha visto vivo mio padre. Vorrei chiederti un incontro a quattrocchi, senza testimoni. Sono la figlia di Guido Rossa.»

Silenzio. Poi la sua voce.

«Mi dispiace...»

«Non ti ho telefonato dopo venticinque anni per sentirmi dire 'Mi dispiace'. Non mi interessa. Dimmi quello che vuoi, ma non dirmi: 'Mi dispiace'.»

«Voglio parlare da uomo libero. Non voglio che questo possa influire in nessun modo, che possa sembrare una speculazione. Io rimango in silenzio finché non esco.»

Il problema è che Guagliardo ha l'ergastolo.

Sabina prova a fare un viaggio, a compiere un'inchiesta. Se penso al libro di Benedetta, invece, mi accorgo che la cosa che più mi ha avvinto è la capacità di raccontare il padre sviscerando la sua biblioteca, il suo diario, il suo immaginario: è l'operazione più squisitamente letteraria e meno cronachistica che si possa immaginare. Ed è anche quella che, apparentemente, si allontana di più dagli anni di piombo. È la Benedetta trentenne, che solo grazie alla scrittura riesce a passare – come nota lei stessa – dal ruolo di orfana e di figlia minore a quello di sorella maggiore e di custode della memoria. È la Benedetta che indaga sui libri preferiti e sugli amori inconsolabili, che restituisce vita ai ricordi del ragazzo del Parini in giro nella Londra del beat («La più grande impresa dell'autostoppismo moderno è stata portata a termine!» scriveva quel ragazzo con un vitalismo entusiastico dietro cui era davvero difficile intuire il profilo di un futuro martire). Ma è anche la Benedetta che riscopre, anzi, scopre, l'editorialista creativo e provocatorio su *la zanzara*. Quella che riesce a navigare «il mare di carta» che le arriva come un lascito testamentario dal padre scomparso. Quella che sostituisce al cliché del giornalista in carriera, al vezzeggiativo «Tobagino» (Giampaolo Pansa), un Walter wertheriano bruciato dalla passione del mestiere e quasi ossessionato dalle sue stimmate di *homo novus* (anzi, simpaticamente *popularis*, per stare al lemma tobagiano recuperato dalla figlia). È un Walter vero, fatto di carta e di scrittura, ma non è un fantasma, uno spettro, un martire da cerimonia o un'invenzione letteraria.

Benedetta Tobagi schiva con asciutta e leggiadra ironia la pubblicistica ufficiale sul giornalista-martire («Ad un convegno dal titolo 'Tobagi credente' i contributi migliori sono venuti dai due relatori che si professavano atei») e ricostruisce un suo Tobagi, diverso da tutti gli altri. Ma anche simile a lei. Ecco, è lo stesso prodigio di *Spingendo la notte più in là*. Il Calabresi di Mario è anche un po' Mario, il Tobagi di Benedetta è anche un po' Benedetta. Questi figli progressisti proseguono le vite interrotte dei padri e le sublimano, mentre curano con la scrittura il proprio trauma da abbandono e le proprie ferite. Il busto scoperto dall'ente locale alla piccola Benedetta sembrava «terrificante», così come il ritratto a olio «che uno sconosciuto aveva regalato al nonno». Si va alla scoperta di un nuovo Tobagi, e il lettore segue Benedetta e partecipa con lei alla ricerca. Anzi, alla *recherche*. C'è molto più Proust che Curcio, in questo raccontare.

Si potrà dire che questo lavoro di scrittura implica anche la reinvenzione di una identità. Dal punto di vista letterario non è un limite, ma un pregio, e nella letteratura della memoria questo è un lavoro necessario, per colmare i buchi neri prodotti dai delitti. Benedetta, per esempio, combatte una civile battaglia contro «il Tobagi eroe craxiano», riga dopo riga, inciso dopo inciso. Ricorda con fastidio l'iconografia televisiva in cui il suo Tobagi era quasi cancellato in una dissolvenza a base di garofani. Così come il Calabresi umanissimo raccontato da Mario (e da sua moglie Gemma Capra) combatte contro il Calabresi grottesco – «commissariofinestra» – della campagna di demonizzazione di Lotta continua. E il Calabresi del film di Marco Tullio Giordana assomiglia più a quello di suo figlio che a quello di Lotta continua.

Del tutto opposta, ma non meno interessante, è la particolarissima forma di elaborazione letteraria di Massimo Coco, figlio di Francesco, il procuratore ucciso dalle Br nel giugno 1976 (la prima vittima istituzionale del terrorismo rosso). Il suo *Ricordare stanca*, del 2012, è un pamphlet amarissimo, a tratti straziante, ma anche sarcastico, beffardo, duro, del tutto anomalo rispetto a ogni altro memoir legato alla storia della lotta armata.

Il libro di Coco è estraneo a qualsiasi genere: politicamente scorretto, dissacrante, talvolta brutale, caustico, in molto casi feroce nei confronti del sistema, delle liturgie non necessarie, della retorica. Ma addirittura severissimo nei confronti dei parenti di altre vittime, quelli che (a suo parere) sono votati al successo e alla carriera in nome dei loro lutti. Per loro, per crocefiggerli meglio alle loro debolezze, l'autore conia un neologismo perfido: «*vip*time».

Il racconto inizia con un piano sequenza cinematografico durante una commemorazione al Quirinale. Seguendolo in questo sguardo si diventa testimoni di una vera e propria folgorazione. Si entra nel racconto di un disagio che divampa in presa diretta, come un conato di rabbia: «Avanzando verso le poltrone della prima fila», scrive Coco, «comincio a riconoscere molti di quelli che una volta chiamavo 'colleghi di dolore', persone che erano giovanissime come me quando hanno visto morire un genitore sotto casa o sul posto di lavoro». Nei loro confronti il figlio del procuratore non prova solidarietà ma un moto d'ira. E questo sentimento Coco lo racconta, senza filtro: «Ebbene», aggiunge, «adesso da vittime sono stati promossi a 'viptime': eccoli tutti qui davanti – mamma mia, quant'era lunga la *privileged's list*! Alcuni di loro sembra che non riescano a rinunciare mai nemmeno a un centimetro di visibilità, agli onori, ai benefici, alle poltrone. Io invece non sono come loro, sono rimasto un soldato semplice, un 'modello base' che ha voluto seguire la sua vita. Ho preteso di vivere da Massimo Coco e non solo da 'il figlio di Francesco Coco'. Non sono come loro e non lo sarò mai, anche se so benissimo come si faccia a diventarlo, una 'viptima', perché ho capito quale sia la strada, li conosco a memoria i precetti del *victimally correct*».

Quello che a Coco proprio non va giù non è solo la differenza di stile che lui percepisce rispetto alla sua misura privata, ma il percorso di perdono, individuale e collettivo, portato avanti da gruppi o da singoli nei confronti di coloro che sono stati considerati responsabili della morte dei loro cari: «Tutto si fonda», spiega, «su una sorta di equazione, su quel magico trampolino che io chiamo 'il Fattore P', ovvero Pianto + Perdono = Poltrone + Paradiso + Parlamento. Tradotto: prima si piange e si sospira, lacrime e lacrime davanti a qualsiasi platea, microfono o telecamera, si fatica quasi a parlare, si balbetta la storia del proprio dolore *ad usum captatio misericordiae*; poi si percorre la via dell'incontro, del dialogo con gli assassini o i persecutori del congiunto, li si cerca tra istituti di pena, servizi sociali, arresti domiciliari, o li si stana dai covi delle Università, dei 'centri culturali', delle case editrici o delle più importanti testate giornalistiche se non direttamente nelle Istituzioni, e si parla con loro o si instaura un fitto dialogo epistolare, si approfondisce il rapporto, ci si confronta 'per capire', si tenta un ricomponimento; poi», conclude, «si perdona tutti e tutto a tutti, *Urbi et Orbi et Naribus et Bierrae*, e questo anche e soprattutto a chi nemmeno lo accetta, il perdono».

Tutto questo, è evidente da subito, a Coco fa saltare i nervi: «Insomma», scrive, «niente odio niente vendetta niente rancori niente rivalsa, anzi, niente di niente, abbracciamoci e riconciliamoci. A questo punto il meccanismo è ben impostato, basta candidarsi o schierarsi politicamente, ed eccoci sulla rampa di lancio per il Parlamento, per qualche altra poltrona eccellente o comunque per una prima fila».

Per il figlio del procuratore si tratta di un percorso perdonistico intollerabile: «In tutti questi anni», sostiene, «io e chi condivide il mio stesso credo abbiamo chiesto solo che si applicasse la legge, nient'altro. Sarà vendetta, odio, rancore? Chiamatelo come vi pare, noi lo definiamo semplicemente 'Diritto'. Noi non vogliamo 'spingere quella notte più in là', ma sogniamo romanticamente di illuminarla con le luci della verità e della giustizia. E, scusatemi la retorica, ma non sono stato io a incominciare. La vendetta? C'è anche quella, se proprio qualcuno vuole metterci in bocca questa parola, cosa che accade quasi automaticamente proprio quando nominiamo 'Giustizia', manco fossero sinonimi. In realtà la mia vendetta io la sto tenendo in questo momento per mano: è mio figlio».

Ho voluto riprodurre brani significativi ed estesi di questo libro, così viscerale e diverso da tutti gli altri, per un motivo preciso. Io non credo che questa invettiva sia giusta, perché il mio viaggio mi ha insegnato che ogni scelta è sofferta, ogni storia è diversa, ogni dolore può essere metabolizzato in un modo opposto. Non esiste nemmeno un criterio univoco per cui si possa dire: questo è giusto, questo no. E nemmeno una morale unica per cui si possa dire io non perdono, e quindi nemmeno gli altri possono. Cercare di discriminare un plotone di buoni e uno di cattivi, una lista di martiri misconosciuti e un'altra di vittime raccomandate ingiustamente celebrate non mi pare possibile né utile.

Colpire indiscriminatamente, inventare una categoria colpevole, inseguire un presunto peccato d'origine è una astrazione che porta molto lontano dalla verità. Eppure questo libro incandescente, spietato con gli altri, ma anche severo con se stesso, mi sembra – allo stesso tempo – la testimonianza di una enorme sofferenza privata e di una ricchezza collettiva. È la stecca nel coro, il cerchio che non chiude, la prova a contrario di un teorema. Per me è importante che dentro il mondo delle vittime, dentro questo groviglio imperscrutabile di ipersensibilità e intelligenza, si sia prodotto il vaccino contro il male possibile. L'anatema. La bestemmia. Coco è l'antidoto contro il rischio della maniera. Farà arrabbiare qualcuno, di certo, ma è anche lì a testimoniare che – al contrario dei cori stereotipati dei pentiti e degli opportunisti che si affilano tra i carnefici – dentro la letteratura delle vittime nessuna voce manca. Il padre severo e rigoroso, il servitore dello Stato, che a lampi viene tratteggiato con un'ombra ottocentesca e umanissima fra le pagine del libro, è l'esatto contrario di questo figlio che impugna la penna come una spada e se ne va a trafiggere gli infedeli. Ecco perché anche dentro il ribaltamento paradossale, dentro il calco a contrario, si nasconde una verità utile.

Il vero Coço, il vero Calabresi, il vero Tobagi, il vero Giralucci e il vero Guido Rossa forse stanno nel mezzo di queste guerre memoriali: non hanno avuto il tempo, la possibilità di emanciparsi dalle maschere mortuarie che la pubblicistica aveva cucito loro addosso: «lo sbirro», «la spia del Pci», «il giornalista di Craxi». I loro figli prendono direzioni opposte e combattono questi stereotipi con la loro scrittura. Calabresi lo fa con gli strumenti di una grande inchiesta giornalistica ed emotiva, Coco con il sarcasmo e l'invettiva, Benedetta con un processo che è tutto letterario. Ha in mano un archivio e una biblioteca e li usa per sostituire al Tobagi stereotipato uno nuovo: «Ho intessuto un lungo dialogo a distanza con la voce di carta del giornalista Tobagi, un gioco segreto che ha reso lo studio degli anni Settanta più leggero. Per ogni tema andavo a cercare se papà ne aveva scritto e rivolgo le mie domande ai quotidiani ingialliti». Qui la scrittura del padre diventa una sorta di libro iniziatico. Laico, ma allo stesso tempo sacro. I compiti si dividono: il padre lavora sul passato, il figlio sul futuro. Al punto che quando la Tobagi racconta che gira per le scuole a raccontare questa storia, capisci che dalla storia scritta si è passati omericamente alla narrazione orale. Quanto è diverso l'ovale paffuto del giornalista del *Corriere* che è l'unica immagine di lui a noi nota, dal tono del ragazzo che annotava nel suo quaderno: «Dov'è spirito popolare voglio essere io: contro chi lo sfrutta, sia esso un tecnocrate o un capitalista». Un giovane socialista del Novecento che sarebbe piaciuto a Stendhal.

Ricorda Benedetta che secondo Leonardo Sciascia «Tobagi era stato ucciso perché aveva metodo». Verrebbe pure da dire che è anche grazie a questo metodo (la scrittura autobiografica e quella autoarchivistica) se oggi Tobagi può risorgere nel racconto della figlia. Quando finisco questo racconto ancora non so se «il vero» Tobagi sia quello di Benedetta, come non posso dire con certezza dei «veri» padri, delle «vere» madri e dei «veri» figli. Ma ho capito qualcosa di più della letteratura delle vittime, della controstoria che hanno inaugurato, con un fenomeno in cui ogni libro è figlio del lutto, ma anche del libro che lo ha preceduto. Ogni invenzione narrativa è allo stesso tempo il massimo del tradimento e il massimo della fedeltà. Ma se lampi di umanità interrompono la lugubre storiografia dei carnefici e dei processi, non è detto che sia un male se la durezza della P38 cede il passo alla madeleine letteraria del ricordo privato che attraverso la lente magica della letteratura memoriale può diventare un frammento di memoria storica.

7
Pippo Falvella, la doppia morte del «fratello sbagliato»

«Ero io il Falvella sbagliato.» Bisogna immaginarselo, Pippo Falvella: con la sua voce arrochita da cento sigarette, la sua zazzerona vaporosa, la sua montatura di resina rosso fuoco, la pancia importante, il telefonino appeso alla cintola, come una pistola, la catenina sempre sotto la camicia, spesso aperta di due bottoni, perché, come ci teneva a precisare, «noi del Sud abbiamo un'attitudine involontaria ma storicamente spiegabile a mostrare il petto. Non per il coraggio, però, ma per le repressioni, per i Borbone, per i piemontesi, per i briganti, per affinità e discendenza diretta con intere generazioni di naturali candidati alla fucilazione».

Pippo, il fratello di Carlo, il ragazzo semicieco accoltellato sul lungomare di Salerno, Pippo inseguito – da quel giorno – dal rimorso di non essere stato al suo posto. Raccontando quel delitto, in *Cuori neri*, avevo conosciuto Pippo, e nulla per me era più stato come prima.

Pippo, con le sue cento sigarette al giorno incollate alle dita, senza soluzione di continuità. Bisogna immaginarselo così, vulcanico, provocatorio, sempre estremo ma lucidissimo nel suo ragionare: «Vedi, Luca, tu forse non hai ancora capito bene una cosa, che invece vorrei ti fosse chiara. Il Falvella sbagliato ero io. La testa calda, lo sregolato, quello con tanto cuore, ma con un carattere – diciamolo pure – di merda. Bene, quello ero io. Quello che con l'incoscienza dei vent'anni aveva rischiato più volte la pelle, ma spesso davvero da coglione. Ero io. Non era Carlo, quello che doveva morire. Guarda che io sono riuscito a vivere la mia vita senza rimpianti, senza essere oppresso dalla religione del lutto, forse per reazione a quello che aveva fatto mia madre, che aveva trasformato la stanzetta di Carlo in una specie di sacrario, in una tomba di famiglia. Eppure te lo devo dire, ho vissuto senza sensi di colpa, ma con questa consapevolezza: il Falvella sbagliato ero io. Non lo dico romanticamente. Non lo dico per sbaglio. Non lo dico per gioco, perché questa è materia sacra, per me, lo sai. Lo dico con una valutazione oggettiva, perché è la verità: quello che doveva morire, tra noi due, non era Carlo, che era un mite, una pasta di ragazzo, ma Pippo. Era Pippo. Era me che dovevano accoltellare, perché statisticamente e probabilisticamente doveva accadere questo. Ho potuto vivere questo mezzo secolo di vita solo per un banale errore alla stazione dei transiti dell'ultraterreno. Uno scambio di persona».

Ma adesso anche Pippo non c'è più.

Francesca Falvella, agosto 2015:

Mio padre era nottambulo, iperattivo, insonne cronico. La notte si vestiva di tutto punto e usciva fra le tre e le quattro del mattino. Prendeva il suo amato cagnolino Toffee e lo piazzava sul sedile, si infilava nella sua spider con Radio Radicale a palla, inforcava i suoi occhiali con la lente gialla, svegliava mezzo quartiere e se ne andava a correre verso il lungomare. Le mie amiche mi dicevano: «Ma è tuo parente quel matto che sembra uscito da un film dei *Blues Brothers*?» E io, ridendo e amandolo follemente per questo suo modo di essere: «Ebbene sì, è lui. Mio padre».

Ho avuto la fortuna di conoscere Pippo Falvella inseguendo la storia di Carlo. Uso il termine «fortuna» perché, per chiunque ami le storie, le vite, l'ingegno e la diversità, uno come Pippo era un vulcano in continua eruzione (di idee), un pezzo unico tornito dall'ingegno di una qualche divinità artigiana e capricciosa, un concentrato di umanità inverosimile e rara.

Quando ero andato a trovarlo la prima volta, a Salerno, Pippo aveva quasi cinquant'anni, un tono di voce inconfondibile, sempre pronto a virare in fragorose risate di sarcasmo, di ironia, di paradosso, ma anche in improvvise e torrenziali invettive condite dall'uso di un sapido, divertito e talvolta sregolato turpiloquio. E aveva, soprattutto, energia per muovere mondi: tra noi scattò quel tipo di amicizia epidermica e viscerale tra contrari che solo dopo essersi manifestata elabora le ragioni della sua intensità.

Francesca Falvella, agosto 2006:

Dicevano che mio padre, quando parlava, ruggiva. Ed è vero: quando parlava a braccio c'era qualcosa nella sua voce che a un tratto si animava, alzava i volumi, l'intensità, e dava colore alle sue frasi. Era un tipo così: non diceva nulla a nessuno e si presentava davanti a casa con le sue sorprese. Un giorno con una nuova macchina: la Spider, appunto. Un giorno con un mazzo di fiori. Un altro con le nuove canoe per il nostro mare, ad Agnone nel Cilento. Un altro giorno con due Vespe: una per me, una per lui. Era bellissimo andare in giro con lo stesso modello, anche se la sua era un'edizione limitata con dei colori scelti da qualcuno matto come lui. La guardava felice: «Tinte speciali. Bella, eh?» «Papà, a me sembra che abbia dei colori orribili.»

Prima c'era stata la scrittura del libro, con le interviste fatte tra Salerno e Roma, poi la presentazione di *Cuori neri*, quindi tanti incontri a casa mia, ogni volta che veniva a trovarmi, approfittando delle sue – per me imperscrutabili, ma intense – attività negli organismi di rappresentanza dell'Ordine degli avvocati, di cui era instancabile animatore. Veniva a Roma per le riunioni dell'Organismo unitario dell'avvocatura italiana con i suoi amici Roberto e Michelina: avevano fondato i «Formicoli», una corrente che, tanto per cambiare, si proponeva la *mis-*

sion impossible di riformare l'Ordine. Ogni tanto mi squillava il telefono, ogni tanto – anche a intervalli di mesi, o di anni – bussava alle porte delle redazioni che nel tempo cambiavo, ogni tanto finivamo in un bar, fino a tardi, a chiacchierare, e adesso mi mordo le mani per non aver impugnato la penna e preso appunti, in quelle serate, per poter oggi rendere con esattezza il filo tagliente delle sue provocazioni intellettuali. Eravamo diversi in tutto, ed era bello ritrovarsi in una terra di confine a misurare la nostra diversità.

Poi, un giorno, nel novembre 2014, una persona che non ricordavo di conoscere mi manda questo tweet: «Luca, ma lei lo sa che Pippo Falvella è morto?» Ed è stato come se mi crollasse il mondo addosso. Come se insieme a Pippo fosse scomparso un intero tipo umano, un'identità di cui si è perso lo stampo. È stato come se ogni parola di quel monologo che ho riportato in apertura di questo capitolo, autentico e paradossale come era nel ragionare di Pippo, tornasse a farmi male: era come avere la percezione che quelle parole diventavano vere solo adesso, e che insieme a Pippo, solo ora, fosse scomparso anche il Carlo che la sua capacità di memoria e di racconto era riuscito a salvare dall'oblio. Ed era come se, solo adesso, Pippo e Carlo fossero morti: la prima volta, e due volte. Questa volta tutti e due.

Francesca Falvella, agosto 2015:

Andava orgoglioso dei suoi occhiali rossi con le lenti gialle. «Perché proprio gialle, papà?» E lui: «La vita sembra molto più bella con un po' di colore». Amava gli orologi, i Nautica. Fin da bambina avrò visto cento volte questa scena: se qualcuno che lui considerava una persona carina lo notava, metti il cameriere di un bar, o un cliente, lui se lo toglieva dal polso e glielo regalava. E io da bambina non capivo: «Ma li compri per te o per regalarli, papà?» Entrambe le cose, credo.

Ovviamente, nella sua amarissima riflessione sul destino, Pippo non parlava solo di quella sera del 1972, della coltellata che Carlo aveva preso in pancia dall'anarchico Giovanni Marini a

Salerno. Non parlava di quel lutto che era riuscito a elaborare con una fatica enorme, ma con successo. E non parlava nemmeno di quel senso di perdita che aveva descritto così bene: «Per me, che ero più piccolo», mi aveva raccontato, «è stato strano. Prima ho raggiunto la sua età, poi sono diventato più grande di lui. Adesso penso che ho quasi cinquant'anni, e che Carlo, il giorno in cui è morto, non aveva fatto una vacanza: non era mai stato all'estero, non aveva mai avuto modo di fare nessuna delle cose che invece ho potuto fare io per il solo fatto di essergli sopravvissuto».

Diceva, Pippo, che le esperienze che aveva potuto fare erano «i privilegi del sopravvissuto», ma anche, visto che i due fratelli si compensavano a vicenda, che se Carlo non fosse morto «forse, per dire, avrei potuto fare una carriera politica. Se non altro perché avrei mandato affanculo molte meno persone». E concludeva, con quella combinazione tutta sua di ironia nell'amarezza: «Invece da allora sono così, e non ci posso fare nulla». Se il ruolo istituzionale più alto che Pippo aveva ricoperto nella sua vita era stato quello di consigliere comunale, invece – pensavo io – non era colpa sua, ma del suo partito: ma Pippo si definiva un missino irregolare, e non è un mistero che in An ci stesse stretto.

C'erano state discussioni lunghe, tra lui e me, che si erano dilatate negli anni. Per esempio quelle sull'identità della destra e della sinistra, in cui Pippo poteva dirti cose del tipo: «La dote che apprezzo in voi è il modo in cui avete introiettato la lezione del materialismo storico di Marx...» Tu provavi a obiettare: «Ma guarda, Pippo, che, almeno per quel che mi riguarda, non credo di essere così marxista come dici...» E lui, con un sorriso noncurante: «Luca, tu non ti conosci dal punto di vista intellettuale come ti conosco io. Tu sei materialista nel midollo: tua madre lo è». «Ma se non la conosci, mia madre!» ribattevo. Sorriso. Era del tutto inutile provare a opporre resistenza: «Le madri si riconoscono negli occhi dei figli. La tua ti ha trasmesso il materialismo nel latte, come la nostra, a noi, ci ha fatto diventare missini! Non sai come avrei voluto essere materialista pure io, nella mia vita». Lo guardavo un po' stupito: «Tu vorresti essere stato un materialista storico?» E lui, d'un tratto serissimo: «Oh sì, soffrirei di meno. È quello che vi ha salvato, Luca, è quello che vi salva, voi di sinistra. Le vostre idee, intendo. Sopravvivono al degrado delle cose, degli uomini e dei tempi. Potete attraversare l'abisso della vostra storia da Stalin a Bersani...» Azzardavo un dubbio: «Scusa, Pippo, ma gli estremi che hai scelto per questa traiettoria...» E lui infervorato: «No, Luca, no! Non importano i nomi, i dettagli: importa il filo delle idee che rende gli uomini, piccoli o grandi che siano, solo dei dettagli. Siete sopravvissuti a Fassino, sopravvivrete anche a Renzi». E poi si disperava: «Noi fascisti, invece, visto che siamo figli bastardi dell'irrazionalismo e dell'idealismo, appena si sono degradati il materiale umano e la qualità del personale politico, ci siamo corrotti immediatamente. Metti un 10 per cento di pezzi di merda in un partito di destra – e ti assicuro che qui da noi la percentuale è stata molto più generosa –, metti un 10 per cento di stronzi in una comunità umana, e il livello di devastazione sarà totale: dopo dieci anni non rimarrà più nulla a destra. Così è stato». Allora provavo a celiare: «Scusa Pippo, ma se tu hai sempre detto orgogliosamente di non essere di destra, ma fascista». E lui: «Appunto: la destra è conservazione, paura, conformismo. Cosa c'entravo io? Già mi ritrovavo in una famiglia che non era la mia. Pensa che succede», concludeva con furiosa amarezza, «quando scopri tutto insieme che sei orfano, che i tuoi genitori adottivi non ti vogliono e che molti dei tuoi fratellastri sono pezzi di merda!»

Adesso vorrei aver stenografato ore di discussioni in cui si partiva dalla cronaca contemporanea e si finiva a Adamo ed Eva, ai massimi sistemi. E sono felice di aver pubblicato, all'indomani della presentazione di *Cuori neri* a Salerno, un articoletto in cui un frammento di questo Pippo-mondo era rimasto impresso in modo indelebile.

Luca Telese, *Cuorineri.it*, 20 marzo 2006:

La presentazione di Salerno, ieri mattina, è stata particolarmente intensa. Non solo perché quella di Carlo Falvella è stata una delle prime storie che ho scritto (cronologicamente parlando). Ma anche perché nella bella saletta del *Bar Moka*, domenica, c'era di nuovo un frammento compatto di una comunità, gli amici di Carlo, che adesso hanno tutti più o meno cinquant'anni, un po' di pancia, i capelli bianchi, e quasi tutti un chiodo di malinconia piantato nel cuore. E c'è stato benissimo anche l'intervento arrabbiato del vecchio militante che se la prende con An per una strada che non è stata mai intitolata, che se la prende con se stesso per quello che non è riuscito a fare («Se quella sera non me ne fossi andato prima, forse quella coltellata non ci scappava»), che ci spiega con la passione che gli mozza la voce davanti al microfono come certi nodi siano difficili da sciogliere anche trentacinque anni dopo.

E poi, ovviamente, con Pippo parlavamo della vendetta e del perdono. Che nella storia di Carlo e del suo assassino erano due parole legate a doppio filo. Era stato Pippo a raccontarmi il suo stupore, la sua difficoltà a capire, in principio, quell'incredibile rapporto che si era creato tra sua madre Flora e Giovanni Marini, l'uomo che le aveva ucciso un figlio. Un dialogo drammatico, muto, senza parole, eppure intensissimo.

Marini era uscito di galera segnato, sopravviveva male, si era attorcigliato intorno al collo delle bottiglie, al conforto venefico dell'alcolismo, come se fosse strangolato dal senso di colpa. Squillava il telefono di casa Falvella, e dall'altra parte della cornetta si sentivano solo pianti, grida disperate, singhiozzi. I figli si preoccupavano e temevano la minaccia di qualche folle, ipotizzavano una denuncia contro ignoti e lei – la madre, la vedova – alzava la mano e diceva: «No, no, è per me». Poi andava al telefono e rimaneva in ascolto finché la voce non smetteva di parlare. Avevo scritto: qualcuno pensava fosse solo curiosità, e qualcun altro che fosse una imperfetta forma di conciliazione. Forse quella era davvero l'unica forma di dialogo possibile.

Chiara Marasca, *Corriere del Mezzogiorno*, 6 luglio 2010:

«Mai più la passione politica si trasformi in odio»: sono queste le parole scritte sulla lapide alla memoria di Carlo Falvella, giovane salernitano aderente al Fuan, movimento politico studentesco di estrema destra, ucciso nella sua città, il 7 luglio 1972. A trentotto anni di distanza il Comune di Salerno, su sollecitazione delle associazioni che in questi anni hanno conservato la memoria del giovane, gli dedica un monumento commemorativo posto nel luogo esatto in cui avvenne l'omicidio, in via Velia, all'altezza della rotonda. «L'inaugurazione del monumento ha l'intento, pertanto, insieme alla commemorazione di una giovane vita stroncata», si legge in una nota dell'amministrazione De Luca, «di lanciare un forte monito universale che attraversa le epoche storiche e le appartenenze ideologiche affinché la passione politica non degeneri mai nella violenza.»

Pippo mi aveva ripetuto tante volte che per lui la parola «perdono» riferita a Marini era impronunciabile, non per qualche motivo di principio o razionale, ma «in modo viscerale e animale», soprattutto perché gli era capitato di leggere nel dettaglio la perizia sull'arma, scoprendo solo nel processo di appello che Marini aveva girato il coltello nella ferita, compromettendo le vene, innescando l'emorragia, «distruggendo tutto». «Capisci?» diceva mimando un avvitamento con il pugno chiuso intorno a un'impugnatura, «io ho letto quella perizia e da allora rivedo questo gesto. Ogni volta che lo rivedo mi va il sangue agli occhi. Non è una coltellata, quello che non si può perdonare. È il gesto per uccidere.»

Pippo non poteva sopportare il ricordo delle «pose» di Marini dopo l'arresto: non lui, ma il personaggio che aveva costruito, la sua disonestà intellettuale nel fingersi martire dopo aver colpito, e sapendolo bene al punto da ammetterlo nell'interrogatorio. Non gli perdonava nulla, nemmeno l'ingenuità e la leggerezza con cui secondo lui era diventato «la scimmia ammaestrata» della propaganda ideologica di Soccorso rosso, «di Dario Fo, di Franca Rame, di gente che lo ha abbandonato come uno straccio». Non poteva sopportare il contrasto tra questa «scaltra debolezza» di Marini, e il goffo, forse, ma lineare coraggio di suo fratello Carlo, che – seppure quasi cieco, abituato a vivere e muoversi nel suo mondo di sagome e di ombre – sente il grido d'aiuto del suo amico, e torna indietro sui suoi passi per aiutarlo.

Eppure. Eppure, malgrado tutto questo, Pippo scuoteva il capo, prendeva un respiro e diceva: «Marini era meno di zero: ma ha iniziato a morire nello stesso momento in cui ha pugnalato». E considerava la fine dell'anarchico, che definiva terribile, la più dolorosa forma di penitenza immaginabile: «Gli hanno dato i premi letterari, lo hanno messo su un altare, hanno trasformato la campagna sulla sua innocenza, come hai scoperto scrivendo il libro, in uno show. Poi, finito lo spettacolo, il circo se n'è andato, le luci si sono spente e lo hanno lasciato qui, solo, a morire, solo come un cane».

Sono contento di aver scritto nel 2006, in quel resoconto, anche quello che pensavo di Pippo.

Luca Telese, *Cuorineri.it*, 20 marzo 2006:

Parla Pippo Falvella, il fratello di Carlo. Uno che Alleanza nazionale dovrebbe candidare a sindaco della città o alla Camera, ma che sinora non ha messo mai in lista, perché di questi tempi nei partiti – in tutti – gli uomini verticali danno fastidio, e vanno molto più di moda i *quaquaraquà*, gli invertebrati e i camerieri. Pippo ci aiuta a rispondere a molti di coloro che da sinistra scrivono su questo sito per dire, in sintesi: «Attento, Luca, guarda che *Cuori neri* alimenta il vittimismo e il giustificazionismo missino». Io rispondo sempre che non mi curo di come viene letto il libro, ma di quello che c'è scritto, e questo già in sé basterebbe a rispondere. Ma adesso, per completezza, racconto un paio di aneddoti su Pippo. Uno che, malgrado quello che ha vissuto, non ha nessuna autoindulgenza, anzi. Quando parla della sua generazione, a destra, dice: «Siamo stati anche noi 'peggio gioventù'. Lo eravamo un po' tutti, autoassolversi non è solo sbagliato, è idiota». E poi, magari, come ha fatto sabato mattina davanti ai ragazzi di Azione giovani a Napoli, Pippo scomoda Gentile e Marcuse, l'attualismo, il comunismo e il fascismo, per spiegare a chi non c'era: «Guardate che la sinistra è parte di noi: guardate che quelli sono stati tempi complessi, che sinistra e destra sono state anche una coppia di tesi e antitesi hegeliane, non due universi del tutto estranei l'uno all'altro».

Sono molto contento anche di aver trascritto allora questa teoria di Pippo, che lasciava di stucco me, e potete quindi immaginare quale effetto potesse avere sui giovani di An: «La sinistra è parte di noi, non il nostro contrario», ripeteva. E appena finiva la sua relazione i ragazzi saltavano sulle sedie, tempestandolo di domande: «Se uno è il tuo avversario, come può essere parte di te?» Così Falvella spiegava di essere convinto – e non è assolutamente importante che io sia d'accordo o meno – «che il fascismo, nei primi anni del secolo, fu uno dei pochi tentativi possibili di modernizzazione dei principi del socialismo, che i contestatori extraparlamentari degli anni di piombo furono anche loro una parte vitale della sinistra, un plotone di rinnovatori che poi sono finiti reclusi e asfissiati, per troppa rabbia e troppa ideologia, nel cunicolo stretto della lotta armata». E se avvertiva un moto di stupore nel suo uditorio, subito aggiungeva: «Quando giudicate la complessità di una traiettoria storica non dovete solo considerare il punto di approdo, perché altrimenti il Novecento sarebbe solo un secolo di infamie e cadaveri. Ma dovete valutare l'intenzione del viaggio».

A Salerno, invece, il giorno della presentazione, nella primavera del 2006, Pippo aveva parlato d'altro: aveva abbandonato gli strumenti e le categorie filosofiche e aveva fatto ricorso alla sociologia e all'antropologia per spiegare il contesto del delitto in cui era morto suo fratello. Nel momento in cui avrebbe facilmente strappato il più affettuoso degli applausi, anche con un solo milligrammo di emotività, si era messo a ragionare come uno storico. Mi rendo conto solo adesso che Pippo in fondo era un intellettuale meridiano «di destra», uno di quelli che si contano sulla punta delle dita, uno che oggi si potrebbe reincarnare solo nella capacità di spiazzamento di Pietrangelo Buttafuoco. Diceva, con fantastica autoironia: «Ragazzi, al Sud c'è più gente che pensa che al Nord perché i cicli del sonno e della veglia sono diversi, e perché qui c'è molto più tempo da perdere.

Questa è scienza: è l'esposizione più prolungata al sole che depura dalle tossine, libera la mente. Non voglio essere offensivo con il Nord, solo obiettivo: più vai al Sud e più trovi intelligenza». Lo diceva, ovviamente, con un sorriso che rendeva inutile ogni contestazione e aggiungeva: «Quanto mi piaceva, a me, confrontarmi con i miei avversari».

Durante quella stessa presentazione, anche uno degli amici di Carlo aveva detto che gli sembrava assurdo che a morire fosse stato proprio lui, che mille volte aveva scongiurato le risse con la dialettica, ma a ben vedere non c'era nulla di strano. Un altro amico, che adesso organizza campionati di nuoto, ha raccontato di essersi rincontrato pochi anni fa con un ex leader di Lotta continua a Salerno, uno con cui c'era stata molta ruggine e nessun chiarimento. Si erano guardati un po' stupiti, senza sapere cosa dirsi, e poi uno dei due aveva esordito: «Ci possiamo salutare?» «Certo.» Quando l'altro aveva dato questa risposta erano scoppiati a ridere. Poi, l'amico di Carlo aveva alzato gli occhi al cielo, quasi sovrappensiero, e aveva detto: «Pensa tu, se fossimo riusciti a parlarci allora». Appunto.

Angela Cappetta, *Corriere del Mezzogiorno*, 14 dicembre 2010:

Per cinque mesi, il monumento dedicato a Carlo Falvella, ucciso nel 1972 dall'anarchico Giovanni Marini, è rimasto intatto. Poi, la scorsa notte, è bastata una scritta a far pensare che forse l'antico scontro tra due diverse ideologie politiche che hanno caratterizzato gli anni di piombo, a Salerno, non si è sopito del tutto. Ieri, lunedì mattina, sulla lapide di commemorazione del giovane iscritto al Fuan (l'organizzazione universitaria dell'ex Msi), sono comparse due scritte: MARINI VIVE e SHIT. La prima si legge chiaramente ai piedi del monumento, la seconda, invece, è al lato del vaso di cemento che contiene una pianta. Chi ha imbrattato il monumento ha usato una bomboletta spray di colore nero. Ha agito indisturbato, molto probabilmente di notte, perché a via Velia non ci sono telecamere. Circostanza che rende difficile anche aprire un'inchiesta da parte della Digos, dal momento che, in questi casi, risulta davvero impossibile risalire all'autore del reato.

Con Pippo ci eravamo sentiti, al telefono, poco dopo il fatto.

«Tu credi che io sia incazzato per questo sfregio?»

«Ma sì, Pippo, ti conosco... Incazzato e amareggiato.»

«Hai ragione, sono nero. Ma non come pensi tu. Sono arrabbiato con me stesso perché avrei voluto passare di lì, proprio mentre lo stavano facendo, inseguire questo ragazzo con la bomboletta e dirgli: 'Andiamo a prenderci una birra, che provo a spiegarti cosa sono il dolore e la vita'. Sono sicuro che lo avrei convinto a cancellarle lui, le scritte.»

* * *

Credo che nessuno sappia spiegare esattamente perché l'Italia, dopo le due guerre mondiali, ha smesso di costruire monumenti. Sono stati scritti interi saggi, anche solo per spiegare la storia della meravigliosa statua eretta in onore di Giordano Bruno a Campo de' Fiori, il simbolo che l'Italia liberale usò per segnare la fine del potere temporale della Chiesa. Ho visitato opere straordinarie come il sacrario dei caduti di Redipuglia, e persino un frammento d'Italia in terra d'Africa come il sacrario (bellissimo) di El Alamein. Nell'Italia repubblicana, invece, ci pare molto anche solo decidere di installare una targa. Quando poi viene affissa, qualche scemo si diverte a dileggiare il nemico. Non so se si può definire bello il monumento a Carlo Falvella. So che prima nessuno ne aveva costruito uno. E che lo ha fatto un'amministrazione di sinistra. Meglio di niente.

Francesca Falvella, agosto 2015:

Ricordo che la prima a parlarmi di Carlo era stata nonna Flora. Era molto austera, gentile, rigida, dispotica. Mio padre rideva: «Tua nonna è una roccia e tu l'hai fatta diventare un pezzo di pane». Ho negli occhi l'immagine di questa grande foto in bianco e nero in salone, e intorno un'edera che mi pareva enorme. Stavamo ore davanti a quella foto e lei mi raccontava. Ogni volta mi diceva: «Per me è come se non fosse mai morto». E, sempre davanti alla foto, mi ricordava le parole di mio zio, che quando gli avevano diagnosticato la cecità irreversibile aveva detto: «Devo riuscire a laurearmi prima di diventare cieco». Non ho mai sentito odio, a casa, per nessuno. Era come se Carlo fosse volato in cielo, sereno. Così, quando ero diventata più grande, una mattina, avevo detto a papà: «Io lo so che Carlo è morto per la politica!» E lui: «No, tuo zio non è morto per la politica. La politica è una cosa nobile: erano i suoi valori, i suoi ideali, le coordinate che lo hanno fatto diventare adulto. Tuo zio Carlo è morto per la stupidità degli uomini. E per un gesto di amicizia».

Io ho scoperto della morte di Pippo solo dopo che, il 20 novembre 2014, si erano svolti i suoi funerali. Ma non mi ha stupito apprendere che la cerimonia, originariamente prevista nella più piccola chiesa di San Domenico, si era dovuta spostare nella cattedrale cittadina a causa dell'incredibile fiume di folla che era accorsa per salutarlo. I suoi quattro amatissimi fratelli, Cristina, Franco, Stefano e Marco, ovviamente. E poi amici, colleghi, camerati, ex avversari. Ex militanti di Lotta continua, ex comunisti, ex democristiani, ex liberali. Dirigenti di tutti i partiti politici, persino il sindaco Vincenzo De Luca, con cui Pippo non era mai stato tenero, ma di cui aveva sempre riconosciuto il ruolo storico nell'amministrazione di Salerno.

Ho ripercorso nelle cronache l'orazione funebre di don Franco Fedullo, dove un altro cerchio si chiudeva. Franco era amico intimo di Pippo, ma soprattutto lo era stato di Carlo, con cui faceva coppia fissa: Franco e la sua fidanzata, Carlo e la sua fidanzata, sempre insieme, fino a quella coltellata in via Velio. Dopo il delitto Franco aveva attraversato un percorso profondo di riflessione sulla vita, e ne era uscito scegliendo di entrare in seminario. «Pippo», aveva detto don Franco nella sua orazione, «ha vissuto con grande forza e dignità anche gli ultimi giorni della sua vita. La piazzetta è stata la casa allargata di Pippo. Era lì che trascorreva le pause dal lavoro, i momenti di svago.

Per lui, e per tanti altri, era un'oasi di pace. È stato un grande uomo che non dimenticheremo mai.»

Poi, con la voce rotta dal pianto, aveva preso la parola anche Francesca: «Ieri non è morto solo mio padre, ma una figura storica della città di Salerno, e io sono orgogliosa di essere la figlia di Pippo Falvella».

Francesca Falvella, agosto 2015:

Ho scoperto, solo dopo la sua morte, parlando con Michele Tedesco, uno dei suoi migliori amici, che papà credeva di essere stato troppo poco presente con me. E invece io ho questo ricordo di un padre che malgrado la sua enorme passione per il lavoro, finché ero stata a Salerno, ogni giovedì mi portava a cena, come diceva lui, «a lume di candela». Io sapevo di avere un padre che potevo chiamare a qualsiasi ora, anche alle quattro del mattino: «Mi vieni a prendere?» «Va bene.»

Quando poi ero andata a Milano, per studiare, avevamo fissato questa regola: «Qualsiasi dubbio, chiama». Una volta, dopo una discussione, mi ero accorta che su Silvio Berlusconi, oltre i soliti cliché, sia quelli apologetici sia quelli denigratori, io non sapevo nulla. Lui mi aveva detto: «Sono al lavoro, ho bisogno di un po' di tempo, ti richiamo». Beh, quando poi avevamo finito di discutere avevo guardato il timer del cellulare: mi aveva parlato ininterrottamente per due ore e quaranta. Avevamo un rapporto meraviglioso, ma di quelli che ti devi conquistare: durante la mia adolescenza litigavamo tutto il tempo. Eppure la cosa che più mi ha segnato è che non ha provato a indottrinarmi, ad avvicinarmi a una fede religiosa o politica. Papà mi diceva: «Non esistono le barriere tra la destra e la sinistra: esistono le tue idee e le persone, che vanno valutate per quello che sono e che, ogni volta che è possibile, vanno amate».

Marco Falvella è il più piccolo della famiglia. Da quando Pippo si è ammalato, è stato sempre al suo fianco, accanto a sua moglie Gina, giorno e notte. Anima ancora l'Aiviter, l'associazione che ha fondato con Giampaolo Mattei, con cui prova a tenere insieme vittime del terrorismo di destra e di sinistra. Nel 2011 ha speso 140.000 euro per organizzare un congresso internazionale sul terrorismo a Torino. Quando si è sentito dire dal presidente della Provincia che gli offrivano 2.500 euro di contributo si è alzato dalla sedia, ha risposto grazie e se n'è andato. L'unico contributo istituzionale erano i 15.000 euro messi a disposizione dall'allora ministro della Gioventù Giorgia Meloni. Rispetto al preventivo mancavano 45.000 euro, ma gli inviti erano già tutti fatti, gli ospiti erano già in viaggio. Così Marco, che come avrete intuito con la sua famiglia condivide una testardaggine non indifferente, ha ripianato il deficit di tasca sua. Spiega che sua moglie ha minacciato di buttarlo fuori di casa, ma aggiunge che ha un altro sogno: «Siamo il Paese più segnato dal terrorismo, dovremmo farlo noi un museo internazionale, uno Yad Vashem italiano che custodisca la memoria di tutte le vittime. Mi dicono che sono un pazzo, ma attirerebbe migliaia di persone da tutto il mondo».

Il giorno dell'anniversario della morte di Carlo, nel 2012, è arrivato a chiedere agli esponenti politici di non partecipare alla commemorazione se non in forma privata: «Lo chiedo agli amici e ai nemici, a quelli di destra e a quelli di sinistra. Non bisogna stare davanti alle vittime per raccogliere consensi. Non bisogna inseguire le storie di chi è caduto per provare a darsi una identità. Se potete, per un giorno restate in silenzio, è questo il miglior modo per ricordare mio fratello Carlo».

Francesca Falvella, agosto 2015:

Quando sono diventata grande, papà ha fissato questa regola: «Ti porto a Roma una volta al mese». «Perché?» «Perché ci divertiamo.» L'ultimo grande litigio, tra noi, c'era stato quando gli avevo detto che volevo andare a studiare a Milano. «Non se ne parla!» mi aveva gridato. «Tu le cose te le devi conquistare.» Avevo avuto periodi irregolari, a scuola, voti di condotta bassi. «Io non mi fido di te», mi aveva detto, «non credo che tu sia responsabile. Eppure, se riuscirai a fare il primo anno con tutti gli esami in regola e il massimo dei voti ti mando a Milano. Altrimenti no.» Avevo sofferto molto quel rifiuto, lo consideravo una limitazione della mia libertà. Ma dopo un anno con esami in regola e pieni voti aveva capitolato: «Soffro come un cane. Ma ti mando». A casa, come nella vita, era un uomo di parola.

Salerno Today, 27 giugno 2014:

È stato ripulito questa mattina da Tradizione futuro Salerno e Salerno futurista il monumento in via Velia dedicato alla memoria di Carlo Falvella, militante del Fuan ucciso il 7 luglio del 1972. Le due associazioni hanno istituito il Comitato per Carlo Falvella per onorare la memoria del giovane.

Di solito, quando uno muore, il suo cellulare diventa muto. Gina Falvella ha deciso di continuare a tenere accesso il telefonino di Pippo. Lo ricarica diligentemente tutte le mattine, risponde alle chiamate dei tanti che tuttora lo cercano, e che ancora non sanno della sua morte. Spiega che non può accettare l'idea che lo strumento che era sempre all'orecchio di suo marito improvvisamente taccia, o faccia parlare imperscrutabili o metallici messaggi di segreteria. Gina dice che siamo così immersi nel tempo della telefonia, che sei morto davvero solo quando non rispondi più. Come è vero. Così ci sono persone che chiamano per raccontarle cosa avrebbero voluto dire a suo marito, se fosse ancora qui, altri che usano quella linea per parlarle di lui. Tenere acceso questo cellulare è diventato un piccolo grande gesto d'amore: un modo per continuare a resistere all'idea che Pippo non ci sia più.

Francesca Falvella, agosto 2015:

Quel maledetto giorno, il 14 luglio 2013, ero in macchina. È il giorno dell'esame di Diritto del lavoro. Con una voce apparentemente calma, mia madre mi dice: «Papà ha l'appendicite». Non so perché, ma ho avuto una premonizione lucida. Ho chiamato mia cugina e le ho detto: «Sai che papà ha un tumore?» E lei: «Sì, Francesca, lo so». È stato come essere investiti da un treno. Non voleva mollare nulla, del suo lavoro, malgrado la malattia. L'ho visto passare nottate intere chiuso in studio, con gli occhi cerchiati: «Ho le cause di licenziamento. Ho le cause di licenziamento». Lui che non si spaventava di nulla per sé, mi ripeteva: «Quello ha quattro figli, devo riuscire a farlo riassumere». Non c'era riuscito, e aveva sofferto. Un suo ex cliente, Giuseppe Pierro, aveva promesso, per riconoscenza, di mandargli tutti i giorni un sms di buongiorno e uno di buonanotte. Lo ha fatto davvero, ininterrottamente, dal 2009 al giorno della sua morte.

Ma la malattia è stata un calvario. Aveva perso più di trenta chili. Papà per due anni andava allo studio, usciva per fare la chemio e tornava allo studio. Non si è fermato mai. Un giorno mi dice: «Senti, Francesca, se mi operano ho il 50 per cento di possibilità di sopravvivere. Tu cosa vorresti che io facessi? L'altra scelta è continuare con le chemio finché funziona». Gli ho risposto: «Preferirei che tu provassi». Beh, lo conoscevi: ci ha provato. Ma ha avuto una sfortuna incredibile. L'intervento è riuscito, ma ha contratto un virus. Uno stafilococco preso in sala operatoria. Era sempre stanco. Non riusciva a stare sveglio più di mezz'ora. Prima gli sono venute due fistole, poi una micosi polmonare. Era troppo forte, troppo. Quando nel novembre 2014 ha ceduto, ho pensato che io avrei mollato un anno prima di lui. Un giorno, mentre stava male, sono entrati in casa e ci hanno rubato tutto. Dei suoi effetti personali mi sono rimasti solo un orologio e una collezione di modellini di macchinine: più di cinquecento, comprate ovunque in giro per l'Italia. Per loro non valevano nulla, per me sono il tesoro più grande.

Io lo so che Pippo era davvero convinto di essere il «Falvella sbagliato», quello che doveva morire al posto di Carlo e non sopravvivere. E sono certo che, portato via da una malattia infame, ha lasciato dietro di sé questo vuoto. Non è la retorica del caro estinto: io so che la sua formazione culturale, umana e politica erano un'alchimia rara, il prodotto di tanti fattori irripetibili. Pippo era figlio di una maternità missina, di una meridionalità inestinguibile, di una passione infinita, di un rimpianto che non si esauriva, della sua passione per il diritto del lavoro, di una miscela esplosiva in cui si combinavano rabbia, saggezza e lutto. So che i suoi cinque meravigliosi fratelli hanno avuto tutti, da lui, qualcosa di unico e prezioso. E più di tutti ho avuto io, e i lettori di *Cuori neri*, che senza Falvella non avrebbero mai trovato il bandolo della matassa per ripercorrere il filo della storia di Carlo.

PARTE SECONDA

La voce dei demoni

8
Il caso Mambro-Fioravanti

«Bisognerebbe pigliarti a calci in culo!» Ero andato a trovare Valerio Fioravanti e Francesca Mambro per un'intervista che sarebbe servita per *Cuori neri*. Era il luglio 2005, mancava ancora qualche mese all'uscita del libro. Avevo telefonato qualche giorno prima per annunciarmi e chiedere un appuntamento, mi aveva risposto lui, con voce asettica e poche parole: «Mi spiace, noi selezioniamo molto le interviste che facciamo». Il tono era algido, quasi sprezzante. Sembrava proprio che non volesse concedermi udienza.

Ma a me quell'intervista serviva. Così avevo raccontato a Fioravanti, per sommi capi, il capitolo che avrei scritto e i contenuti più importanti di alcune delle testimonianze che avevo già raccolto su una delle storie più dimenticate e amare nella catena di sangue dei «cuori neri»: quella di Alberto Giaquinto, ragazzino del gruppo del bar del Fungo. Lui non aveva fatto in tempo a diventare uno dei Nar, che pure già frequentava, solo perché nel 1979 era rimasto freddato dal colpo di pistola di un poliziotto durante un corteo non autorizzato (proprio nell'anniversario della strage di Acca Larentia). Fioravanti mi aveva fatto alcune domande molto dettagliate sul materiale che avevo raccolto. Adesso sembrava arrabbiato, ma anche più curioso: «Vuoi scrivere davvero la storia di Alberto? Se scriverai la verità non farai un piacere a nessuno». Però mi aveva dato appuntamento.

* * *

Non mi scorderò mai quello che è stato il mio primo contatto con la coppia più famosa nella storia del terrorismo italiano. Ero entrato nella sede del Partito radicale di largo Argentina, mi ero annunciato ai centralinisti (che all'epoca sedevano proprio all'ingresso, ed erano un battaglione), poi mi ero arrampicato sulla scaletta del soppalco che sormonta il grande salone con i manifesti e i simboli della storia radicale, quindi ero arrivato davanti alla stanzetta di Nessuno tocchi Caino, dove già allora i due lavoravano. Proprio in quel momento, Francesca Mambro era uscita dalla stanza, a passo di carica, furibonda, sibilandomi quella inverosimile battuta proprio in faccia: «Quelli come te bisognerebbe pigliarli a calci in culo...»

Io ero allibito. La porta era rimasta aperta, e mi ero ritrovato davanti a Valerio Fioravanti. Lui era seduto, apparentemente sorridente, scuoteva la testa piano in segno di disapprovazione (nei miei confronti, ovviamente), e stava sventolando con teatrale lentezza la stampata di un articolo tratto dall'archivio della rassegna stampa della Camera dei Deputati. Un mio articolo, ovviamente, quello che aveva provocato l'ira della Mambro. Avevo preso il foglio che Fioravanti mi porgeva, incuriosito più che spaventato.

Prima di allora – questa era la netta impressione se frugavo nella memoria – non avevo mai scritto una sola riga sui Nar o su loro due. Eppure adesso avevo davanti al naso il pezzo che aveva provocato una reazione tanto furente. Non capivo se Fioravanti scherzasse o meno mentre mi diceva: «Francesca è molto impulsiva, più passionale di me, la devi scusare. Per questo, spesso, come in questo caso, ha delle reazioni che vorrei avere anche io, e che purtroppo non posso permettermi». Cos'era quello? Il gioco del buono e del cattivo? Un test, uno scherzo, un gioco delle parti? Un rito di esame?

Scorrendo la fotocopia mi ero accorto che c'erano due righe sottolineate con un tratto di penna furibondo. Mi ero completamente dimenticato di quell'articolo, ma adesso, improvvisamente, ricordavo di averlo scritto. Era uno dei tanti pezzi di cronaca di giornata nell'anniversario del 2 agosto, con dentro un virgolettato di Paolo Bolognesi, in cui il presidente dell'associazione dei famigliari delle vittime ribadiva la sua posizione sulla colpevolezza dei due ex Nar nella strage di Bologna. «Capisci perché Francesca si è arrabbiata con te?» mi diceva Fioravanti. «Io faccio il giornalista», avevo replicato, «il mio mestiere è riportare opinioni.» Fioravanti aveva sospirato: «Riporti le solite accuse, ideologiche, senza contraddittorio, senza nessun dubbio... Per di più lo hai fatto addirittura su *il Giornale*. Bravo!»

Già allora sul processo di Bologna avevo una serie di dubbi (che spiegherò anche in queste pagine) e alcune opinioni che mi ero fatto incrociando la ricostruzione dei giudici con il lavoro che stavo portando avanti per *Cuori neri*. Ma non per questo potevo cedere il punto di fronte a una censura e a un così soave monito. «Molto spesso», avevo risposto, «riporto opinioni che non condivido, è il mio lavoro. Nel caso di Bolognesi, non lo so. Nel caso in cui voi accettiate di fare l'intervista, dovrò farlo sicuramente.» A questo punto la porta della stanza si era aperta di nuovo, e un'altra Francesca Mambro, molto più pacata, era rientrata dicendo: «Stai già parlando di un'intervista che non farai. Siete tutti così cazzari voi giornalisti?»

O la rabbia era sparita, o l'esame era stato superato, non lo so. Oppure era semplicemente uno stato emotivo, un modo di prendere le misure.

Dopo quel giorno sarei tornato tre volte per *Cuori neri*, e poi ancora per lunghe trattative su diverse interviste, alcune andate a buon fine, molte altre no. Una volta, per esempio, per una puntata di *Planet 430*. E un'altra per un'intervista a Valerio dopo l'arresto di Angelo Izzo, lo stupratore del Circeo che era stato compagno di cella di Fioravanti nel carcere di Ascoli, e che era tornato in galera dopo un terribile, duplice omicidio. Pochi mesi prima, malgrado Izzo fosse stato il suo grande accusatore, quando gli avevo chiesto di parlarne, Valerio aveva rifiutato. Il giorno in cui Izzo era stato riarrestato per quel delitto, invece, aveva deciso di rompere il silenzio, e ne aveva fatto un ritratto caustico e feroce.

Quasi sempre, quando domandavo ai due se erano disposti a offrirmi una testimonianza su qualsiasi cosa, mi venivano avanzate delle condizioni molto specifiche e dettagliate: spesso non le avevo accettate io. Altrettanto spesso le avevo poste io e non le avevano accettate loro. Era una dialettica fisiologica, ma sempre faticosa. Eppure ogni volta, a partire da quell'incontro, si erano ripetute alcune costanti. Fioravanti e la Mambro, che allora scontavano ancora la pena alternativa con vincolo di presenza presso la sede di Nessuno tocchi Caino, sembravano sempre agire come un organismo simbiotico, con la stessa esatta dinamica che avevo sperimentato il giorno del primo incontro. Caratterialmente opposti, ma perfettamente complementari. Se uno affondava il colpo, l'altro gli copriva le spalle, e viceversa. Se uno era duro, l'altro era conciliante. Se Francesca dava sfogo alla sua passionalità, lui rimaneva glaciale, se Fioravanti diventava intransigente, lei sfoderava una certa bonomia romana. Più che un gioco delle parti era un perfetto alternarsi di stati fisici, umorali e cognitivi.

La seconda questione ineludibile, se si parlava della Mambro e di Fioravanti, era più problematica per chiunque volesse registrare la loro testimonianza. Gli ex Nar, in questo percorso pluriennale in cui li avevo potuti osservare con attenzione, non sembravano avere altre preoccupazioni che dimostrare la loro innocenza riguardo al processo di Bologna. Era come se i venti e passa omicidi ammessi nella lotta armata sotto la sigla dei Nar fossero per loro un rosario necessario, feroce, irrevocabile e, per così dire, consegnato alla storia. Mentre per la strage del 2 agosto, ogni volta, si apriva una battaglia senza quartiere, una guerra su ogni dettaglio combattuta con scrupolo scientifico e metodo archivistico. Leggendo la bibliografia pubblicata sulla storia del gruppo (ma anche quella che sarebbe uscita successivamente) si potevano toccare con mano gli effetti di quello scrupoloso impegno «revisionistico». Molti giornalisti venivano avvolti, se non sedotti, in questo rapporto di dialogo e anche di «controllo».

Il libro più importante della produzione editoriale che li riguarda era (e rimane) senza ombra di dubbio, *A mano armata*, del giornalista del *Corriere della Sera* Giovanni Bianconi. Un libro di quelli che, una volta iniziati, non si riesce a smettere di leggere, anche se è un saggio, un testo scritto a mio parere in maniera avvincente e rigorosa. Ma che ovviamente non poteva non pagare anche un tributo alle sue due fonti primarie. In alcuni passaggi cruciali della ricostruzione del martirologio e della loro storia, potevamo fidarci della versione fornita da Mambro-Fioravanti a Bianconi?

Se, per esempio, Valerio spiegava di aver «letto» negli occhi stupiti di Roberto Scialabba (la sua prima vittima) la prova della sua innocenza solo nel momento in cui gli stava sparando, bisognava prendere per vera questa ricostruzione? Era verosimile accettare – come sostenevano loro – che l'assalto a Radio Città Futura, concluso con un incendio e con una gambizzazione collettiva, fosse nato invece come «un gesto di riconciliazione», finché qualcosa non era andato storto producendo un effetto «indesiderato»? Non poteva certo essere Bianconi, che ovviamente in questo caso raccoglieva una memoria di parte, a fugare tali dubbi, ma leggendo le memorie e la ricostruzione che i Nar avevano affidato al suo libro non si poteva non porsi delle domande.

Un'altra biografia su Fioravanti (ma ovviamente anche sulla Mambro) era quella di Piero Corsini, giornalista della Rai formatosi alla scuola di Giovanni Minoli, autore di un libro molto simpatetico con la testimonianza dei suoi due protagonisti: *I terroristi della porta accanto*. Bianconi aveva aggiunto in una nuova edizione del suo libro un capitolo sul processo di Bologna. E Corsini aveva sposato le tesi difensive della Mambro e di Fioravanti al pari di Andrea Colombo in *Storia nera*, un libro di cui abbiamo già parlato. Colombo, ex giornalista de *il manifesto*, aveva lucidamente e decisamente imboccato la via dell'innocentismo sulla strage, con il senso e la forza di chi aveva combattuto i Nar dall'altra parte della barricata negli anni di piombo, con lo spirito civile dell'ex nemico che celebra la sua politica amnistia.

Al contrario, ricordo ancora benissimo che Riccardo Bocca, autore di un volume colpevolista senza se e senza ma, *Tutta un'altra strage*, rifiutò l'invito a partecipare a una puntata di *Tetris* – il mio programma – in cui ci sarebbe stata anche la testimonianza di Fioravanti. E ricordo ancora meglio che in quella occasione mi urlò al telefono furibondo: «Non vengo perché non posso accettare di prendere parte a un programma in cui la mia voce ha la stessa legittimità di quella di due condannati per strage». Mi sembrava sinceramente indignato. Subito dopo mi aveva avvertito con un tono che mi sembrava quasi minaccioso: «Luca, lo sai che stai diventando anche tu lo strumento inconsapevole di una manipolazione?» E quindi aveva aggiunto: «Tu non ti chiedi come mai i Nar abbiano accettato di parlare con te, Bianconi o Colombo, e invece non abbiano voluto parlare con me?»

Lì per lì avevo pensato che se il tono con cui si era rivolto a loro ero lo stesso con cui parlava con me, io stesso al loro posto non avrei mai accettato. E nemmeno avevo spiegato a Riccardo che il «dialogo» che lui mi imputava come una colpa era tutt'altro che facile: mentre Bocca mi parlava, mi era tornato in mente quel mio primo incontro con la Mambro che usciva furibonda dalla stanza, ma non avevo detto nulla. Capivo che Riccardo non aveva una questione personale con me, ma che quell'irritazione era per lui un obbligo di coerenza con il metodo che si era dato e le regole di ingaggio che aveva scelto. Prendere in considerazione le loro argomentazioni, per lui era già intelligenza con il nemico. Adesso – dieci anni dopo – credo che abbia perdonato il mio «tradimento». Ma anche questo dialogo brutale, che ci portò a non parlarci per diverso tempo, mi aiutava.

L'ira di Riccardo mi spingeva comunque a pormi una domanda, e a darmi una risposta sul modo in cui avevo lavorato io. E in questi anni mi sono convinto che la complessità delle cose è anche nell'idea laica, che coltivo faticosamente dentro di me da anni, che nessun approccio talebano sia utile per spiegare gli anni di piombo. Se valeva per gli altri, doveva valere anche per i Nar.

Ma qui devo dire perché, seguendo il filo delle mie ricerche, avevo trovato dei nodi che non si scioglievano anche nel racconto dei giudici. C'erano, infatti, dei punti di evidente incongruenza anche nel ragionamento accusatorio dei magistrati che volevano considerare i Nar come gli indubitabili autori dell'attentato (è noto che il pm di piazza Fontana, Guido Salvini, uno dei massimi esperti della storia nera, è invece convinto che siano estranei alla strage di Bologna).

Nel 2005, in un altro anniversario del 2 agosto – un appuntamento praticamente fisso della mia vita di cronista –, avevo percorso buona parte del corteo con uno dei pubblici ministeri del processo, Libero Mancuso. Il disegno accusatorio che lui e i suoi colleghi avevano sostenuto era fortemente suggestivo, ma anche fortemente indiziario. Avevo letto con molta curiosità il loro dispositivo e soprattutto alcuni frammenti di ipotesi che venivano considerati come prove inconfutabili. Era stato lo stesso Mancuso a dirmi, durante quella camminata, come se fosse un fatto indubitabile: «Che i Nar abbiano compiuto la strage lo dimostra l'attentato preparatorio del giugno 1979. Quella strage mancata per un soffio, a poco più di un anno da Bologna, all'epoca era stata la prova generale della strage alla stazione, ed è oggi la prova che i Nar non avevano improvvisato nulla, ma scientificamente premeditato ogni cosa».

Quello che Mancuso invece non poteva sapere, era che io l'attentato del 16 giugno 1979 lo conoscevo molto bene, e lo avevo studiato direttamente sulle carte per il capitolo di *Cuori neri* che raccontava la storia di Francesco Cecchin. Nulla di quello che l'ex magistrato mi diceva combaciava con le risultanze delle indagini. Alle 19.20 di quel terribile giorno, infatti, un commando dei Nar aveva fatto irruzione nei locali della sezione Pci Esquilino tirando due bombe Srcm ed esplodendo colpi di pistola calibro 7,65, lasciando due feriti sul campo e sfiorando la strage solo perché gli ordigni – per un provvidenziale effetto ottico ingannevole – erano stati lanciati contro uno specchio che era all'ingresso e non contro la platea, proprio mentre era in corso una riunione. Qui importa poco che Fioravanti abbia raccontato a Bianconi (e anche a me nell'intervista su quel capitolo) di non aver preso parte a quell'azione e di essere stato contrario a che venisse messa in atto. Anche in questo caso, malgrado le regole non scritte dello spontaneismo armato, non mi tornava il fatto che un capo carismatico e riconosciuto come Fioravanti potesse subire (se davvero era così contrario) un gesto che i suoi camerati portavano a compimento contro la sua volontà. Ma era ancora più inverosimile quello che mi stava raccontando Mancuso: e cioè che l'attentato alla sezione del Pci fosse, «poco più di un anno prima, la prova generale della strage alla stazione».

* * *

Ero molto stupito, perché avevo la certezza quasi matematica che quella di Mancuso fosse una grandissima superficialità, o addirittura una imperdonabile falsificazione. Infatti l'assalto all'Esquilino si svolgeva il giorno stesso della morte di Francesco Cecchin, uno dei «cuori neri» rimasti sul campo nella feroce rapsodia della guerriglia urbana nella capitale. Era, insomma, il più classico e spietato attentato di rappresaglia: invece, per far quadrare i conti e creare una «prova retroattiva», veniva riscritto, decontestualizzato e stravolto da Mancuso per dimostrare una tesi precostituita. Erano diversi i tempi (una rappresaglia del giorno stesso diventava una prova generale per un crimine di un anno dopo) e soprattutto gli strumenti: cosa avevano a che vedere i colpi di pistola e le bombe Srcm (di quelle trafugate da Fioravanti durante il suo servizio militare) dell'Esquilino con l'esplosivo devastante (una miscela di 5 chili di tritolo e T4 detta «Compound B», potenziata da 18 chili di nitroglicerina a uso civile) utilizzato dai terroristi alla stazione di Bologna? Nulla. Dal punto di vista militare era come paragonare un tiro di fionda alla deflagrazione di una bomba atomica. Il che non toglieva nulla alla vigliaccheria e all'intento criminale di quell'attentato, sia chiaro, ma non aggiungeva niente all'indagine sulla strage.

E se a questa considerazione poteva arrivare qualunque persona dotata di una minima conoscenza della storia degli anni di piombo, non si capisce come non potessero arrivarci i pm di Bologna. Il bello è che lo stesso Mancuso sembrava sorpreso dell'obiezione che gli stavo sottoponendo: «Sì, è vero, una rappresaglia... Ma una rappresaglia che prefigurava un successivo sviluppo criminale. Quello che mi dici non è incompatibile con quello che abbiamo scritto». Mancuso stava sfilando in un corteo tra gli applausi da magistrato; solo un anno più tardi, nel 2006, sarebbe diventato assessore alla Sicurezza nella stessa città, nella prima giunta di sinistra dopo l'era Guazzaloca. Avrebbe potuto essere così popolare, se invece che alle certezze avesse lasciato spazio ai dubbi? Troppo facile rispondere di no, e constatare che la regola per cui nessun magistrato dovrebbe poter assumere incarichi o ricoprire mandati elettivi nelle stesse circoscrizioni in cui ha indagato dovrebbe essere inderogabile. Ma questa è un'altra storia.

Tuttavia, riconoscere una tesi come sbagliata non significa dover accogliere automaticamente quella opposta come vera. La parte forte dell'impianto accusatorio dei pm, riportata e assunta dal libro di Bocca, era quella che demoliva la ricostruzione fatta dai Nar della loro latitanza nel periodo precedente la strage. E qui c'erano delle zone d'ombra innegabili. Non solo perché, come diceva Fioravanti con una battuta efficace, «un latitante non può ricostruire i suoi movimenti con prove documentali perché nella latitanza ha fatto di tutto proprio per cancellare ogni traccia». Ma perché c'erano due conti che non tornavano anche in questo sforzo difensivo degli innocentisti. Anzi: c'erano una prova a favore delle tesi innocentiste e una a favore di quelle colpevoliste che incrociavano, ancora una volta, una storia che avevo raccontato in *Cuori neri*. La prima riguardava Nanni De Angelis, detto «Piccolo Attila».

De Angelis, militante di Terza posizione a Roma, giovane, alto, ribelle, ex scout, poi diventato animatore della squadra dei «Brutti» di Terza posizione nel quartiere Parioli, era stato tirato dentro la strage di Bologna, come esecutore, in uno dei più contorti percorsi pentitistici che si potessero immaginare: una ragazza, Raffaella Furiozzi, era stata arrestata nelle vicinanze del casello di Alessandria nel 1985 durante lo scontro a fuoco in cui era morto il suo compagno, Diego Macciò, un giovane militante missino. Dopo anni di reclusione, e dopo essere stata trasferita nel carcere di Paliano, dove aveva stabilito una relazione con Izzo, si era convinta a rilasciare ai magistrati una testimonianza clamorosa. Secondo le dichiarazioni di Izzo ai magistrati, la Furiozzi gli aveva raccontato che il suo ragazzo, prima di morire, le aveva rivelato che uno dei Nar, Gilberto Cavallini, gli aveva a sua volta detto che dietro la strage alla stazione c'erano i servizi e Licio Gelli e che gli esecutori materiali erano stati «i ragazzini» di Terza posizione.

Per un attimo lasciamo perdere questa impressionante catena di informazioni *de relato* e la valutazione se possa essere credibile o meno (il gioco del telefono senza fili con i morti è un esercizio difficile). Secondo la Furiozzi, «Diego seppe da Cavallini che Giusva e la Mambro furono presenti all'attentato del 2 agosto, riuscirono a manovrare dei ragazzini di Tp che furono gli autori materiali della collocazione dell'ordigno, avvenuta sotto la copertura di Valerio e Francesca Mambro. Ricordo con assoluta precisione e fermezza che Diego mi fece i nomi di Taddeini, Ciavardini e De Angelis, persone che non avevo mai conosciuto. Cavallini criticò quella strage e disse che Giusva era un folle perché aveva realizzato qualcosa di eccessivo».

C'erano molte cose strane, in quella testimonianza. Intanto perché in un primo momento la Furiozzi aveva parlato solo genericamente dei «ragazzini di Tp», e il primo a fare i nomi dei tre era stato Izzo (in seguito sostenuto dalle parole della Furiozzi). E poi perché, raccontando in *Cuori neri* la tragica fine di De Angelis, per esempio, avevo raccolto le testimonianze quasi unanimi di quelli che lo conoscevano e gli erano stati vicini negli ultimi giorni. Nanni era morto per i postumi di un pestaggio e di un arresto, avvenuto mentre cercava di aiutare Luigi Ciavardini, che a sua volta fuggiva dai Nar (convinto di essere stato «condannato a morte» dopo aver «bruciato» dei documenti e una macchina restando implicato in un incidente). Nanni era orgogliosamente rimasto in Terza posizione, mentre il suo ex amico del cuore era passato ai Nar, facendosi accettare con il rito di fuoco dell'«omicidio Serpico», ovvero ammazzando, come già ricordato, l'appuntato Franco Evangelista, uno dei poliziotti più amati di Roma, proprio di fronte al liceo Giulio Cesare.

Quando Ciavardini aveva rotto con i Nar, Nanni era andato ad aiutarlo, finendo nella rete dell'arresto in piazza Barberini, dove i due erano attesi da un impressionante piano di cattura, con tanto di agenti travestiti da passanti e da netturbini. Ai magistrati di Bologna, che non si erano addentrati in questa ragnatela complessa di storie romane, le parole della Furiozzi erano sembrate una prova di colpevolezza innegabile a carico dei tre «ragazzini». E la madre di Nanni mi aveva raccontato, con un sorriso raggelato di stupore sul viso, anche a venti anni di distanza, che nel 1986 erano arrivati i carabinieri a bussare alla sua porta per arrestare il figlio con l'accusa di strage. Questo tentativo di irruzione, però, era stato messo in atto senza sapere che Nanni all'epoca era già morto. Proprio per questo la famiglia De Angelis aveva voluto impegnarsi in una battaglia innocentista che era culminata con un proscioglimento non meno clamoroso: l'innocenza di Nanni De Angelis e Massimiliano Taddeini si era potuta provare perché gli avvocati avevano prodotto il video di una partita di rugby a cui i ragazzi avevano partecipato, proprio a ridosso della strage. I due erano stati sollevati da ogni accusa.

Ma a questo punto la domanda e il sillogismo erano inevitabili: se erano innocenti Taddeini e De Angelis, come poteva non esserlo anche Ciavardini? In questo complesso intreccio di effetti sulle testimonianze c'era in realtà un problema di ordine processuale: Ciavardini era anche l'uomo che continuava a garantire l'alibi della Mambro e di Fioravanti, visto che ha sempre detto che il giorno della strage era con loro. Quindi, anche se giudicato da un'altra Corte (il Tribunale dei minori), Ciavardini restava dentro, con l'accusa di strage, e per lui le parole di Izzo e della Furiozzi non perdevano di peso.

Anche i Nar, però, avevano i loro scheletri nell'armadio. Dove sono il giorno in cui avviene la strage? Secondo le loro stesse testimonianze, si trovano in Veneto, dove stanno rifilando le canne di alcune pistole presso un esperto balistico trovato da Cavallini. Si tratta di un camerata di sicura fiducia, che ha un soprannome vezzeggiativo: «zio Otto». Secondo la ricostruzione che lo stesso Fioravanti ha fatto in *Storia nera*, il libro scritto insieme con Andrea Colombo, all'epoca lui stesso ignorava la vera identità dello «zio». E ad accertarla sarebbe stato proprio il giudice che indagava su piazza Fontana. Salvini, infatti, aveva appurato che dietro quel soprannome si celava Carlo Digilio, testimone chiave del processo (fino a che non era stato colpito da un ictus), ex agente dei servizi americani, grande esperto di esplosivi. Occorre fare questa digressione perché Digilio è un anello di congiunzione incredibile tra due stragi che sono separate da undici anni di distanza. Era infatti anche l'uomo che aveva fornito l'esplosivo alla cellula ordinovista veneta per la strage di piazza Fontana.

Però la domanda restava, ed era inquietante. Era possibile che uno stesso uomo, in condizione, anni, rapporti umani e generazionali completamente diversi, avesse avuto, solo casualmente, un ruolo così decisivo nei rapporti con due gruppi eversivi sospettati di entrambe le stragi? Era mai possibile che Fioravanti e la Mambro andassero proprio da lui, senza sapere nulla della sua identità e del suo ruolo? Fioravanti ha risposto così: «Se avessi saputo chi era lo 'zio Otto' e che ruolo aveva avuto nel 1969, avrei certamente avuto dei sospetti. All'epoca, però, il suo nome non mi diceva assolutamente nulla».

Di nuovo, quindi, questa testimonianza e il ruolo di una figura cruciale e controversa come quella di Digilio ci ponevano uno snodo decisivo e un grande enigma che riguardava il bilancio storico sull'intera esperienza della banda. I Nar, secondo i diversi punti di vista di chi li raccontava con sentimenti opposti, erano sul filo del tutto o nulla. O una banda criminale integrata tra mafia e servizi, un braccio armato assoldato per lavori sporchi al servizio di una regia occulta; oppure, nelle ricostruzioni degli interessati e dei loro difensori, un inesperto gruppo anarco-nichilista di destra radicale precipitato in una rete distruttiva e autodistruttiva.

Ancora una volta mi trovavo combattuto fra queste tesi, e portato a non credere fino in fondo a nessuna delle due. Non credevo a questo mosaico criminale in cui tutti i tasselli venivano limati uno per uno, pur di farli combaciare a forza, in modo che potessero contribuire alla dimostrazione di un teorema. Ma non credevo nemmeno alla totale inconsapevolezza ed estraneità degli ex Nar.

Non era neppure casuale che nei diversi racconti forniti dalla Mambro e da Fioravanti si sbiadisse fino quasi a restare in ombra, nella banda, il ruolo di Gilberto Cavallini e Massimo Carminati: il primo, malgrado le dichiarazioni di principio, era il più anziano del gruppo, era milanese (mentre tutti gli altri erano romani) ed era proprio lui l'uomo che (come nel caso dello «zio Otto») aveva i contatti più antichi con la galassia neofascista ante-Nar (nel 2001 gli hanno revocato i benefici di libertà perché lo hanno trovato in possesso di una pistola con matricola abrasa e proiettili!). Il secondo, invece, aveva rapporti stretti con la banda della Magliana, al punto da custodire per conto dell'organizzazione il deposito di armi, incredibilmente nascosto negli scantinati del ministero della Sanità, in via Liszt, all'Eur. Gli stessi Nar ci raccontavano che «era tale la diffidenza verso tutte le infiltrazioni degli ambienti neofascisti delle generazioni che ci avevano preceduto», che «non ci fidavamo di nessuno», al punto da non rivolgere la parola agli esponenti di quelle storie. Eppure dei fili di collegamento alla fine c'erano. E quindi saltavano fuori i legami di Cavallini con i vecchi neofascisti, quelli di Carminati con la banda della Magliana, quelli che il gruppo aveva avuto con i vecchi arnesi dell'atlantismo stragista come lo «zio Otto». Solo coincidenze?

Forse davvero quella banda di *natural born killers* era rimasta impigliata in una rete più grande, senza averne la piena consapevolezza, e adesso era costretta a negare tutto per difendersi dall'accusa di strage? Forse era stata in parte manipolata? Forse qualcuno dei Nar sapeva di più e qualcun altro di meno? Quando venivo interrogato sulla disputa fra colpevolisti e innocentisti dicevo, facendo probabilmente infuriare quelli come Bocca secondo cui le prove prodotte nel processo erano sufficienti e convincenti: «Non so se abbiano commesso la strage. Di sicuro in quel processo non ci sono le prove per inchiodarli al più feroce reato di sangue del dopoguerra italiano». Ne ero convinto, e lo penso ancora. Se la Mambro e Fioravanti sono davvero colpevoli – cosa che non si può escludere –, bisognerà trovare ben altri riscontri per poterlo provare.

Detto questo, di sicuro gli ex Nar non hanno rivelato tutto quello che sanno. E confesso di aver passato molto tempo a cercare di decrittare i caratteri dei due. Francesca Mambro è una donna diretta, collerica, passionale, capace di spietatezza ma anche di slanci generosi. Fioravanti è ancora più enigmatico. Lei figlia di poliziotto con educazione ipermissina. Lui afascista americanizzato, ma fedele al lascito del mussolinismo affettivo trasmessogli dalla madre e vivificato dalle esperienze di militanza di strada del fratello minore Cristiano. Lei tradizionalista, lui laico. Lei cresciuta insieme ai futuri colonnelli di An, lui cresciuto nel loro disprezzo.

Quando avevo pubblicato *Cuori neri* era accaduto un altro episodio illuminante. Avevo raccontato a Adolfo Urso: «Lo sa che negli anni Settanta l'avevano condannata a morte?» Urso, che all'epoca era viceministro del Berlusconi bis, non aveva battuto ciglio: «Sì, so che il mio nome era nella lista di un gruppo di fiancheggiatori delle Brigate rosse». E io: «No, era in quella dei Nar». Pochi giorni dopo l'uscita del mio libro la Mambro mi aveva chiamato furibonda: «Questa cosa che hai scritto non è vera, da dove l'hai tirata fuori?» Le avevo risposto che aveva al suo fianco l'uomo che me l'aveva detto. Cioè lo stesso Fioravanti.

Secondo quanto Valerio mi aveva raccontato – senza particolare enfasi –, dopo la morte di Alberto Giaquinto i Nar avevano discusso l'idea di una clamorosa rappresaglia contro Urso e Fini, che da dirigenti del Fronte della gioventù avevano organizzato il corteo commemorativo della strage di Acca Larentia durante il quale Alberto era stato ucciso. La rabbia di Fioravanti era dovuta a questo: «Tutti sapevano», ricordava lui, «che ci sarebbe scappato il morto. Ma il Msi cercava di recuperare popolarità fra i ragazzi nella lotta contro di noi. Cercavano un gesto estremo, per cinismo, e si ritrovarono con un cadavere sulla coscienza».

Ma allora perché la Mambro si era arrabbiata, per una cosa che Fioravanti rivendicava persino in virtù di un ragionamento politico? La spiegazione era in quell'intrico di sentimenti e di storie che era la destra romana. Francesca, secondo il racconto di Valerio, si era opposta a quell'idea con tutte le sue forze, fino a far pendere la bilancia dalla sua parte: sarebbe stato un fratricidio difficile da spiegare, anche nell'ambiente della destra radicale. Un gesto così poteva essere immaginato da quelli come lui, estranei alla storia missina, ma non da lei, che – anche allora – aveva mantenuto un'amicizia con Daniela Di Sotto (all'epoca ancora moglie di Fini).

Urso mi aveva detto di più: «Io ero un ragazzo fuori sede siciliano, una domenica sì e l'altra pure andavo a mangiare la pastasciutta preparata dalla madre di Francesca, che mi voleva molto bene e mi trattava con affetto. Capisco che per la storia di Francesca un gesto come quello fosse lacerante».

E in questo aneddoto (in cui ovviamente la memoria di ognuno accentuava o smussava gli spigoli) c'era la chiave di una grande differenza fra il terrorismo nero e quello rosso, come sappiamo. Si è discusso per anni se le Br fossero o meno nell'album di famiglia della sinistra, come nella celebre espressione di Rossana Rossanda: ma, tranne il gruppo di Reggio Emilia (che proviene dalla Fgci), i brigatisti – pur essendo indubitabilmente di sinistra, e anche se molto spesso si consideravano comunisti – erano tutti cresciuti fuori dal Pci, contro il Pci. I Nar, invece, erano (anche) una scapigliatura missina, nata come secessione ribellistica nei giorni infuocati delle sparatorie dopo i fatti di Acca Larentia e del conflitto con il partito che non voleva sottoscrivere la petizione contro il capitano Eduardo Sivori (l'uomo accusato di aver sparato a Stefano Recchioni). Fioravanti dirà di aver notato Francesca perché era l'unica del suo gruppo che aveva firmato la petizione contro l'ufficiale del carabinieri.

E anche in questo caso dice una cosa che è vera in parte o, per così dire, vera in modo retroattivo, perché all'epoca la Mambro stava con un altro ragazzo. Eppure, persino nel far quadrare le cronologie sentimentali, gli ex Nar lavorano alla costruzione di un mito coerente.

Oggi quando qualcuno mi chiede: «Ma che senso avrebbe tutto questo sforzo autodifensivo, se in fondo sono già liberi?» rispondo nel modo più semplice, e cioè che lavorano per difendere la loro stessa memoria agli occhi di una figlia. Perché non c'è dubbio che sia lei la cosa a cui la Mambro e Fioravanti tengono di più, e (per chi ci crede) il loro vero unico possibile progetto di redenzione.

Quando parla del suo passato, Fioravanti a tratti assume un tono di riflessione che sfiora l'autocritica. In altri casi è stato capace di dire frasi spiazzanti e brutali come questa: «Non è stata una strage di Stato: non riesco a capire perché lo Stato dovesse far saltare Bologna. Potrebbe essere stato un club di negri omosessuali o nani dello Zimbabwe. Chiunque potrebbe avere fatto la strage: prove non ce ne sono».

Lo diceva per difendersi nel paradosso? Oppure per allontanare i sospetti dal suo gruppo? Una delle argomentazioni principe degli innocentisti («Hanno confessato i delitti, quindi avrebbero confessato la strage») non significa in realtà quasi nulla: se l'avessero fatta, la strage, se ne vergognerebbero, perché ammettere di aver polverizzato una bambina che non ha nessuna colpa, se non quella di trovarsi nella sala d'attesa di una stazione, è davvero molto diverso dall'ammettere di aver ucciso nella logica di una guerra per bande animata dalla furia postideologica a Roma. Anche in questo caso l'erede di questa battaglia di memoria è la figlia dei due leader dei Nar.

E di certo il discorso sulla strage non esaurisce i dubbi sulla loro vicenda complessiva. Chi erano l'uomo e la donna che avrei incontrato tante altre volte? Un giorno, sul suo blog, un giornalista con l'istinto innato della polemica come Mario Adinolfi ha scritto – proprio parlando della figlia della coppia – che trovava indecente la sola idea che i due passeggiassero per largo Argentina con una bambina per mano. Che quello era un insulto alle vittime. Cosa pensavo, io, di questo? Non ero d'accordo. E non ho mai accettato – in nessun campo – l'idea che le colpe dei padri debbano ricadere sui figli. Poi sapevo come, infilandosi con la consueta abilità negli spiragli della legislazione italiana, i due erano arrivati alle soglie della libertà.

Per effetto della legge Gozzini, infatti, uno dei meccanismi fondamentali per cui un ex terrorista può accorciare la sua pena è ottenere il perdono delle vittime. Un perdono simbolico, ovviamente, ma anche burocratico, certificato da una lettera o da una prova documentale. Per esempio, i due ex Nar avevano ricevuto in carcere, davvero come un dono del Signore, una visita della vedova di Franco Evangelista, alias Serpico. Me l'aveva raccontato lo stesso Valerio: «Una donna cattolicissima, piena di valori e di carità cristiana, che era arrivata a noi attraverso la rete dei cappellani della prigione. E che ci aveva aiutato». Il perdono che era seguito a quell'incontro aveva prodotto un primo sconto importante per i delitti del gruppo di fuoco.

Del secondo incontro ero stato, forse, protagonista involontario. Avevo infatti raccontato la storia dei coniugi Calidori. Lui (Giancarlo) nella strage di Bologna aveva perso il migliore amico, lei (Anna Di Vittorio) il fratello. I Calidori erano un caso unico: si erano conosciuti nell'obitorio della strage, si erano sposati, avevano consacrato tutta la loro esistenza al superamento del lutto e della dimensione della vendetta, si battevano da anni per istituire (e alla fine ce l'hanno fatta) una giornata della memoria. Tutte le mattine, per dire, scrivevano una lettera diversa al presidente della Repubblica, a quello della Camera e del Senato, al presidente del Consiglio. Come tutto quello che esce dagli schemi, avevano avuto anche dei problemi, rispetto alla linea più ortodossa e intransigente dell'associazione delle vittime. Il gruppo diretto da Paolo Bolognesi vedeva di pessimo occhio l'idea di fondo che i Calidori avevano maturato sulla strage. Ma quello con loro era stato un incontro che mi aveva arricchito. Mi ospitavano nella loro casa, mi giravano la loro corrispondenza istituzional-memoriale, mi consigliavano (e spesso persino regalavano) libri da leggere sul tema del perdono, della violenza, della giustizia. L'Italia è un grande Paese – penso spesso – perché ci sono persone come loro, che con incredibile laicità hanno saputo piegare il lutto alla volontà di capire.

Il giorno dopo il mio articolo sui Calidori, ero stato sorpreso da una telefonata. Indovinate di chi? Di Fioravanti, che mi aveva chiamato per chiedermi informazioni su di loro. Quasi un anno dopo, in un articolo del *Corriere della Sera* firmato da Giovanni Bianconi sull'accesso alla libertà dei due, scoprivo che la scarcerazione della coppia si era avvicinata perché (dopo aver potuto dimostrare quello della vedova di Evangelista) avevano ottenuto «il perdono» dei parenti di almeno una delle vittime della strage: i Calidori. Le due famiglie si erano incontrate a fine giugno del 2008 – una cena nella casa romana dove vivono Mambro e Fioravanti –, in libertà condizionale lui, in regime di detenzione domiciliare speciale lei. Era stato davvero decisivo quell'incontro? Il primo bandolo di quella matassa sgrovigliata era stata la telefonata che mi aveva fatto Fioravanti?

Sta di fatto che, a parte i dettagli, era verissima una riflessione che l'ex leader dei Nar aveva fatto su quel percorso: «I giudici che ci hanno stroncato mettendoci in carcere e sconfiggendo con la legislazione di emergenza e il pentitismo la lotta armata, sono gli stessi che poi ci hanno portato alla libertà, applicando con grande garantismo le leggi premiali». Nella sua visione era l'omaggio dell'esercito vincitore al nemico finalmente battuto; nella testa dei loro accusatori, la prova che venivano scarcerati, malgrado l'inverosimile collezione di ergastoli, per un patto con i poteri occulti del Paese.

Di fronte a ipotesi di questo tipo, ho sempre pensato che la via più vera sia sempre la più semplice. Anche perché nessuno poteva ritenere seriamente che la «rete atlantista» potesse controllare apparati, giudici, magistrati di sorveglianza per quasi mezzo secolo, fino a garantire queste impunità agli ex terroristi. Non era biologicamente possibile, e la serietà dei magistrati dei tribunali di mezza Italia escludeva il sospetto (almeno per me) di ogni inquinamento.

Era vera, invece, un'altra cosa: la debolezza della politica aveva fatto sì che l'amnistia amministrativa italiana portasse alla libertà gli ex terroristi per una via burocratica che purtroppo non poteva avere nulla del rito civile di cui una società ha bisogno dopo il bagno di sangue di una carneficina. Ricordo le discussioni con Anna e Giancarlo Calidori, in cui i due grandi sognatori immaginavano che in questo Paese ci fosse la possibilità di una «soluzione sudafricana» al nodo della lotta armata e ai fantasmi che quella stagione continua a trascinarsi dietro: diteci tutta la verità, in cambio dell'impunità. Soluzione per nulla facile (ma sostenuta anche da studiosi e magistrati come Giovanni Fasanella e Rosario Priore), soluzione affatto assolutoria, soprattutto visti i traumi prodotti dalla via sudafricana a cui ho accennato nell'introduzione.

Purtroppo, nel bene e nel male, la vicenda della Mambro e di Fioravanti è il simbolo incarnato di questo doppio fallimento della giustizia e della politica in Italia. Non c'è stata nessuna capacità da parte della politica di prendersi responsabilità, e l'amnistia amministrativa non ha prodotto verità. Ci sono molte domande a cui gli ex Nar (e gli ex Br) sfuggono dicendo: «Non posso mandare in carcere qualcuno che si è rifatto una vita, sarei un delatore». Pertanto la storia di questa banda armata (così sanguinaria) e la storia della «vita dopo» (così difficile da giudicare con lucidità, senza perdonismi e senza odio) resta sospesa fra due ricostruzioni taroccate: i Nar non erano un gruppo di giovani romantici sognatori e nichilisti. Non erano puri e spietati come dei cavalieri, ma probabilmente non erano nemmeno la grande agenzia omicida dei poteri occulti, il braccio armato consapevole di Licio Gelli. Molto più spesso – penso all'incredibile numero di errori di persona nel rosario di omicidi inanellato dai Nar – i terroristi neri erano una scheggia impazzita, animata da istinti assassini, ma guidata da una logica di facilità omicida terribile e oscena.

C'è gente rimasta sul selciato perché stava a una fermata di autobus e assomigliava a qualcun altro (penso a Maurizio Di Leo, il tipografo de *Il Messaggero* assassinato al posto del giornalista Michele Concina). E ci sono vittime dimenticate da tutti come i passanti coinvolti nelle sparatorie, o come uno degli ultimi caduti, Marco Pizzari, un ragazzo sospettato di aver denunciato De Angelis. Ma Pizzari era stato l'amico di infanzia di Ciavardini, e il suo assassinio, messo in scena dai Nar, veniva rivendicato, dal carcere, proprio dalla persona con cui aveva condiviso una parte importante della sua vita: «Preciso di non essere un pentito», scrisse dal carcere Ciavardini, «e che Pizzari era responsabile dell'arresto mio e di De Angelis». Una spietatezza che si può capire solo calandosi in un altro tempo.

Adesso, se guardi negli occhi affilati di Fioravanti, quella ferocia non la trovi più. Sono occhi che assomigliano soltanto – oggi sono molto diversi – a quelli del bambino che negli anni Sessanta era protagonista della serie tv *La famiglia Benvenuti*. Non sono nemmeno gli occhi delle foto segnaletiche del ricercato numero uno che predicava la guerra al sistema: ci assomigliano, ma solo per un effetto ingannevole.

Sono occhi che hanno visto molte cose, e che hanno conosciuto la spietatezza. In questi occhi non cercate l'innocenza, o la redenzione, perché questo è il compito dei sacerdoti o dei santoni.

E non cercate nemmeno il male, o il nemico, perché questo è l'esercizio dei moralisti e degli angeli sterminatori. Se volete cercate gli occhi del padre, se siete più inclini all'intransigenza cercate la memoria del carcere. Se potete cercate l'errore, perché è la cosa più utile per capire. Ma se oggi guardate gli occhi di Fioravanti, e ci trovate un enigma o una nube, subito dopo concedetevi questo esercizio. Andate a cercare il sorriso di qualcuno di quelli che sono stati ammazzati dai Nar, cercate una foto sbiadita, cercate la chiave per capire dove è nata la rabbia e come si può impedire che tornino i giorni della violenza.

Gli occhi di tutte le tre vite che ha attraversato fino a oggi sono e saranno per sempre impresse nello sguardo di Valerio Fioravanti, rappresentano il suo sigillo. Mentre l'immagine sfuocata e il sorriso cancellato di una di quelle vittime avrebbe potuto essere, in qualsiasi momento, il nostro. Noi o i nostri fratelli o i nostri figli. Ecco perché dedicarsi alla memoria di chi è stato spazzato via dai giorni dell'ira non è un esercizio rituale. È, almeno per me che non mi attendo salvazioni ultraterrene, il rito civile più alto che riesca a immaginarmi.

9
Patrizio Peci, l'impossibilità dell'oblio

E poi, alla fine di una lunghissima intervista, solo dopo che avevamo ricordato la morte cruenta di suo fratello, Patrizio Peci mi aveva spiegato un problema di importanza vitale relativamente agli anni di piombo, che fino ad allora non ero ancora riuscito a mettere a fuoco. Proprio lui, con un sorriso amarissimo stampato sul volto mi aveva detto: «Forse sono l'unico che può spiegare l'impossibilità di dimenticare e perdonare. È un peso, per me, non certo una fortuna. Ma visto che credo di essere il solo a vivere una condizione doppia e particolarissima, che unisce entrambi i possibili destini degli anni di piombo, posso provare a spiegarlo».

Era il gennaio 2008, ci trovavamo dentro una saletta riunioni nella vecchia sede della Sperling & Kupfer, a Milano. Il nome di Patrizio Peci ha segnato la storia delle Brigate rosse in modo irrevocabile quando, nel 1981, il suo pentimento ha innescato lo smantellamento delle colonne più importanti dell'organizzazione armata fra Torino, Genova e Milano. La foto di Peci trentenne, con i suoi baffoni neri da caratterista di uno spaghetti western e il suo sguardo scuro, era una delle più riprodotte su tutti i giornali dell'epoca, un volto familiare agli italiani di una generazione. Poi, finito il processo, Peci era stato in carcere per quattro anni, e quindi era scomparso nel nulla. Gli archivi annoveravano un'intervista con il volto in penombra rilasciata a Sergio Zavoli per *La notte della Repubblica*, qualche frammento dei processi, un altro faccia a faccia con Enzo Biagi e niente più. Espatriato all'estero con un nuovo volto dopo un intervento di chirurgia plastica, si era detto ipotizzando un destino che aveva qualcosa di rocambolesco. Affidato a un programma di protezione realizzato sul modello di quelli americani, che gli aveva dato una nuova identità, avevano scritto altri. E invece, in quel giorno del 2008, Peci sedeva comodamente davanti a me e a Enrico Racca – il responsabile della saggistica della casa editrice – con l'aspetto e il temperamento di un uomo di mezza età, e ci stava consegnando la sua storia incredibile per un libro che sarebbe apparso nell'ottobre dello stesso anno. Il volto, malgrado i segni del tempo, era quello di sempre: «Non ho fatto nessuna plastica facciale», aveva detto per rispondere al nostro stupore, «e vi spiegherò perché».

Peci era stato l'uomo simbolo di un passaggio di era: il primo pentito della storia italiana. Il terrorista che aveva consegnato al generale Carlo Alberto Dalla Chiesa i segreti della stella a cinque punte. Peci, il grande accusatore. Peci, «l'infame», secondo la volgata brigatista (ma non solo brigatista). Peci, l'uomo che aveva «venduto» i suoi compagni. Peci, colui che aveva reso per la prima volta vulnerabile l'organizzazione terroristica fino a quel momento più compartimentata e protetta della storia italiana. Peci, l'uomo che aveva reso possibile il riscatto dello Stato dopo la disfatta del sequestro Moro.

Per questo, nel 1981, era stato vittima della prima rappresaglia mai attuata dai brigatisti: il sequestro e il martirio di suo fratello Roberto, imprigionato e fucilato perché lui fosse adeguatamente punito per il suo tradimento, con modalità che ricordavano la criminalità organizzata e la mala, piuttosto che le tradizionali forme di rappresentazione della violenza ideologica.

Quell'omicidio aveva scritto una delle pagine più crudeli della lotta armata: un'esecuzione registrata, trasformata in un video e accompagnata dalla colonna sonora inquietante dell'*In-*

ternazionale: un inno gioioso e trionfale, scelto con un lugubre accostamento per accompagnare una sentenza di morte. Inquietante, se non altro, per chiunque abbia a cuore i simboli della sinistra e la dignità della politica. Mi ero chiesto tante volte come si potesse immaginare di suonare un inno mentre si fucilava un ostaggio inerme: la risposta era ardua, ma le Brigate rosse lo avevano fatto.

Intorno a Peci, e alla storia di questo sequestro, gravava un altro mistero. I brigatisti e l'ideatore di quell'omicidio – il professor Giovanni Senzani – si erano giustificati sostenendo che la brutalità di quella vendetta era la pena dovuta per un tradimento. Avevano accusato Peci di essere un agente del generale Dalla Chiesa, di essersi infiltrato nell'organizzazione, fin dall'inizio, con la finalità di smantellarla. Ma, dopo il suo arresto, nelle file delle Br si diffuse la voce che in realtà Patrizio era stato già arrestato per via di una soffiata di suo fratello, e poi rimesso in libertà per permettergli di fare il doppio gioco. Quell'arresto del 18 febbraio 1980 con Rocco Micaletto sarebbe stato in realtà solo una messa in scena. In uno dei deliranti video girati durante i giorni della prigionia di Roberto, avevano costretto anche lui a confermare questa tesi, come se un simile alibi rendesse più giustificabile quella che loro avevano definito una condanna a morte.

Ma, per me e per Enrico, che con la nostra collana volevamo ricostruire il filo di una memoria il più possibile completa sugli anni di piombo, Peci era importante anche per un altro motivo. Nella guerra bibliografica della memorialistica brigatista, il suo libro del 1983, spavaldamente intitolato *Io l'infame*, conteneva l'unica testimonianza dissonante, che forniva un ritratto impietoso, dettagliato, e in alcuni punti addirittura grottesco, di un'organizzazione da tutti mitizzata.

In quel volume, scritto con il giornalista Giordano Bruno Guerri, Peci aveva raccontato non le gesta e i proclami, non l'impenetrabile, presuntuosa e oscura letteratura dei documenti politici, non l'aneddotica umanizzante a cui avevano attinto a piene mani i suoi ex compagni, ma uno stupefacente almanacco di umane miserie, di sogni borghesissimi o piccolo borghesi (e quindi ovviamente repressi tra le Br). Aveva messo nero su bianco le debolezze dei presunti rivoluzionari, che prima avevano giocato alla guerriglia di classe e poi si erano messi a sparare, con la facilità e la spietatezza di chi è folgorato dalla luce abbagliante del fanatismo.

Aveva ragione Guerri a pronosticare, all'epoca, che un simile ritratto avrebbe fatto alle Brigate rosse più danni degli ottanta arresti provocati dal pentimento del terrorista marchigiano. Le confessioni di Peci a Dalla Chiesa avevano disarticolato l'organigramma coriaceo di un'organizzazione militarizzata, è vero. Ma le sue deposizioni e i suoi racconti avevano fatto molto di più sul piano dell'immagine: il che, per una forza che ha ambizioni politiche, come è noto, è tutto. Quelle parole si erano infilate come acido muriatico negli interstizi della favola brigatista, della sua inossidabile mitografia, avevano mandato in cortocircuito i dogmi di fede di tante apologie mascherate (ancora adesso) sotto la forma attenuante dell'elogio della sconfitta, o dell'apologia del ribellismo: sregolato, magari, ma generoso, anche nell'errore. Era così corrosivo, quel libro, da arrivare a toccare, nel 1983, le trentamila copie vendute.

Poi, però, al contrario di tutti gli altri testi, era scomparso dagli scaffali. *Io l'infame* non era citato nelle bibliografie degli studiosi ed era stato dipinto da molti critici come il sottoprodotto di un verbale questurile. Non solo dagli ex brigatisti, ma – per motivi diversi – persino da alcuni insospettabili opinionisti di ieri e di oggi. Ero rimasto di stucco, per esempio, leggendo il giudizio che Giuliano Boraso (non un reduce degli anni Settanta, ma un giovane studioso che ha scritto un importante saggio sulla storia di Prima linea) ha pubblicato, cesellando una stroncatura inappellabile con sentenze come questa: «Prevale fin dalle prime pagine un sentimento di fastidio nei confronti di un personaggio che spaccia come scelta di vita, motivata da saldi principi etico-morali, una opzione che, al contrario, è stata, certo legittimamente, solo opportunistica».

Boraso voleva ricordare che anche Peci aveva sparato, ovviamente. E che grazie a quella legge sui pentiti, che era stata scritta di fatto per lui, la sua pena era stata ridotta. Beneficio indubitabile, certo, ma in seguito esteso alla quasi totalità degli ex terroristi, dissociati compresi, con l'unica eccezione degli irriducibili.

Detto questo, però, non c'era dubbio che il modo in cui Peci aveva raccontato le Br ne *Io l'infame* stravolgeva l'immagine idealizzata che si era formata intorno ai presunti «tupamaros» italiani. In quel libro ci sono tanti dettagli dissonanti e inimmaginabili: c'è la brigatista Nadia Ponti che gira tette al vento per il covo, perché anche in clandestinità le piace prendersi le sue soddisfazioni con i compagni maschi. C'è Renato Curcio che gioca a fare il capo con la pancetta e due pistole infilate nella cintura, e che si impone molta ginnastica perché tiene più di ogni cosa alla propria immagine e gli dà fastidio essere considerato grasso e anziano. C'è il compagno che non si lava e che fa la cresta sui conti e sui rimborsi spese per arrotondare il salario rivoluzionario. C'è Prospero Gallinari, il sedicente contadino metropolitano, che quando arrivano i 500 milioni del sequestro Costa ci si butta dentro e fa il bagnetto tra le banconote come Paperon de' Paperoni. C'è la presunta guerrigliera Angela Vai – nome di battaglia «Augusta» – a cui, secondo Peci, piace mettersi in mostra e comandare perché dentro di sé cova un rovinoso complesso di inferiorità. E quando deve gambizzare, anche per questo, la «Mangusta» (come era soprannominata) lo fa con una ferocia che può raggelare il sangue persino ai più incalliti dei suoi compagni d'armi.

Ecco un altro nodo decisivo. Insieme a tutti questi quadretti, *Io l'infame* raccontava quello che tutti gli altri brigatisti nelle loro memorie eludevano: tratteggiava i profili di una commedia umana che non può convivere con la fascinazione dell'immagine tenebrosa e romantica costruita ex post. In una parola: demitizzava. Scriveva pagine raggelanti, come quelle in cui si raccontava l'algida tecnicalità dell'addestramento alla gambizzazione. Come in un qualsiasi manuale, l'addestramento brigatista spiegava come fracassare le ossa senza rischiare di uccidere la vittima. Era molto importante, raccontava Peci, colpire in due tempi. Prima per azzoppare e abbattere il bersaglio al suolo – con un colpo tirato in orizzontale alle gambe –, e solo dopo crivellarlo, per essere così sicuri che non morisse ferito da colpi di rimbalzo. Uno scrupolo dettato non certo da resipiscenze umanitarie, ma dalla necessità di ottenere il massimo di intimidazione con una efficace mutilazione degli arti. Viene spontaneo pensare alla testimonianza che Antonio Iosa, una delle vittime di Gallinari, avrebbe consegnato a Giovanni Fasanella e Antonella Grippo ne *I silenzi degli innocenti*: lui, ex democristiano gambizzato nel 1980, riassumeva la sua vita così: «Venti ricoveri, cinquantuno interventi, mai un minuto senza dolore». La sua ferita, dal 1980 a oggi, per via di una serie di incredibili complicanze cliniche, non si è mai rimarginata: un buco nella carne che sopravvive alla fine della guerra come se fosse animato di forza propria: un altro simbolo.

Ecco perché quel manuale faceva così male, ecco perché gambizzare non era una pena attenuata rispetto all'omicidio, ma spesso una tortura differita, camuffata da giustizia proletaria. Quando, con Enrico, avevamo pensato di riproporre il libro nella nostra collana, sugli scaffali delle librerie si affastellavano le edizioni e le ristampe di alcuni memoir brigatisti: su tutti *Mara Renato e io* di Alberto Franceschini (un piccolo long seller) o *Armi e bagagli* di Enrico Fenzi. O *Compagna luna* di Barbara Balzerani. O *Il prigioniero*, di Anna Laura Braghetti. O *Brigate Rosse. Una storia italiana*, di Mario Moretti, un libro molto reticente, scritto fra l'altro insieme a Rossana Rossanda e Carla Mosca. O *Nell'anno della tigre*, la storia di Adriana Faranda scritta da Silvana Mazzocchi. Era esaurito e non ristampato, solo per una scelta del suo autore, *A viso aperto*, di Renato Curcio. Mentre aveva intrapreso una vera e propria carriera da scrittore Valerio Morucci, a partire dalle sue due autobiografie: *Ritratto di un terrorista da giovane* e *La peggio gioventù*.

Il libro di Peci non c'era perché, al contrario degli altri, era considerato un libro indegno. Cito ancora Boraso: «Scegliere la via della ridicolizzazione del fenomeno brigatista non serve a nessuno, né a chi ambisce a capirci qualcosa, né tantomeno a chi è allergico ad operazioni di basso rango che intendevano tracciare una bella linea di demarcazione tra il bene ed il male in una visione manichea di tanti argomenti difficili e complessi». Invece in quelle pagine io non leggevo l'intento della caricatura, ma – più di ogni altra cosa – una feroce e spesso impietosa capacità di Peci di raccontare i suoi tre anni di lotta armata senza alcuna indulgenza autocelebrativa. Non era una memoria enfatica, la sua, ma piuttosto una scrittura molto fredda, demitizzante, attraversata da un senso di disincanto di cui il primo protagonista era lo stesso narratore. Per questi motivi, nel 2006 pensavamo che ci sarebbe piaciuto davvero ripubblicare *Io l'infame*. Il primo tentativo che avevamo fatto – ovviamente – era stato quello di cercare Guerri. Ma Giordano mi aveva risposto molto sinceramente: «Caro Luca, non posso disporre dei diritti, che appartengono a Patrizio, e quindi non posso darti nessun assenso per la pubblicazione. Purtroppo non lo vedo e non lo sento dall'anno della sua entrata nel programma di protezione, nel 1983». Guerri, però, la genesi di quell'intervista non se l'era mai dimenticata: «Quel libro lo avevo scritto io, e non perché ero il più bravo. Ma perché all'epoca una decina di giornalisti di prestigio avevano rifiutato di accostare il loro nome al suo, considerandolo un appestato».

Per questo, a distanza di tanti anni, era orgoglioso di quel lavoro: «Credo che la cosa che ancora oggi dà valore al libro sia questa sorta di racconto della vita quotidiana di un brigatista rosso: un ritratto desolante della banalità del male».

Giordano ricordava un dettaglio di puntiglio che rende l'idea di quanto tempo sia passato dal 1980 a oggi: quello di aver sempre citato le «br» in minuscolo. «In quel tempo i brigatisti facevano ancora paura, soprattutto ai giornalisti gambizzati: si rischiava di diventare un bersaglio, o un possibile tramite per arrivare a Peci.» Avevo chiesto a Guerri qual era la modalità di quei faccia a faccia tra di loro per l'intervista, e lui aveva scosso la testa: «Credo che all'epoca dormisse nelle caserme dei carabinieri. Per questo gli incontri avvenivano sempre altrove, per esempio nelle hall degli alberghi. Un giorno, in una di queste occasioni, vicino alla questura, ci ritrovammo tutti insieme. Lui aveva una barba e dei grandi occhiali scuri che lo rendevano irriconoscibile. Gli uomini della sua scorta, in borghese, avevano le giacche rigonfie per le armi. Nessuno nell'albergo sapeva nulla, e qualcuno nell'hotel, insospettito dalla compagnia, aveva chiamato la polizia. Evidentemente», ricordava Guerri, «i poliziotti in divisa non avevano allarmato quelli della scorta che erano fuori dall'hotel. Ma una volta dentro avevano spalancato, armi in pugno, le porte del salottino dove eravamo». L'epilogo della scena Guerri non se lo scorderà fin che campa: «Gli agenti che erano con Peci non accennarono il minimo movimento: 'Siamo colleghi', disse il capo pallido senza spostare le mani dal tavolo. 'Controllate il mio tesserino, ce l'ho in tasca.' A me era passato davanti il film della vita. Mentre Peci, che avevo guardato solo in quel momento, sorrideva divertito. Aveva tre anni meno di me, trenta, e una lunga consuetudine con la morte». Un racconto avvincente, che però non forniva alcuna traccia su come trovare Patrizio Peci.

A quel punto avevo cercato notizie attraverso canali più informali: dopo aver verificato che – ovviamente – non aveva contatti con nessuno degli ex brigatisti, avevo chiesto consiglio a Francesco Cossiga, che all'epoca mi capitava di intervistare molto spesso per il mio lavoro di giornalista. Anche l'ex presidente della Repubblica – che, seguendo un suo percorso politico coerente, da ex nemico aveva coltivato rapporti più stretti con gli irriducibili che con i pentiti – mi aveva risposto di non avere idea di dove fosse finito Peci: e subito dopo, con un sorriso, mi aveva dato un consiglio che mi era sembrato disarmante: «Hai provato a chiamare l'ufficio stampa dell'Arma?» Ci avrei provato il giorno dopo, senza troppa convinzione, registrando risposte sbigottite: «E lei Peci lo cerca qui?» Ancora più caparbio di me, Enrico aveva scritto persino una lettera ufficiale della casa editrice. Una mossa disperata, che invece, nel lungo periodo, avrebbe sortito un effetto insperato e decisivo.

Dopo qualche mese di sondaggi periodici avevamo rinunciato a incassare una qualsiasi risposta. Avevamo da poco pubblicato una biografia di Margherita Cagol, *Nome di battaglia Mara*, quando un certo maresciallo detto «Creso» aveva chiamato la casa editrice chiedendo circospetto: «Perché volete ripubblicare questo libro?» Creso spiegava di essere stato il capo della scorta di Peci e di mantenere ancora allora – oltre un quarto di secolo dopo – quello più amichevole di «tutore» nel programma di protezione. Al telefono la sua voce mi era sembrata determinata e credibile.

Creso mi diceva che Peci era rimasto molto incuriosito da *Cuori neri* e dai programmi che avevo dedicato in televisione a singole pagine degli anni di piombo. Cosa volesse dire esattamente «incuriosito», non lo avevo chiesto. Ma l'ufficiale mi aveva lasciato di sale quando, con calcolato effetto, aveva dosato le sue ultime frasi: «No, Peci non è interessato a ripubblicare *Io l'infame* così com'è: lo considera un testo datato, che racconta solo una parte della sua storia rischiando di rappresentare un'immagine distorta di lui...» Stavo per concludere con un «capisco» e gettare la spugna, quando il maresciallo mi aveva spiazzato: «...Sarebbe molto diverso se invece potesse aggiornare quella che in fondo è una autobiografia, aggiungendo il racconto di ciò che è accaduto dopo il processo con cui si chiude il libro». Avevo risposto senza esitazioni, forse tradendo la mia sorpresa: «Magari!»

Una settimana dopo, Creso e un altro ufficiale erano a Milano, davanti alla scrivania di Enrico, a prendere accordi sulla nuova edizione. Pochi giorni dopo, la saletta della sede della Sperling & Kupfer dove ci saremmo incontrati per tre volte in un mese veniva ispezionata dai carabinieri. E tre giorni più tardi ci ritrovammo tutti lì: Creso, Enrico, io. E, ovviamente, Peci. La sua corporatura, malgrado i quasi sessant'anni, era ancora imponente. I baffi, mutati solo da una spolveratura di grigio, c'erano ancora, folti come un tempo. L'operazione di chirurgia plastica, come abbiamo visto, non l'aveva fatta. E ce lo spiegò raccontando che un giorno, nei primi anni della nuova vita, malgrado fosse mascherato ad arte, al mare aveva capito di essere stato riconosciuto da un amico d'infanzia dopo che per caso aveva incrociato gli occhi con i suoi: «Quel giorno», ci spiegava, «avevo imparato che quando ti riconoscono non è per la forma del tuo naso, per il modo in cui la tua mascella si appoggia sul collo o per il taglio delle sopracciglia. Se uno ti riconosce, quando sei latitante, è perché ti sa guardare negli occhi». Subito dopo aveva aggiunto, quasi con un sospiro: «Ma siccome gli occhi sono quelli, e nessun chirurgo te li può cambiare, avevo deciso allora che avrei corso il rischio, tenendomi la mia faccia». Fece una pausa: «Adesso sono convinto di aver fatto bene».

Non potrò mai dimenticare le parole con cui iniziò la nostra intervista, che poi divennero l'incipit del nuovo libro: «Patrizio Peci è morto il 18 maggio 1983. Patrizio Peci sono io». Il 18 maggio era la data in cui era entrato in aula per testimoniare contro i suoi compagni. Ma lui non la ricordava con il tono di una battuta da cinema, quanto per fissare uno spartiacque. Quella scelta, ci spiegava adesso, «senza che quasi me ne accorgessi, rappresentava il punto di non ritorno di una intera esistenza».

* * *

La prima seduta volò come la trama di un film giallo e fu spesa a ricostruire quello che era accaduto dopo la scelta del pentimento. Lui era stato il primo, quando non esistevano nessuna legge e nessuna procedura, e gli era capitato di ascoltare da un ufficiale dell'Arma la proposta surreale di cambiare tre lettere al proprio nome, e di attendere la pubblicazione del provvedimento, a norma di legge, sulla *Gazzetta Ufficiale*, per poterlo assumere. Peci aveva chiesto a quel militare se per caso non fosse pazzo: «Volete far stampare in *Gazzetta Ufficiale* anche il mio indirizzo?»

Poi, dopo che era stato convocato a Torino, un altro ufficiale, uno degli uomini di Dalla Chiesa, con uno stile assolutamente opposto, aveva rovesciato davanti al suo naso, sul tavolo, un faldone pieno di documenti d'identità sequestrati alle Brigate rosse: «Facciamo così: tu scegli quello che vuoi, poi risolveremo il problema». Peci ci aveva detto di essere rimasto stupefatto di fronte a quel gesto, per l'incredibile gioco dei simboli: i buoni che rubano i ferri del mestiere ai cattivi per poterli combattere. Poi aveva scelto la sua identità provvisoria, aveva detto, «così come si pesca una carta al tavolo verde del casinò».

Ricordava benissimo le tre possibili destinazioni che aveva preso in considerazione e scartato: Argentina, per via di certi parenti, Canada, dove sarebbe stato collocato in un centro per ex tossicodipendenti, e Parigi, dove non sarebbe mai andato, perché le possibilità di incontrare un latitante per strada erano più alte che in Italia. Per giorni aveva meditato di procurarsi una pistola e andare a cercare gli assassini di suo fratello, per farsi giustizia da sé. Poi il destino aveva scelto per lui, con una concatenazione di eventi che Peci riassumeva con una sintesi brillante: «Non trovai la vendetta, trovai una moglie».

Ma tutto questo lo avremmo raccontato nel libro. Quello che qui voglio provare a ricostruire è la difficoltà di mettere a fuoco la verità sugli anni di piombo quando si ha a che fare con un testimone strutturato, consapevole, passato al vaglio di interrogatori e abituato a sostenere versioni consolidate. Ricostruendo la dinamica dell'arresto, per esempio, era stato inevitabile parlare dell'ipotesi di infiltraggio. La prima risposta che Peci ci aveva dato avrebbe convinto chiunque per la veemenza e la sicurezza quasi sprezzante con cui l'aveva sostenuta: «Hanno raccontato delle panzane colossali. 'Peci arrestato due volte'! La prima per essere condizionato, la seconda per essere reinserito nell'Organizzazione. Favole paranoiche che basterebbe il semplice buonsenso per sfatarle». La sua spiegazione sembrava davvero più credibile: «Sono diventato brigatista da ragazzo. Non si capisce per quale motivo i carabinieri avrebbero potuto arruolare un giovane ribelle di provincia con nessun contatto importante e nessuna possibilità, almeno all'epoca, di fare carriera nell'Organizzazione. Sarei stato, diciamo così, un cavallo sbagliato, perché nessuno avrebbe potuto immaginare che sarei finito nella colonna torinese. Neppure io». Quanto alla teoria del secondo arresto, lo mandava su tutte le furie: «Se qualcuno pensa che io, dopo aver stretto un accordo con Dalla Chiesa esponendomi a pericoli inenarrabili, avrei corso il rischio di ritornare in libertà per infiltrarmi... Beh, o mi stima troppo o mi stima troppo poco. I veri infiltrati somigliano molto meno a James Bond di quanto non immaginino gli storici o i giornalisti».

A riprova di tutto questo Patrizio ci aveva raccontato che durante un suo incontro con Dalla Chiesa il generale gli aveva chiesto: «Scusi Peci, mi spiega perché quando l'abbiamo arrestata lei aveva in tasca il ritaglio di un necrologio su mia moglie?» Lui ci aveva detto che quel pezzo di carta gli bruciava nella tasca, e subito dopo nella mente, fin dal giorno del suo arresto. E che si era augurato mille volte di non dover rispondere a una domanda così diretta. Adesso, nel momento in cui quella eventualità si realizzava aveva deciso di non girarci intorno: «Generale, la spiegazione è semplice, ma non le piacerà». Era stato duro spiegare a Dalla Chiesa che una delle consuetudini dei brigatisti era questa: «Se tu vuoi ammazzare uno e non sai dove abita, puoi stare sicuro che al funerale della moglie lo trovi». Aveva fatto una pausa, abbassato il tono: «Era a Parma, sbaglio?» Dalla Chiesa era rimasto in silenzio. Dopodiché Peci aveva proseguito: «Se cerchi uno a un funerale e non sei riuscito ad accopparlo lì, puoi stare sicuro che nella lista delle persone più care che hanno firmato quel necrologio ce ne sono alcune che se le segui ti porteranno fino a lui». Nella stanzetta in cui si trovavano il generale e il terrorista, a quel punto, era calato il gelo.

Ero tornato a Roma, dopo la prima giornata di intervista, ripensando in treno a tutti questi aneddoti, ed ero assolutamente certo che Peci fosse sincero, che la storia del doppio arresto fosse niente più che una leggenda paranoica. Se oggi dovessi formulare un'ipotesi razionale, sosterrei ancora questa convinzione. Peci era stato granitico, determinato, convincente. E alla fine mi aveva persino sfidato: «In fondo, dopo tanti anni, se io fossi stato un carabiniere infiltrato che è riuscito in una simile impresa mi considererei un eroe. Perché dovrei negare la mia identità coperta, oggi?»

Eppure devo anche dire che, proprio nell'ultima sessione dell'intervista, la settimana dopo, nell'ufficetto della Sperling, Peci aveva detto qualcosa che per un attimo mi aveva colpito. A distanza di sette giorni la tensione dei racconti della sessione precedente era sfumata, e lui stava raccontando con tono leggero del suo rapporto di affetto con gli uomini della scorta. In particolare di uno di loro, il cui nome di battaglia era «Picciotto». Del fatto che un giorno su un autobus, pensando di essere pedinato, Peci era arrivato a pochi centimetri da lui, con la mano stretta sulla pistola dentro la tasca, il colpo in canna, e che se solo avesse avuto un sospetto lo avrebbe freddato lì, su due piedi. Ma quel giorno, fissando con attenzione Picciotto, non aveva trovato dentro di sé la certezza per premere il grilletto: il presunto pedinatore aveva un'espressione così inconsapevole, così sprovveduta, così insignificante, da fargli credere che non potesse essere simulata. Invece, dopo la cattura, Picciotto gli aveva raccontato che lo stava pedinando davvero, e che quel giorno si era comportato così solo perché era disarmato: «Non avevo nessuna altra possibilità che fingere, Patrizio». A quel punto avevamo riso tutti: io, Creso ed Enrico. E Peci allora, come si fa in certe occasioni in cui la convivialità detta il tempo della narrazione, aveva raccontato altri due aneddoti.

Il primo riguardava un infiltrato dei carabinieri che alla Lancia di Chivasso si era così ben distinto per le sue (finte) idee estremistiche da finire in un reparto di confino senza poter essere recuperato (perché il protocollo impediva di rivelare la sua identità ai dirigenti dell'azienda). «Capite che beffa?»

Il secondo era più complesso, e ancora più interessante, soprattutto alla luce di quello che stiamo raccontando. Peci ricordava che il maresciallo Valcareggi, uno che lui considerava tra gli uomini più in gamba dell'antiterrorismo, era riuscito a infiltrare in fabbrica un altro militante di sinistra, un iscritto del Pci che aveva accettato di collaborare per una scelta politica antiterroristica. Dopo poco tempo, con grande abilità e sangue freddo, il militante infiltrato era riuscito a farsi arruolare nella Brigata di fabbrica delle Br come irregolare. Il referente dell'Organizzazione nello stabilimento, un tale che sia chiamava Mattacchini, aveva passato il suo contatto alla responsabile fabbriche delle Br, Angela Vai. Il bello era accaduto proprio a questo punto perché – raccontava Peci –, visto che si era fatto notare, l'infiltrato veniva messo alla prova. Gli era stato chiesto, infatti, di stendere un documento sulla situazione in fabbrica e sulle prospettive della lotta. Lui, in un primo momento, si era sentito perduto. Bastava un errore, un nulla per essere smascherato, sapeva di non avere gli strumenti per un simile compito, ed era certo che rifiutarsi lo avrebbe reso automaticamente sospetto.

Allora era corso dal maresciallo a cui faceva riferimento, e gli aveva chiesto se era il caso di uscire dalla fabbrica e abbandonare tutto. Il maresciallo, che non voleva perdere un contatto così vitale, gli aveva risposto di non preoccuparsi, che avrebbe pensato a tutto lui. Si era chiuso in caserma una nottata intera, fra ritagli e documenti del suo archivio, e, prendendo un pezzo da una parte e uno dall'altra, aveva provato a immedesimarsi nella psicologia di quelli a cui da anni stava dando la caccia.

Qui Peci si era fermato, teatralmente, come per lasciare tutto in sospeso. A questo punto avevo chiesto: «E poi come è andata a finire?» Peci era scoppiato a ridere: «Il bello è questo: un giorno avevo chiesto alla Vai di quella recluta alla Lancia. E lei mi aveva risposto felice: 'Guarda, per metterlo alla prova gli abbiamo fatto stendere un documento. Non solo io, ma tutti i compagni che lo hanno letto sono concordi nel valutare che si tratta, anche dal punto di vista politico, di un ottimo lavoro'». Peci rideva: «Capito? Il documento del maresciallo Valcareggi! Un ottimo lavoro!»

Ma io ed Enrico eravamo rimasti stupiti. Ci eravamo scambiati uno sguardo, e avevo capito che lui aveva in mente la stessa domanda che mi stavo ponendo io. Così l'avevo fatta: «Ma se tu non eri stato ancora arrestato, come facevi a sapere tutto questo?» Peci aveva smesso di ridere. Si era fermato, come per soppesare le sue parole. Poi, tornando serio, aveva detto: «E infatti io all'epoca non sapevo nulla. Me lo hanno raccontato i carabinieri della mia scorta molti anni dopo. E ho ricollegato nomi e cose». Era di certo vero. Ma il tempo e la clandestinità, le rivelazioni ex post, quando si parla di quegli anni, rendono molto più complesso di quanto si possa pensare non solo appurare il *cosa*, ma soprattutto il *quando*. Che poi sono le uniche coordinate possibili per provare a capire il *perché*.

Eppure il cuore di questo racconto, rispetto al problema che mi sono posto in questo libro, è un altro. E l'unicità di cui Peci parlava nella frase con cui ho aperto il capitolo era un'altra. Il grande pentito ci aveva fatto venire i brividi quando, raccontando come aveva vissuto il martirio del fratello, mi aveva chiarito un nodo delicatissimo: «Si sono presi Roberto», aveva iniziato a raccontare, «con l'inganno, una mattina. Lo hanno preso e lo hanno sequestrato, per una disperata e insensata logica di vendetta. Lo hanno rapito con un miserabile trucco, con l'obiettivo di allestire un processo farsa contro di lui e di ucciderlo. Ma in realtà lo hanno fatto solo per una feroce rappresaglia contro di me».

Il disprezzo con cui Peci parlava dei suoi ex compagni, a distanza di quasi trent'anni, era indubbio: «Pensavano di essere un formidabile commando di vendicatori senza macchia e senza paura, erano solo una squallida banda di pazzi, la scheggia impazzita di un'organizzazione in rotta, che correva già in quei giorni verso la sconfitta: un gruppo più vicino all'immagine dei 'soliti ignoti' che a quella dei guerrieri rivoluzionari. Ma almeno i 'soliti ignoti' di Mario Monicelli ispiravano simpatia, trasmettevano una grande carica di umanità: loro non possedevano né l'una né l'altra. Bestie feroci e cieche».

Dopo tanti racconti, Peci parlava di quella storia con grande fatica. Spiegava di non aver potuto leggere il libro scritto da Giorgio Guidelli sul sequestro e di non aver visto, per lo stesso motivo, il bellissimo documentario di Luigi Maria Perotti mandato in onda sulla Rai da Giovanni Minoli nella efficace ricostruzione di *La storia siamo noi*: «Non ho voluto o non ci sono riuscito. Avrei preferito davvero chiudere questa storia di dolore in un compartimento stagno della memoria, sigillarla, tenerla sepolta in profondità, proteggermi da ogni ricordo. Ma non ho potuto, non si può, non ci si riesce mai fino in fondo: c'è sempre qualche frammento che ti arriva addosso con la forza di un proiettile, qualcuno che ricorda, qualcuno che te ne parla senza sapere cosa significhi per te. E ogni volta che una scheggia di quella storia mi raggiunge, è come una ferita che si riapre».

È esattamente a questo punto che le parole di Peci mi sembrarono le prime in grado di spiegare il vero paradosso del perdono e della memoria: «Mi sono accorto solo per caso che io sono l'unico. L'unico che negli anni di piombo abbia frequentato entrambi i gironi dei dannati: sia fra le vittime sia fra i carnefici, sia fra chi ha amministrato la morte sia fra chi ha conosciuto la morte, quella di una delle persone più care, quella che ti fa comprendere il senso della perdita irrevocabile».

Era vero. Ed era ancora più sorprendente il modo perfettamente scisso – ma lucidissimo – con cui Peci raccontava di vivere questa condizione: «Sono l'unico, e non è certo un privilegio. È come se queste due parti della mia storia e della mia personalità si inseguissero in tondo dentro di me, in un moto perpetuo, e non si incontrassero mai. Come se aver impugnato una pistola per sparare mi rendesse ancora più difficile, e non più facile, capire le ragioni di chi ha sparato. Più difficile, capite?»

Aveva fatto un'altra pausa, un altro cambio di passo. Guardandolo, adesso, con i suoi occhi cupi, mi pareva incredibile che fosse lo stesso uomo che raccontava gli aneddoti sulla lotta armata con il sorriso sulle labbra. Il suo volto era segnato da una complessione drammatica, anche le parole erano più gravi: «Ogni volta che penso a mio fratello e a quello che gli hanno fatto, alla squallida messa in scena allestita a beneficio dei giornali, alla foto dell'esecuzione scattata come se si trattasse di un film, all'*Internazionale* fatta suonare mentre gli leggono la sentenza di morte, sento ribollire il sangue nelle vene per l'ira. Anni fa, come ho raccontato, pensavo che avrei passato il tempo che mi restava da vivere a inseguirli con la pistola in mano. Oggi, che l'idea della vendetta è passata come una febbre tropicale dentro di me», concludeva restituendo un senso di spossatezza, «sento solo un grande vuoto: il senso della perdita e dell'assenza. Non potrò perdonare mai. Mai. Perché non si può perdonare, quello che non ha senso».

Il problema era proprio lì: «Forse è per questo che le vittime non riescono a spiegare mai, a chi non lo ha conosciuto, il significato del lutto. Non puoi perdonare la perdita irrevocabile, soprattutto quando sai che non c'era motivo, solo odio e ferocia animalesca, in chi ha premuto il grilletto. Ancora oggi, di questi brigatisti del presunto Fronte delle carceri, quelli che

INEDITO ABBRACCIO. Questo incontro tra Carla Verbano e Giampaolo Mattei, avvenuto sul palco del PalaEur il 23 febbraio 2008, è un evento senza precedenti nella storia degli anni di piombo. Mai era accaduto, mai accadrà dopo. Le polemiche dei rispettivi schieramenti investiranno i due protagonisti di questo gesto *(© Mauro Scrobogna/LaPresse).*

RICORDO TATTILE. Maria Lidia Zicchieri con la carta d'identità del figlio Mario macchiata di sangue. Per trent'anni non era riuscita a toccarla, poi, dopo aver affrontato in un confronto l'ex brigatista Valerio Morucci, ha ritrovato la forza di impugnarla *(© Gerald Bruneau).*

SQUADRA DEL SECOLO. Intorno a questo scatto l'allora direttore del Tg2 Mauro Mazza ha scritto nel 2006 un intero libro, *I ragazzi di via Milano*. La squadra di calcio del *Secolo d'Italia* degli anni Ottanta (ci sono, tra gli altri, Gasparri, Fini e Storace) era diventata l'immagine della destra che usciva dal ghetto e portava nei primi anni Duemila «la sua formazione» al governo *(© Enrico Para)*.

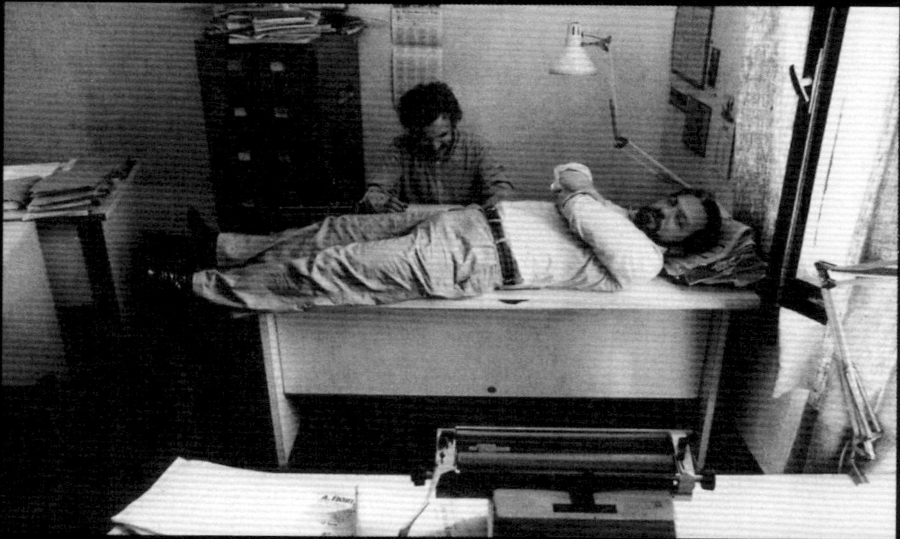

TEODORO ARDENTE. Nella sua storia di «giornalista militante» al *Secolo d'Italia* Teodoro Buontempo finiva talvolta per addormentarsi in redazione. Qui il fotografo Enrico Para lo immortala con ironia, assopito sul tavolo da lavoro, come se si trovasse in una camera ardente *(© Enrico Para)*.

LIBRO IDENTITARIO. In *Hobbit, Hobbit*, lavoro a più mani pubblicato agli inizi degli anni Ottanta, confluirono molte delle vignette che raccontavano, in una forma di autosatira, lo spirito della manifestazione di Montesarchio: il campo Hobbit, appunto. In quell'occasione un giovane Alfio Krancic – futuro vignettista de *il Giornale* – fece il suo apprendistato. Nel caso della vignetta raffigurata sotto, i «barbari» erano le tante tribù della destra radicale.

GOLPE O NON GOLPE. *La voce della fogna*, settimanale politicamente scorretto, si spinse, nel 1975, fino a ironizzare in copertina sul golpe annunciato e mai realizzato. Ma molti protagonisti di quella stagione – primo fra tutti Stefano Delle Chiaie – hanno raccontato il lungo rapporto fra la destra extraparlamentare degli anni Sessanta e il sogno del colpo di Stato, a partire da quello del comandante Borghese.

FANFASCISMO. Tra gli infiniti «-ismi» che proliferavano negli anni Settanta c'era pure il «fanfascismo» – coniato da *Lotta Continua* – dove l'Amintore Democristiano, noto per la sua vocazione da uomo forte, veniva trasfigurato con l'uniforme di guerra da grande ufficiale del Ventennio. Il fanfascismo, sostantivo un tempo abusato, oggi è dimenticato e intraducibile.

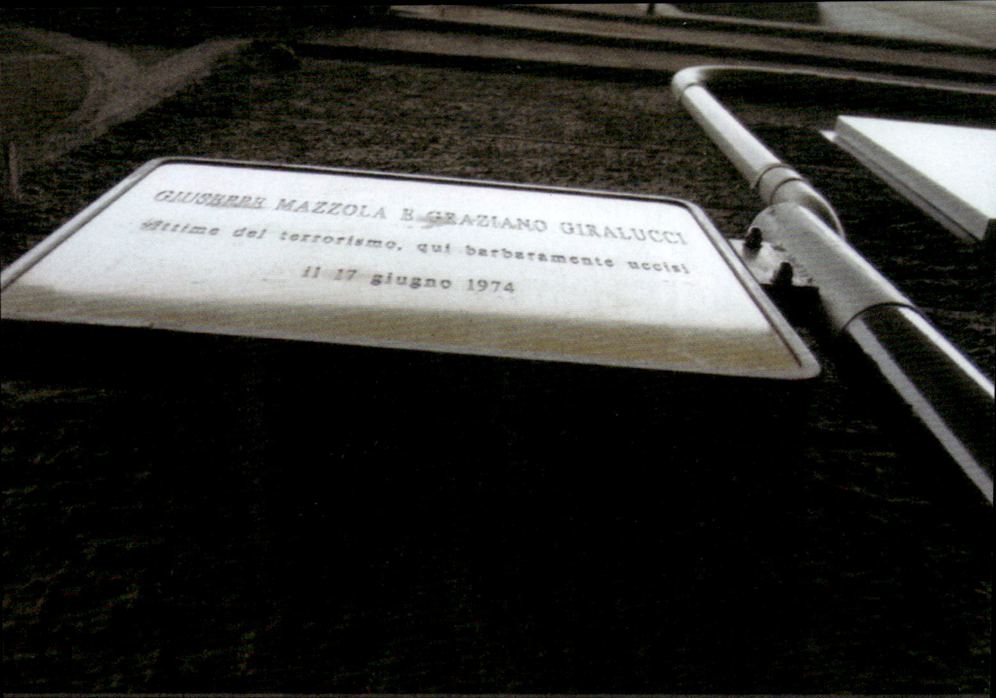

MEMORIA APPESA. A Padova – dopo l'uscita di *Cuori neri* – una campagna di stampa organizzata dal *Corriere* rese visibile plasticamente, anche grazie allo scatto di Michela Gobbi (in alto, *© Michela Gobbi*), l'assurdo della «memoria appesa»: la targa che commemorava Mazzola e Giralucci non poteva poggiare sul muro del palazzo per l'opposizione dei condomini. Fu un sindaco ex comunista, Flavio Zanonato, a imporre l'affissione di una nuova targa (a fianco) che finalmente citava le Brigate rosse. Le operazioni di rimozione della vecchia targa furono immortalate nel documentario *Sfiorando il muro*, di Silvia Giralucci e Luca Ricciardi (al centro).

ODIOLIBRI. Due libri, oggi esauriti, introvabili e dimenticati, sono il reperto di una stagione in cui s
poteva invocare *Il diritto all'odio*. L'editore Savelli pubblicò un'antologia di tutti i documenti dell
prima stagione di Autonomia operaia, dove si inneggiava alla caccia contro i fascisti e dove, co
prosa lirica, si tesseva l'elogio dell'esproprio proletario come impegno militante antisistema.

GUERRA MONUMENTALE. Anche a Salerno è stato un sindaco postcomunista, Vincenzo De Luca,
volere un cippo intitolato a Carlo Falvella. Da quel giorno si combatte una guerra anonima fra chi ritien
una missione imbrattare quel monumento a un ragazzo ucciso e chi lo pulisce. Un fenomeno altrettant
stupido e parallelo si è verificato a Roma, con il murale dedicato al «cuore rosso» Valerio Verb

ASSALTI FRONTALI. L'assalto alla libreria *Rinascita*, compiuto da alcuni giovani missini in tenuta da combattimento e camicia bruna nel marzo 1955, con tanto di labaro dispiegato, è stato raccontato da Stefano Delle Chiaie nella sua autobiografia *L'Aquila e il Condor*, con una rivelazione: l'obiettivo iniziale era Botteghe Oscure.

CAMICIE VERDI CONTRO I COMUNISTI

Questa è l'unico documentario fotografico sugli incidenti avvenuti a Roma in via Botteghe Oscure il 6 marzo sc

BOMBA FASISTA. Impossibile ricostruire il cli ma degli anni di piombo se non si comprende l'impatto delle stragi sull'opinione pubblica. La letteratura antistragista divenne quasi contemporaneamente satira. Secondo Il disegnatore di *Paese Sera*, Gal, Giorgio Almirante era un bomba-gatto: disegno dal titolo «maldestro» di Gal (a fianco).
Per una striscia satirica de *La voce della fo gna*, le «bombe fasiste» erano un tic linguistico un'invenzione del comunista romagnolo tipo, alla maniera di Ferrini di *Quelli della notte* (in basso)

RAMELLICIDIO. Quando la Fondazione De Luca digitalizza la collezione di *Lotta Continua*, un reperto storico si trasforma in un'arma contundente. È una foto del «giovedì nero» di Milano, in cui l'agente Marino era morto durante una manifestazione non autorizzata del Msi, colpito da una bomba Srcm. Nel 2016 un ex militante di Avanguardia operaia innesca un caso, sostenendo che un Sergio Ramelli adolescente quel giorno era al fianco dei bombaroli. Quell'immagine sgranata e indistinguibile è lo spunto per una polemica tra i protagonisti che diventa l'occasione per nuo interessanti testimonianze

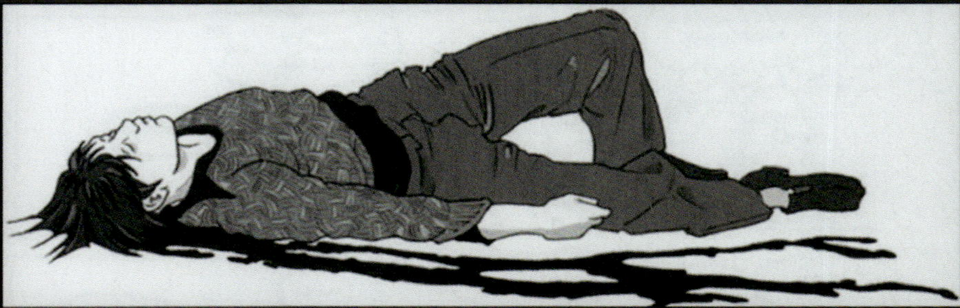

DELITTO A FUMETTI. Nel 2017 una biografia a fumetti torna ad animare la guerriglia memoriale (e materiale) intorno alla figura di Sergio Ramelli: il volume, pubblicato dall'editore Ferrogallico e scritto a quattro mani da Marco Carucci e Paola Ramella, contiene una prefazione del magistrato Guido Salvini, che risolse l'enigma di quel delitto facendo condannare gli assassini di Sergio. A Bologna, per impedire la presentazione del volume si sono mobilitati gli autonomi, caricati dalla polizia.

STRISCE CONTRO. La campagna di *Lotta Continua* e della stampa di sinistra contro la violenza di piazza fascista (a fianco) diventava occasione di autoparodia per *La voce della fogna*. I Balder (in basso), secondo il loro creatore Rémi, erano sempre indecisi fra le direttive del capo – ansioso di legalità – e gli istinti della truppa vichinga, sempre desiderosa di menare le mani. Sullo stesso settimanale, il «topo di fogna» degli slogan antifascisti, creato da Jack Marchall, diventava l'emblema dell'orgoglio neofascista.

DC9: BOMBA O MISSILE

Nella guerra tra i minimalisti che difendono i vertici militari (per i quali non c'è stata alcuna battaglia nei cieli di Ustica né alcun missile, ma solo una bomba nella toilette), e il giudice Priore e i famigliari delle vittime (convinti di uno scenario di guerra che avrebbe coinvolto libici e Nato), ecco le rivelazioni del documentario francese *Crash d'Ustica: une bavure française?*, che mostra documenti comprovanti la presenza di portaerei francesi nel Tirreno. Un piccolo-grande dettaglio confuta la tesi della bomba nel bagno dell'aereo: la tavoletta del water è stata recuperata miracolosamente intatta

AEREO-MUSEO. Il relitto del Dc9 I-Tigi è il solo reperto processuale che sia diventato installazione, e addirittura museo. A lungo conservato a Pratica di Mare, è stato trasformato in un'opera suggestiva dall'artista francese Christian Boltanski ed è visibile a Bologna, al Museo per la memoria di Ustica, l'unico vero monumento sugli anni di piombo realizzato intorno a un'idea creativa *(© Luca Ghedini)*

GUERRIGLIA. Il passaggio dai servizi d'or-dine alla guerriglia urbana (e alla lotta armata) è progressivo, rapido, pertanto impercettibile. Non narrato, ma fotografato – in maniera folgorante – dal racconto in diretta della satira, come in questa vignetta pubblicata su *Lotta Continua* nel novembre 1970.

GOGNA. «Ho fatto delle cose terribili», sussurra Michele Apicella, l'alter ego di Nanni Moretti in *Palombella rossa*. Il protagonista del film, dirigente di sinistra in crisi, rievoca in un flashback un corteo interno all'università, dove un giovane neofascista viene portato a spasso per l'istituto con un cartello al collo su cui c'è scritto «Sputatemi addosso». Quella scena non era un'invenzione narrativa. La gogna – talvolta contro personaggi violenti, ma spesso contro persone che non avevano fatto nulla, se non manifestare la propria identità – fu una pratica barbara spesso documentata ed esaltata, come dimostra la foto a fianco, su *Lotta Continua* e su altri quotidiani dei gruppi extraparlamentari.

MORTI INCROCIATE. Nel clima rovente del 1975, a Milano, durante un corteo, i ragazzi della sinistra movimentista incrociano tre militanti del Fronte della gioventù che stanno volantinando. Antonio Braggion, un iscritto di Avanguardia nazionale, spara con la pistola e colpisce in pieno volto Claudio Varalli, studente di sinistra, uccidendolo. Il giorno seguente è la volta di un altro manifestante di sinistra, Giannino Zibecchi, investito dalla polizia. Pochi giorni più tardi, il 29 aprile, dopo un mese e mezzo di coma, muore Sergio Ramelli. I morti di ogni parte diventano bandiere di una faida.

ANTAGONISTI. Avanguardia operaia invitava metodicamente i «proletari» a combattere il sistema con la disobbedienza civile e con l'autoriduzione delle bollette; nel pieno della campagna, questo fenomeno assunse dimensioni tali da destare preoccupazione nelle aziende municipalizzate delle grandi città.

SENSIBILITÀ ECONERA. Rosa De Angelis, mamma di Nanni, militante di Terza posizione morto in carcere nel 1980, ha conservato gelosamente tre splendidi disegni a china del figlio su tematiche ambientaliste. Il primo, con una nuvola di smog tossico, chiudeva l'inserto di *Cuori neri*. Questo, con la discarica delle fatine sommersa dai rifiuti, racconta il processo di maturazione di una sensibilità ecologica della destra radicale, destinata a rivelarsi a metà degli anni Ottanta.

realizzarono il sequestro, penso una sola cosa: che sono delle bestie. Bestie feroci. Animali».

Peci spiegava che questa scissione riguardava anche il bilancio della sua stessa vita: «Io sono uno che è entrato nella lotta armata da ragazzo. Uno che ha passato più tempo in carcere che nelle Brigate rosse. E che adesso può dire di aver trascorso più tempo nella sua 'seconda vita' che nella somma degli anni passati nelle Br e in carcere. Sento di essere un altro, ovviamente: ma al contrario di molti altri miei ex compagni, so che non potrò mai separare le mie responsabilità da quelle di quel ragazzo che pensava di fare la rivoluzione in Italia andando a sparare alle persone per strada. Ho provato a rivedermi con molti ex. Ma, ogni volta, qualcosa non è andato come doveva: ci sono quelli che mi sembrano come dei giapponesi, che si sentono sconfitti ma che domani tornerebbero in clandestinità senza essere sfiorati da un minimo dubbio. Ci sono quelli che hanno rimosso tutto, come quando si passa il cancellino sulla lavagna, e che oggi sembrano immemori: entrati nel Duemila come se arrivassero da Marte, e tutto quello che è accaduto non li riguardasse più. Ma il passato c'è, e non lo puoi rimuovere. E io sono uno che è sempre stato abituato a fare i conti con le proprie scelte. Il passato c'è, è lì, e non puoi ignorarlo».

Subito dopo, con la sua solita franchezza, Peci aveva fatto un altro esempio spiazzante: «Ci sono giorni in cui mi rendo conto che persino io, a volte, continuo a pensare con la mentalità del cospiratore. Quando c'è stato il dibattito sul terrorismo islamico, sulle bombe sporche, sulle misure di sicurezza in Occidente, per esempio, la prima cosa che mi veniva in mente era che basterebbero tre bombe piazzate in altrettante centrali elettriche, e per quindici giorni si fa precipitare nel buio tutta l'Italia. Se il terrorismo negli anni Settanta è diventato lo specchio delle paure di un'intera società, oggi è il simbolo di quanto sia fragile la nostra civiltà. Quindici giorni senza PlayStation, e in Italia si può fare la guerra civile. Ma perché? Per fare cosa? Quando mi faccio questa domanda non so più cosa rispondere».

Che cosa incredibile, essere insieme vittima e carnefice. Le parole di Patrizio, questa capacità di capire e capirsi mi erano sembrate, e mi sembrano ancora, una chiave per spiegare quello che ci pareva incomprensibile, l'enigma insolubile degli anni di piombo. Per questo mi sono lievitate dentro con il passare degli anni, e le dissolvo qui come una lezione che ho imparato.

Ma l'ultima risposta di Peci, che io credo davvero sincera, racchiude il senso di un conto che non torna, il dilemma di un cerchio che non si chiude: «Per quanto io mi sforzi di farlo, questo doppio aggravio di sofferenza mi fa capire, ma non mi permette di risolvere nulla. Non mi spinge verso l'idea del perdono. Non mi aiuta. Non mi regala sollievo sulla mia condizione. Non allontana i miei spettri, che sono tutti lì. È solo un carico di dolore che mi porterò addosso per tutto il tempo che mi resta da vivere».

10
Delle Chiaie: memorie del sottosuolo del golpe

«Luca, Delle Chiaie è incazzato.»

«Da uno a dieci, quanto?»

«Undici, direi.»

«Ho capito.»

Intanto dovrei iniziare con il confessare che c'è stato un giorno in cui abbiamo, anzi, ho scelto (come ho già detto firmavo una collana con il mio nome, condividevo con il mio diretto superiore tutte le responsabilità) di pubblicare un libro reticente. Di più, e meglio: ho scelto consapevolmente di pubblicare un libro che mi aveva deluso, rispetto alle aspettative, alle promesse dell'autore e dei coautori, agli incontri che lo avevano preparato, ai giri di correzione delle bozze, alle richieste che avevo, e avevamo, formulato durante l'editing. Se è vero che la memoria del golpe in Italia è un esercizio difficile ma necessario, questo capitolo vi dovrebbe far capire come, quanto e perché quello che sto dicendo è vero.

Eppure non c'era dubbio: avevo tra le mani un'autobiografia di cui, scorrendo pagine e capitoli, potevo intuire e capire – oserei dire quasi con precisione chirurgica – i punti di sutura tra realtà, grandi rivelazioni, piccole e grandi omissioni. E il committente di quella autobiografia ero io.

A mia parziale attenuante posso aggiungere solo questo: credo di essere uno dei pochi curatori di un saggio che una simile delusione l'ha messa nero su bianco. Di più: questo giudizio l'avevo dichiarato esplicitamente al lettore – senza perifrasi – spiegandone il motivo, e l'avevo pubblicato in chiusura del volume sfidando la comprensibile ira dell'autore di cui all'inizio del capitolo avete avuto un saggio.

A proposito, un altro dettaglio non da poco: l'autore, che in quelle ore non voleva parlarmi direttamente (in seguito, una capacità di metabolizzazione tutta romana gli ha permesso, non so come, di perdonarmi questo sgarbo), era un signore che si chiama Stefano Delle Chiaie, il fondatore, nel 1960, di Avanguardia nazionale, l'ex «primula nera» di tutti i processi italiani e internazionali sull'eversione nera, uno dei pochi che a destra sa tutto, o quasi tutto, quello che è accaduto negli anni di piombo. La sera prima di andare in tipografia, il responsabile della saggistica della Sperling & Kupfer mi aveva chiamato per comunicarmi la reazione dell'autore. «Lo so, lo capisco e ha ragione», avevo risposto. «Anch'io al suo posto sarei incazzato, se il mio libro contenesse la postfazione di uno che dice: 'È un libro reticente'.» Lui proseguiva: «Mi chiede di citargli un precedente, anche uno solo. Sostiene che uno sgarbo di questo tipo non l'ha mai visto fare da nessuno». Allora avevo preso un respiro e avevo replicato: «Non so se non sia mai stato fatto prima. È difficile, perché non c'è nulla di inedito, nell'editoria e nel giornalismo: ma è possibile. Però o facciamo così o non facciamo nulla, lo sai». Lui ci aveva pensato solo un attimo e mi aveva risposto: «Sono d'accordo con te. E se non me lo avessi detto tu lo avrei detto io». Non avevamo riso, né io né lui. Possiamo farlo solo ora, forse, ma a mezza bocca. Andammo in stampa così, e il tempo avrebbe sistemato le cose. Adesso sono contento di aver preso quella decisione un po' paradossale, ma anche di aver pubblicato il libro, e credo che sia molto interessante spiegare perché.

Ho detto che *L'Aquila e il Condor* (volume che mandammo in libreria nel maggio del 2012) era un'autobiografia reticente, e su questo non c'era dubbio alcuno. Ma ciò non vuol dire che non fosse (e che ancora oggi non sia) interessante, anzi. Era un libro che io e l'editore avevamo inseguito per quasi due anni, che mancava alle bibliografie sugli anni Settanta, sulla storia dei movimenti extraparlamentari e della lotta armata. Ed era (anzi è) la testimonianza di un protagonista indubbio, uno che aveva visto il suo nome affacciarsi in un processo su due degli anni di piombo, comparire come un immancabile corredo in calce a tutti i misteri della Repubblica. Se esistono pochi dubbi sul fatto che uno dei principali punti oscuri della strategia della tensione, in Italia, sia stato il tentativo di colpo di Stato del comandante Junio Valerio Borghese, il cosiddetto «golpe dell'Immacolata» della notte fra il 7 e l'8 dicembre 1970, è certo che uno solo fra i testimoni viventi sa davvero che cosa è successo in quell'occasione: Stefano Delle Chiaie.

In quelle ore interminabili in cui un colpo di Stato stava per stravolgere la storia del nostro Paese, e in cui un misterioso contrordine all'ultimo momento aveva fermato tutto (solo un passo prima che nelle strade di Roma si iniziasse a sparare), il fondatore di Avanguardia nazionale era stato il plenipotenziario del «Principe nero», l'unico autentico depositario di tutti i segreti di quell'impresa. In quella notte, solo poche ore prima del passo irreversibile, solo un attimo prima del punto di non ritorno, qualcosa si era inceppato.

Delle Chiaie, al tavolino di un bar di Prati, raccontava: «Dovevamo occupare il ministero dell'Interno, la televisione, il ministero degli Esteri, prefetture, questure e i principali servizi pubblici». Però, dopo che i ragazzi di Avanguardia nazionale, come da programma, avevano preso possesso del Viminale, e dopo che gli uomini della guardia forestale, partiti da Rieti, erano entrati nella capitale, qualcosa era andato storto: il Principe nero aveva dovuto arrendersi, ordinare ai suoi miliziani, raccolti nei vari siti che erano obiettivo dell'azione e in una palestra romana, di mollare tutto. Aveva fatto dire loro dai suoi attendenti che sarebbero dovuti tornare a casa, fino a diventare lui stesso, dopo quella rinuncia, persino oggetto della satira dei suoi camerati. Agli uomini di Delle Chiaie, che nell'Arsenale del ministero dell'Interno – a Roma – avevano raccolto una mitraglietta, come se fosse un souvenir, quella comunicazione non era affatto piaciuta. Secondo il fondatore di Avanguardia nazionale, non ci sono misteriosi retroscena dietro quella scelta: «Giulio Andreotti, Licio Gelli, il comando generale dei carabinieri e quant'altro è stato poi inventato, nulla ebbero a che vedere con quel contrordine». E aggiungeva: «La verità è quasi sempre più semplice e banale di quella intricata e articolata inventata per ignoranza dei fatti o per programmata diffamazione».

Qui occorre spiegare a cosa si riferiva Delle Chiaie, mentre replicava indirettamente alle clamorose rivelazioni di Paolo Aleandri, ex animatore del gruppo extraparlamentare, poi terroristico. Costruiamo l'azione.

Nell'ottobre 1981, dopo essere stato arrestato per la strage di Bologna, Aleandri aveva iniziato a collaborare con la magistratura, e aveva raccontato che un altro militante, Alfredo De Felice, gli aveva rivelato di aver incontrato Licio Gelli ai margini della presentazione di una rivista chiamata *Politica e strategia*. Dal suo camerata Aleandri aveva appreso che Gelli era entrato in confidenza con il Principe, fino a diventare «il tramite di Borghese con ufficiali dei carabinieri». Aveva dato lui l'ordine di sospendere il golpe nella notte fra il 7 e l'8 dicembre. Aleandri sarebbe arrivato a confermare le sue parole al processo per la strage di Bologna. Ovviamente questa versione, che io avevo riportato anche in *Cuori neri*, il fondatore di Avanguardia la rifiutava in modo drastico e sprezzante: «Solo una cieca e ostinata partigianeria», disse più o meno con le stesse parole che avrebbe usato nel libro, «può avallare questa sciocchezza».

Alla fine, incalzato dalle comprensibili domande sul contrordine di Borghese, Delle Chiaie mi forniva questa spiegazione, per certi versi non meno inverosimile: secondo lui tutto era dipeso dal generale Duilio Fanali, che in quel piano era l'uomo incaricato di occupare il ministero della Difesa, e che all'improvviso si era sentito male (mentre nel libro avrebbe scritto che era diventato improvvisamente «irreperibile»). La notte del golpe, raccontava, Fanali non era andato al ministero, come prevedeva il cronoprogramma del golpe. «Vari e vani erano stati i tentativi di rintracciarlo, e la sua defezione inceppò il meccanismo rendendo impossibile il proseguimento del piano.» Se fosse vero, dovremmo trarne la conseguenza che il golpe Borghese era fallito per un raffreddore.

Possibile, certo. Ma molto improbabile. Eppure era stato a quel punto, e solo per questo motivo, secondo Delle Chiaie, che Borghese aveva gettato la spugna: «Il comandante ritenne che l'operazione fosse fallita e decise di sospenderla. Diede l'ordine di rientrare. Ordine che», annotava con soddisfazione militaresca, «pur tra non poche proteste, con disciplina e segretezza, fu eseguito». Ovviamente devo aggiungere che all'indisposizione di Fanali, secondo me, non credeva nemmeno Delle Chiaie. La malattia improvvisa era la spiegazione ufficiale che un cambio nei rapporti di forza tra i sostenitori del golpe aveva assunto.

Poche ore prima di quel tentativo andato a vuoto, intervistato da un inconsapevole Giampaolo Pansa per un suo libro, *Borghese aveva detto*: «Guardi, forse occorrerà un colpetto [di Stato, *N.d.A.*]. Se però devo dire come stanno le cose, forse non occorrerà nemmeno un colpetto. Noi», spiegava, «ci verremmo a inserire, praticamente senza colpo ferire, in quel vuoto che esiste già fin d'ora». Quello era il tempo, e questo era il progetto.

Il Principe nero sarebbe morto nel 1974, portandosi tutti i suoi segreti nella tomba: quell'aspettativa che due giorni prima del tentato golpe, rispondendo a Pansa, declinava ancora al futuro, corrispondeva probabilmente alla speranza che aveva coltivato, e che a partire da quel contrordine era stata irrevocabilmente consegnata al tempo passato, prima di spegnersi a Cadice, in una malinconica latitanza spagnola di cui Delle Chiaie era stato, come lui stesso raccontava, l'ultimo testimone.

Quattro anni di processi – dopo la morte del «comandante» – avrebbero prodotto nel 1978 una sentenza di compromesso, all'italiana. Una Corte d'Assise avrebbe condannato quarantasei dei settantotto imputati, ma aggiungendo che il colpo di Stato «era un gesto velleitario e inutile». Nel 1986 la Corte di Cassazione confermò la sentenza di assoluzione pronunciata nel processo di appello, ribaltando di nuovo l'esito del procedimento. In *Cuori neri* avevo riassunto quell'imponente dispositivo scrivendo che, secondo i giudici, «Borghese e i suoi il golpe volevano farlo, ma non erano in grado di attuarlo». Mi sembra ancora oggi una buona sintesi dell'incredibile modo in cui si sono scritte le sentenze più delicate della nostra storia repubblicana. Malori attivi, golpisti incapaci, vittime che vengono condannate al posto degli stragisti.

È per tutto questo, forse, che il miglior documento sulla strage resta l'immortale film di Mario Monicelli *Vogliamo i colonnelli*, quella farsesca ed esilarante commedia dove un memorabile Ugo Tognazzi si ritrova a capo di un manipolo di arditi, occupa la sede della Rai e poi finisce buggerato. Una storicizzazione in forma di commedia all'italiana, certo. Ma tutti i golpe, fino a che non riescono, sembrano solo delle burle.

Nel 2010 lo scrittore spagnolo Javier Cercas ha pubblicato un libro meraviglioso, *Anatomia di un istante*, raccontando il cosiddetto golpe di Valencia, quello con cui il colonnello Antonio Tejero avrebbe voluto restaurare il franchismo in Spagna, nei giorni in cui la memoria del generalissimo era ancora troppo calda e la democrazia spagnola ancora troppo giovane. Di quel tentativo ricordo un'eccezionale vignetta di Giorgio Forattini sulla prima pagina de *la Repubblica*, in cui un fatiscente carro allegorico trasportava la marionetta decrepita di un vecchio militare con il volto del colonnello e una pistola in pugno. E poi ricordavo l'immagine televisiva di un uomo in divisa armato al cui cospetto tutti si buttano per terra, e le detonazioni degli spari nell'emiciclo del Parlamento. Il fatto era che il 23 febbraio 1981 quella pistola aveva fatto fuoco davvero. L'uomo che la impugnava aveva giocato al tirassegno dentro l'aula del Congresso di Madrid. La televisione avrebbe filmato e ritrasmesso le immagini dei deputati che si buttavano a terra o che fuggivano. Uno spot devastante, quasi mortale, per una neonata e fragile democrazia, soprattutto se, nel racconto delle immagini, quell'affresco di paura e fuga non fosse stato riscattato dal coraggio fisico di tre uomini. Mentre tutti se la davano a gambe o invocavano pietà, infatti, il popolare Adolfo Suárez era rimasto ostentatamente seduto, il comunista Santiago Carrillo aveva avuto il fegato di protestare, e un militare conservatore come Manuel Gutiérrez Mellado era addirittura corso verso i golpisti inveendo contro di loro: non per amore della democrazia come istituzione, ma per un senso di lealtà alla Costituzione e al re. In questo contrappunto di grandezza e miseria c'è la straordinaria maestria di Cercas, che in un libro a metà tra il film, il saggio storiografico e il romanzo è riuscito a raccontare le due facce del colpo di Stato – la farsa e la tragedia – senza che l'una oscurasse l'altra. Di quel libro mi era rimasta impressa la capacità di scavo quasi maniacale del singolo dettaglio, il girare infinito intorno al cuore di una storia, al suo punto di scaturigine; ma anche lo stupore dell'autore mentre annotava la passività con cui i militari precettati si erano imbarcati sui camion che sarebbero andati all'assalto del Parlamento, senza opporre un solo dubbio. Era accaduto così anche ai nostri forestali, partiti da Rieti dopo qualche festosa e pantagruelica scorpacciata di porchetta? Quali immortali pagine avrebbe potute scrivere lo scrittore spagnolo, se si fosse messo a scandagliare la storia del raffreddore del generale Fanali?

Ebbene, io, esaminando l'archivio dei processi per terrorismo conservato a Palazzo San Macuto, mi ero imbattuto quasi per caso in un documento che confermava con incredibile e fotografica esattezza questa corrispondenza inquietante fra potenzialità e atto. Mi ero ritrovato fra le mani, in un allegato agli atti, il messaggio alla nazione che Borghese si era scritto da sé, il discorso che aveva in animo di pronunciare la notte del 7 dicembre ai microfoni della Rai occupata. Bastano le prime tre righe per capirne il senso:

> Italiani, l'auspicata svolta politica, il lungamente atteso colpo di Stato ha avuto luogo. La formula politica che per un venticinquennio ci ha governato, e ha portato l'Italia sull'orlo dello sfacelo economico e morale [per Borghese si trattava, ovviamente, della democrazia, *N.d.A.*], ha cessato di esistere.

Chi volesse ripercorrere il testo integrale lo può trovare a pagina 151 di *Cuori neri*. La cosa che mi colpiva, in quelle deliranti parole, era il passaggio in cui Borghese annunciava, con prosa ottocentesca ma ricorrendo anche agli stilemi più classici della lingua dittatoriale, una lingua universale che è stata parlata in tutti i continenti del pianeta: «Le forze armate hanno reso inoffensivi gli avversari più pericolosi, quelli, per intenderci, che volevano asservire la Patria allo straniero, sono stati resi inoffensivi».

Quella notte Enrico Berlinguer e tutti i dirigenti del Partito comunista italiano, come ha recentemente raccontato nel suo libro di memorie anche il caposcorta del segretario del Pci, Alberto Menichelli, avevano dormito fuori casa. Se le aspettative di Borghese e Delle Chiaie il 7 dicembre 1970 si fossero realizzate, i «sovversivi» (deputati, politici, giornalisti, di area comunista, laico-radicale e socialista) sarebbero stati tutti deportati in una base americana nella disponibilità degli uomini di Gladio a Capo Marrargiu, a pochi chilometri da Alghero, in una costa incantevole che quasi ogni estate percorro, affascinato dal paesaggio (ma sempre attraversato da un pensiero oscuro che mi rimanda a quella ipotesi).

Sandro Curzi, all'epoca già vicedirettore di *Paese Sera* (anche lui nella famosa e dettagliata lista), quando seduto su un divanetto di Montecitorio ricordava quel dettaglio della sua biografia, abbandonava il suo sorriso e aggrottando le sopracciglia mi diceva: «Se non sono finito a Capo Marrargiu lo devo al fatto che Borghese e Delle Chiaie quella sera hanno combinato qualche casino. Sono molto contento, non li ringrazierò mai, ma mi piacerebbe tanto chiedergli cosa è successo». Curzi purtroppo è morto nel 2008, senza poter vedere appagato questo suo desiderio. Io avevo davanti a me la faccia di Delle Chiaie illuminata da un sorriso di sfinge, dentro un caffè di via Sabotino, a un passo da piazza Mazzini, a Roma, nel giorno in cui speravo di poter ottenere quella risposta.

Nel libro che quel giorno Delle Chiaie ci aveva promesso, per la prima volta il fondatore di Avanguardia nazionale avrebbe raccontato la sua verità: e anche per questo *L'Aquila e il Condor* componeva un racconto a tratti persino avvincente. Il fatto che a mio avviso fosse un testo che non diceva tutta la verità non faceva venire meno questo aspetto. Quando l'ex primula nera ci aveva proposto di pubblicare una sua autobiografia, siccome il criterio alla base della collana non era una discriminante ideologica ma l'interesse storico (e il nostro gusto personale), sia la casa editrice sia il sottoscritto gli avevamo risposto che eravamo interessati al progetto. Quel pomeriggio avevamo parlato a lungo. E in quell'occasione avevamo provato a porre al fondatore di Avanguardia un'unica condizione: «Deve filmare tutte le interviste che farà con i suoi coautori. E deve sforzarsi di raccontare tutto quello che può». Delle Chiaie, infatti, aveva già trovato due validi giornalisti (con una storia professionale «di destra» alle spalle) con cui scrivere le sue memorie: Massimiliano Griner e Umberto Berlenghini. Quel giorno era accompagnato dai due, e da un «attendente» che lo trattava con deferenza. Alternava sorrisi e facce seriose, aneddoti e squarci di verità, per esempio nella ricostruzione minuziosa, con particolare dovizia di dettagli, proprio dei fatti della notte dell'Immacolata. A un tratto gli avevo chiesto: «Scusi, ma lei non ha sempre detto che in quei giorni non era in Italia perché si trovava già latitante in Spagna?» L'attendente si era girato verso di lui, quasi interdetto, così come i due colleghi presenti, che lo guardavano in attesa della risposta. Delle Chiaie aveva risposto soltanto: «Già». E aveva sorriso. Tutto qui. Anche nel libro, alla fine, avrebbe raccontato che quella sera si trovava in Spagna. Ma quel sorriso, l'ambiguità soave e minimale di quella risposta, in quelle pagine non avrebbe potuto essere rappresentata, e infatti non c'è. Un sorriso non è nulla. Un tono, un discorso, un atteggiamento lo sono: non una prova di alcunché, ovviamente, nessuna certezza, ma solo lo spazio di una ambiguità. Questo sorriso lo registro qui, come un ambiguo viatico, solo per metterlo agli atti. Mentre discutevamo, infatti, mi veniva in mente che senza il corredo delle sue espressioni quella testimonianza sarebbe stata mutilata e incompleta.

Quel giorno, per esempio, «er Caccola» (a lui quel soprannome non dava fastidio, gli sembrava una burla, un gioco, un accessorio aneddotico irrilevante) mi aveva detto che i tempi gli sembravano maturi per ammettere che nella strage di piazza Fontana lui riconosceva la mano dei gruppi ordinovisti veneti. Lo diceva anche per sostenere l'estraneità dei camerati romani, ovvero di quelli che guidava lui. Ma me lo aveva detto proprio così, aggiungendo che spiegarlo in modo informale era ovviamente meno complesso che scriverlo, perché dopo tanti anni bisognava ricostruire la storia senza cercare chiamate di correo o senza correre il rischio di giocare alla delazione. Il solito problema, il solito alibi, la solita verità.

Aveva aggiunto: «Ho avuto modo di conoscere Franco Freda nel 1964, e tra noi non c'è mai stato buon sangue». Mentre me lo diceva mi chiedevo: Sarà vero? Ebbene, quando poi ero andato a leggere – avidamente – il capitolo del manoscritto, non solo non avevo trovato chiamate di correo, ma avevo scoperto che quella verità sostanziale che Delle Chiaie mi aveva spontaneamente comunicato nel caffè di via Sabotino era stata poi diluita, annegata e fatta scomparire in un diluvio di documenti, citazioni, fatti, che erano stati agitati come fumogeni per non arrivare al punto. Gli unici accenni rimasti erano l'incontro con Freda e il primo riferimento del capitolo al 12 dicembre 1969: «Quel giorno l'Italia si scontrò con il mistero di una violenza nichilista». Quello, per Delle Chiaie, non era un aggettivo casuale o poetico. «Nichilisti», infatti, erano i nazisti veneti, così diversi, secondo lui, da quelli capitolini, più ridanciani e goliardici, privi di ossessioni razzistico-biologiche. I «veneti», per lui, erano un altro mondo: freddi, determinati, disposti a tutto, «pazzi». Possibile che in uno dei più ideologici universi politici, quello del neonazismo degli anni Settanta, le differenze geografiche contassero così tanto? Mentre scrivo mi ritorna in mente un aneddoto, illuminante per capire il clima, che mi aveva raccontato durante un'intervista Ughetto Gaudenzi, uno dei leader dei nazimaoisti, un'altra corrente corposa della destra radicale di quel tempo: «Ai congressi circolava una battuta. Un giorno era arrivato dalla provincia un camerata un po' sprovveduto, e aveva chiesto: 'Scusate, esiste davvero l'ala neonazista del nostro movimento?' E gli altri, dopo essersi fatti una sonora risata, gli avevano risposto: 'Più che un'ala c'è tutto il pollo'».

Invece «nichilista», nella testa del Delle Chiaie di oggi, era una misura, ma anche una identità: la distanza tra lui e loro. Subito dopo però, riga per riga, il capitolo si infittiva di ricostruzioni, e veniva saturato di precisazioni legate alle necessità autodifensive. Le parole pronunciate nella nostra chiacchierata erano state brutali e semplificatorie, ma inequivocabili. Nel libro, invece, quella verità storica scompariva: come se fosse stata da un lato annacquata in un diluvio di fatti accessori e dall'altro liofilizzata in un solo aggettivo.

Quali erano gli altri fatti importanti? Questi. Sia ne *L'Aquila e il Condor* sia nella lunga intervista resa a Nicola Rao per la *Trilogia della celtica*, Delle Chiaie doveva spiegare, per esempio, la complicatissima vicenda dell'alibi di Mario Merlino il giorno della strage di piazza Fontana. Un alibi che, poi, era rappresentato nientemeno che da lui stesso. E doveva tenere insieme un apparato di affermazioni che a prima vista scricchiolava, da almeno quarant'anni. Per dire: il giorno della strage il suo ex camerata Merlino, che lui non vedeva da moltissimo tempo (e che quindi, secondo lui, non era un suo infiltrato nel gruppo anarchico di Pietro Valpreda, come suggeriscono tutta la pubblicistica di sinistra e le indagini), lo incontra per puro caso e gli chiede un appuntamento per parlargli di una sua crisi di coscienza. Delle Chiaie glielo concede, convocandolo a casa sua. E poi si dimentica di quell'appuntamento, e invece se ne va in un bar di via Catania. Infine viene a sapere della strage da una telefonata dell'amico Guido Paglia (destinato a diventare – in un'altra vita – un apprezzato dirigente Rai), che gli arriva in maniera rocambolesca, grazie all'attività di provvida centralinista della moglie di un benzinaio. Poi, però, Delle Chiaie non sa se confermare o meno l'alibi di Merlino davanti alla polizia: mentre spiega questo dilemma ci dice che per decidere si consulta con i genitori dell'ex camerata. Dopodiché, però, deve anche difendere il ruolo della sua organizzazione, ma deve pure ammettere (come farà molte altre volte nel libro, anche a proposito dei primi tentativi golpisti degli anni Settanta) di essere stato ingannato da un infiltrato (in questo caso l'agente di pubblica sicurezza Stefano Serpieri) così come dall'«agente Z» Guido Giannettini (che lui stesso definiva al soldo dei servizi segreti). E contemporaneamente ci tiene anche a dire di essere stato buon amico di Yves Guérin-Sérac, il capo dell'Aginter Press, una agenzia giornalistica dietro cui si celava un'attività di controspionaggio. Deve strutturalmente tenere insieme due esigenze opposte: da un lato quella che lo spinge a raccontare l'incredibile numero di imprese a cui ha preso parte, dall'altro quella di minimizzarle per evitare di entrare in contraddizioni processuali. Perché se in un interrogatorio o in un dibattimento hai dichiarato delle cose, poi non puoi far finta di dimenticartelo.

Troppe cose da tenere insieme, troppi conti che non tornano, uniti a indubbi frammenti di verità e indubbie zone di ambiguità. Certo. Eppure Delle Chiaie non è, e non sarà mai, la figura di comodo rappresentata da una certa pubblicistica controinchiestistica. L'ultima filiazione di questo filone nato nella sinistra extraparlamentare è il personaggio che lo incarna nel *Romanzo di una strage* di Marco Tullio Giordana. Quel Delle Chiaie è una specie di gorilla ebete, semidemente, che fa da zelante attendente al Principe Borghese, parla un romanesco da osteria dei castelli e non capisce un tubo. Il Principe del film, stranamente raffinato, disprezza la «macelleria» degli stragisti; lui, il Delle Chiaie ricostruito da Giordana e dai suoi sceneggiatori, ne è invece il prototipo: si eccita per la notizia del fatto di sangue, come se la strage fosse una partita di calcio e i morti goal per i quali esultare.

Ebbene, per quanto possa essere deludente, e di certo poco rassicurante, il Delle Chiaie che ho conosciuto io non è affatto così. Forse ne *L'Aquila e il Condor* il grosso punto di incongruenza è che provando a mostrarsi persino troppo *candide* per tenere insieme tutte queste verità, è costretto a dipingersi come un uomo inverosimilmente ingenuo. Ma nessuno che sia dotato di buonsenso può pensare che una persona così credula possa aver ricoperto i ruoli che conosciamo. Delle Chiaie è stato il braccio armato del golpe, poi il capo di una centrale internazionale di latitanti neri in Spagna e infine – come racconta lui stesso – verrà assoldato come«consulente speciale» (non chiedetevi in cosa) da un signore che si chiama Augusto Pinochet. L'ex primula nera non è convincente, e io credo che lo sappia bene, quando, parlando del celebre viaggio di istruzione dei militanti neofascisti nella Grecia dei colonnelli, uno dei passaggi fondamentali nella cronistoria della strategia della tensione, lo definisce addirittura «una gita».

In realtà credo di avere un'opinione molto netta su cosa avrebbe dovuto fare Delle Chiaie. Adesso che i processi non incombono più, adesso che una verità giudiziaria su piazza Fontana, nel bene o nel male, è stata raggiunta (e che purtroppo è rassicurante e assolutoria per gli ex ordinovisti «nichilisti»), avrebbe potuto provare a raccontare una verità storica, mettere nero su bianco quello che informalmente dice. E non a ritagliare in mezzo alle carte un origami della propria biografia politica, che lo vede a volte terribilmente ingenuo, a volte troppo leale, a volte persino sprovveduto, ma sempre e comunque estraneo ai fatti. Con questo non voglio dire che avrebbe dovuto battersi il petto o autoaccusarsi, calarsi nei panni improbabili di un pentito. Ma uscire, perlomeno, dal difetto fatale della memorialistica della grande maggioranza dei protagonisti della destra extraparlamentare, che non riescono mai a raccontare veramente l'altra zona grigia, quella in cui hanno vissuto.

Questa ambiguità è uno spazio in cui non solo si fa labile il confine retorico fra il «bene» e il «male», ma anche quello fra verosimile e irreale, fra documento e velina, fra militanza ed eversione, fra manipolazione consapevole e inconsapevole, fra racconto e autocelebrazione. È divertente scoprire da Delle Chiaie stesso che, quando Avanguardia sostenne la candidatura di Paolo Signorelli alla Camera, lo slogan fosse: «32 Signorelli. Porta una bomba in Parlamento». Ma qui la goliardia è una via di fuga.

Detto tutto questo, la rabbia per essere stato beffato si attenuava. Lo confesso, il racconto di Delle Chiaie tutto sommato finiva per intrigarmi perché, al di là delle elusioni sugli episodi cruciali, su un altro livello ci restituiva un frammento di verità. Non su quello dei fatti, ma su quello della sostanza, del *mood*, del clima. Delle Chiaie descrive benissimo sia l'ambiente missino e paramissino degli anni Cinquanta, Sessanta e Settanta a Roma, sia quello della latitanza in Spagna e del Sudamerica negli anni Ottanta.

Nel primo caso ci sono quadretti irresistibili, come quello dei futuri leader politici o sindaci di Roma che assaltano con la tanica di benzina in mano, ma rigorosamente in divisa, la libreria *Rinascita*: «Nel marzo 1955 ci fu un assalto a Botteghe Oscure. Ci radunammo nella sezione di Colle Oppio, indossammo la divisa di Guardia al labaro – camicia verde, cravatta nera e fascia al braccio – e salimmo su un pullman noleggiato che ci portò nei pressi. La spedizione era guidata da Vittorio Sbardella, Massimo Anderson e altri dirigenti giovanili».

Ancora più incredibile lo scenario dell'azione raccontato da Delle Chiaie, rivelando che l'obiettivo non era mai stato – come gli stessi militanti del Pci pensavano – la libreria, ma addirittura la stessa direzione del Partito comunista: «L'idea era di irrompere nei locali della direzione del Pci. Poi, per quello che ne sapevamo, sarebbe giunto a copertura un gruppo armato a bordo di un'auto». Non indulgo sui dettagli, e corro all'epilogo, davvero imperdibile, soprattutto nella sintesi del protagonista: «Cominciammo a lanciare bottiglie molotov e sassi, che frantumarono le vetrine della libreria *Rinascita*, a pochi metri dall'ingresso. Mario Gionfrida, detto 'er Gatto', aveva due bombe carta e commise l'errore di lanciare per prima quella la cui miccia era stata accesa per seconda». Grave sbaglio. «L'altro ordigno», spiega Delle Chiaie, «gli scoppiò in mano troncandogli di netto l'avambraccio destro.» Epilogo surreale: «L'auto con il gruppo armato non arrivò e fummo costretti a ripiegare mentre 'er Gatto', al quale non mancavano coraggio e sangue freddo, imprecava contro i comunisti incolpandoli della mutilazione».

È vero, un racconto così il nichilista Freda non l'avrebbe mai potuto fare. Qui davvero solo il genio di Monicelli sarebbe potuto venirci in soccorso, solo lui avrebbe potuto illustrare meglio questa scena, dando un volto e un'espressione allo sdegno di Gionfrida che, dopo aver confuso gli ordigni, riusciva a inveire contro i destinatari dei suoi assalti come se fossero colpevoli della sua disfatta. Ma gli epiteti zoologici e immaginifici nella lingua informale della destra romana erano tanti, e non solo circoscritti alla temeraria furia de «er Gatto».

Faccio un altro esempio. Quanta ironia, consapevole o inconsapevole, c'è in questo bilancio dopo un assalto al British Council del 1953? Lascio giudicare a voi il repertorio onomastico dei camerati riassunto dallo stesso fondatore di Avanguardia: «La polizia sparò fumogeni ad altezza d'uomo: vi furono molti feriti, tra cui Bruno Onori detto 'Ciancicone', che insieme ad altri, come 'er Capone', 'er Cacetta', 'Gnappa', 'Balena' eccetera, rappresentavano lo zoccolo duro della sezione Appio Metronio». *Balena eccetera.* Qui il tono di Delle Chiaie non è solo colore, ma anche sostanza, è ritratto. Solo a Roma la politica, e persino l'eversione, diventano sempre e soltanto romanzo.

E poi, ovviamente, in questo racconto c'è un elemento molto meno faceto che raramente è stato dipinto con tanta chiarezza: ovvero la rappresentazione vivida del limbo in cui la famiglia allargata della destra vive in modo vagamente promiscuo la sua storia, dentro e fuori il Movimento sociale, con alterne vicende che a tratti sembrano dirette dall'unica regola delle passioni personali e del caso. A sinistra nulla di tutto questo sarebbe stato possibile: a sinistra, i gruppi, anche i più pulviscolari di quel tempo, nascevano su presupposti ideologici o teologici, si contaminavano poco o nulla, le scissioni erano cose serie. Invece quel Movimento sociale dipinto da Delle Chiaie come un genitore con cui si fa a botte senza interrompere i rapporti è una specie di casa madre in cui si entra e si esce come in un albergo a ore: in un congresso a favore di Almirante e in odio a Michelini, in quello dopo a favore di Michelini e in odio ad Almirante, a cui non si rivolge parola, nemmeno incontrandolo in ascensore. Poi ancora in conflitto con il nuovo segretario ma con meno acrimonia, giungendo addirittura a consultarsi con lui nei momenti di difficoltà, quindi pensando di fare una lista contro il Msi ma mutando improvvisamente proposito – pare – dopo aver scoperto che la massoneria avrebbe sostenuto volentieri i dissidenti di Almirante. Era nella fotografia di questo limbo politico, nella spiegazione di queste dinamiche, il valore della testimonianza di Delle Chiaie, e sono contento che tutto questo nel libro poi ci sia finito.

Altro episodio esemplare. C'è un giorno in cui uomini legati ai servizi, secondo la stessa testimonianza di Delle Chiaie, si spingono fino a proporgli un sequestro. Ma era stato quando la primula nera aveva buttato lì il nome del bersaglio che avevamo fatto un salto sulla sedia. Sentite: «In una serata di luglio 1964, mentre ero in riunione nella sede di Avanguardia, Cataldo Strippoli mi avvertì che Peppe Coltellacci aveva urgenza di parlarmi. Lo raggiunsi immediatamente nel suo appartamento all'Eur e, con grande stupore, mi sentii proporre il sequestro di Aldo Moro». Avete letto bene: Aldo Moro! Attenzione alle date: siamo nel 1964, quattordici anni prima del massacro di via Fani; il leader della Dc non è ancora l'uomo del dialogo con i comunisti, ma con i socialisti, mentre nascono i primi governi di centrosinistra.

Ed ecco le circostanze: «Coltellacci era particolarmente agitato. Ci fece passare nel salotto, dove era in attesa uno sconosciuto». Dopodiché, senza presentare l'estraneo, Coltellacci, camerata che fino al giorno prima gravitava nel giro senza destare sospetti, dice: «Questo signore rappresenta un settore indispensabile per cambiare immediatamente le cose, ma prima è necessario un vostro decisivo contributo. Bisogna sequestrare Aldo Moro per impedirgli di andare in Parlamento a presentare il suo nuovo governo. È in una villa vicino a Roma. Siete in grado di effettuare questa azione?»

Ovviamente siamo senza parole. Moro sequestrato su mandato dei servizi nel 1964? Era davvero così sottile, e facile da attraversare, la linea di confine tra gli apparati occulti e la destra, nel tempo del Muro? E se Delle Chiaie, che racconta di aver detto di no, avesse accettato, che cosa sarebbe accaduto? Di nuovo mi torna in mente l'immagine esemplificativa che mi è più cara, quella della strategia della tensione intesa non come un semplice gioco di marionette, come piace immaginare ai dietrologi, ma come un grande labirinto in cui qualcuno ha manovrato per anni per fare in modo che tutto andasse secondo i suoi disegni.

Forse solo questa testimonianza, e la sua datazione, valeva tutto il libro e compensava i miei dubbi: l'uomo che ha pagato con la vita l'alleanza con Berlinguer era già nel mirino di qualche apparato occulto per quella con Nenni.

C'è poi un altro racconto «esemplare», quello su quando, quattro anni dopo, gli stessi servizi propongono a Delle Chiaie di affiggere manifesti maoisti, o nazimaoisti. E il bello è che quella volta gli avanguardisti lo fanno (salvo scoprire poi di essere stati manovrati), e l'ex primula nera si spinge fino ad ammettere di aver creduto a un camerata (un futuro giornalista de *la Repubblica*) che (all'epoca) gli avanguardisti consideravano fidatissimo, e che invece secondo lui (oggi) non lo era poi tanto.

Di nuovo in questa destra che ribolle ricompare una zona grigia in cui tutto si fa indistinto e nulla è chiaro. I pacciardiani, secondo Delle Chiaie, al contrario dei suoi avanguardisti, sono infidi, manovrati, organicamente collusi con i servizi atlantici. Ma due anni dopo gli stessi camerati vanno difesi sulle scalinate della Sapienza. I missini della spedizione all'università sono nemici, ma poi bisogna pure difenderli dalla controffensiva dei militanti di sinistra. Tutto cambia di continuo, tutti sono amici, ma anche nemici, traditori, ma anche degni di fede; tutto diventa possibile, anche l'inverosimile.

Certo, i dettagli di questa storia possono essere davvero i cardini cigolanti e arrugginiti di un'autodifesa necessaria. Possono cioè essere costruiti per allontanare sempre il sospetto infamante di aver avuto a che fare con i poteri deviati. Ma non è tutto qui, e non è solo questo il punto. Non c'è bisogno di scomodare John le Carré per capire che un ambiente così è ad alto tasso di infiltrazione: è lo stesso Delle Chiaie a fornire – apparentemente parlando di altri – la spiegazione di una possibile convergenza, quando spiega che molti camerati consideravano i poteri atlantici il male minore rispetto al rischio di una dittatura comunista.

Questo molto probabilmente è un racconto reticente, difensivo e a tratti irreale. Ma allo stesso tempo può essere, malgrado tutto, una memoria in qualche modo fedele alla realtà. Fedele perché ricostruisce il contesto, il sapore, lo *Zeitgeist* di un tempo vissuto, nel bene e nel male, nella galassia dei padri dei «cuori neri».

Me ne ero andato da quel bar di Prati deciso a pubblicare il libro, perché mi ero convinto che ci fosse un modo utile in cui le nuove generazioni di lettori, di destra e di sinistra, avrebbero potuto soppesare quella testimonianza. Non per scoprire *la* verità, ma di certo per poter comprendere almeno *una* verità: arbitraria, forse, ma necessaria per chi è interessato a ricostruire un quadro tridimensionale, complesso e se non altro comprensibile della stagione terribile che questo Paese ha attraversato. Il racconto di Delle Chiaie, per ora, è l'unica «voce di dentro», l'unica memoria autografa che il golpe ci abbia consegnato.

11
Il ritorno di Carminati e l'album di famiglia della destra

«Adesso devi ritirare la nuova prefazione di *Cuori neri* e togliere il nome di Carminati da quel libro!» E ancora: «Vergognati: non hai il diritto di usare il nome di mio fratello». Rileggo il tweet che appare sul mio cellulare in un giorno della primavera 2015: è firmato dal fratello di Massimo Carminati, ex terrorista dei Nar, futuro protagonista di «Mafia capitale». Siccome ho ricevuto incredibili messaggi di questo tipo, è necessario che parli anche qui di Carminati, del suo rapporto con la memoria degli anni di piombo, dell'incredibile polemica sorta intorno alla nuova edizione del 2015 di *Cuori neri*, alla sua nuova introduzione e alla sua nuova copertina, prima oggetto di feroce (e legittima) contestazione e poi felicemente ritirata dall'editore.

Adesso che quell'edizione è diventata una rarità per bibliofili e collezionisti (in circolazione ci sono solo poche copie sfuggite alla resa), è necessario che parli di Carminati e torni a raccontarne la storia anche in queste pagine, perché il suo nome e la sua vita non sono un corpo estraneo a queste vicende o la parabola eccentrica di una pecora nera, ma piuttosto uno degli esiti possibili di una storia comune, una manifestazione incarnata del lato oscuro degli anni di piombo.

Quindi, poiché molti di coloro che hanno comprato e letto *Cuori neri* non sanno nulla di questa polemica e non hanno mai avuto tra le mani l'introduzione che l'ha innescata, è bene che inizi raccontando dal principio che cosa è accaduto.

* * *

Quando, nell'autunno 2014, era stata depositata l'ordinanza di custodia cautelare dell'inchiesta su «Mafia capitale», tutte le attenzioni dei media, giustamente, si erano concentrate sulla storia incredibile dell'uomo che in qualche modo di quella indagine era diventato il protagonista assoluto, l'ex militante dei Nar Massimo Carminati. Come i lettori di *Cuori neri* sanno, Carminati era già presente nei capitoli e nell'indice dei nomi di quel volume. Pure lui, infatti, era una scheggia impazzita che iniziava la sua traiettoria nella storia del neofascismo armato degli anni Settanta: anche la sua vicenda era (ed è) un simbolo straordinariamente illuminante del passato che non passa.

Nell'ottobre 2014 la normale scorta della ristampa del tascabile era andata esaurita proprio mentre i magistrati depositavano l'ordinanza di rinvio a giudizio nell'inchiesta che aveva terremotato Roma. In quei giorni mi aveva chiamato la responsabile della saggistica della Sperling & Kupfer e mi aveva detto che la casa editrice avrebbe gradito l'idea di mandare in tipografia una nuova edizione, piuttosto che limitarsi a una semplice ristampa: «Senti Luca, che ne diresti se dopo dieci anni, per variare copertina, nella nuova edizione di *Cuori neri* mettessimo in primo piano quella foto segnaletica di Carminati, con una tua nuova introduzione che affronta anche il suo rapporto con gli anni di piombo?» In un primo momento ero rimasto spiazzato, perplesso. Anzi, la prima risposta che avevo dato all'editore era che mi sembrava assolutamente inopportuno. Mi ero chiesto: può un solo volto – e per giunta *quel* volto – riassumere una storia corale? E, se era vero che quel volto raccontava una storia criminale, non rischiava di oscurare il sapore bellissimo di un'epoca che avevo provato a raccontare nella sua complessità, la memoria delle vittime che eravamo orgogliosi di aver messo in primo piano?

Tuttavia volevo aggiungere una nuova introduzione: avevo anche iniziato a ordinare i pensieri, a scartabellare gli appunti, a lavorarci. Immaginavo un aggiornamento più facile, quasi istantaneo, per la consegna del nuovo testo. E invece mi ritrovai tra le mani un nuovo capitolo, che prendeva forma crescendo in modo incontrollato. E al centro di quel capitolo c'era una intera biografia di Carminati, come la sintesi di una collisione di destini possibili. Se non altro perché l'uomo che sui giornali era stato immediatamente ribattezzato come «er Cecato» non aveva vissuto una sola vita, ma almeno quattro.

Carminati nasce a Milano, ma si trasferisce giovanissimo a Roma. Ai tempi in cui inizia la storia dei «cuori neri» è uno dei tanti «ragazzi del Fungo» (l'immaginifico bar dell'Eur che in quegli anni era diventato uno dei luoghi simbolo dei ragazzi della destra extraparlamentare e non), uno di quelli che avreste potuto incontrare leggendo il capitolo di *Cuori neri* sulla morte di uno di loro, Alberto Giaquinto. È il superstite di una stagione, e riesce a reinventarsi come protagonista di un'altra.

Era stato Giovanni Bianconi del *Corriere della Sera* il primo a setacciare, in mezzo a una montagna di intercettazioni, alcuni frammenti di questa autobiografia orale, estraendone alcuni lampi esemplari: «Nei nastri degli investigatori», scriveva, «sono rimaste incise le confidenze di un uomo di cinquantasei anni che guarda al passato senza apparenti rimpianti, e rievoca una vita movimentata fin da quando era un ragazzino. 'Noi eravamo piccoli', racconta Carminati a un giovane della destra radicale di oggi, 'mo' li vedi i pischelli di diciott'anni... co 'a biretta in mano... sò creature, Compà, a me m'hanno bruciato casa due volte... vivevi con l'estintore... ti aspettavano... A quattordici anni'», conclude Carminati nella citazione scelta da Bianconi, «'avevo la pistola, una 7,65. Ventimila lire la pagai... Ci andavo a scuola con la pistola... col Vespone... Erano altri tempi... adesso ti carcerano subito...'»

Fin da queste righe – ma ci tornerò tra poco e meglio – si intuiva una dimensione di trasfigurazione estatica, una rievocazione in cui gli anni di piombo diventano per l'ex terrorista una sorta di età dell'oro, un tempo dove le armi e il conflitto sono prove di iniziazione alla vita.

Ed ecco che, gradualmente, dopo questa prima fase di militanza brada degli esordi, Carminati diventa molto di più: uno dei protagonisti della lotta armata di primo piano, a destra, al fianco di Francesca Mambro e Valerio Fioravanti.

All'inizio degli anni Ottanta, un altro salto di qualità: il giovane militante dei Nar raddoppia il suo protagonismo quando incrocia il proprio percorso terroristico con quello criminale, entrando in sodalizio con la banda della Magliana. Diventerà un luogo comune quasi leggendario degli anni di piombo il rapporto dell'ex ragazzo del Fungo con Biagio Alesse, custode dello stabile del ministero della Sanità (uomo a libro paga dell'organizzazione), che gli rende possibile l'accesso a un ufficio del ministero all'Eur, dove viene stipato un piccolo arsenale che è in dotazione congiunta ai Nar e alla banda della Magliana: in quel sotterraneo ci sono diverse mitragliatrici, venti pistole, rifornimenti di munizioni e tre giubbotti antiproiettile. Non prendetelo come un dettaglio tecnico: dalla mitraglietta Skorpion di Acca Larentia (di cui ho ricostruito l'incredibile storia in *Cuori neri*) alle pistole affidate allo «zio Otto» Carlo Digilio perché vengano silenziate (di cui, come abbiamo visto, si è dibattuto nel processo per la strage di Bologna, perché sono l'alibi per la Mambro e Fioravanti), le armi si rivelano in tutte le storie di *Cuori neri* – e non solo in quelle – un pilastro identitario di chi le sceglie. Sono uno dei motivi di affiliazione alla lotta armata: sono lo strumento che rende possibile il passaggio di dimensione, il viaggio di non ritorno dal mondo della legalità a quello dell'illegalità. Come dimenticare, a questo proposito, la pistola poggiata sul tavolo da Valerio Morucci, con ostentata calma, in un giorno del 1973, per far intendere ai ragazzi della Brigata Tanas che a lui – in quel momento uomo incaricato di una delicata inchiesta interna di Potere operaio – la verità su chi ha bruciato i fratelli Mattei gliela devono proprio dire? Le armi, a destra e a sinistra, arruolavano nuovi proseliti alla causa della lotta armata.

Anche la storia esemplare dell'arsenale di una organizzazione criminale che trova ospitalità nella sede di un ministero è un altro piatto succulento per chi ama giocare con i simboli paradossali che quella stagione ci ha regalato: lo Stato che ospita l'Antistato, il terrorismo politico che si allea con il potere criminale per costruire una sorta di joint venture in cui una banda aiuta l'altra.

Ci stiamo già addentrando nella saga de «il Nero», il doppio letterario di Carminati inventato da Giancarlo De Cataldo in *Romanzo criminale*. Però è del tutto vera una vivida testimonianza che ho trovato nelle carte dei processi della banda della Magliana, quella di Fabiola Moretti, compagna del boss Danilo Abbruciati: «Noi», racconterà ai magistrati, «commettevamo queste azioni perché avevamo bisogno di vivere, e non conoscevamo altro modo di quello, per vivere. Carminati e i fascisti come lui», aggiunge, ancora indispettita a distanza di anni, «commettevano le stesse azioni per gusto, per fanatismo ideologico, e ne ricavavano anche soldi, ma il movente primo era l'ideologia».

Un racconto, a ben vedere, dietro cui si può intuire un mondo: nella banda della Magliana c'era anche questa radice, per così dire, antropologicamente e istintivamente a-fascista o addirittura «antifascista», quella della popolana a cui l'estremista di destra non va proprio giù. Ma al boss, invece, Carminati e il suo mondo interessavano, eccome: «Per questo», aggiungeva la Moretti, «non mi piaceva. Lo avevo detto a brutto muso a Danilo, il quale invece la pensava diversamente, mi diceva che Carminati era un bravo ragazzo, lo stimava moltissimo».

Ed ecco che nella testimonianza di Fabiola emerge una nuova faccia di Carminati, un uomo che quando diventa capo usa lo slang e il dialetto per mostrare una faccia feroce, ma che quando si deve accreditare con i criminali diventa quello rispettabile, compito, che sa il fatto suo: «Massimo era un tipo taciturno, serio, educato rispetto alla media delle persone che frequentavamo. Era stato coinvolto in un conflitto a fuoco», aggiunge la compagna del boss, «diceva sempre che dopo quell'episodio in cui sarebbe potuto morire, ogni giorno in più da vivere lo considerava riguadagnato, mostrando così un certo disinteresse per la morte».

Anche in questo snodo si intravede un percorso che ha una sua linearità. Il rapporto tra i due mondi, così diversi ma comparabili, così apparentemente lontani ma comunque attratti l'uno dall'altro, era nato già nel novembre 1979, dopo un'operazione che per i Nar era diventata una tappa di svolta: ovvero la sensazionale rapina messa in atto a Roma alla filiale della Chase Manhattan Bank, pensata per autofinanziamento e diventata una vera e propria prova di apprendistato criminale per un intero gruppo di fuoco. Rapina diventata celeberrima perché organizzata all'americana, con le armi in pugno, da un gruppo di ragazzi che dimostrava anche agli osservatori della banda di saper fare sul serio. Proprio per il riciclaggio dei traveller's cheques provenienti da quella refurtiva – non a caso – era stato arrestato un altro boss della banda, Franco Giuseppucci detto «er Negro».

In quei giorni Carminati diventa l'ufficiale di collegamento tra i due mondi, al punto da procurare – in tempi non lontani (dopo l'arresto di Valerio) – una casa-rifugio sulla Laurentina a Cristiano Fioravanti. Carminati riesce a portare a termine il difficile incarico proprio grazie ai suoi legami con i boss. Altrettanto cruciale, in questa convergenza di intenti, è il ruolo di un altro «nero» che, con Sperling & Kupfer, abbiamo scelto di raccontare nel volume *La mente nera* di Corrado De Rosa: Aldo Semerari, l'ideologo di destra che scriveva le perizie per scarcerare i boss e gli imputati della banda, uno che – a proposito di cruenza inverosimile e cinematografica – finirà morto ammazzato dalla camorra con il cadavere non identificabile e la testa decapitata.

Un ulteriore episodio non meno rocambolesco, che getta una luce su questo confine sottile tra i due mondi, è quello che si celebra ancora nel 1979, quando Carminati si fa mediatore, impegnato a perorare la causa della liberazione di Paolo Aleandri, altro giovane neofascista cresciuto alla corte di Paolo Signorelli nella galassia di Costruiamo l'azione che abbiamo già incontrato nella ricostruzione del golpe Borghese. Ad Aleandri, Giuseppucci aveva affidato in custodia un borsone pieno di armi che non fu mai riconsegnato, un «tesoretto» saccheggiato da vari esponenti della destra eversiva. Le armi – di nuovo le armi! – ottenute in custodia, e amministrate con poca prudenza, erano andate disperse. I boss non l'avevano presa bene, e così il giovane neofascista era stato rapito, sotto la minaccia esplicita di una rappresaglia. Insieme a Semerari – ideologo e criminologo convinto della possibilità di un'alleanza organica tra neofascisti e banda della Magliana –, Carminati e Aleandri (e il suo amico Sergio Calore) erano alcuni tra gli uomini della destra eversiva che avrebbero stretto rapporti più intensi con i boss. Ma gli esiti, come vedremo tra breve, saranno opposti.

Racconterà Maurizio Abbatino, boss della banda, alla polizia: «Prendemmo alle spalle, proprio all'uscita del tribunale, dal lato di via Romeo Romei, l'Aleandri, e lo costringemmo a salire sull'auto Renault 5TS nella disponibilità di Danesi, facendogli indossare un paio di occhiali da sole sulle cui lenti avevamo avuto cura di apporre del cerotto». Il ragazzo, incalzato con sempre maggiore insistenza dagli uomini della banda, era stato letteralmente interrogato, secondo la logica del regolamento di conti: messo alle strette, aveva dovuto ammettere di non essere più in grado di recuperare né i mitra né le bombe né le pistole.

A quel punto, mentre stava per accadere l'irreparabile (una condanna a morte), Carminati e altri militanti si erano impegnati in un tentativo disperato, rimediando altre armi (tra cui due mitra Mab modificati e due bombe a mano) in sostituzione di quelle originali andate perdute. Di nuovo è utile dare la parola alla testimonianza di Abbatino: «Durante il sequestro [...] venne da noi Carminati, prima da solo, poi in compagnia di Pancrazio Scorza e di Bruno Mariani, i quali ci invitarono a soprassedere dal prendere provvedimenti ulteriormente punitivi nei confronti di Aleandri, dandoci precise assicurazioni di restituire essi stessi le armi». La trattativa si chiude così, Aleandri si salva.

La velocità e l'efficienza con cui è stata conclusa l'operazione consentono a Carminati di guadagnare punti sia agli occhi dei camerati, sia agli occhi del boss della Magliana. Oggi molti camerati prendono le distanze da lui, provano a separare il proprio percorso, che sarebbe a loro avviso solo e squisitamente politico, dal suo, che sarebbe pericolosamente criminale. Ma, se si vuole capire, bisogna tenere presente che alla fine degli anni Ottanta questo distinguo non esisteva nella testa di nessuno. «La cosa questa volta», racconterà Abbatino, «andò in porto in tempi brevi. Scorza e Mariani ci diedero infatti appuntamento nei pressi della stazione di Trastevere. Qui scambiammo l'Aleandri con un borsone di armi che non era quello da noi inizialmente consegnato a quest'ultimo. Sebbene non vi fossero pistole», concludeva il boss, «il cambio venne ritenuto comunque vantaggioso.»

Attenzione anche a queste armi: non perdetele di vista, perché pure loro ci racconteranno una storia su Carminati. Per un attimo, però, voglio seguire ancora Aleandri, che la mattina dello scambio rivedeva la luce dopo trentun giorni di prigionia. Insieme a Calore – ironia della sorte –, solo pochi anni dopo il ragazzo di Costruiamo l'azione e Ordine nero per cui i Nar si mobilitano sarebbe diventato il principale pentito di destra, testimone cardine di tutti i processi sulle organizzazioni che aveva frequentato. Anche qui occorre una precisazione: con il senno di poi, tutti hanno rivendicato identità politiche diverse, soprattutto per differenziarsi nelle responsabilità: ma se ci si cala in quei tempi, e nelle storie, si capisce bene che le stesse persone, a diciassette anni, potevano indifferentemente passare da un gruppo a un altro, in una galassia in cui le grandi scelte spesso erano dettate dal caso o dai rapporti personali.

Ma ora devo concludere la storia di Aleandri e Calore, che ha un esito sorprendente, in un caso, e nell'altro addirittura tragico: per farlo ho bisogno di aprire una piccola finestra con un aneddoto su giorni più recenti. Nel 2009 lavoravo a *Il Fatto Quotidiano* ed ero impegnato nell'organizzazione del futuro supplemento satirico del giornale, il *Misfatto*: nella prima riunione per progettare il settimanale, Stefano Disegni, firma principe della satira italiana e nostro compagno di avventura, aveva fatto il suo ingresso nella redazione di via Orazio accompagnato da un suo amico cinquantenne, presentandolo così: «Viene con me dall'esperienza di *Cuore*, è uno dei migliori autori satirici che abbia mai conosciuto». L'amico di Stefano non poteva passare inosservato: era tutto vestito di jeans e borchie su pelle, non molto alto, simpatico ed estroverso, aveva una risata contagiosa, portava i capelli lunghi e grigi raccolti in una vistosa coda di cavallo. Aveva qualcosa che mi faceva pensare a una sorta di versione romanesca del grande Lebowsky dei fratelli Coen, un'aria da simpatico reduce del Settantasette.

L'ex caporedattore dell'ultimo *Cuore* diretto da Disegni amava fare battute, e sembrava avere posizioni politiche che a prima vista si sarebbero potute definire di estrema sinistra. Diceva cose del tipo: «Senza fumo non c'è satira». Il clima in redazione era familiare, non c'erano troppi convenevoli né rituali di presentazione: così solo quando l'amico di Disegni chiuse il primo pezzo in pagina vidi che lo aveva firmato «Paolo Aleandri». Mi venne da dirgli, per un riflesso automatico da «cuorinerista» maniacale: «Chissà quanti ti avranno preso in giro per la tua omonimia con l'ex terrorista pentito...» Lui smise improvvisamente di parlare del pezzo, si voltò guardandomi con un'espressione di pietra: «Veramente quell'Aleandri lì sono io!» Il tono era apparentemente freddo e iracondo. Poi fece una pausa, assaporando il silenzio che era calato tra noi. E quindi si abbandonò a una risata fragorosa strizzandomi l'occhio: «Ah ah ah!...»

Avevo vissuto per giorni misurando la distanza tra due immagini che non avevano nessun punto in comune: quella del cinquantenne ilare col chiodo e la coda di cavallo, che veniva in redazione a chiudere il numero una volta alla settimana, e quella del ragazzo che per un mese era stato ostaggio della banda della Magliana. Le avevo davanti agli occhi senza riuscire a farle combaciare. Molti di noi credono che il passato lasci necessariamente dei segni sulle persone, ma non è così. Pochi giorni più tardi avevo parlato di questo episodio con il direttore de *Il Fatto*, Antonio Padellaro, e subito dopo mi ero chiesto quale polemica sarebbe potuta deflagrare se leggendo quella firma sul *Misfatto* si fosse scoperto che un ex terrorista nero scriveva corsivi satirici su un supplemento del nostro giornale.

Mi sbagliavo: l'Italia è spesso immemore, non se n'era accorto proprio nessuno. Tutto era proceduto senza incidenti fino al giorno in cui la collaborazione di Aleandri si era diradata, più che altro per motivi di budget e di scarso feeling con il coordinatore del supplemento, il vulcanico Roberto Corradi, che non lo amava granché: ma a influenzare Corradi erano solo le valutazioni stilistiche sui corsivi di Aleandri, non i suoi trascorsi. Alla fine era accaduto che io per altri motivi ero andato via dal giornale e l'ex ragazzo nero era tornato a collaborarvi, ma questa è un'altra storia.

Una curiosa coincidenza, però, aveva fatto sì che Aleandri avesse appena smesso di frequentare la redazione quando, il 6 ottobre 2010, un laconico lancio di agenzia aveva diffuso questa notizia: il suo ex amico e camerata Sergio Calore (militante come lui, condannato come lui, pentito come lui) era stato trovato morto dalla moglie, allarmata dopo una prolungata assenza, in uno sperduto casolare di sua proprietà, nelle campagne di Guidonia. Ne avrei fatte di domande, quel giorno: Calore era stato ucciso in modo barbaro, con circa trenta colpi di piccone. Alla fine, quando il corpo era già esanime e sfigurato, gli era stata tagliata la gola con un colpo netto. Trenta colpi come i trenta denari di Giuda, e gola tagliata come agli infami: non ho mai capito come mai gli inquirenti avessero escluso da subito il movente politico. Il passato non passa mai, e spesso si lascia alle spalle una scia di cadaveri. Il passato non dimentica i conti in sospeso, non conosce l'istituto civile della prescrizione e dell'amnistia, che appartengono agli Stati.

Tuttavia qui mi interessa segnalare i destini opposti di tre uomini che con Carminati avevano vissuto su quel confine sottile tra eversione di destra e banda della Magliana: Semerari decapitato, Calore sgozzato, Aleandri autore satirico e Carminati imprenditore. In Italia, davvero, il punto di separazione fra tragico e comico è sempre molto labile.

Così, un altro universo di legami indicibili che va tratteggiato è quello dei rapporti con gli apparati deviati, che anni dopo porterà al coinvolgimento di Carminati nel processo più drammatico della sua avventura giudiziaria. Ancora una volta, con un intreccio degno dei film di Quentin Tarantino, bisogna tornare al borsone scambiato per liberare Aleandri, aprirlo e inventariarne il contenuto.

Fate attenzione: dalle testimonianze degli uomini della banda della Magliana sappiamo che al suo interno, tra le armi consegnate in cambio dell'ostaggio, c'erano due Mab su cui si era intervenuti artigianalmente, con una modifica particolare al calcio corto del mitra, che permetteva anche una più agile impugnatura manuale. Una modifica artigianale, per un'arma, è come una firma in calce a un quadro. Questo dettaglio è importante perché un Mab identico (proprio uno di questi due, secondo l'accusa) sarà poi scoperto il 13 gennaio 1981 sul treno Taranto-Milano, in una valigetta fatta ritrovare di proposito in un'operazione di depistaggio relativo alla strage di Bologna. Si tratta di un'operazione passata alla storia come «Terrore sui treni», organizzata da parte di alcuni vertici dei servizi segreti del Sismi. Un Mab identico – ecco un altro cerchio che si chiude – a quello rinvenuto nel deposito di armi della banda di cui abbiamo parlato, custodito all'interno del ministero della Sanità.

L'inchiesta su uno dei depistaggi più delicati nella storia dello stragismo si apre quando a bordo dell'espresso Taranto-Milano viene ritrovato il borsone, che non contiene solo armi e munizioni, ma soprattutto un quantitativo di esplosivo dello stesso tipo di quello utilizzato per l'attentato del 2 agosto alla stazione di Bologna, e due biglietti aerei emessi a nome dei cittadini stranieri Martin Dimitriev (valido per il volo Milano-Monaco delle ore 20.00 del 13 gennaio) e Raphael Legrand (valido per il volo Milano-Parigi delle 18.15 del 13 gennaio). Se c'è lo stesso esplosivo, vuol dire che i fantomatici stranieri che portavano la valigia stavano lasciando una traccia macroscopica alle loro spalle. Peccato che i due non esistessero e che la traccia fosse falsa.

Il ritrovamento del borsone e il suo contenuto (a partire dai biglietti-civetta) servivano ad accreditare una falsa pista internazionale che indicava i responsabili della strage in una componente eversiva costituita da terroristi stranieri e italiani: serviva a trascinare le indagini fuori dai nostri confini nazionali. Ma a coinvolgere Carminati in questa inchiesta, insieme ai due ufficiali dei servizi deviati e a Licio Gelli, questa volta sono le dichiarazioni di uno che lo conosce e che gli vuole persino un po' di bene. È di nuovo il boss Maurizio Abbatino, secondo cui il Mab del borsone lo ha fornito proprio lui. Sempre Abbatino sostiene che quell'arma è riconoscibile perché presenta le stesse modifiche artigianali degli esemplari che facevano parte dell'arsenale della banda della Magliana, ed era dunque tra quelle riposte nella stanza vegliata da Biagio Alesse. Questo Mab, conservato nei sotterranei del ministero della Sanità, sarebbe stato poi prelevato da Carminati e mai restituito (si trattava, secondo il boss, proprio di una delle armi che a suo tempo erano state consegnate alla banda per ottenere la liberazione di Aleandri). Ovviamente bisogna precisare che nel processo relativo a questi fatti Carminati è stato prima condannato e poi assolto. E questo perché le parole di Abbatino, a cui i giudici avevano creduto ritenendo il boss attendibile, non avevano trovato una conferma probatoria definitiva e inequivocabile.

E ancora: c'è da credere ad Antonio Mancini, altro pentito della Magliana, che tira in ballo Carminati come possibile esecutore di un altro omicidio appaltato dalla banda (che a sua volta avrebbe agito su commissione di terzi, oscurissimi committenti)? Mancini, interrogato nel marzo 1994, dichiara: «Fu Massimo Carminati a sparare al giornalista Mino Pecorelli assieme ad Angiolino il biondo, Michelangelo La Barbera [un boss di Cosa nostra, *N.d.A.*]. Il delitto era servito alla banda per favorire la crescita del gruppo, favorendo entrature negli ambienti giudiziari e finanziari romani, ossia negli ambienti che detenevano il potere».

Pecorelli, direttore del settimanale *Op – Osservatore Politico*, iscritto alla loggia P2, uomo pieno di nemici e di segreti, era vicino ai servizi, temuto da molti, inviso a tantissimi. Era stato assassinato con quattro colpi di pistola calibro 7,65 a Roma, la sera del 20 marzo 1979. Ma il processo che si è celebrato dopo le dichiarazioni dei pentiti ha prosciolto Carminati in Cassazione, giudicando insufficienti i riscontri trovati alle testimonianze che lo accusavano.

Eppure, ben oltre i verdetti, sia la storia complessa del borsone e dell'arsenale dell'Eur sia quella delle accuse sul delitto Pecorelli ci dicono che il viaggio di Carminati all'inizio degli anni Ottanta, poco prima del suo primo arresto, si è spinto molto oltre, arrivando a lambire anche una zona oscura, quella dei rapporti con i servizi segreti. Valerio Fioravanti, un testimone che non dovrebbe essere sospetto di ostilità nei suoi confronti, dichiarerà: «Massimo era uno che non voleva porsi limiti nella sua vita spericolata, pronto a sequestrare, uccidere, rapinare, partecipare a giri di droga, scommesse, usura». Un giudizio a cui dobbiamo dare credito – visto chi lo pronuncia – e che diventerà ancora più severo nel corso degli anni, come per marcare una differenziazione e una distanza. Curiosamente Carminati, intercettato durante l'inchiesta su «Mafia capitale», userà parole simili per descrivere altri estremisti di destra, perché gli anni di piombo sono anche un labirinto di specchi in cui le immagini riflesse o ingannevoli spesso tendono a sovrapporsi e confondersi con la realtà.

Sta di fatto che anche in virtù di questa capacità militare e di questi rapporti, Carminati è uno degli ultimi a essere arrestati tra gli ex militanti dei Nar: viene catturato il 20 aprile 1981 mentre, inseguito da mandato di cattura per le sue azioni, sta cercando di fuggire in Svizzera in compagnia di altri due camerati, Domenico Magnetta e Alfredo Graniti. Arrivati nei pressi del valico del Gaggiolo, i tre sono bloccati dalla polizia appostata alla frontiera. Qui l'epilogo si fa ancora una volta cruento: gli agenti aprono il fuoco sui tre ricercati. Mentre gli altri due restano illesi, Carminati viene ferito gravemente e perderà sia l'occhio sinistro sia l'uso di una gamba.

È in questo momento che Massimo diventa «er Cecato». Il punto terminale di una storia diventa il punto di partenza di un'altra, la foto segnaletica di questo uomo mutilato, un'immagine che incute timore, che gli conferisce un'aria tenebrosa e una faccia da pirata, viene trasfigurata in un quarto di nobiltà, un biglietto da visita da esibire come una medaglia in una nuova esistenza.

Perché è evidente che Carminati ha mille risorse, e la sua carriera non finisce certo con l'arresto e la sparatoria che gli costano la libertà e quell'occhio. In carcere piovono gli indulti: sconta la pena, torna libero nel 2006 e si reinventa una nuova esistenza come capo di una banda che riesce ad assumere il controllo della capitale a cavallo tra appalti ed estorsioni: «Mafia capitale», diranno gli inquirenti cercando un filo al proprio lavoro, per raccontare il sodalizio con Salvatore Buzzi, un ex estremista rosso condannato per omicidio, che diventa il suo socio. Uno è il braccio, l'altro la mente. Tra i due ci sono un fiume di soldi che corrono, quelli degli appalti, e una ragione sociale che Carminati illumina con una frase pronunciata in un'intercettazione destinata a diventare celebre.

L'ex terrorista dei Nar sta parlando con uno dei suoi luogotenenti, il suo braccio destro e sodale Riccardo Brugia. Improvvisamente, come fosse ispirato, condensa in una metafora tutta la sua filosofia: «È la teoria del mondo di mezzo, compà!» esclama. «Ci stanno... come si dice... i vivi sopra e i morti sotto, e noi stiamo nel mezzo.» Poi, seguendo il filo del suo ragionamento, aggiunge: «Ci sta un mondo in mezzo in cui tutti si incontrano e dici: come cazzo è possibile, come se io domani posso stare a cena con Berlusconi». E subito dopo: «Cazzo, dovrebbe essere impossibile, capito com'è l'idea? È quella che il mondo di mezzo, invece, è quello dove invece tutto si incontra. Cioè, hai capito? Allora le persone... le persone di un certo tipo, di qualunque ceto, si incontrano tutte». Ma la cosa più interessante è la spiegazione finale offerta da Carminati: «Tu stai lì, in quel mondo, ma non per una questione di ceto: per una questione di merito, no? Allora nel mezzo, anche la persona che sta nel 'sovramondo' ha interesse che qualcuno del 'sottomondo' gli faccia delle cose che non le può fare nessuno».

È una sintesi perfetta, a ben vedere, quasi letteraria.

Ovvio, se si esce dalle coordinate della cronaca, la prima cosa che colpisce sono le diverse lingue che si fondono in questa intercettazione che è diventata l'epigrafe dell'inchiesta. La prima, ovviamente, è criminale. La seconda è tutta politica. La terza è il romanesco, questa sorta di vernacolo che caratterizza e pervade tutto, anche nel lessico, e rievoca per assonanza le battute della trasposizione cinematografica di *Romanzo criminale* di Michele Placido («E adesso noi se prennemo Roma!»). La quarta suona esplicitamente tolkieniana, una parafrasi delle allegorie di un libro molto caro a tutti i giovani neofascisti degli anni Settanta e Ottanta, *Il signore degli anelli*.

Tutti hanno interpretato il monologo come una confessione parabiografica (e senza dubbio è anche questo), come una millanteria o addirittura un'ammissione. Ma io, ancora una volta, non lo leggo con gli occhi di chi conduce l'inchiesta su «Mafia capitale», e nemmeno con quelli del cronista di giudiziaria, ma con quelli del «cuorinerista»: il mondo dei vivi e il mondo dei morti, il passato e il futuro che si afferrano l'un l'altro e si frequentano di contrabbando spiegano benissimo anche il rapporto fra gli anni di piombo e il presente, il reducismo e il sentimento di chi è stato in galera per le sue gesta nel tempo della lotta armata e ritorna alla vita anche con un senso di rivalsa.

E questo è così vero che il 29 marzo 2017 in aula, durante il processo per «Mafia capitale» (che lo vedrà condannato a vent'anni di carcere in primo grado), Carminati centra la sua autodifesa proprio su quella identità e trasforma la sua deposizione in un nuovo – ancora più esplicito – manifesto autobiografico. Spiega il suo braccio teso in aula, respinge le accuse di associazione criminale, dice: «Sono solo un vecchio fascista degli anni Settanta. I giornalisti domani si divertiranno, ma io sono contento di essere così, non ho nulla da togliere o da aggiungere».

Quattro ore di interrogatorio nell'aula bunker di Rebibbia, per due giorni: «Se non ci fossi stato io, questo processo sarebbe stato una cosa ridicola». Parla in collegamento dal carcere di Parma dove è detenuto con un regime duro. È inquadrato in un campo largo, una visione che pare straniante. Chiude in terza persona: «Se questo processo è così seguito, è perché c'è Carminati».

Alla fine della prima giornata di deposizione torna sulla metafora che l'ha reso celebre: «il mondo di mezzo». Accusa i giornalisti di aver manipolato il suo personaggio, rivendica la guerra degli anni di piombo: «Io quella stagione lì non la rinnego». Se la prende con Gianni Alemanno, declassandolo a «non camerata»: «È uno con cui non è vero che io abbia mai diviso il carcere ai tempi dei Nar». Poi allarga l'invettiva che parte dall'ex sindaco al mondo della politica: «È come tutti quelli del mondo di sopra. Gente che te fa lavorà e poi non paga. Mica come nel mondo di sotto. Lì, se lavori, ti pagano. Ma del resto, si sa. I politici sono sempre stati così. Se ne fregano. Uno schifo. E quando non servi più», si lamenta, «te accannano [ti mettono da parte, *N.d.A.*]. Come ha fatto Alemanno con Mancini. Un mondo all'incontrario, perché noi del mondo di sotto non avremo dieci comandamenti, ma tre sì. E quelli li rispettiamo. Mentre il mondo di sopra, che ne ha dieci, non ne rispetta uno».

Il «sovramondo» e il «sottomondo» possono diventare, forse, persino un'allegoria della vita di Carminati: prima uomo d'armi dei Nar, poi uomo d'armi della banda della Magliana, quindi imputato per il sospetto di esserlo stato per i servizi, e – nella sua ultima vita – uomo d'armi e di sostanza della gang di «Mafia capitale». Un'intera vita nel sottomondo, con l'idea di riuscire a saltare – prima o poi – nel sovramondo.

Per questo, leggendo le sterminate pagine delle ordinanze relative a «Mafia capitale», l'evocazione della lotta armata, delle sue storie, dei suoi uomini e dei suoi simboli è continua, fin dai primi intensissimi capitoli di ricostruzione. Prendete per esempio un dettaglio minuscolo, l'intercettazione del dialogo tra un certo Gaglianone e un certo architetto Barbieri, che sta lavorando per Carminati alla ristrutturazione della sua villa. In questa occasione il primo dice al secondo: «Niente archité! Questi c'hanno i soldi per fa' una guerra. *Ai tempi d'oro* [il corsivo è mio, ovviamente, *N.d.A.*] hanno fatto quello che hanno fatto, insomma, capito?! Adesso lui conosce...» E qui non sappiamo chi conosce perché Gaglianone, annota l'ufficiale intercettatore, «abbassa notevolmente la voce». L'esperienza degli anni di piombo, in queste pagine, non è solo un riferimento per Carminati, ma un ammonimento per chi gli sta intorno. Per questo lui alimenta il mito, cita di continuo episodi, si colloca in quel tempo. A volte chi conduce l'inchiesta quasi non se ne accorge. Per esempio, quando in un bar si parla di uno che è stato ucciso negli anni Settanta e che secondo gli intercettatori sarebbe «autonomo», e che invece è «l'autonomo»: cioè Valerio Verbano. In un'altra occasione il carabiniere impegnato nell'ascolto sente, o crede di sentire, che si parla di un certo «Scicolone» e poi «cicorione». E invece non si tratta di un parente di Alessandra Mussolini e di Sofia Loren né di un personaggio da commedia alla Tomas Milian, ma di Roberto Nistri, detto «Cicognone» per la sua andatura dinoccolata e la lunghezza del suo collo, ex capo militare dei giovani neofascisti di Terza posizione.

Ma il legame con la stagione delle armi è anche personale, parentale, d'onore, ereditario. Nell'ordinanza di applicazione delle misure cautelari si racconta di un intervento del gruppo di «Mafia capitale» in difesa di Lorenzo Alibrandi, detto «Lorenzino», (fratello del più noto Alessandro Alibrandi, ex terrorista dei Nar morto in un conflitto a fuoco). Lorenzo è titolare di uno stabilimento balneare del litorale romano, e ottiene un intervento contro un certo «Danilo» che disturba la sua attività. Il malcapitato Danilo se la vede veramente brutta, perché non ha idea di che cosa gli tocca per aver fatto un po' di confusione al bar. E a questo proposito, in un'ulteriore conversazione con Brugia, Carminati se la prende con un altro dei suoi luogotenenti, Fabio Gaudenzi, lanciandosi in una intemerata filippica piena di riferimenti: «Già gli avevo chiesto una cosa per questa estate a lui e a quell'altri cialtroni degli amici suoi. E invece ho dovuto annà a cercà da solo... gli ho fatto fà una cagata a uno che faceva il malandrino lì sulla spiaggia là» (ovvero lo stabilimento di Alibrandi). Continua «er Cecato»: «Mo' ce pensamo noi... ce pensamo noi». Secondo chi esegue l'intercettazione qui Massimo parla con voce in falsetto, ironizzando sulle affermazioni di Fabio e dei suoi amici e simulando la loro inconcludenza.

Ma subito dopo spiega perché ha voluto intervenire di persona in una vicenda apparentemente così piccola: «Sò annato giù e gli ho detto: 'Un'altra volta che ti avvicini prendo e ti...' E quello: 'Ma io... Ma, non lo sapevo che...' E io: 'Invece no, lo sapevi... lo sapevi che il fratello di quello era un compagno mio! Il fratello di quello era un mio compagno che è morto... cane pezzo di merda!' Capito 'sti cialtroni? Lui e tutti gli amici sua... e va bé! Però lì non me fregava un cazzo».

È in questo frangente che si scopre, se è vero quello che Carminati e i suoi camerati raccontano, che «er Cecato» ha fatto in tempo ad andare anche lui in Libano, a combattere con Alessandro a fianco delle milizie cristiane nel conflitto all'inizio degli anni Ottanta. un altro cerchio iniziatico nel curriculum tipo del neofascista armato degli anni di piombo si chiude.

E poi di nuovo ci sono le armi, le armi come strumento di lavoro, ma anche come elemento iniziatico. Le armi e le vite che hanno segnato. Qui ritorna a tratti il ragazzo dell'arsenale e del borsone. Per esempio, quando Carminati spiega di aver richiesto due pezzi della «Makarov 9 con silenziatore», per ridurre al minimo il rischio di individuazione in caso di utilizzo, grazie alla rumorosità attutita: «Non senti neanche il *clack*!» (dice riferendosi alla manovra di armamento della pistola). Poi aggiunge di aver già speso «esattamente 25.000,00 euro per quattro silenziatori» e «per tre Mp5».

Quindi si mette a discutere con il suo amico Riccardo Brugia a proposito della morte di Danilo Abbruciati, rimasto a terra durante un conflitto a fuoco in occasione dell'agguato al vicepresidente del Banco Ambrosiano Roberto Rosone nel 1982 e, soprattutto, dell'opportunità di indossare giubbotti antiproiettile in Kevlar, che al boss della Magliana in quell'occasione sarebbero serviti. Il suo interlocutore gli dice: «Ma dei giubbotti da noi... appizzati [in romanesco vuol dire «pronti», *N.d.A.*] ce li dovemo avè... eh! anche perché c'ho sempre avuto la fissa del coso, del povero Danilo». Al che Carminati risponde: «Se c'hai quello ti salvi». Però quello che gli piace davvero sono i Makarov silenziati: «Arretra il carrello... perché come è fatta... è tutta a recupero dei gas... siccome non è che sono vecchie... sono nuovissime, delle forze armate russe... delle forze speciali russe... mi avrebbe portato anche la cosa da... da sport perché le fanno anche... le fanno nove... no... non è nove para... nove per ventuno... tutta silenziata... pure... bellissima... l'ho vista su una rivista». Qui i puntini sospensivi dell'intercettatore vanno rispettati, è il momento dell'estasi.

Uno dei luoghi intorno a cui la banda di «Mafia capitale» fa ruotare la propria attività è un distributore di corso Francia, dove un giorno la polizia intercetta Carminati mentre parla con due tipi che sono arrivati a bordo di un'Alfa Romeo 156 grigia (che risulterà intestata alla Questura di Roma!) per affari di cui qui ci interessa poco. I due, per accreditarsi e per rompere il giaccio, iniziano a loro volta a celebrare Massimo per il suo passato. Uno gli chiede del poliziotto che gli ha sparato, meravigliandosi che sia ancora vivo. Considera un automatismo, il tizio, che Carminati, essendo un ex terrorista, appena uscito dal carcere, sia andato a cercarlo per farlo fuori. Dice il primo passeggero dell'Alfa: «Però sò affascinato...» Aggiunge Carminati: «Quella è la storia... la storia nostra, hai capito?» Ribatte l'altro, quasi in estasi: «Io starei due giorni a sentirti». E Carminati conclude, con un sospiro quasi nostalgico: «Erano altri tempi... eh».

Mi colpisce, ovviamente, il fatto che l'evocazione della stagione dei «cuori neri» ritorni anche nel dialogo tra un altro fedelissimo luogotenente di Carminati e un suo interlocutore, Filippo Maria Macchi. Faccio un salto sulla sedia quando leggo, nelle parole intercettate di Fabio Gaudenzi, il nome dell'ultima delle vittime che ho raccontato in *Cuori neri*, Paolo Di Nella, usato (in modo maldestro e un po' fumoso) addirittura per circoscrivere un'epoca. Gaudenzi parla di Carminati e di Riccardo Mancini (anche lui proveniente dal gruppo dei vecchi amici, poi sistemato alla testa dell'Ente Eur, interlocutore privilegiato della banda) con evidente ammirazione, ma anche con una sorprendente approssimazione. Sentite che racconto, e che ritratti folgoranti fa Gaudenzi.

Gaudenzi: «Soprattutto poi quando era il tempo della politica... cioè qua...»

Macchi: «[...] Non erano ancora i tempi di Paolo Di Nella e di quelli là?» [*Sic!* «Quelli là» sarebbero gli altri caduti, *N.d.A.*]

Gaudenzi: «*Quello* [cioè Di Nella, *N.d.A.*] è un po' prima».
Macchi: «Quindi voi non rientrate *in quella roba là*?»
Gaudenzi: «Io no... loro sì!»
Macchi: «Massimo sì?»
Gaudenzi: «No no, pure Riccardo».
Macchi: «Riccardo ha cinquantatré [anni, *N.d.A.*]...»
Gaudenzi: «Riccardo... è stato condannato coi Nar pure lui eh... non è che... cioè tutti terroristi eh... cioè lui ha fatto il carcere per... come terrorista, come estremista di destra, associazione sovversiva, banda armata».
Macchi: «Lui non faceva rapine?»
Gaudenzi: «Sì, tutti! Riccardo è stato uno dei più grossi rapinatori di Roma...»

Se non ci fossero di mezzo morti, rapine e feriti, questo dialogo tra Macchi e Gaudenzi farebbe quasi tenerezza: «Io», aggiunge Gaudenzi, «ce so' proprio cresciuto co' Riccardo [...] Massimo è uno che... è venuto tante vorte a casa mia, era amico de mi' padre». C'è poi, come per esibire un curriculum, un'altra frase rivelatrice: «So' venticinque anni che stamo insieme... Noi c'abbiamo verbali enormi insieme, eh!» Gaudenzi intende i verbali delle inchieste, ovviamente: ossia il principale pedigree che ti rende rispettabile nell'ambiente.

Ecco perché, alla fine di questa lunga cavalcata, si torna al punto di partenza, all'alfabeto primario di *Cuori neri*, al passato che diventa mito. Raccontare tutto quello che si può, come ho iniziato a fare più di dieci anni fa, significa esattamente compiere l'esercizio opposto. Vuol dire sottrarre spazio al processo di trasfigurazione della storia in leggenda. Il volto di Carminati nelle vecchie segnaletiche con la benda, e in quelle più recenti con un occhio di vetro, sono un emblema di quell'epoca, un esito possibile. Io quel primo piano, quasi scolpito, segnato dalle tinte cromatiche quasi livide di una foto segnaletica, lo intendo quasi come uno di quei segnali di pericolo che mettono in guardia gli automobilisti all'inizio di una strada piena di curve. Gli anni Settanta non sono stati e non possono essere ridotti alla loro rappresentazione criminale, e il decennio delle passioni e della politica non si può esaurire nel racconto della lotta armata.

Dieci anni fa *Cuori neri* è stato sottoposto a un duro fuoco di critica da parte di diversi esponenti di destra (ma non solo) per un'altra scelta fatta in piena consapevolezza, che oggi ripeterei: mettere sotto i riflettori le vittime, dando alle loro storie un rilievo del tutto diverso da quello riservato ai carnefici. Oggi sono felice di aver fatto quella scelta all'inizio, quasi d'istinto, e poi razionalizzandola. Perché mi rendo conto che l'unico modo per salvare il senso di una storia, in cui – nel conflitto di strada tra rossi e neri – andarono distrutte o oscurate le ragioni ideali, è riavvolgere il nastro, impedendo al sangue e alle armi di oscurare tutto il resto.

Quello che non potevo immaginare, però, è che in occasione dell'uscita della nuova edizione avrei subito una decisione che non condividevo. E che questo avrebbe scatenato (anche) su di me una tempesta che rischiava di azzerare quelli che consideravo importanti passi avanti.

«Bastardo.» «Infame.» «Assassino: per pochi spiccioli ti sei venduto?» È un martedì sera come tanti altri, maggio 2015. Sono tornato a casa dopo una lunga giornata di lavoro, quando su Twitter e Facebook iniziano a piovere messaggi di questo tenore, tutti indirizzati a me, e tutti legati alla parola chiave #Cuorineri. Da dove arrivano? Perché? Ho bisogno di fare mente locale per capire cosa accade. Ho da poco licenziato l'introduzione all'edizione aggiornata del libro (che fra l'altro in quelle ore non è ancora in libreria). In quelle pagine iniziavo questo complesso ragionamento sulla storia di Carminati. Non avrei mai potuto immaginare che quei messaggi fossero solo il principio del terremoto che avrebbe obsoletizzato e distrutto (anche materialmente) quell'edizione, mettendo in moto il congegno per cui quella che adesso si trova nelle librerie è un'ulteriore nuova edizione. Essendo un caso senza precedenti nella storia della nostra editoria, merita forse di essere raccontato.

Infatti, prima che il nuovo volume fosse messo in vendita, e prima ancora che io lo avessi materialmente visto o avuto tra le mani, *Barbadillo.it*, una rivista online animata da un gruppo di giovani intellettuali di destra, ha notato in qualche anticipazione su internet la nuova copertina con la foto di Carminati e ha deciso di lanciare una campagna per bloccarla. «Stavolta», si legge in un corsivo anonimo, «la Sperling & Kupfer ha davvero esagerato: il volto di uno dei protagonisti dell'inchiesta 'mafia capitale' come copertina di *Cuori neri* di Luca Telese è una trovata di cattivo gusto e soprattutto rappresenta una evidente contraffazione che mistifica la storia. Verrebbe da chiedersi perché l'editore pubblichi una presentazione sui giovani fascisti caduti negli anni di piombo e poi – collegandola ad un nuovo capitolo recentemente aggiunto dall'autore – sommi il loro sacrificio con le miserie dell'inchiesta giudiziaria romana sulle cooperative.»

Scoprirò solo più tardi che a scrivere questo corsivo è stato Michele De Feudis, un giovane editorialista del *Corriere del Mezzogiorno* che conosco benissimo e da tanti anni. E meno male, perché il fatto che da *Barbadillo* non mi abbiano nemmeno chiamato per sentire il mio parere – o anche solo avvisarmi – mi fa arrabbiare. Fra l'altro, né De Feudis né nessun altro della testata online aveva ancora letto la nuova introduzione, e tutti pensavano che il nuovo capitolo fosse un'aggiunta sull'inchiesta «Mafia capitale», del tutto estranea al tema del libro, e non sul rapporto tra la memoria degli anni di piombo e quello che le intercettazioni dell'inchiesta ci rivelano.

Eppure, anche in questa polemica al buio, che mi sorprendeva con la stessa leggerezza di un pugno in faccia, De Feudis e il collettivo di *Barbadillo* prima anticipano, e poi registrano, uno sconcerto che attraversa molti lettori – vecchi e nuovi – di *Cuori neri*. Di più. La rivista lancia un'idea che, malgrado lo sconcerto, mi convince subito: «Telese compia l'unico gesto possibile e ragionevole dopo la pubblicazione di una copertina che è un vero colpo basso: inviti fermamente l'editore a ritirare le copie del libro con questo strumentale accostamento». La proposta, rivolta a me e alla casa editrice, registra uno stato d'animo che accomuna la violenza dei messaggi più estremi, ma anche il disappunto di tanti altri più pacati ma non meno addolorati. Raccoglie subito adesioni, da quella di un intellettuale di destra come Pietrangelo Buttafuoco a quella di un giornalista di sinistra come Giommaria Monti.

Mi chiama Giampaolo Pansa. Nel pomeriggio mi telefona una persona che in questi anni mi è stata molto vicina come Giampaolo Mattei. Il legame tra di noi, come sapete, è legato a tante esperienze condivise. «Luca, che cosa è successo? A me quella copertina mi fa star male.» In quelle ore mi scrivono, o intervengono sui social media, persone che avevano accompagnato il viaggio di *Cuori neri*, alimentando il dibattito che ne era nato. D'impulso pubblico sul mio sito un primo messaggio per spiegare – anche se può sembrare un paradosso – che non tutti gli elementi di un libro sono decisi in autonomia dall'autore (cosa di cui molti invece sono fermamente convinti) e che accolgo la proposta di *Barbadillo*. Aggiungo: «È evidente che questo libro non appartiene solo a chi lo ha scritto e a chi lo ha pubblicato, ma anche e soprattutto a chi lo ha letto, e a chi lo legge tuttora e soprattutto a coloro di cui in quel libro si parla». Subito dopo mi sorprendo a riflettere sul fatto che un caso di questo tipo, nella saggistica italiana, non si è mai verificato. Può la copertina di un libro essere considerata una proprietà collettiva? Può la velocità del giornalismo web incidere su un percorso editoriale? Entrambi gli interrogativi si inverano in questa vicenda.

Il giorno dopo, però, devo scrivere ancora, e sul tema della mia introduzione. Di nuovo devo farlo scontentando molti lettori, perché da un'idea che si propone la salvaguardia della sensibilità delle vittime e dei loro parenti – il cambio di copertina – si sta passando a un dibattito non meno violento e ancora più paradossale: quello secondo cui una introduzione che nessuno in quel momento ha ancora letto sarebbe di per sé indegna solo perché accosta la memoria dei «cuori neri» a qualcosa che secondo alcuni nulla c'entra, come le imprese di Carminati. E allora mi metto di nuovo davanti alla tastiera per provare a spiegare qualcosa di più complesso, sia a chi mi insulta sia a chi mi interroga: «Sta diventando così radicale, e violenta, la polemica in rete sulla nuova edizione di *Cuori neri*», aggiungo in una nuova nota, «che sento il bisogno di dire qualcosa di più (poi posso anche tacere). La prima: ho già raccontato di come fin da quando ho visto quel bozzetto non fossi convinto di quella proposta di copertina, che metteva in primo piano la foto segnaletica di Carminati. Ho spiegato i miei dubbi, le mie difficoltà e il problema su a chi spettasse il diritto di scelta finale. Ma fra tante critiche dure, alla fine c'è un punto di verità, soprattutto nella posizione di coloro che mi dicono: ma tu alla fine quella scelta l'hai subita, l'hai condivisa, a noi non ce ne frega nulla del vostro dibattito interno, del perché o del percome. Quella foto alla fine è sulla copertina del libro che porta il tuo nome, quindi di cosa abbia prodotto quella scelta non ci importa, conta il risultato finale. È vero», ammettevo, «e lo è a tal punto che mi sono associato alla richiesta di chi (come la rivista *Barbadillo*) ha detto da subito: ripristinate la copertina originale. E poi perché do ragione a chi dice: prendi atto tu di un errore oggettivo che la reazione di tanti lettori rende evidente in modo plateale. Mi prendo la mia parte di responsabilità che su questo punto c'è, e che non si può dividere con nessun altro. Ho spiegato che quando un libro finisce per appartenere ai suoi lettori almeno quanto al suo autore o al suo editore, questa protesta è una ricchezza. È un caso raro, ma felice. Mi prendo la mia parte di responsabilità, di più non posso fare o dire».

Aver messo in chiaro questo punto, però, mi rendeva ancora più evidente cosa c'era di importante e di interessante anche nel cuore di tante polemiche: La discussione che si sta sviluppando – osservavo – conteneva un punto di paradosso, che per molti derivava dal fatto di non aver letto la mia introduzione, ma anche da una sorta di teorema che quella lettura avrebbe messo ancora più in crisi. La tesi di questo teorema era (ed è): Carminati con la storia degli anni di piombo non c'entra niente, con la destra nemmeno, Carminati è un delinquente abituale che con le vicende che hai raccontato in *Cuori neri* non ha nulla a che fare, Carminati soltanto nominarlo in quel libro che parla di vittime è un accostamento sacrilego. Di questo punto del dibattito, ovviamente, a costo di subire le reazioni più feroci, devo dire che non posso condividere nulla. È una considerazione impopolare per molti, ne sono certo, ma è davvero ineluttabile.

Anche chi legge queste righe oggi deve sapere di cosa parlo. Se il libro del 2006 vedeva il nome di Carminati citato più volte nel suo indice dei nomi, questo accadeva perché l'ex terrorista ne faceva parte, al pari di tanti altri nomi che partendo dalla comune storia dei «cuori neri» erano finiti a combattere nella lotta armata, o più semplicemente implicati in inchieste di criminalità comune o malavitosa. Eppure, leggendo la prima edizione, nessuno aveva protestato per il fatto che raccontassi il delitto dell'Idroscalo o il massacro del Circeo – tutti commessi da ragazzi di destra – con tanto di stupro. Nessuno aveva obiettato che in questo libro si raccontassero nel dettaglio alcuni delitti dei Nar, anche i più insensati ed efferati, o le gesta di Franco Anselmi o di Alessandro Alibrandi, entrambi morti con le armi in pugno. In quegli anni eravamo ancora più vicini alla storia che alla mitografia, la memoria del passato prossimo era più calda, molti testimoni non erano ancora scomparsi.

Quindi, al netto degli insulti e della rabbia e dei malintesi, questa ondata di indignazione che faceva seguito all'articolo di *Barbadillo* era un'ulteriore prova di come il rapporto con gli anni di piombo oggi sia ancora più attuale e dirompente di allora, ma anche di come restino da risolvere, nel giudizio storico, nodi importantissimi. Quella polemica, semmai fosse stato necessario, rendeva evidente che, finiti i partiti storici – soprattutto quelli di destra – e scomparsi molti testimoni importanti, anche fra quelli che avevo intervistato nel libro del 2006, erano saltati i «corpi intermedi» che mediavano il rapporto con la storia e con il passato. Non ce ne eravamo quasi accorti, ma erano venuti meno il filtro e la sintesi della politica, e questo, al contrario di quello che pensano molti, non era (e non è) un bene. Anzi.

La memoria degli anni di piombo, anche per questo motivo, spesso diventa pura emotività, energia e rabbia, quasi sempre prive di qualsiasi filtro intellettuale sia a destra sia a sinistra: quando va bene, questo produce conflitto di ideologie, quando va male, fanatismo. Nella contestata introduzione alla nuova edizione di *Cuori neri* citavo esempi diversissimi per raccontare questo cambiamento che si era prodotto nello spazio e nel tempo: il terrorismo è diventato un codice universale, e questa lingua globale aveva trovato una sua culla naturale in Italia.

Non solo, ma anche perché avevo scritto quelle storie, quando leggevo e vedevo i video dell'Isis, io leggevo dentro lo spettacolo della violenza un format, e mi convincevo che i primi ad aver messo a punto questo format erano state le Brigate rosse. Non solo, ma anche perché avevo scritto quelle storie (lo stesso vale, credo, per chi le ha lette), quando leggevo sui giornali la notizia che ancora si fanno rilievi scientifici in via Fani, perizie tridimensionali per cercare tracce e prove a distanza di mezzo secolo, mi veniva da sorridere. Proprio perché avevo scritto quel libro, anzi, non potevo limitarmi a credere che simili sceneggiate fossero solo trovate di colore: mi rendevo conto che l'ossessione criminologica che si associava alla rimozione storica diventava una sorta di valvola di sfogo per un trauma collettivo irrisolto. Era un alibi perfetto per le istituzioni, era un palliativo necessario per l'opinione pubblica. L'idea che si potesse trasformare il delitto che più ha segnato la storia della Repubblica in un *cold case*, razionalizzabile e risolvibile come una puntata di *Csi*, mi sembrava, e mi sembra tuttora, follia pura.

Era seguendo questo filo di riflessione diacronico che arrivavo al caso Carminati, e all'impressione che leggere gli incartamenti di quell'inchiesta aveva suscitato in molti di coloro che, come me, in un lungo decennio avevano studiato gli anni di piombo. In quella introduzione riassumevo tutto questo, saltando alcuni dei passaggi di analisi più articolati e dei racconti che avete trovato poi riportati nel libro che adesso avete tra le mani. Ecco perché i delitti e i reati di «Mafia capitale» con questa riflessione non c'entrano nulla: l'inchiesta ci rivelava un mondo sommerso, come una scansione ai raggi X può mostrare oggetti che sono celati dal loro involucro esterno. Di questo avevo parlato con persone che condividevano questo percorso, talvolta anche con idee diverse dalle mie, come Nicola Rao e Ugo Tassinari. Di questo avevo scritto. Anche a Nicola e Ugo era accaduto di pubblicare libri che erano cambiati nel corso degli anni e attraverso le diverse edizioni, perché la materia che trattavano era così incandescente da sedimentare a ogni riscrittura: il primo *Fascisteria*, scritto da Tassinari nel 2001, era un libro del tutto diverso da quello che avremmo pubblicato nel 2008 con la Sperling & Kupfer; il primo *Neofascisti!* di Rao era solo un lontano parente de *La fiamma e la celtica* che, edito sempre dalla Sperling nel 2006, era destinato a diventare un piccolo bestseller. Questi libri, esattamente come il mio, crescevano come figli tra le mani dei loro autori.

Dopo il divampare della polemica, avevo trascorso le prime due giornate a discutere con varie persone che mi avevano contattato o che avevo cercato io per provare a capire meglio. La mattina dopo l'articolo di *Barbadillo* – ero ancora sotto choc – il primo con cui ne avevo parlato era stato, quasi per caso, Adriano Scianca, un giornalista della destra radicale che mi aveva chiamato e intervistato a caldo. Poi avevo scambiato opinioni proprio con Tassinari e Rao, studiosi e memorie viventi della storiografia più recente. Quindi con l'uomo che aveva lanciato il sasso nello stagno, De Feudis. E infine con un altro giornalista sardo, Fabio Meloni, che era stato fra i presentatori di *Cuori neri* a Cagliari e aveva raccontato la sua indignazione sul web. Parto subito dall'obiezione di Meloni, che in quelle ore era una delle più aggressive, e che riassumo per grandi linee. Il collega mi diceva più o meno: a me quella copertina fa schifo. Il problema però non è solo la foto, ma anche il fatto che tu abbia scritto un'introduzione citando Carminati. Non so se Carminati sia mai stato dei Nar – sosteneva Fabio –, ci sono molte voci controverse su questo, sicuramente ne è uscito per intraprendere un percorso criminale. Quindi, a prescindere dal suo passato, oggi Carminati è quello. Se tu accosti Carminati ai «cuori neri», di fatto stai contaminando quella storia politica con una storia criminale.

Questa discussione mi faceva molto pensare. Sulla stessa lunghezza d'onda di Meloni, molti in quelle ore scrivevano per mettere in dubbio persino qualsiasi legame di Carminati con la destra. Ma, all'estremo opposto, c'era anche chi da destra – da posizioni ancora più estreme – se la prendeva con i suoi stessi camerati per questa opera di denegazione. Per esempio l'ex leader degli Amici del vento Guido Giraudo (autore di una bella biografia su Sergio Ramelli). Ma pure chi, come Gabriele Adinolfi, ex di Terza posizione oggi vicino a CasaPound, scriveva: «Di Carminati so poco e niente visto che non l'ho mai incontrato in vita mia. Dando per buono tutto quello che ci raccontano i media sarebbe effettivamente impresentabile. Ma non di più dei tanti che sono diventati politici e che in quelle storie definite di mafia capitale ci sono immersi. Quelli non scandalizzano però, anzi sono tra quelli che si scandalizzano per Carminati in copertina». Quindi Adinolfi se la prendeva con il suo mondo, con gli indignati di destra: «Il problema, dicevo, è l'area perché è formata ogni giorno di meno da uomini, ma si compone di moralisti perbenisti ipocriti. Di gente che non fa selezioni etiche – e lo sappiamo bene! – ma solo formali, a seconda di quant'accettazione esterna e di quanto tornaconto apportino le cose». Adinolfi chiudeva il suo intervento prendendosela ancora una volta con me, e citando come un modello un altro celeberrimo terrorista nero: «Sapete che c'è? Voi tenetevi il vostro Telese, io quegli anni preferisco ricordarli con Mario Tuti: 'Abbiamo voluto dimostrare che se uccidere un fascista non era reato, quantomeno era pericoloso'».

Anche un altro protagonista degli anni di piombo, Maurizio Murelli, ex sanbabilino e oggi editore della rivista *Orion*, attaccava non solo me, ma anche quelli che secondo lui a destra facevano distinzioni tra buoni e cattivi: «A San Babila», scriveva, «noi non le facevamo. La sera arrivavi là e sapevi che trovavi dei camerati di cui non ti importava se erano del Msi, di An, On, cani sciolti già in odore di malavita, lupi solitari, avventurieri.... si era tutti camerati e tutti potevano contare su tutti».

Insomma, quando il giorno seguente l'editore, con una decisione lungimirante, faceva sapere a me (e anche ai giornali) che con un gesto senza precedenti avrebbe ristampato in integrale una nuova edizione, che avrebbe sostituito e fatto sparire la precedente in soli venti giorni, avevo tirato un sospiro di soddisfazione, ma continuavo ad avvertire che mancava ancora qualcosa. «La rivincita dei 'Cuori neri', ritirata la copertina choc», scriveva Luigi Mascheroni sulla prima pagina de *il Giornale*. «Telese fa ritirare il suo libro», ribadiva su *Libero* Adriano Scianca. Eppure io mi rendevo conto che la discussione sulla copertina e la polemica divampata nel web erano state solo il detonatore di un problema molto più profondo. Entrambe le tesi, quella di coloro che chiedevano di poter essere confortati con una storia angelicata e quella di chi diceva che non esistevano differenze tra vittime e carnefici, mi sembravano folli. Erano due teorie ugualmente chiare, nette, ma io non le condividevo affatto, e il miglior risultato del libro del 2006, a mio parere, era stato proprio cercare uno spazio che combattesse entrambe queste visioni. Credo ancora oggi che la vera forza di *Cuori neri*, ciò che aveva dato potenza e credibilità al libro, fossero state proprio due diverse scelte di fondo. Da un lato quella di raccontare i percorsi individuali e dall'altro quella di non omettere nulla: non dovevo compilare l'album dei santi estromettendo con il bisturi i cattivi, o gli spettri, perché questo avrebbe prodotto solo cattiva agiografia, o buona falsificazione. E non dovevo nemmeno farmi influenzare da coloro che pretendevano di rendere tutti uguali, calando vittime e carnefici in un labirinto di tenebra in cui ogni cosa aveva lo stesso colore. Era vero il contrario: in condizioni drammatiche, eccezionali, violente, ognuno dei «cuori neri» aveva fatto le sue diverse e autonome scelte.

Era, insomma, esattamente l'opposto di quello che sostenevano tanti miei critici di allora (ma anche di oggi): per poter restituire verità alle vittime di quella stagione, bisognava provare a raccontarla tutta. È per questo che Carminati non è stato «aggiunto», anche in queste pagine, con una operazione posticcia. Era uno dei tanti che, partendo da quella storia, avevo incontrato, uno di quelli su cui riflettere: se oggi racconto anche quelli che avevano intrapreso i percorsi più disparati, se racconto anche i demoni, è per rispetto alla verità e per curiosità intellettuale, non certo per una provocazione eretica. Aggiungere un nuovo segmento di racconto significa per me continuare ad applicare quel metodo, sezionando anche quella biografia, e ciò che ci racconta, prima di improvvisare qualsiasi giudizio morale. Mi sembra, insomma, che la foto di Carminati, e quello che si porta dietro nella sua solarizzata e vivida rappresentazione, apra – solo oggi – un dibattito necessario, ponendo a destra un problema simile a quello che si è creato a sinistra quarant'anni fa dopo il famoso articolo di Rossana Rossanda sulla genesi del terrorismo rosso. In quel caso la polemica era deflagrata quando l'editorialista de *il manifesto* – suscitando scalpore – aveva inventato l'immagine dell'«album di famiglia», per dire che dentro una storia comune della sinistra c'erano anche le Brigate rosse. Questo non voleva assolutamente dire – per fare un esempio – che un militante del Pci dovesse avere una qualche corresponsabilità con le Brigate rosse: non c'era nessuna «contaminazione» (come dicevano i lettori di destra scandalizzati dalla riflessione su Carminati). Inserire quella foto nell'album, piuttosto, rappresenta la necessità di testimoniare che la lotteria delle responsabilità politiche e individuali, partendo dal destino di una matrice comune, ha prodotto le scelte più disparate e opposte, soprattutto quelle più tragiche. Per questo in *Cuori neri* era stato necessario raccontare – e così avevo fatto – anche le rappresaglie inumane, i golpe, le stragi, gli stupri, le scelte più folli e violente. Per questo anche qui nessuna nefandezza viene velata. Questa scelta non infanga nessuno, ma è indispensabile per poter provare a capire, per restituire verità a quel quadro. Quella foto sulla copertina di *Cuori neri* era d'ostacolo a questo ragionamento: e lo era perché faceva esplodere le viscere, ma anche perché con la sua forza e la sua violenza annichiliva tutto il resto. Quella sagoma, agli occhi di molti, era un demone che oscurava le vittime, proiettando la sua ombra e la sua oscurità su ogni cosa. Giovanni Marinetti, un giornalista con una storia di destra (che lavora con me fin dai tempi di *In Onda*, passando per *Matrix*, e oggi ancora a La7), questo paradosso lo aveva riassunto benissimo con un esempio choc: «È come chiedere a un musulmano di discutere dopo aver messo sul *Corano* la faccia di Bin Laden». Ecco perché sono stato davvero grato alla Sperling & Kupfer per aver rimosso quell'ostacolo, senza porsi il problema del costo economico di questa complicata operazione. Ma da quando quella foto in copertina non c'è più e al suo posto è apparso un cuore eviscerato, si può e si deve parlare di Carminati, dei suoi fratelli minori, della «zona grigia» in cui abitano tutti coloro che non rientrano nella banale semplificazione tra angeli e demoni. Da anni provo a ragionare sul fatto che indagare questa «zona grigia» (la mirabile definizione è stata inventata da Primo Levi per la Shoah, ma si presta a tutte le terre di confine) sia l'unico modo per spiegare quella tragedia collettiva. Per questo mi pare incredibile che qualcuno mi chieda pubblicamente di cancellare un nome, una storia, o addirittura un'intera introduzione da un libro.

Ecco, il racconto di Carminati che emergeva dalle intercettazioni di «Mafia capitale» (e che spero di aver descritto bene con gli esempi che ho fatto) poneva dei problemi a tutti i contendenti della battaglia memoriale proprio per questo motivo: come una torcia gettata accesa in un pozzo, prima di spegnersi, alla fine del suo tragitto, illuminava quanto fosse estesa in questo caso quella zona grigia.

Chiunque abbia studiato o abbia curiosità per quegli anni non poteva non rimanere stupito per quanto il mondo e la storia di *Cuori neri* fossero continuamente evocati da Carminati come riferimento autobiografico e ideale. Erano per lui e per chi aveva intorno, ancora oggi, un elemento di identità. Siccome non ho nessuna simpatia, e nemmeno nessuna paura di questo paradosso, non ho bisogno di mostrificare l'ex terrorista, di esorcizzarlo come si fa con un demone o con un anticristo. A molti fa rabbia, ma «il Nero» è parte di quel tempo, ci è completamente immerso. Ha attraversato il lato oscuro di un'epoca e oggi ce lo rivela: il che non cambia nulla degli altri, e non proietta nessuna ombra sulle vittime. È uno dei possibili esiti di quella storia, come per la storia della sinistra e dell'estremismo armato rosso lo sono stati in modo diverso Patrizio Peci, Renato Curcio o i ragazzi della Brigata Tanas. Parliamo di questi ultimi, per capire. Dentro Potere operaio, e dentro il mondo che c'era intorno, c'erano molti che dopo il rogo di Primavalle quei ragazzi prima li avevano difesi a spada tratta e poco dopo li avevano espunti, dicendo: in realtà loro non erano dei militanti come noi, solo dei semplici delinquenti. Ancora una volta: denegazione per liberarsi di un problema. Quando avevamo visto l'Achille Lollo di oggi, collegato dal Brasile a *Porta a Porta*, con la sua boria e la sua impunità, ci aveva fatto schifo. Ma Lollo non era e non è un ufo: è anche lui un figlio della sinistra, viene da una storia, e ha seguito un percorso lineare dentro la violenza ideologica di quel tempo, che lo aveva portato dalla militanza extraparlamentare al delitto Mattei.

Tassinari e Rao hanno un'idea ancora più forte di me, su questo, e la riassumo così: ma non ti rendi conto – mi dicono – che in qualche modo queste reazioni possono essere anche figlie di un'operazione di separazione che hai fatto tu stesso, proprio con *Cuori neri*? Tu hai raccontato le vittime, le hai sottratte all'oblio, ma involontariamente le hai anche estratte dal loro tempo, dal loro contesto. La mia risposta è anche nella polemica che ho sostenuto, nella montagna di insulti che mi sono preso per inseguire questo punto di verità faticoso e scomodo: io non ho mai occultato la zona grigia, non ho mai ceduto all'agiografia, non ho mai pensato che angelicare i protagonisti di quella stagione potesse essere una risposta. Nel 2006 spiegavo che la memoria degli anni di piombo era una scatola nera immersa nella nebbia: una verità difficile da maneggiare. Oggi penso che questa memoria sia diventata, per i motivi che ho descritto, come un cavo elettrico scoperto, e in cortocircuito, dentro una camera satura di gas. Il fatto che molti di coloro che maneggiano questa identità non abbiano nessuna memoria, o nessuno che li aiuti a mediare il loro rapporto con queste vittime, rende tutto più pericoloso. L'esempio di Bin Laden e del *Corano* è illuminante, ma ci fa anche capire come questo racconto sia frainteso da molti, che lo immaginano come una parabola parareligiosa, e non come una vicenda storica.

Il bello è che le storie dei «cuori neri», invece, contengono quasi miracolosamente, dentro il loro percorso, tutto il repertorio delle identità possibili: tempi, età, luoghi diversi. E sono storie bellissime, piene di sfumature, di problemi, di ricchezza. Rispetto a coloro che mi dicevano: ma allora dovevi raccontare tutti i «caduti» di destra, ho sempre risposto che questo era un altro libro, che altri avevano scritto (penso, per esempio, a *Guerrieri* o al già citato *Fascisteria*, scritti proprio da Tassinari, o alla *Trilogia della celtica* di Rao). Quello che distingueva la storia dei «cuori neri» da quella degli altri era che tutti coloro che avevo raccontato erano vittime della violenza politica. Per questo non temevo il cosiddetto rischio «contaminazione». Per questo non credo che si debba aver paura degli spettri, di tutte le storie degli anni di piombo, delle loro sfaccettature. Non penso che si debba aver timore di quella zona grigia dentro cui c'è stato tutto il meglio e tutto il peggio di ciò che abbiamo scoperto, in cui nulla si contamina, ma in cui tutto ci aiuta a capire.

Lo so: le vite dei santi risolvono tutti i problemi, sono lucide, levigate e solari, rassicuranti da maneggiare, consolatorie per chi le adora. Ma hanno a che fare con la religione, non con la storia. Se si vuole salvare la memoria di un'epoca bisogna resistere alla richiesta di falsificazione che la disperazione, la disonestà o il vuoto ideale producono: se si vuole salvare l'identità dei «cuori neri» bisogna fare di tutto perché i suoi protagonisti non vengano trasformati in personaggi mitologici, ma restino uomini. Occorre che nessuno pensi di poter fare di questo racconto un almanacco di avvizzite divinità di cartapesta. La storia dei «cuori neri» non sarà mai un messale di qualche improbabile chiesa avventista, ma il racconto corale di una generazione di ragazzi e ragazze, un racconto che non è stato esaurito dalla violenza che l'ha attraversata.

12
Barbara, Susanna e gli altri: nel cuore dello Stato che volevi distruggere

Napoli 12 febbraio 1986. L'immagine da non dimenticare è quella di una giovane donna che si agita in un'aula di tribunale. Pare indemoniata. È in corso il processo alla colonna napoletana delle Br. La donna, una delle imputate, tenta di leggere un documento. Il presidente della Corte, il dottor Roberto D'Ajello, cerca di impedirglielo, a ogni tentativo. La scena si ripete più volte: una guerriglia. La donna insiste, vuole leggere a tutti i costi quelle parole. Il presidente fa sequestrare il foglio, che per lunghi attimi danza come un'anima fatua tra le sbarre d'acciaio e le divise blu. Il presidente vuole impedire che quel proclama sia recitato, ma non è una questione di stile o di etichetta.

In questi anni è ancora una questione di vita o di morte, perché chi parla da quelle sbarre comunica con gli ultimi guerriglieri che fuori, in armi, sparano con le pistole. La donna urla. Gli agenti riescono a requisire il pezzo di carta. Il dottor D'Ajello spiega: «Questo foglio contiene rivendicazioni, frasi sovversive e propagandistiche delle Br». Ma la giovane terrorista non si arrende. Riesce a far arrivare il contenuto di quel foglio ai giornalisti. Riesce a sillabare il suo condensato di odio e rabbia di fronte a testimoni. È la rivendicazione di un omicidio.

La ragazza che ha gridato il contenuto di quel proclama attraverso le sbarre ha un nome noto al grande pubblico. Si chiama Barbara Balzerani.

* * *

Maria Antonietta Calabrò, *Corriere della Sera*, 6 dicembre 2006:

Roma – La nuova Consulta nazionale sulle tossicodipendenze, presentata ieri a Palazzo Chigi dal ministro della Solidarietà sociale, Paolo Ferrero, ha preso il via nel mezzo di una feroce polemica scatenata dalla presenza, tra i suoi settanta componenti, di Susanna Ronconi, ex brigatista anche se da molti anni operatrice e studiosa del problema delle dipendenze.

Roma, agosto 2015. Per il mio lavoro di giornalista conosco bene Paolo Ferrero da tanti anni. L'ho intervistato molte volte, credo anche che non sia stato un cattivo ministro. Ha avuto un passato politico in Democrazia proletaria, poi nel 1991 è entrato in Rifondazione comunista, ed è riuscito a diventarne persino l'ultimo segretario. Quando lo chiamo, dopo nove anni, per chiedergli conto del perché di quella nomina, non mi sbatte il telefono in faccia. Mi risponde, anzi, con molto puntiglio. Cortese, divertito, quasi sornione: «Sei sempre sulla notizia, eh?» Gli rispondo che è per un libro. Che mi sembra giusto ricordare quella vicenda, il clamore che aveva suscitato, le ragioni e i torti. Gli spiego che lo ritengo un caso esemplare: «Allora sono contento che questa mia intervista nel libro ci sia. Susanna ha subito un'ingiustizia, e io con lei».

Si può voler perdonare tutti? Si può perdonare «Compagna Luna»? Nel dicembre 2006 il dibattito che si anima sulla libertà di Barbara Balzerani e sul tentativo di far entrare Susanna Ronconi come consulente in un ministero mi fa pensare che nessuno più di queste due donne poteva mettere a dura prova i meccanismi lentissimi della giustizia, della memoria, della metabolizzazione degli anni di piombo, costringerci a indagare sull'essenza e sui confini del cosiddetto «perdono». Fino al 19 giugno 1985 e alla sua cattura, infatti, la Balzerani era considerata la «primula rossa» delle Br, uno dei simboli indiscussi dell'irriducibilità, e aveva una sola possibile espressione: la sua feroce determinazione. Della Ronconi sappiamo tutto, l'abbiamo già raccontata in *Cuori neri*, nel capitolo sul delitto di Padova.

Due donne spietate, a loro modo due icone. La Balzerani, se possibile, pone addirittura un problema in più a chi vuole giudicare la sua storia: il problema è che lei, «cattiva maestra», ha continuato a esserlo anche in carcere.

Nel 2006, infatti, dopo ventun anni di condanne scontate (l'ultima parte dei quali trascorsa in regime di semilibertà), quando l'ex brigatista arriva a un passo dalla libertà condizionale improvvisamente il dibattito si accende. L'ultima parola spetta al Tribunale di sorveglianza di Roma che, prima di decidere, incarica la Digos di diverse città italiane di sondare i parenti delle vittime, come si è sempre fatto – ritualmente – in queste circostanze. È una pratica prevista dalla legge, che (come ripeto ogni volta che ne parlo) a mio parere ha qualcosa di medievale sia per chi è chiamato a esercitarla sia per chi la subisce.

Lo Stato chiede alle vittime se il carnefice che le ha colpite, o che ha ucciso i loro genitori, possa essere scarcerato. È una moderna ordalia, un supplemento di dolore psicologico. Hai perdonato? Si sono rimarginate le tue ferite? Sei riuscito a dimenticare? Da questo dipende il destino di una persona su cui lo Stato sospende il suo giudizio ultimo: chiede che sia tu a farlo. Come nel Far West. Ho potuto verificare che il peso di questa responsabilità grava in eguale misura sia su chi vuole perdonare sia su chi desidera ancora vendetta.

Certo, concedere la libertà condizionale alla Balzerani, nel 2006, voleva dire, nei fatti, consegnare alla storia una delle pagine più efferate degli anni di piombo. Ovvio che la polemica avvampasse. Il dibattito che accompagnò quella scelta, dunque, fu una delle ultime importanti riflessioni sul tema. La Balzerani era ancora allora il simbolo della storia più efferata del brigatismo italiano. Nata a Colleferro, romana di adozione, si laurea in filosofia e si arruola nella colonna brigatista della capitale nel 1975. Da quel giorno diventa una delle donne più emblematiche del terrorismo rosso. La sua durezza accresce la sua fama. È lei a gestire – insieme all'«ingegner Mario Borghi» (cioè Mario Moretti) – la base romana di via Gradoli, ovvero il covo in cui fu preparato il sequestro Moro. Nell'aprile 1978 quel covo viene bruciato da una doccia rimasta aperta. Moretti dirà: «Barbara la mattina è molto confusa, e anche miope. Probabilmente avrà dimenticato la doccia aperta, cose che capitano». Capita.

È lei una delle componenti di punta del commando che realizza la strage di via Fani. Dopo la vicenda Moro si trasferisce a Milano e diventa responsabile della struttura che ha il compito di progettare le «azioni di guerriglia» (cioè omicidi, sequestri e gambizzazioni).

Nel 1980 entra nel comitato esecutivo delle Brigate rosse. È la prima donna a riuscirci dopo Mara Cagol: in un'organizzazione con un vertice maschile come le Br non è un dettaglio irrilevante.

Nel 1981 anche Moretti, il capo delle Brigate rosse, viene arrestato. E così tocca a lei alimentare le sanguinarie, crepuscolari suggestioni dell'ultima stagione guerrigliera. Dopo il fallimento del sequestro Dozier, sarà ancora una volta lei a coniare la parola d'ordine della «ritirata strategica». Ovvero, il modo in cui le Br arrivano ad ammettere, anche se solo in parte, la loro sconfitta. Ma – per quanto possa sembrare incredibile – questa scelta non disarma la lotta armata. Anzi.

Dall'arresto alla domanda di scarcerazione passano ventuno lunghi anni. Sono tanti, soprattutto se li passi tutti dentro. In realtà, come ha spiegato alla trasmissione *L'antipatico* Maurice Bignami, ex comandante di Prima linea, alla fine del 2006 «la soluzione giudiziaria è arrivata per quasi tutti gli ex terroristi». Senza clamori, senza enfasi, senza un indulto votato dal Parlamento. Uno a uno gli ex combattenti, irriducibili e non, hanno iniziato a varcare le soglie delle carceri che hanno custodito i loro corpi: completamente liberi, in libertà condizionale, semiliberi.

Alcuni di loro inaugurano nuove vite. Sergio D'Elia, ex capo del gruppo toscano di Prima linea, diventa addirittura deputato della Rosa nel pugno – una formazione che unisce socialisti e radicali con il vecchio simbolo di Marco Pannella – e per volontà di Pannella, che incredibilmente riesce a imporlo all'Ulivo, viene persino eletto segretario d'aula alla Camera. Ha diritto, in una nuova vita, a un ruolo di visibilità istituzionale?

Pochi mesi dopo Susanna Ronconi, che detiene il poco invidiabile record di aver militato sia nelle Br sia in Prima linea, viene nominata come esperta nella Consulta nazionale per le tossicodipendenze dal ministro della Solidarietà sociale Paolo Ferrero. Solo un'insurrezione dell'opinione pubblica, che racconteremo tra poco, la ferma prima che possa prendere servizio.

Così, quando sui giornali si diffonde la notizia che si pensa di scarcerare la Balzerani, Lorenzo Conti, figlio dell'ex sindaco di Firenze Lando Conti, ucciso dalle Br nel 1986, avvia uno sciopero della fame proprio per richiamare l'attenzione dell'opinione pubblica sulla disparità di trattamento che si è creata nel Paese fra le vittime e i carnefici di ieri. Stefano Zurlo, un giornalista tra i più esperti degli anni di piombo, scrive su *il Giornale* che quel digiuno ci manda un messaggio chiaro: «Molti ex terroristi hanno trovato riparo e lavoro dentro le istituzioni, i parenti di chi ha dato la vita spesso sono dimenticati».

Barbara Balzerani è, suo malgrado, un caso simbolo. È stata condannata a tre ergastoli, dal 1995 lavora fuori dal carcere e (fino a oggi) ha pubblicato cinque libri: *Compagna luna*, *La sirena delle cinque*, *Cronaca di un'attesa*, *Perché io, perché non tu* e *Lascia che il mare entri*. Una fervida vena poetica e narrativa, sentimentale, romantica, che va in cortocircuito con l'immagine della brigatista spietata e irriducibile, come in un contrappasso grottesco.

Inseguiti dai cronisti incuriositi, i giudici ascoltano Maria Fida Moro e i parenti di quattro carabinieri trucidati a Genova fra il 1979 e il 1980. È bene ricordare i loro nomi: Emanuele Tuttobene, Antonino Casu, Mario Tosa e Vittorio Battaglini. La figlia dello statista democristiano concede il suo nulla osta alla liberazione. Mentre le famiglie delle vittime genovesi – così dicono le voci dei tribunali – danno pareri negativi. La magistratura annuncia un rinvio della decisione di un mese, al 2007. Ma, alla fine, procedono comunque alla scarcerazione.

Un dilemma ci attraversa, suscitando anche dentro le stesse persone opinioni opposte. Bisogna sanare tutto indifferentemente? Bisogna vagliare caso per caso? Dicono: «si deve perdonare». Aggiungono: «si deve accettare» il reinserimento di chi ha scontato la pena. Ti spiegano: «va data una seconda possibilità» a chi ha sbagliato. Gli ex terroristi non sono sempre e comunque «mostri». Vero. Però, proprio come le vittime, non sono nemmeno tutti uguali.

Nella notte della memoria, in cui sempre questo Paese si divide in contrapposizioni ideologiche – fra chi è pro e chi è contro a prescindere, fra chi ama decidere chi sono i buoni e chi i cattivi – troppo spesso calano le tenebre dell'amnesia e una sorta di «tana libera tutti» per cui non si fanno più distinzioni. Ecco perché ogni tanto è bene tornare ai «fatti». A Barbara Balzerani, nome di battaglia «Sara», nome di latitanza «primula rossa», eponimo letterario «Compagna Luna», per esempio, mi sarebbe piaciuto domandare in quei giorni qualcosa di più di quello che solitamente si scrive nella fredda sintesi dei *curricula* criminali. E forse le andava chiesto qualcosa di più di quello che solitamente si domanda a chi si è macchiato di reati di sangue. Ovvero: non solo chiederle conto dei suoi dieci anni di lotta armata, ma anche dell'attività e della militanza che dal carcere arrivò a fare di lei il riferimento per chi continuava a sparare anche dopo la dissociazione dei leader più importanti. Capire se ammetteva di essere stata «cattiva maestra» anche dietro le sbarre, di avere sulla coscienza non solo i cadaveri di Aldo Moro e della sua scorta e il sequestro Dozier, ma anche decine di vittime abbattute dopo il suo arresto.

Ecco perché l'immagine da non dimenticare è davvero quella della giovane donna che grida in tribunale. Non nel lontano 1978, ma nel febbraio 1986. Il presidente della Corte, sequestrando quel foglio, non solo ne aveva impedito la diffusione. Ne aveva fatto mettere agli atti il contenuto per sempre. Curiosa, la vita. Se non fosse finita in quel modo non sapremmo che cosa c'era scritto, in quel biglietto. Se non l'avesse voluto lei, non avremmo scoperto il contenuto di quel proclama. E questo oggi sarebbe meglio per la donna di mezza età che ha preso il posto della brigatista rabbiosa. Ma quel giorno la guerrigliera voleva che il cuore del messaggio arrivasse a destinazione. Prima della fine dell'udienza era riuscita ad avvicinare i giornalisti che seguivano il processo, a dettare loro alcune frasi asciutte e feroci: «Rivendico l'omicidio di Conti, noto costruttore e trafficante di armi».

Lando Conti, malgrado le deformazioni paranoiche del brigatese, era il sindaco repubblicano di Firenze. Lo avevano ucciso altri (carnefici purtroppo ancora anonimi), con diciassette colpi di mitraglietta Skorpion: volevano essere sicuri. La stessa mitraglietta che aveva esordito ad Acca Larentia. Un volantino che riletto oggi pare il frutto di qualche esercizio di stile demenziale: «un nucleo armato della nostra Organizzazione ha giustiziato Lando Conti, dirigente della Sma e stretto collaboratore del ministro della guerra, il porco sionista Spadolini». La Balzerani, con la sua plateale messa in scena, aveva voluto mettere la propria firma in calce a quel delitto. Non solo per ottemperare a un obbligo morale con se stessa. Aveva voluto dire ai ragazzi fuori tempo massimo che ancora sparavano nelle strade: io sono con voi, la guerra non è finita.

Ecco, direbbe Leonardo Sciascia. Non si possono giudicare i fatti fuori dal loro contesto. Si poteva, in quel tempo, essere ex terroristi in carcere e dissociarsi dalla lotta armata? Non è un giudizio scritto con il senno di poi, questo? No. In realtà *si poteva*, perché qualcuno lo aveva già fatto. Lo avevano fatto, per esempio, Adriana Faranda e Valerio Morucci, abbandonando le Br ancora in clandestinità. Lo avevano fatto tutti i dirigenti storici di Prima linea, a partire dal 1984. E questo percorso sofferto lo ha raccontato bene il loro leader Sergio Segio in un libro del 2006, *Una vita in Prima linea*, con una ricostruzione dettagliata di quanto costarono quegli strappi – anche in carcere –, di quanto feroce fosse la polemica degli «irriducibili» come la Balzerani, non solo contro i «pentiti» che denunciavano gli ex compagni, ma anche contro i «dissociati» che, senza fare nomi, prendevano più discretamente le distanze dalla lotta armata.

Nel 1987 persino i due massimi leader storici delle Brigate rosse – Renato Curcio e Mario Moretti – dichiarano conclusa l'esperienza dell'Organizzazione. Ma fuori dalle carceri qualcuno continua a uccidere. Nel 1985 il piombo aveva abbattuto il professor Ezio Tarantelli. Nel febbraio 1986, come abbiamo visto, il «trafficante d'armi» Lando Conti. Nel marzo 1987 il generale Licio Giorgieri.

Era finita la stagione del terrorismo, ma non erano ancora finiti i terroristi.

Alla fine del 1988 anche altri otto brigatisti del nucleo storico (Prospero Gallinari, Bruno Seghetti, Francesco Piccioni, Pasquale Abatangelo, Maurizio Locusta, Paolo Cassetta, Francesco Lo Bianco e Remo Pancelli) avevano deciso di ammettere pubblicamente la sconfitta. In un documento – diventato celebre – che gli otto ex dirigenti delle Br scrissero nel carcere di Rebibbia si prendeva atto della fine di ogni struttura organizzata riconducibile al nucleo storico dei padri fondatori.

Eppure, malgrado queste defezioni, qualche combattente in armi, come gli ultimi giapponesi degli atolli che continuavano a combattere anche dopo la fine della guerra mondiale, lottava ancora, il sangue continuava a scorrere. La Balzerani – sempre dal carcere – riuscì ad approvare anche l'assalto delle Br a un furgone postale, con l'uccisione di due poliziotti. E nell'aprile 1988 era caduto sotto il fuoco delle formazioni brigatiste Roberto Ruffilli, consigliere politico di Ciriaco De Mita. Quale gruppo lo aveva assassinato? Quello che nel grande «big bang» della stella a cinque punte aveva assunto la denominazione «Brigate rosse – Partito comunista combattente».

Li chiamavano, per comodità, «i ragazzi della Balzerani».

Barbara Balzerani, *Compagna luna*, Feltrinelli, 1998:

Tutti quelli che hanno abiurato dalle galere sono tanto diversi da chi ha preso ogni distanza dalle ragioni di non negoziabilità di un intero movimento che voleva fare la rivoluzione? O sono stati solo più ricattati, più visibili e più radicali? Più realisti del re nell'attribuire ogni ragione all'avversario, non hanno potuto conservare nessuna parvenza di autonomia critica e sono finiti a fare da megafono proprio alla povertà di pensiero di chi ha perseguito con scelleratezza il disegno di ricacciare nel ghetto del torbido, dell'impolitico e dell'inconfessabile chiunque si era posto fuori e contro la politica istituzionale.

Sul dilemma della lotta armata, per quanto oggi sembri incredibile, c'è battaglia politica tra gli ex Br. E quando, il 5 aprile 1987, Renato Curcio, Mario Moretti, Piero Bertolazzi e Maurizio Iannelli scrivono su *il manifesto*: «Oltrepassare [la lotta armata, *N.d.A.*] significa prendere atto dell'irripetibilità dell'esperienza compiuta», la Balzerani attacca spietatamente i firmatari dell'articolo rivendicando la continuità della lotta: «Non siamo qui a presentare i bilanci di un'esperienza conclusa, né a perpetuare i termini di un'autocritica che finisce inevitabilmente per sconfinare nel liquidazionismo e nel pacifismo». Per dare dei *pacifisti* (considerandolo ovviamente un efferato insulto) a Moretti e Curcio, ce ne voleva. Ripercorrere queste argomentazioni è come vagare nel museo dell'orrore dell'abiezione ideologica, e credo che – ogni tanto – anche in questo viaggio sia giusto visitare le sue stanze più oscure. Sei condanne all'ergastolo, più novantatré anni e otto mesi di reclusione, questo dice il computo delle pene messe insieme dalla Balzerani. Quasi venticinque anni di carcere scontati effettivamente. Nel 1998, sempre in *Compagna luna*, l'ex terrorista si abbandona a rievocazioni estatiche: «Le Brigate rosse animavano il diffuso dibattito intorno alle forme che doveva prendere la lotta armata, con la forza indiscutibile del loro esistere e il successo delle loro iniziative». Di nuovo una lingua reticente, che descrive assassini e gambizzazioni con parole che potrebbero illustrare l'attività di una bocciofila. Ancora nel 2007 la Procura generale della Corte di Cassazione – e lo scopro grazie a un documentatissimo articolo pubblicato da Michele Tuono su *Il Giornale del Molise* ai margini di una contestata conferenza della Balzerani nel

2013 – chiede ai giudici della prima sezione penale di annullare la concessione della libertà condizionata.

Anche la faticosa lettura di queste carte polverose, anche l'esercizio ostico di ripercorrere le dispute babilonesi tra ex capi, ci restituisce il senso dell'ambiguità, la cifra di un percorso poco chiaro. Per alcuni ex Br la lotta armata veniva «oltrepassata», come si salta un ostacolo in un ippodromo. Per altri – parla ancora la Balzerani – «la lotta armata è stata resa possibile dalle condizioni oggettive e soggettive collegate alla situazione sociopolitica degli anni Settanta. Oggi quelle condizioni sono mutate». *Mutate?* Quando leggo la parola «mutate» capisco che non c'è neanche il riconoscimento dell'errore. Semplicemente, così: ieri si sparava, oggi non più. Forse la Balzerani ha avuto l'unico merito di rendere palese ciò che molti altri pensano?

È un'idea, questa, che la «primula rossa» ha ripetuto – sempre in polemica con Segio, che aveva compiuto strappi più radicali – persino nel 2003: «Oggi non c'è più spazio per la lotta armata. Non era così negli anni Settanta. Se ne parlava ovunque». *Se ne parlava.* Ecco perché, quando la vedova del maresciallo Leonardi (morto per difendere Moro mentre la Balzerani faceva la staffetta) dice che si sente «pugnalata al cuore» quando i parenti delle altre vittime dicono di sì di fronte alle richieste di scarcerazione, io non sono tra quelli convinti che si tratti di «emotività» o spirito di «vendetta». Capisco quel sentimento. Perdonare si può, certo: ma solo sapendo che la Balzerani, nonostante i suoi libri e le sue interviste, prese di distanze dai delitti in cui è coinvolta non ne ha mai pronunciate. Di nuovo quell'interrogativo: si può perdonare lo stesso, persino lei? Un giorno, in un articolo, avevo scritto che Ruffilli era stato «falciato» dalle Br. La mattina dopo mi era arrivato un asciutto e severo biglietto vergato da un lettore, Dante D'Alessandro:

Caro Dottor Telese,

Mi permetta solo una rettifica, assai importante dal punto di vista simbolico. Ruffilli, studioso democristiano di alto valore e persona assai mite, non fu «falciato» dalle Brigate rosse come dice lei: fu fatto inginocchiare e gli spararono alla nuca.

Era così che Balzerani e la gang dei terroristi rossi volevano cambiare il mondo.

È vero, c'era una bella differenza. Rileggendo queste righe, asciutte e amarissime, mi chiedo: questo dettaglio è solo un'illegittima iniezione di emotività o un particolare decisivo? È uno degli angoli della memoria che dovrebbero restare in ombra o deve pesare ancora, in ogni giudizio? Mentre scrivo mi rendo conto che abbiamo dimenticato tanti dettagli, troppi. Potremo giudicare con serenità solo quando riusciremo a farlo provando a non dimenticarne nessuno.

Caterina Pasolini, *la Repubblica*, 1° marzo 2007:

Roma – Lei non ci sta a essere quella per cui Ferrero è stato bollato come il ministro che «mette gli assassini in cattedra». Così, dopo due mesi di dubbi e polemiche, Susanna Ronconi, l'ex brigatista che ha scontato dodici anni di carcere per aver partecipato all'omicidio di due esponenti dell'Msi padovano, da anni impegnata nel mondo delle tossicodipendenze e collaboratrice del Gruppo Abele, si è dimessa.

Ha preso carta e penna e ha scritto una lunga lettera al ministro della Solidarietà sociale Paolo Ferrero spiegando perché ha deciso di lasciare, di abbandonare la Consulta nazionale degli operatori delle dipendenze presso il ministero della quale faceva parte, con altri settanta esperti e volontari indicati dalle associazioni del settore, da fine ottobre: «C'è», scrive la Ronconi al ministro, «un clima troppo pesante: la mozione di sfiducia contro di lei presentata da An e addirittura la denuncia penale a suo carico portata avanti dalla Procura di Roma perché nominandomi avrebbe compiuto un atto illegittimo – per la supposta incompatibilità tra il mio essere interdetta dai pubblici uffici e il ruolo in Consulta – mi spingono a questo passo. Lo compio con grande personale fatica», conclude l'ex brigatista, «dopo mesi di accanita campagna mediatica e politica condotta da esponenti bipartizan, in ragione dei miei trascorsi di militante della lotta armata negli anni Settanta».

Ma non è finita. Passa un altro giorno e si fa una nuova scoperta. Non la Ronconi che si dimette, ma Ferrero che la deve revocare, dandone lui stesso notizia con un comunicato del ministero: «Il Ministro Ferrero», recita la nota, «dopo aver comunicato all'interessata l'avvio di procedimento di annullamento della nomina nella Consulta degli esperti e degli operatori sociali sulle tossicodipendenze e preso atto delle dimissioni di Susanna Ronconi dalla Consulta stessa, ha decretato l'annullamento della nomina medesima perché illegittima. Tale nomina risulta illegittima in quanto la Ronconi è interdetta dai pubblici uffici e la Consulta – pur non dando luogo ad alcuna forma di remunerazione dei propri membri – partecipa all'iter formativo della decisione della pubblica amministrazione». Erano trascorse solo poche ore dalla lettera della Ronconi e dal comunicato del ministro, e si era capito anche il perché di tanta fretta. Sull'illegittimità della nomina era stata aperta un'inchiesta dalla Procura di Roma. Passano solo altre ventiquattr'ore, ed ecco un nuovo colpo di scena. Si scopre che pure Ferrero era indagato, per «abuso d'ufficio». Ne aveva dato notizia – anche in questo caso – lui stesso. Tutto era partito da una denuncia sull'interdizione presentata dai dirigenti cittadini di An a Padova, la città dell'omicidio di Mazzola e Giralucci.

Eppure su questo punto la Ronconi aveva continuato a protestare: «La consulta sulle droghe non è pubblica amministrazione», spiegava l'ex terrorista, «questa è un'interpretazione della legge che non sta in piedi. Rimani un po' inchiodata a una storia di trenta anni fa, e quello che è avvenuto nel frattempo non ha alcun tipo di valenza». Leggo questa frase e mi stupisce: davvero la Ronconi percepisce quel duplice assassinio come un dettaglio lontano del suo curriculum? Che brutta scelta quel *rimani un po'*. Una seconda persona riflessiva, un avverbietto buttato lì, quasi con fastidio.

Anche il ministro Ferrero aveva nuovamente replicato: «È solo una questione giuridica, non politica». Nel Paese delle mezze misure si era passati da un estremo all'altro senza soluzione di continuità. E ancora una volta era stata la magistratura a dettare i tempi. In quelle ore qualcuno si era spinto fino a mettere in discussione anche la partecipazione di Susanna Ronconi al progetto «Lavoro debole» per il reinserimento lavorativo delle persone ex detenute finanziato dalla Provincia di Lodi. Ovviamente era un eccesso, e la Provincia – malgrado le proteste di consiglieri e deputati del Pdl con in testa Maurizio Gasparri – non revocherà questo incarico. La decisione aveva senso: non si trattava di un ruolo di rilevanza istituzionale, ma di un lavoro sul territorio in cui la Ronconi aiutava ex detenuti come lei, con la sua esperienza, a trovare un nuovo impiego dopo l'uscita dal carcere. Anche in questo caso si erano alzati muri contrapposti. In difesa dell'incarico all'ex brigatista alla Provincia di Lodi si erano mobilitati Marco Pannella, don Luigi Ciotti, don Andrea Gallo, un costituzionalista come Valerio Onida, un ex sottosegretario come Franco Corleone e uno in carica come Paolo Cento.

Una polemica di opportunità era diventata il pretesto per una nuova guerra di religione.

Adesso che il tempo ha curato le ferite, si può capire meglio che anche questa – ovviamente – era una storia all'italiana in cui di fronte a un ribaltamento così radicale (con la Ronconi che passava in pochi giorni da riabilitata a indagata) non si poteva fare a meno di chiedersi: ma prima di nominare una ex brigatista in un ruolo di competenza ministeriale, a nessuno era venuto in mente di verificare se si poteva fare? Nessuno si era chiesto se fosse opportuno?

Ancora una volta mi affido alle parole di Silvia Giralucci, figlia di Graziano, vittima insieme a Giuseppe Mazzola dell'azione omicida a cui la Ronconi aveva partecipato. Silvia in quelle ore aveva protestato. Aveva sofferto. Forse, se lei e il figlio di Mazzola non avessero espresso pubblicamente il loro dissenso, la miccia che ha fatto saltare la nomina della Ronconi non si sarebbe mai accesa. Ma nulla è senza costo, anche per le vittime. A distanza di cinque anni Silvia era tornata a raccontare il suo dolore in una delle rare pagine autobiografiche del suo libro sull'Autonomia patavina. Silvia è tre volte chiamata in causa. Come vittima, come testimone, come volontaria che senza clamore lavora da un decennio in carcere, facendo volontariato tra i detenuti e credendo fermamente nell'idea della riabilitazione.

Silvia Giralucci, *L'inferno sono gli altri*, Mondadori, 2011:

Ho sofferto molto in quel periodo culminato con le dimissioni della Ronconi arrivate il 1° marzo, lo stesso giorno in cui Ferrero annullava la sua nomina. Mi faceva male che un esponente del governo usasse la Ronconi e il suo diritto a rifarsi una vita pienamente, per rimuovere uno scomodo passato di contiguità tra Br e intellettuali di sinistra. Mi faceva male toccare con mano il perdurare dell'irresistibile attrazione verso gli ex brigatisti. Mi faceva male constatare che l'assassina di mio padre non si sentisse in dovere di evitare i riflettori. Mi facevano soffrire il dibattito, le discussioni sulla mia pelle, chi discute dei diritti dei detenuti come se la fine della pena significasse anche la fine della responsabilità (punto a capo si riparte. Ma io? Posso ripartire io?). E chi usava il dolore delle vittime a fini di strumentalizzazione politica. Discorsi buoni per stendere l'inchiostro sulla carta dei giornali.

Luca Telese, intervista a Paolo Ferrero, agosto 2015:

Perché quella nomina, Paolo?

«E perché no, scusa?»

Per un motivo di opportunità, magari.

«E chi decide cosa è opportuno e cosa no, secondo te?»

Sono io che lo chiedo all'ex ministro.

«Sono io che rivendico il mio diritto di indicare Susanna Ronconi nella Consulta.»

Davvero non ti sei fatto una domanda su che impatto avrebbe avuto la nomina di un'ex brigatista omicida in una designazione ministeriale?

«Assolutamente no. Era brava, era molto esperta, era riconosciuta come tale, aveva scontato la sua condanna: perché non avrei dovuto nominarla?»

Ti eri posto il problema delle vittime e dei loro famigliari? Di cosa avrebbero potuto pensare di quel gesto?

«Ti rispondo francamente? No, e anche adesso – a distanza di tanti anni – non credo nemmeno che sia giusto. Quando un condannato sconta la sua pena, ha il diritto di essere riabilitato e inserito come qualsiasi altro cittadino. Ti rendi conto che per quel gesto sono stato indagato?»

Sei stato anche prosciolto.

«Ho subito una violenza incredibile. E la Ronconi è stata colpita molto più di me.»

Io invece penso che, oltre alla legalità, chi amministra e governa debba porsi un problema di opportunità. Non sei d'accordo?

«Sinceramente no. L'opportunità è un problema di valutazione soggettiva. Susanna Ronconi, per la legge, ha scontato la sua pena, aveva tutto il diritto a ricoprire quell'incarico.»

Passano ancora pochi mesi, e una notizia clamorosa che arriva fino alla prima pagina del *Corriere della Sera* ci spiega che – anche tra le vittime – i processi di rimarginazione del lutto e il nodo del perdono continuano a seminare divisioni, a produrre sia dissensi sia gesti sorprendenti e clamorosi.

Giovanni Bianconi, *Corriere della Sera*, 14 ottobre 2015:

È accaduto più di tre anni fa, domenica 17 giugno 2012. Nel piccolo cimitero di Torrita Tiberina, 60 chilometri a nord di Roma, un gruppo di persone si ritrova davanti alla tomba di Aldo Moro, il presidente della Democrazia cristiana assassinato dalle Brigate rosse nel 1978. Recitano un Padre nostro, poi ognuno si raccoglie nei propri pensieri. Tra loro c'è la figlia dello statista, Agnese Moro, e altri famigliari di vittime del terrorismo, rosso e nero. E ci sono tre ex brigatisti: due killer della strage di via Fani, in cui cinque agenti di scorta furono sterminati per rapire il leader Dc, e la «postina» dei comunicati Br.

Bianconi avverte la portata simbolica del gesto, non solo rispetto alla storiografia del sequestro Moro, ma in rapporto all'intera stagione degli anni di piombo.

Giovanni Bianconi, *Corriere della Sera*, 14 ottobre 2015:

Un miracolo per i credenti; una scena impensabile nei giorni dell'odio e del piombo, trentaquattro anni prima. Resa possibile da un cammino cominciato nel 2000, lungo il quale alcuni ex esponenti della lotta armata e parenti dei caduti sono arrivati a incontrarsi, dialogare e scambiarsi esperienze, ricordi e sensazioni. Che fondendosi hanno generato una «condivisione di memorie». Non più «congelate e fissate sul dolore subito», bensì utili a rileggere il senso di fatti tremendi e incancellabili.

L'editorialista del *Corriere della Sera*, nel suo articolo, dà conto del lungo percorso preparatorio che ha reso possibile questo incontro di preghiera, un avvenimento senza alcun precedente anche lontanamente paragonabile. Bianconi racconta che Agnese Moro, per allacciare questo dialogo difficile, ha preso in mano – e riletto – le pagine crude e terribili dell'autopsia effettuata sul cadavere di suo padre. Non a caso. Era il documento che dava conto della terribile agonia vissuta dal presidente della Democrazia cristiana prima della raffica finale che lo aveva portato alla morte: «Dopo questa lettura sono stata davvero sicura di non aver annacquato nulla: so che il mio cammino verso di voi, come il vostro verso di noi, è stato fatto senza semplificare e senza mettere niente tra parentesi».

Il primo incontro aveva avviato un percorso pluriennale. Ex terroristi, parenti delle vittime, sacerdoti, criminologi, e anche un libro per documentare tutto, come un diario di viaggio. In questo testo alcune voci sono anonime, come se le vicende individuali per una volta dovessero stare un passo indietro a un senso più ampio: «Il nostro prodigio», dice uno dei partecipanti, «è che si siano incontrati gli esseri umani, al di là di una storia che piomba come un avvoltoio sulle vite di noi tutti».

Giovanni Ricci, figlio dell'autista di Moro ammazzato in via

Fani, racconta ai suoi interlocutori che vengono dalla lotta armata: «Sinceramente vi ho odiato con tutto me stesso. Poi sono cresciuto... convinto più che mai che dovevo confrontarmi con quel mostro. Ho scelto di doverlo combattere. Di doverlo affrontare. Di dover vivere di nuovo».

In questo viaggio, che poteva nascere solo così, immerso dentro uno spirito di perdono di matrice cattolica, ci sono anche storie come quella di Giorgio Bazzega (figlio del maresciallo Sergio Bazzega, che morì fulminato dai colpi del giovane brigatista Walter Alasia) e quella di un uomo che io credo di conoscere bene (e di stimare incondizionatamente) come Manlio Milani, presidente dell'associazione dei famigliari delle vittime della strage di Brescia.

Tuttavia non posso fare a meno di domandarmi: questa esperienza può essere e diventare un modello di pacificazione? Può diventarlo anche per chi è fuori dalla dimensione del cenacolo, della prossimità, della relazione? Chi e come può decidere – in tutte le polemiche ricorrenti su presentazioni e interventi – cosa è giusto e cosa no? Come si può superare questo limbo tra frammenti scomposti di codice babilonese (la richiesta del parere delle vittime), lo spirito della vendetta cieca e la «soluzione amministrativa» con cui i magistrati – come sostiene Valerio Fioravanti – hanno di fatto applicato l'indulto anche senza che venisse votata una legge?

Io stesso misuro su di me la complessità di un problema, o – se la percezione del parametro di giudizio che adotto fosse ingannevole – la mia personale incoerenza. Ho difeso il diritto di Valerio Morucci a parlare in un luogo pubblico durante una presentazione in via del Babuino, a Roma. Ma credo anche che brigatisti come lui non dovrebbero essere chiamati a discutere nelle università, come delle rock star. Possono diventare testimoni preziosi, a patto che il contesto sia chiarito e che la fonte non sia univoca. Credo che gli ex terroristi abbiano tutto il diritto a rifarsi una vita, ma penso che dovrebbero contenere anche il loro narcisismo, il senso di rivalsa e di riscatto, il reducismo di chi tra loro – come abbiamo visto ce ne sono tanti – pensa che la guerra non sia ancora finita. Conosco il dialogo immaginario tra le ex vittime e gli ex carnefici: «La mia vita è stata distrutta», dicono i primi. «Anche la mia», ribattono i secondi. E il più delle volte è vero. Quello che gli ex terroristi talvolta non capiscono è che in questo dialogo immaginario le vittime possono rispondere: «Solo che io, al contrario di te, non ho avuto la possibilità di scegliere».

Ecco perché è complesso. È difficile. Non è il codice di una legge a offrirti il modo per trovare la giusta misura, non c'è una regola che fa tornare i conti. Sandro Bondi, da ministro della Cultura, pretendeva di revocare i finanziamenti ministeriali a *Il sol dell'avvenire*, un documentario sulla genesi del terrorismo in Emilia Romagna che io considero bello e utile. E i dubbi che molti nutrivano su *Sangue*, il documentario-intervista di Pippo Delbono centrato sulla figura di Giovanni Senzani, sono stati fugati dalla durezza e dal valore del film – bello e terribile – dove l'ex brigatista ripercorre per la prima volta l'assassinio di Roberto Peci. Vorrei che mio figlio potesse vederlo, un giorno, a patto di conoscere i fatti, il contesto, di poter giudicare. Anche l'arte aiuta a capire, a metabolizzare le ferite.

Però la vicenda di Susanna Ronconi ci spiega cosa c'è di sbagliato nella posizione apparentemente garantista di Ferrero. È garantista solo nei confronti di una parte. Non è vero che basta espiare una pena per chiudere il conto con il proprio passato, con il lutto che hai seminato. Non è vero che hai bisogno di una legge per capire quello che non devi fare, che ti serve un divieto esplicito per misurare quello che non è opportuno. Sono certo che si può sempre capire cosa è sbagliato, senza dover ricorrere al parere illuminato di un magistrato di sorveglianza. E conosco una vanità di tanti ex brigatisti che va sempre combattuta. Una pretesa che spesso si nasconde dietro l'idea della riabilitazione. È un bisogno di egemonia postuma, di riconoscimento, di accettazione pubblica. È il bisogno del riconoscimento collettivo.

Se hai vissuto un tempo in cui pensavi di condurre l'assalto al cuore dello Stato con le armi in pugno, di sicuro non puoi pretendere di chiedere un posto nel cuore dello Stato con il certificato penale in mano.

PARTE TERZA

L’eco del piombo

13
Dimitri e il funerale del neofascismo italiano

C'è che il destino è strano. Scampare miracolosamente alla carneficina degli anni di piombo per poi morire in un tragico ma banale incidente d'auto. Uscire indenne dalla guerra delle strade, attraversare lo sterminato deserto dell'universo carcerario, mutare identità senza per questo perdersi, riuscire a ricostruirsi una nuova vita senza per questo uccidere se stessi. Essere stato un simbolo e un bersaglio. E poi, ovviamente, un capo, un predestinato, il protagonista di una crisi di coscienza superata, aver pagato con la vita delle persone più care, per poi morire così: in mezzo a una strada, investito da un ragazzo che milita nel tuo stesso partito, come se il destino, giocando a dadi, avesse voluto farsi beffa di te. È successo a Peppe Dimitri, e la sua storia merita di essere raccontata, perché è attraversata dal segno profondo della complessità.

Nicola Rao, *Trilogia della celtica*, Sperling & Kupfer, 2014:

Un giovane sfreccia con la sua auto per le strade dell'Eur. È insieme alla sua ragazza e stanno andando fuori Roma. La giornata è limpida in questi ultimi giorni di marzo. Sono sereni. Federico, questo il suo nome, ha poco più di trent'anni e nella vita fa politica a tempo pieno. Un dirigente di Alleanza nazionale, uno che nel suo quartiere ha un peso. È consigliere di Municipio, ma punta più in alto. Mancano due mesi alle elezioni comunali e sta meditando di candidarsi al Campidoglio. Ma il destino ha deciso diversamente. Sono passate da poco le 13 quando Federico sente un dolore al petto, una fitta molto forte. Ha paura. In zona c'è un ospedale, il Sant'Eugenio. Il sangue gli sale alla testa, i riflessi si annebbiano. Si agita, decide improvvisamente di invertire la marcia e raggiungere il Pronto Soccorso. Siamo all'incrocio tra via Laurentina e piazzale Douhet. In quel preciso momento passa veloce uno scooterone, un 125: Federico non lo vede, sente solo l'impatto con la moto. Devastante. L'auto, impazzita, passa sopra il conducente dello scooter, infliggendogli danni tremendi. Morirà meno di un'ora dopo.

Rao ha scritto, in questo folgorante capitolo iniziale della sua *Trilogia*, che quello di Dimitri, celebrato subito dopo l'impatto fatale, era stato «un funerale per il neofascismo italiano». Eppure, mentre nel settembre 2007 rileggevamo le bozze di stampa che riportavano quei fatti dell'anno precedente, non avevamo ancora potuto verificare – né io né lui – quanto questa definizione fosse profeticamente vera.

Si devono organizzare le esequie, si dibatte sulle modalità. La sera prima della cerimonia Stefano Delle Chiaie e gli ex dirigenti di Terza posizione decidono una complessa liturgia: ci sono dubbi sull'opportunità di avvolgere Peppe con la sola bandiera di Avanguardia nazionale, e così si conviene che tutte le organizzazioni che Dimitri ha attraversato nella sua militanza politica debbano donare il proprio simbolo distintivo con i dovuti onori «al guerriero che giace». In questo inedito rituale sincretico la bandiera con la runa viene posta dentro la cassa, insieme a una spilla d'argento che riproduce il nodo di rune di Terza posizione. Questo complesso cerimoniale sarà illustrato nel dettaglio da uno degli organizzatori della cerimonia, Daniele Liotta, in un'intervista a Ugo Maria Tassinari.

Daniele Liotta in Ugo Maria Tassinari, *Fascisteria*, Sperling & Kupfer, 2008:

L'appuntamento è per le 7 all'obitorio. Tra i vari capannelli ci si consulta e si definiscono i dettagli per lo svolgimento della cerimonia funebre. La famiglia ha organizzato una messa che si terrà alla Basilica degli Angeli, ai piedi del Campidoglio. Mi colpisce Barbara, per l'immensa dignità mostrata in questi giorni terribili, nei quali sembrava che il mondo si fosse fermato. È quasi lei a consolare gli altri. Le ricordiamo, e lei con onestà conviene, che Peppe avrebbe voluto una cerimonia «pagana». Stabiliamo che ci si ritroverà dopo qualche giorno per quella particolare celebrazione. Intanto si organizzano tre squadre che porteranno la bara in tre momenti diversi: dall'obitorio al carro funebre, poi dal carro fin dentro la chiesa, e al termine dalla chiesa al carro. Vi sarà un picchetto d'onore rappresentante due punte di freccia che scorteranno Peppe nel suo ultimo viaggio. Gabriele Adinolfi è il vertice della punta che precede la bara, con me e Stefano Caponetti alle estremità, Francesco Bianco è il vertice della punta che segue. Riccardo Mancini organizza e coordina il tutto, poi la bara di Peppe verrà tumulata nella sua cappella di famiglia, al cimitero di Prima Porta.

Il capo guerriero degli anni Settanta tumulato da Mancini, uno dei futuri protagonisti di «Mafia capitale»: chi avrebbe potuto immaginarlo? Eppure anche questa è Roma. Anche questa è la splendida misera città cantata da Pier Paolo Pasolini. Sono passati poco più di dieci anni da quel giorno, ma Giuseppe Dimitri sembra davvero scomparso in un'altra epoca, portandosi dietro la sua biografia, unica, di ragazzo nero che attraversa tutta la storia della destra da An ad An. Ovvero: da Avanguardia nazionale – passando per Terza posizione – ad Alleanza nazionale. Quel giorno sui giornali *mainstream* nessuno aveva scritto il suo necrologio. Si viveva la fase più importante della campagna elettorale che avrebbe incoronato Romano Prodi per la seconda volta, sembrava che non ci fosse spazio per altro. I grandi quotidiani liberali hanno sempre maneggiato la destra radicale con la stessa serenità con cui ci si dedica all'innesco di un esplosivo: nel dubbio, meglio soprassedere. Eppure, per i funerali di Peppe Dimitri, all'epoca considerato semplicemente «un consulente del ministro Gianni Alemanno», si era celebrato a Roma il più importante rito di addio della destra italiana negli ultimi anni: l'unico funerale «unitario» che aveva ricomposto magicamente tutte le litigiose anime del neofascismo italiano.

Nicola Rao, *Trilogia della celtica*, Sperling & Kupfer, 2014:

Il giorno dopo la notizia viene pubblicata soltanto dalla cronaca di Roma del *Corriere della Sera*. Il quotidiano del partito di Federico e della sua sfortunata vittima, il *Secolo d'Italia*, si occuperà dell'accaduto due giorni dopo.

La prima pagina del giornale di An di domenica 2 aprile 2006 è interamente dedicata alle imminenti elezioni politiche. Tra una settimana gli italiani decideranno se confermare la fiducia alla coalizione di centrodestra o dare il benservito a Berlusconi & C. e richiamare alla guida del Paese, dopo dieci anni, Romano Prodi.

«I conti tengono. Smentiti i gufi», titola a tutta pagina il quotidiano di Alleanza nazionale [molto prima di Renzi, *N.d.A.*]. Un po' per rassicurare gli elettori, un po' per rispondere agli avversari che stanno accusando il governo uscente di aver lasciato senza una lira le casse dello Stato. Sempre in prima pagina, in basso a sinistra, campeggia la pubblicità del comizio che Gianfranco Fini terrà il 6 aprile in piazza Santi Apostoli per chiudere la campagna elettorale a Roma.

Sono in pochi a notare un minuscolo articolo, seminascosto, che compare a pagina 6, di taglio basso e senza firma. Si intitola: «L'ultimo saluto a Peppe Dimitri. I funerali a Roma». Comincia così: «In tanti ieri a Roma hanno rivolto l'ultimo saluto a Peppe Dimitri, morto giovedì per le ferite riportate in un incidente stradale. La chiesa di Santa Maria della Consolazione, a due passi dal Campidoglio, era piena. Pieni erano anche il sagrato e il piazzale antistante, dal quale sono stati tributati gli ultimi omaggi all'amico e al militante che, con diverse esperienze, ha attraversato la storia della destra dagli anni Settanta a oggi».

In realtà il funerale a cui il *Secolo d'Italia* accenna timidamente è un evento storico. Probabilmente il rito più importante del neofascismo italiano. La cerimonia più imponente, carica di significati e di contenuti della sessantennale storia dei fascisti in democrazia. L'ultimo saluto a Peppe Dimitri è forse l'ultimo omaggio tributato dalla comunità neoe postfascista a se stessa. Mai prima d'ora si era assistito a qualcosa di simile e quasi certamente mai vi si assisterà più.

L'ultima occasione in cui avevo parlato con Peppe Dimitri, poco prima della sua scomparsa, era stata la famosa presentazione di *Cuori neri* a CasaPound nel febbraio 2006 (credo che quello sia stato anche il suo ultimo intervento pubblico). Quella sera, parlando del mio libro, Dimitri mi aveva sorpreso esordendo con un rimprovero benevolo. Era rimasto colpito dal capitolo su Nanni De Angelis (e di conseguenza su Terza posizione), spiegava, ma gli «dispiaceva», che in qualche modo non sposassi la sua tesi sulla morte di Nanni, quella del «suicidio ribelle» (io invece continuo a credere, come suo fratello Marcello, che De Angelis sia stato «suicidato» in carcere, ma la differenza non è poi grande come si può pensare a prima vista). Bene, quel pomeriggio in via Napoleone III Dimitri aveva detto cose molto interessanti sui ragazzi di quel tempo, sui «cuori neri», sulla storia folgorante e fatale di Terza posizione.

E a fine dibattito mi aveva stupito di nuovo: mentre ero stretto in capannelli di contestatori ed estimatori che mi assalivano, era venuto platealmente a stringermi la mano. Intorno tutti si erano ammutoliti, e così, a caldo, come proseguendo il suo ragionamento, lui aveva parlato fittamente del dilemma che all'epoca mi stava più a cuore. La sua storia riassumeva in sé uno dei passaggi più delicati degli anni Settanta – l'arruolamento di un frammento di Tp dentro i Nar – e si chiudeva con l'ultimo colpo di scena immaginabile: il ritorno nell'alveo parlamentare come mentore ideale della Destra sociale di Gianni Alemanno. Ma in quel momento dietro di noi si accalcavano persone, qualcuno chiedeva conto di frammenti del suo discorso, non c'era tempo per parlare. Allora Dimitri mi aveva dato il suo biglietto da visita e mi aveva detto: «Solo per provare a rispondere a queste domande bisogna partire da Adamo ed Eva: ci sentiamo con più calma, non basteranno tre ore». Quell'incidente gli ha rubato anche questo tempo di racconto.

* * *

In molti hanno raccontato di lui (citerò interviste e saggi scritti da Ugo Maria Tassinari e Sandro Provvisionato), ma in un libro esaurito e dimenticato scritto da due giornalisti di sinistra, *Mal di destra*, pochi giorni dopo la sua morte avevo trovato una sua intervista che probabilmente, letta oggi, è molto più interessante che nell'anno in cui era stata pubblicata (il 1994). L'intervista più antica, forse la più intensa.

Dimitri era cresciuto politicamente nel calderone ribollente dell'Eur: il liceo Vivona, come tutto il quartiere, è «un santuario di Avanguardia nazionale» (sempre Rao), il gruppo extraparlamentare fondato da Stefano Delle Chiaie nel 1960, sciolto e poi rifondato nel 1970 da un gruppo di fuoriusciti dal Msi reduci dalle contestazioni all'università di Roma, guidati da Cesare Perri, Adriano Tilgher e Guido Paglia. Dimitri veniva da una famiglia agiata e segnata dalla diversità politica: padre proprietario terriero di origini pugliesi, madre di famiglia comunista.

Il suo battesimo sul campo lo aveva raccontato nel prezioso libro scritto da Stefano Di Michele e Alessandro Galiani, due dei migliori giornalisti de *l'Unità* (nei tempi in cui era ancora un grande giornale e non un supplemento satirico – involontario – del renzismo). Di Michele oggi è morto, stroncato da un brutto male dopo una lunga stagione a *Il Foglio*, ma quel percorso lungo di conoscenza del «nemico» iniziato con *Mal di destra* lo avrebbe portato a stringere un legame di amicizia forte e un vero e proprio «sodalizio» artistico con un irregolare di destra come Pietrangelo Buttafuoco (insieme su Italia Uno hanno dato vita a un memorabile viaggio intorno alla penisola a bordo di una Fiat 600 Multipla in un programma cult intitolato

Sali e tabacchi) cementato da una comune esperienza giornalistica nella stagione più irregolare e felice de *Il Foglio*.

Torniamo, però, a quell'intervista a Dimitri: si tratta di una testimonianza preziosa, una delle più antiche, e, come scoprirete presto, di un'autobiografia tratteggiata senza belletti, fronzoli retorici o veli di sorta.

«La mia prima azione», raccontava a Di Michele e Galiani, «fu un assalto freddamente predisposto a una sede del Pci, la sezione di piazza Bologna. Fu un'incursione organizzata in maniera militare, che mirava all'eliminazione fisica dei nostri avversari. Io ero molto teso. Dovevamo avvicinarci all'obiettivo senza farci notare. Eravamo divisi in due gruppi: uno doveva entrare nella sezione per colpire più gente possibile, un altro doveva attaccare quelli che stavano fuori.»

Il ricordo di questo battesimo delle armi per Dimitri non era filtrato da nessuna attenuante, nessuna premessa. Semplicemente raccontato nella sua brutale crudezza iniziatica: «Fu la prima volta che in maniera fredda, predeterminata, aggredii un avversario con un'arma. Avevo un martello, stavo con un amico ed eravamo emozionatissimi, provati. Quando colpimmo un uomo e questi cadde a terra, quasi ci sorprendemmo di quello che avevamo fatto». Invece era accaduto davvero.

È un'iniziazione di strada, questa, che davvero potrebbe raccontare uno squarcio di storia a cavallo tra gli anni Settanta e Ottanta. Al contrario di molti protagonisti di quella stagione, che avevano cambiato vita senza pensarci, con la stessa facilità con cui si può cambiare un cappotto, Dimitri alla storia di quegli anni ci aveva ripensato a lungo: si era avvicinato alla destra al liceo, ascoltando i discorsi dei leader di Avanguardia nazionale, «preso», come diceva lui stesso, «da una tensione ideale un po' mitica». E così il Dimitri cattolico e scout si era messo in gioco nel campo della destra radicale per una scelta «istintiva ed estremista». Ancora una volta vale la pena di riportare le parole consegnate a Di Michele e Galiani sulla portata di questo vero e proprio salto nel buio.

Peppe Dimitri in Stefano Di Michele e Alessandro Galiani, *Mal di destra*, Sperling & Kupfer, 1995:

Ero molto piccolo rispetto agli altri. E non capivo bene. Là c'era un'atmosfera molto carica, sentivi slogan pesanti. Si viveva in un clima, non dico violento, ma che faceva riferimento a mitologie forti: la lotta, il combattimento, l'esaltazione di personaggi come Junio Valerio Borghese. Ma gradualmente mi inserii. Dell'estremismo di destra mi piaceva il fatto che si collocava su posizioni non reazionarie, o conservatrici. Non mi sentivo tanto un fascista, quanto un rivoluzionario.

Peppe si inserisce in una cerniera anagrafica di rilievo, nella storia delle due più importanti generazioni di militanti di destra partorite dagli anni Settanta. Si trovava a essere il più piccolo tra i vecchi, ma anche il più vecchio tra i piccoli.

Era, come diceva lui, «gracilino». Comincia a praticare le arti marziali, e nel giro di un anno il suo fisico cambia in maniera impressionante. La metamorfosi fisica procede di pari passo con quella politica. Diventa un altro, si struttura, acquisisce la percezione della potenzialità del proprio corpo. Sta nascendo in quei mesi il personaggio che nella necrologia sarà ricordato come «il guerriero». È un attivista indefesso, appare ovunque: frequenta cenacoli rautiani grazie al legame con Germana Andriani, figlia di un vecchio ordinovista, l'avvocato Paolo, presidente della Fondazione Evola.

Nicola Rao, *Trilogia della celtica*, Sperling & Kupfer, 2014:

Le sue spalle sono sempre più larghe e un po' contrastano con il suo volto pulito da bravo ragazzo, che non c'entra niente con molte facce truci che circolano nell'ambiente. Allestisce campi in boschi abbandonati o in montagne dai sentieri impervi per temprare i giovani militanti e addestrarli alla resistenza fisica, al corpo a corpo, alla sopravvivenza in situazioni estreme. All'autodifesa, ma anche all'offesa. Con l'uso di armi bianche, come bastoni e soprattutto martelli. Diventa ben presto un esperto di arti marziali. E un appassionato di tattica militare e di guerriglia urbana. Ma Dimitri è molto altro. Innanzi tutto un profondo conoscitore e divulgatore del mondo misterioso e magico delle rune, l'antico linguaggio dei Germani ripreso e riutilizzato dalle Ss. Ma anche un *aficionado* del paganesimo e dell'impero romano.

Quando, nel 1976, Avanguardia nazionale viene sciolta perché divenuta oggetto di un'inchiesta per ricostituzione del partito fascista, tutti i suoi quadri più giovani rischiano lo sbando. Eppure non è solo un problema giudiziario: c'è anche un passaggio di epoca che incombe. Il vecchio neofascismo dei primi anni Sessanta, tutto fondato sulla mitologia del golpe, non ha le antenne né la cultura per capire e intercettare i fermenti anarchici della contestazione giovanile, le sue avvisaglie: è in questo clima da crepuscolo degli dei che, in una riunione alla birreria *Osram*, Dimitri, insieme a due ragazzi che rispondono al nome di Roberto Fiore e Gabriele Adinolfi, fonda un'organizzazione, Lotta studentesca, che due anni più tardi si evolverà naturalmente in Terza posizione. Nel nuovo movimento Dimitri diventa l'uomo dell'organizzazione, anzi, il capo di quella struttura che sarà ribattezzata «la Legione». A livello organizzativo, poco dopo, si aggiungerà Roberto Nistri. In un quadrumvirato di leader così assortito, Dimitri si ritaglia un ruolo a cui gli altri non ambiscono, quello di maestro formatore di un gruppo di ragazzi scapigliati che vogliono provare a costruirsi uno spazio politico in quella zona gassosa che sta a metà strada fra il Msi e la rabbia, proprio nel biennio in cui esplode la contestazione giovanile. In questo tempo Dimitri si cala perdendo qualsiasi vincolo, attraversato da un febbricitante delirio di onnipotenza che, ancora una volta, racconterà senza filtro: «A un certo punto», riferiva con una immagine vivida consegnata a Sandro Provvisionato per un numero monografico de *L'Europeo* che si intitolava *Profondo nero*, «mi convinsi di essere immortale. Gli altri, i miei camerati, mi vedevano come un guerriero senza sonno e io mi sentivo tale. Della mia vita fisica non m'importava un bel niente. Il mio spirito sarebbe vissuto in eterno con le mie idee».

La progressione di quei giorni sembra inarrestabile. Terza posizione vuole uscire dal ghetto, competere con la sinistra non solo sul piano militare. Ogni momento della vita della Legione sembra preludere a una travolgente stagione rivoluzionaria. Terza posizione è un movimento giovane, che vive una concorrenza feroce con i Nar nel reclutamento dei nuovi militanti, ma che pensa di avere dalla sua parte il vento della storia. Nell'empireo della Legione si costituisce una costellazione di miti, da quello del neofascismo eretico di Corneliu Codreanu ai personaggi «terceristi» più contemporanei come l'ex sandinista Edén Pastora. Sembravano i primi passi di un cammino decennale, e invece sono solo pochi mesi di vita.

Poi, in una fredda mattina di gennaio, nella Roma in cui si infrange l'incanto delle festività natalizie arriva il ciclone innescato dalla strage di Acca Larentia, e tutto – come sappiamo – prima inizia ad andare più veloce, poi precipita. Nell'intervista con Provvisionato, Dimitri racconta questo momento così: «La lotta armata è cominciata proprio dopo Acca Larentia. Quel giorno è come se fosse crollato per noi qualsiasi tipo di speranza. A quel punto la cultura subalterna, la riserva indiana che noi eravamo si sente espulsa dal mondo. Lì scattano soprattutto dinamiche psicologiche individuali e collettive, tre ragazzi di destra uccisi. Ma due li hanno eliminati i nostri antagonisti di sempre. Il terzo», sottolinea Dimitri, «è stato ucciso dallo Stato. A quel punto ci sentiamo davvero soli contro tutti».

Il capo della Legione di Terza posizione viene arrestato subito dopo la strage. Si ritrova in stato di fermo – ironia della sorte, viste le pratiche del tempo – per il possesso di una pistola che non è sua. Ed è proprio in carcere, in virtù di questa condanna che considera ingiusta ma non sbagliata, che, paradossalmente, decide di saltare l'ultimo gradino con cui si sentiva vincolato a una formale legalità: «Se prima avevo dei dubbi, adesso non li avevo più. Scelsi di tagliare tutti i ponti con la vita borghese».

Lo fa davvero. Quando esce di cella, dopo tre mesi di detenzione, decide di entrare nella lotta armata. Nel marzo 1979 partecipa con Alessandro Alibrandi alla celebre rapina all'armeria *Omnia Sport*, quella che è stata organizzata per commemorare la morte di Franco Anselmi: «Rapinare le banche, per noi», spiegava, «era un modo di far politica. I soldi ci servivano per armarci e per comprare case d'appoggio dove nascondere le armi. Eravamo sempre più condizionati dal mezzo, dagli strumenti indispensabili per portare avanti la lotta armata».

Quando entri in questo circuito qualcosa ti cambia, nella testa: «Oggi ho stima per chi lavora, guadagna, riesce a dare un frutto ai propri sforzi. Ma allora, per noi, il lavoro voleva dire compromissione con un certo modello di vita, che combattevamo». E ancora: «Essere maturi significa anche saper maneggiare il denaro. Mentre noi, tutto sommato, vivevamo ancora in un mondo adolescenziale. Eravamo affetti da una strana forma di onnipotenza».

Ecco, ancora una volta, una costante di chi passava dall'extraparlamentarismo all'illegalità: prima l'azione, poi il pensiero. «Non ci sentivamo mostri», spiegava Dimitri, «giustificavamo le nostre scelte leggendo Evola e Nietzsche. Io mi consideravo al tempo stesso un militante politico, un soldato e uno che cercava risposte più profonde. Stavo in Terza posizione ma non mi sono mai identificato totalmente all'interno di un solo gruppo politico.»

Infatti, intorno a lui si raccoglie un manipolo di ragazzini radicali che vuole andare ancora oltre, e che sta per decidere definitivamente di imboccare la lotta armata: sono coloro che hanno iniziato a praticare lo «spontaneismo armato», i futuri quadri che confluiranno nei Nar. «Io, lì dentro, ero considerato un po' un mito, perché oltre a capacità politiche, spirituali e culturali, avevo anche capacità militari.»

Ma una volta che il mito si infrange, i ragazzini perdono qualsiasi sponda. Sul piano ideale si passa dall'ideologia al nichilismo. Su quello pratico, dalla rapina all'omicidio. Parlando di quella stagione, Roberto Fiore dirà a Tassinari: «Dei tre dirigenti assoluti di Terza posizione, che furono tre per caso ma forse coprivano ciascuno, sia pure in forme e misure diverse, le tre funzioni tradizionali, colui che aveva connessione con la regalità (l'essere *Rex*) era proprio Peppe Dimitri. Ne avemmo una prova tangibile dopo il suo arresto nel 1979: Tp aveva ancora dei dirigenti ma non aveva più un Capo. E gli effetti della rimozione del *Rex* furono rovinosamente evidenti».

Questa storia, Dimitri te la raccontava così, senza aggiungere o togliere nulla, senza il veleno dell'autoapologia: «Ero tra i pochi che leggessero qualcosa. Ad Alessandro Alibrandi consigliai *Il signore degli anelli*, e credo che sia stato l'unico libro che ha letto in vita sua».

In quei giorni un po' folli, prova a camminare sul filo di un percorso impossibile, che forse esiste solo nella sua testa: cerca di controllare le schegge impazzite, di far dialogare il mondo di Terza posizione e la galassia degli spontaneisti, di trovare un punto di equilibrio fra le due anime più radicali. Non so dire, oggi, se esistessero concrete possibilità di riuscire nell'intento. La leadership di Valerio Fioravanti è più estrema, più lineare. Forse per certi versi più carismatica agli occhi dei ragazzini con la pistola che non hanno storia di partito alle spalle. Non occorre nessuna teoria, nessun dubbio ti può turbare: l'euforico fascino del nichilismo armato diventa l'unico vestito di appartenenza. Nell'autunno 1979 Dimitri prova a rispondere a questa sfida di egemonia con l'iperattivismo illegale: in poche settimane organizza ed esegue, quasi sempre prendendo il comando delle operazioni, una mezza dozzina di rapine. La prima la compie sotto casa, all'Eur, a volto scoperto. «I soldi», scriverà Ugo Maria Tassinari in *Fascisteria* dopo averlo intervistato, «servono a finanziare le strutture operative, pagare la latitanza agli esuli come Delle Chiaie, ma anche a liberare i camerati dalla *schiavitù del lavoro*. [Il corsivo è mio, *N.d.A.*]»

Anche questa stagione, però, è molto più breve di quello che si possa immaginare, mentre si è immersi dentro il vortice degli eventi. Dimitri è arrestato di nuovo: accade nel dicembre 1979, in via Alessandria, a Roma. Insieme ad altri due camerati di Terza posizione sta trasferendo alcune casse di armi in un seminterrato: è la santabarbara di Terza posizione, gestita disinvoltamente, come se fosse il corredo di un trasloco. Finisce a Regina Coeli, isolamento totale per un mese. Il primo periodo di carcere lo aveva arruolato in battaglia e lo aveva messo sulla pista della lotta armata. Il secondo, come dice lui, lo allontana dalla contesa e gli fa addirittura provare «una sensazione di sollievo».

Il tempo dei giochi è finito, pensa. Ma il problema è che il mondo fuori non lo sa ancora. La contesa a destra, dopo l'assassinio di Ciccio Mangiameli, dirigente tippino giustiziato dai Nar nel settembre 1980 in circostanze ancora oscure, diventa sempre più cannibalistica. Fioravanti nel 1979 era arrivato fino a immaginare di sparare a Gianfranco Fini e Adolfo Urso dopo la morte di Alberto Giaquinto. Gli ex ragazzi di Tp, invece, si spingono fino a ipotizzare l'esecuzione di Pino Rauti, leader della sinistra missina, colpevole di aver usato parole considerate ingiuriose in un'intervista. È una galassia che implode così velocemente che chi la abita quasi non se ne accorge.

Ugo Maria Tassinari, *Fascisteria*, Sperling & Kupfer, 2008:

Dimitri, dal carcere, si affanna disperatamente per far fare macchina indietro ai camerati. Quando viene a sapere che si prepara un agguato contro Rauti, ritenuto un delatore, mette in campo il suo prestigio per scongiurarlo e ne ricava in premio un'imputazione di omicidio. Cristiano Fioravanti lo accuserà, con Pedretti, di essere il mandante dell'agguato al giornalista Michele Concina, che avrebbe sostituito come «obiettivo» il vecchio leader (a morire fu poi, come sappiamo, un tipografo de *Il Messaggero*, Maurizio Di Leo, uscito dal giornale di corsa dopo una telefonata trappola, e scambiato dal commando per il cronista).

Ma il sospetto scava dove meno te lo aspetti. Persino su Dimitri, in carcere, si addensano ombre: qualcuno pensa che il «guerriero» non sia più se stesso. Nasce addirittura l'idea che, invece di combattere e resistere all'arresto, si sia arreso (un gesto che basterebbe a fargli guadagnare la qualifica di «infame»). In realtà, come avrebbe spiegato lui stesso ancora a Tassinari, la sua verità era molto più banale, e per nulla epica: aveva cercato di prendere la pistola dal borsello ma era stato bloccato dagli agenti che lo avevano circondato, prima di poter armare un solo colpo. A Goffredo Buccini, molti anni più tardi, arriverà a dire che quel bloccaggio «era stata la fortuna della sua vita». Al momento dell'arresto gli trovano addosso un dossier sulla presenza del Kgb in Europa, che gli è stato consegnato dal suo ex capo Stefano Delle Chiaie per la pubblicazione su *Confidentiel* (una rivista di area la cui edizione italiana era diretta da Mario Tilgher, padre di Adriano). Anche questo – in un certo immaginario della fascisteria – lo riporta alle vecchie modalità di Avanguardia piuttosto che alla mitologia della Legione.

Eppure, di quello che pensano di lui i suoi camerati, in quelle ore a Dimitri importa poco o nulla. Si dichiara «prigioniero politico», e per cinque anni non dice una sola parola ai giudici. Però attraverso radio-carcere fa sapere comunque ai ragazzi fuori che secondo lui è tempo di deporre le armi. L'effetto? Nullo. I ragazzi di Terza posizione, che in quei giorni sono transitati o stanno arruolandosi nei Nar, lo avvertono nella migliore delle ipotesi come un marziano. È stato guerriero senza sonno, capo assoluto della Legione, ma adesso gli ex ragazzini tippini sognano l'affiliazione al gruppo di Fioravanti e, malgrado tra loro ci siano pochi anni di differenza, lo percepiscono come un «vecchio».

Sandro Provvisionato, intervista a Peppe Dimitri, *L'Europeo*, 17 febbraio 1989:

La lotta armata è stato un grido di disperazione, il mio modo di esprimere la mia ribellione a un sistema profondamente ingiusto. E le ragioni di questa ribellione ci sono ancora. Solo che col completamento del passaggio a una società post-industriale bisogna ricercare nuovi modi. Quando ero in carcere ho segnato un distacco dall'ambiente dei più fanatici quando ho visto che non tenevano in nessun conto la vita umana. E invece la rivoluzione deve partire dall'uomo e fare i conti con l'uomo. Glielo ho mandato a dire e loro mi hanno cancellato come mito, dicendo: «Vabbè, il carcere lo sta rincoglionendo».

Che cosa incredibile, la geometria degli uomini e delle scelte in quel tempo sbandato. Proprio uno di quelli che per questa scelta di posizionamento gli toglie addirittura la parola, Walter Sordi, appena dopo essere catturato si rimangerà tutti i propositi di intransigenza, diventando una sorta di «Patrizio Peci nero». La stessa dinamica a destra, come tra i brigatisti: i più efferati, quelli che hanno avuto il grilletto più facile, coloro che avevano teorizzato e coltivato la radicalità più violenta crollano: per debolezza o per utilità. Diventano «pentiti».

Sono giorni complessi. Dimitri transita a Rebibbia, e poi viene addirittura spedito in un'isola penale, alla Gorgona, a poco più di un tuffo dalla Corsica, se solo non ci fossero le sbarre. Sembra di entrare in un film ottocentesco, in una colonia penale di quelle raccontate da Alexandre Dumas. Dopo aver architettato un piano prova a evadere, come nella migliore letteratura carceraria, ma lo beccano: finisce nel carcere di Novara. Da dietro le sbarre – stavolta è chiaro – si esce solo quando lo diranno i giudici. E convincerli non sarà facile.

Peppe Dimitri in Ugo Maria Tassinari, *Fascisteria*, Sperling & Kupfer, 2008:

La Legione è nata da una mia insoddisfazione profonda perché Tp stava finendo per ricalcare i modelli attivistici tradizionali. Era un corpo di élite ma, anche se si svolgevano attività di addestramento paramilitare, non era una struttura militarista. Era una comunità elettiva che riuniva tutti quelli che già vivevano assieme ventiquattro ore al giorno per fare politica, per il piacere di stare e di crescere assieme, e partiva da una sensazione comune che ci legava sul piano umano. Era un fatto sottile, ma molto bello. E non c'è stato verso di farlo capire ai giudici.

Nel 1983 Dimitri decide che il capitolo della guerra si è chiuso definitivamente e inizia a chiarire la sua posizione con i magistrati. Ed è però proprio in quei giorni che, accusato, oltre che da Cristiano Fioravanti, anche da Angelo Izzo (il pentito onnisciente, ancora lui), si ritrova inseguito da un altro mandato di cattura: omicidio. È uno dei momenti più duri di un'intera vita. Non tanto per l'accusa, ma per il dramma che produce sul suo fragile mondo di affetti. Sua madre non regge alla notizia dell'avviso di garanzia per il delitto Di Leo e, presa dalla disperazione, si suicida. L'ipotesi di omicidio si scioglie: lui esce di prigione l'anno dopo, ma quel lutto gli scava dentro, in profondità, cambia il suo modo di vedere le cose. Fino al 1988 rimane agli arresti domiciliari: quattro anni a riflettere e a pensare. Quando ritorna libero, Dimitri scopre che il mondo che aveva lasciato semplicemente non esiste più. Prova a «immergersi nella realtà», recuperare il tempo perduto, vivere le emozioni che il voto di castità prima, e il carcere dopo, gli avevano negato. Di nuovo un percorso non lineare, e sembra che il passato se lo stia riprendendo per i piedi.

Prima c'è un fermo avvolto nel mistero. Tassinari racconta di un trafiletto su *Il Tempo* dove si annuncia che nel corso delle indagini su un tentativo di evasione da Rebibbia è stata sgominata una banda di rapinatori capeggiata da un ex leader dei Nar, P.D., trentadue anni di età, nove di carcere, quattro condanne per banda armata (Fuan, Tp, An, «covo di via Alessandria»). Che cosa insensata quelle iniziali: accompagnate da quel curriculum era come scrivere «Peppe Dimitri».

Scrive Tassinari: «L'identikit è inconfondibile, ma sulla notizia cala il silenzio. I banditi restano in carcere, Dimitri è scarcerato in pochi giorni. Qualche mese dopo incappa in un posto di blocco istituito per una rapina: girava su un motorino rubato con un pregiudicato. Sono arrestati con l'accusa di detenzione di cocaina per un pacchetto ritrovato nei paraggi: secondo la polizia se ne sarebbero disfatti alla vista della pattuglia. Il pm al processo per direttissima chiede cinque anni e mezzo». Ma inaspettatamente (anche per lui), malgrado il suo curriculum, i magistrati sono di un garantismo britannico, e in mancanza di prove certe in quel processo Dimitri viene assolto. Il destino gli sta regalando una nuova occasione, e lui se ne accorge.

Nel giugno 1994 la morte di un suo vecchio camerata, Elio Di Scala (detto «Kapplerino»), che resta a terra durante una rapina del tutto anacronistica, gli fa capire definitivamente che chi non volta pagina è destinato a restare uno spettro. Ancora a quell'epoca diceva di sé: «Anche io non mi sono bene integrato, e con grande sforzo cerco di trovare un equilibrio dentro il sistema che rifiuto. Continuo a sentirmi diverso».

È bello, ancora una volta, il ritratto che Tassinari tratteggia della sua unica intervista televisiva: «[Si ritrova] con il brigatista rosso Maurizio Iannelli. È l'unico ex terrorista a presentarsi in giacca e cravatta, pallido, il volto segnato da qualche tic, impegnato a porre domande piuttosto che a rispondere: 'Chi mi darà riconoscimento per non aver tradito nessuno, per aver retto in tutti questi anni?'» Già, chi?

Riparte da zero. Va a lavorare in un'azienda che vende lettini da campo per il terzo mondo, viaggia molto, pensa di più, attraversa altre guerre, altre latitudini. L'uomo che mi porge il suo biglietto da visita a CasaPound, in quel giorno del 2006, un equilibrio lo ha trovato. Ha una moglie, due bambine piccole, il cranio rasato e una montatura d'acciaio. Delle sue figlie, Virginia e Matilde, dice:

«Cercherò di farle ragionare contro i pregiudizi che troveranno nei libri». Ha sposato Barbara Accame, la figlia di Giano, il più raffinato teorico della sinistra missina.

Non sembra più un ribelle, ma un asceta o un manager: parla con pacatezza, sceglie le parole, riflette ad alta voce, trasmette una emotività calma, pacificata, piena di passione. Quando ci sentiamo l'ultima volta al telefono sto per partire per Cagliari, e vorrei davvero avere tre ore per poter cucire tutti i brandelli di testimonianza che mi turbinano nella testa. Gli dico che mi deve spiegare quel passaggio, la distanza fra i due Dimitri, l'intellettuale di oggi e il guerriero di ieri. Mi deve spiegare quale cortocircuito ha portato il maestro nelle mani dei discepoli, il capo militare di Terza posizione, nell'armeria dei ragazzini dei Nar. Un capo trascinato dai suoi ragazzini e (o) abbandonato da loro? Un leader tragico o un maestro involontario? Un *Rex* destituito o un leader che ha tenuto il punto di coerenza solo a costo della solitudine? Sorride, un po' divertito: «Questo te lo devo raccontare a voce, per bene. Sentiamoci lunedì prossimo. Parliamone con più calma».

Ma non faremo in tempo a farla, questa discussione. Perché il giovedì seguente quell'assurdo incidente stradale cancella la sua vita. In quelle ore ho letto su un blog come Indymedia decine di commenti come questo: «Finalmente è morto Peppe Dimitri». Poi, nella stessa notte ho visto la mia città risvegliarsi letteralmente tappezzata di manifesti come un albero sotto la neve e una frase che inneggiava al guerriero: «Combattere è un destino».

Non so se il fesso di Indymedia che festeggia la sua morte si renda conto di quello che ha scritto, non so se l'uomo di cinquant'anni e di buone letture con cui ho parlato, se avesse potuto scrivere il proprio epitaffio, avrebbe scelto quell'altra espressione (forse sì). Di certo il feticcio degli apologeti e dei detrattori era un'immagine molto più stereotipata rispetto alle tante sfumature di complessità dell'originale.

L'ultima intervista importante è a Goffredo Buccini, sul *Corriere della Sera*, il 10 gennaio 2004: «Oggi, e ne sono orgoglioso», dice Dimitri raccontandosi, «sono rientrato nella società da cui mi ero distaccato, sono tornato protagonista. Non ero mai stato iscritto al Msi, mi sono iscritto ad An. Ora apprezzo quelli che, pur avendo la mia matrice ideale, capirono come lo strumento più idoneo fosse quello del consenso democratico. Ma i valori di allora penso di averli conservati tutti». E ancora: «Avevamo il mito del golpe come strumento per salvare il Paese, eravamo pronti ad andare a morire. Siamo stati sconfitti dalla storia». Lui, che è approdato ad An, si dissocia dalla svolta di Gianfranco Fini allo Yad Vashem: «Non chiederò mai a un comunista di dichiarare che il comunismo era il male assoluto. Se no, alla fine, avrà vinto la Dc».

So bene che le storie dei «cuori neri», e quella di Dimitri più delle altre, sembrano avere mantenuto dentro di loro, come in un filamento di Dna irreversibile, il segno irrevocabile della tragedia e il colore oscuro della predestinazione fatale. So che sembrano attraversate da un'ombra cupa, anche quando in apparenza i protagonisti che le animano si trovano a vivere in anni di pace, anche quando sembra che siano approdati al porto di Itaca dopo l'odissea degli anni armati. Rilette oggi, queste biografie sono storie che paiono scritte da un romanziere: storie senza morale e senza lieto fine. Sono vite destinate a insegnare molto a tutti.

Tranne a coloro che le hanno vissute.

14
La foto di Sergio, il giorno delle bombe e l'uso della memoria contundente

«Non sarebbe però un martire Sergio Ramelli.» È con l'accompagnamento di queste laconiche parole, in un giorno dell'aprile 2015, che dalle nebbie indistinte del passato sulle pagine de *L'Espresso* improvvisamente riemerge quella foto. Una foto di gruppo con bombe a mano in bianco e nero. Una foto del 1973 estratta da una matrice analogica, attraversata dalla traccia di un'impercettibile linea di piega più chiara, che la timbra come una filigrana, rivelandone l'origine documentale.

È il reperto di una giornata di guerra e di una stagione arcaica, che improvvisamente si anima, acquista una nuova vita, esce dagli archivi obsoleti dell'età cartacea per ritornare al centro del racconto nel fulgore dell'era digitale, per diventare quasi istantaneamente uno strumento contundente nella battaglia politica del presente. Una singola foto come strumento di revisionismo contro una vittima.

Una foto di bomba usata come una bomba.

Ramelli *non sarebbe*, quindi *non è* più un martire, scrive su *L'Espresso* Michele Sasso, con l'unica avvertenza di premettere che lo dice «l'Osservatorio sulle nuove destre».

Non sarebbe però un martire: formula strana. Vagamente

furtiva, protetta dal condizionale e insensatamente preceduta da una negazione, quasi percorsa da un inconsapevole senso di colpa. Sembra che l'autore del pezzo si rifugi nei leziosismi della lingua italiana, e nel velo sublime dell'impersonale, come per dire: mica sono stato io. Solo che prima di aggiungere quella considerazione stava parlando di altro: di manifestazioni e di contromanifestazioni dell'aprile 2015. Poi, *però*, ci sono quella foto, quell'avversativa appesa, che sembrano volersi opporre a trent'anni di processi e di fatti inoppugnabili, contestandoli con la forza di una immagine: sì, è vero, ci sono state le sentenze, le condanne per omicidio. *Però* guardate qui.

Questa battaglia iconografica contro Sergio Ramelli si può considerare il primo tentativo di revisionismo fotografico del terzo millennio – almeno sugli anni di piombo – perché c'è una logica ferrea sottintesa nel teorema che si fa discendere da quel fotogramma: se il martire del 1975 appare fotografato mentre si ritrova in mezzo a degli scontri di piazza del 1973, e se dietro di lui c'è il bombarolo con in mano un sacchetto bianco in cui teneva i suoi ordigni, se intorno a lui c'è il fior fiore del terrorismo nero, vuol dire che poi – *però* – quel ragazzo tanto martire dopotutto non lo era.

Mi chiedo se Sasso, prima di scrivere questo articolo dal titolo «Il giovedì nero e il martire», abbia letto, non dico un'inchiesta completa come *Sergio Ramelli. Una storia che fa ancora paura* o il voluminoso capitolo di *Cuori neri* su quel delitto, ma anche soltanto la voce di Wikipedia sull'assassinio di Sergio. Scorrendo il suo testo, avversative e condizionali compresi, sembra proprio di no.

Michele Sasso, *L'Espresso*, 25 aprile 2015:

Non sarebbe però un martire Sergio Ramelli, secondo l'Osservatorio sulle nuove destre. Nelle foto apparse il 18 aprile 1973 sul quotidiano *Lotta Continua* (digitalizzato dalla Fondazione Erri De Luca), pubblicate pochi giorni dopo l'uccisione dell'agente di polizia Antonio Marino, spunta il giovane. Il «giovedì nero di Milano» sfociò in una violenta dimostrazione con numerosi atti di violenza e di teppismo, con schermaglie tra forze dell'ordine e missini.

Sì, ovviamente: i fatti e l'immagine. Ore 18.20, giovedì 17 aprile 1973, guerriglia a Milano. Da un punto di osservazione alto, panoramica di manifestanti di destra che corrono. Per quarant'anni questa foto in bianco e nero era rimasta soltanto una delle tante istantanee di quella sequenza, scattate proprio nei minuti in cui Maurizio Murelli e il suo camerata Vittorio Loi, durante una manifestazione vietata, tirano le famose bombe Srcm contro la polizia (tra gli ordigni di Loi c'è anche quello che ucciderà l'agente Marino colpendolo mortalmente al petto). Non solo l'immagine non è inedita, al contrario: è arrivata fino a noi *solo* perché era già edita. Un fenomeno molto interessante, perché una fotografia già pubblicata, e poi dimenticata, torna magicamente inedita dato che si riesce a far parlare quel documento in modo nuovo. Finché era una delle tante foto di Murelli, quindi, nulla da dire: ma se si sposta il centro focale della scena, anche solo di qualche centimetro, tutto cambia.

È dunque la lettura dell'immagine che viene fornita (dalla fonte di Sasso prima, e dallo stesso Sasso poi) a essere inedita: è l'interpretazione che accompagna la fotografia ripescata, a essere una nuova notizia. È il fatto che sia una testata mainstream a pubblicare la notizia che rende questo cocktail deflagrante.

Nell'articolo che appare sul settimanale di via Po, infatti, c'è una foto di corredo con un cerchietto rosso che circoscrive una sagoma, modificando il senso di tutta l'immagine, nel tentativo – più o meno volontario – di cambiare l'interpretazione di uno dei delitti più efferati di un'intera stagione. Dentro il cerchietto rosso si inquadra una delle trentacinque figure in movimento catturate dal fotografo. Quasi tutte corrono in senso opposto all'obiettivo, stanno scappando, si può intuire che alle loro spalle, dalla parte dove si trova il fotografo, ci sia la polizia: a destra in alto, del tutto in contropiede rispetto agli altri, c'è Murelli. E sotto di lui, più accentrato, incastonato tra le schiene di due che a loro volta stanno scappando, come colto di sorpresa e indeciso su dove andare, c'è il volto sgranato di un ragazzo, che nell'immagine occupa lo spazio di circa tre millimetri.

Appoggiando il lentino su quel grumo di bianchi, neri e grigi si può distinguere una sagoma: un semicerchio di capelli corvini, due puntini che disegnano le arcate sopracciliari, un incarnato bianco. Poi si può vedere un frammento di mano sinistra, ripiegata all'altezza del petto. Nei contorni di quella che è l'ipotetica sagoma del corpo, si intuisce l'ombra scura di una camicia o forse di un giubbotto. Tutto qui. Devo dire che invidio molto le certezze di Sasso che individua sicuro Ramelli.

Prima e cruciale domanda che nelle polemiche a seguire talvolta verrà persa di vista: ammesso e non concesso che quel minuscolo fantasma di inchiostro possa essere davvero identificato come Ramelli, cosa rappresenta davvero quell'immagine, e come deve essere interpretata? Leggiamo ancora l'articolo de *L'Espresso*.

Michele Sasso, *L'Espresso*, 25 aprile 2015:

Negli scontri c'è anche Sergio Ramelli, all'epoca quasi diciassettenne, immortalato a pochi secondi dal lancio della prima bomba, alle 18.20 in piazza Tricolore. Dietro di lui con il sacchetto bianco in mano che conteneva le bombe c'è Maurizio Murelli, arrestato a Firenze con lo stesso giaccone addosso. Nel primo lancio furono feriti un agente di pubblica sicurezza e un passante. Seguiranno altre due bombe, che colpirono al petto Antonio Marino mentre altri dodici agenti furono travolti dalle schegge.

La storia del «giovedì nero» è stata ricostruita molte volte, ripercorsa con ossessione quasi maniacale da Nicola Rao – anche con la prima testimonianza organica di Murelli dopo il processo – nella sua *Trilogia della celtica*. Ma qui Sasso, usando la forza di suggestione delle associazioni e alcuni vecchi trucchi di sintesi nella scrittura, compie un nuovo salto logico.

Michele Sasso, *L'Espresso*, 25 aprile 2015:

> Ramelli in quella giornata era in buona compagnia: Vittorio Loi e Maurizio Murelli, autori del lancio delle tre bombe, e si ritrovò insieme a terroristi neri del calibro di Marco Ballan di Avanguardia nazionale, Mario Di Giovanni di Ordine nero (condannato di lì a poco a Varese per detenzione di tre chilogrammi di materiale esplodente), Giancarlo Rognoni, Piero Battiston, Francesco De Min e Mauro Marzorati di Ordine nuovo (questi ultimi due condannati rispettivamente a dieci e tredici anni per la tentata strage sul treno Torino-Roma del 7 aprile 1973).

Quindi Ramelli *non sarebbe però un martire*, nell'ordine: 1) perché era in piazza Tricolore a Milano; 2) perché era vicino a uno che lanciava le bombe; 3) perché nella stessa manifestazione (attenzione, non al suo fianco, non nell'inquadratura, nemmeno in quello spezzone di corteo) c'erano futuri terroristi, alcuni esponenti di Avanguardia nazionale, di Ordine nero e ovviamente de La Fenice. Uno di questi futuri terroristi sarà addirittura «di lì a poco» condannato. Gli individui in questione non sono nella foto, non sono con lui, ma erano alla stessa manifestazione, e a Sasso questo basta per concludere con una punta di sarcasmo che «Ramelli era in buona compagnia». Non più martire, dunque, ma potenziale amico di terroristi e di futuri condannati.

Però è più interessante capire: a prescindere da questa sintesi davvero arbitraria, da quali elementi Sasso trae la sua principale certezza, e cioè l'idea che il fantasma del ragazzo in bianco e nero sia davvero Sergio Ramelli? Il giornalista de *L'Espresso* nel suo articolo non lo scrive: non indica elementi di riconoscibilità, non cita documenti, non acclude parole di testimoni. Enuncia il riconoscimento come una sorta di postulato. E così l'onda di polemiche che il suo articolo innesca spingerà i protagonisti – da Murelli a studiosi che hanno indagato quei fatti come Ugo Maria Tassinari e Nicola Rao – a ripercorrere quella giornata e a indagare sul fantasma. La querelle sulla foto farà emergere molti particolari nuovi e interessanti non solo sulla presunta identità di Ramelli, ma sui termini di questa complicata battaglia memoriale. La ripercorro nel dettaglio, non solo – basterebbe quello – per l'importanza del caso Ramelli. Ma soprattutto perché questo congegno polemico-giornalistico segna un ritorno al passato, si alimenta per la prima volta del volano amplificante della rete, diventa in qualche modo un vero e proprio caso di scuola della controstoriografia emozionale nel tempo di internet.

* * *

Così, prima di tutto, per svelare il mistero di questa immagine occorre ricostruire il filo carsico che descrive il viaggio della foto attraverso quasi metà secolo: l'istantanea, tanto per cominciare, è segnata da quell'impercettibile linea di filigrana di cui a inizio capitolo ho sottolineato la presenza, perché è la prova che non arriva dal negativo di un rullino, ma dalla riproduzione anastatica di un quotidiano. Lo scatto viene pubblicato per la prima volta su *Lotta Continua* nel 1973, poi nel 2015 viene digitalizzato dalla Fondazione Erri De Luca, quindi è ripescato (e interpretato) dall'Osservatorio democratico sulle nuove destre.

È proprio l'Osservatorio la fonte da cui Sasso trae la foto, la fonte da cui ha origine l'affermazione: «Guarda che dietro quel volto c'è Ramelli». Peccato che l'Osservatorio non sia un'istituzione iperurania, un tribunale abitato da un giudice terzo, ma un luogo dove lavorano uomini in carne e ossa, persone che hanno una storia, delle idee, e ovviamente la possibilità di fallire. Bisogna raccontare che l'Osservatorio sulle nuove destre altro non è che una struttura politico-memoriale animata da Saverio Ferrari, che poi sarebbe un ex dirigente nazionale di primo piano di Democrazia proletaria, che poi sarebbe l'ex organizzatore del famoso convegno su «Le vere ragioni» del 1985 che citavo nel Prologo, che poi sarebbe anche l'ex capo del servizio d'ordine di Avanguardia operaia a Milano negli anni Settanta, che poi sarebbe anche – con o senza *però*, almeno questo Sasso avrebbe dovuto ricordarlo – uno dei principali imputati, poi condannati, nel processo congiunto sul delitto Ramelli e sull'assalto dell'anno seguente che devastò il bar di largo Porto di Classe.

Dunque l'uomo che sostiene di aver identificato il fantasma di Ramelli è anche l'ex capo del servizio d'ordine dell'organizzazione di cui faceva parte la squadra che nell'aprile del 1975 sarebbe partita da Medicina con le Hazet 36 in mano per sprangare Ramelli. Il che non è in sé un marchio di infamia, ma se non altro la prova del fatto che Ferrari è parte in causa nella storia che racconta. Non interviene per caso o per spirito di accademia, ma (anche) perché è animato dal demone di una sua battaglia personale. Di nuovo i «cuori dopo i cuori», di nuovo un'ossessione che non finisce, di nuovo una sfida che sembra avere il sapore ossessivo di quella letteraria tra Achab e Moby Dick, persino a quarant'anni di distanza. L'identificatore di Ramelli, insomma, ha condiviso in aula la gabbia con i killer di Sergio (che erano suoi compagni e sottoposti). Non era tra gli esecutori materiali di quel pestaggio, ma era tra i pianificatori del violento assalto al bar di largo Porto di Classe, nel raid di cui ho parlato nel prologo. Una spedizione punitiva a cui presero parte anche alcuni di coloro che avevano ammazzato Ramelli.

Marco Costa, deposizione in aula al processo Ramelli, 1987:

Ramelli capisce, si protegge la testa con le mani. Ha il viso scoperto e io posso colpirlo al viso. Ma temo di sfregiarlo, di spezzargli i denti. Gli urlo: «Giù le mani!» e lo colpisco al capo con la chiave inglese. Lui non è stordito, si mette a correre. Si trova il motorino tra i piedi e inciampa, io cado con lui. Lo colpisco un'altra volta. Non so dove: al corpo, alle gambe, non lo so. Una signora urla: «Basta, lasciatelo, così lo ammazzate!» Scappo, e dovevo essere l'ultimo a scappare.

Si può rileggere cento volte questo racconto, contemplare le immagini del compassato trentenne con gli occhiali che si ritrovò a rendere questa testimonianza in aula, immaginarlo ancora ventenne, studente universitario di Medicina in azione. Il suo racconto è un misto di verità, ricostruzione falsata, e – forse – trasfigurazione menzognera inconsapevole.

Mi sono reso conto che quando ho scritto *Cuori neri* in alcuni casi avevo l'urgenza di raccontare, di asciugare le testimonianze, riferire l'essenziale. Oggi, rigettandomi in questi documenti con un passo diverso, più ponderato, mi interessa scavare anche il singolo dettaglio e capire meglio. Per esempio per penetrare anche nell'incredibile groviglio di sentimenti rivelato da brandelli di testimonianze come questa. Provate a mettere in fila la sequenza di messaggi che Costa offre ai suoi giudici: *temo di sfregiarlo*, il particolare del carnefice compassionevole, che si preoccupa di non rovinare la chiostra dentaria della sua vittima. O quello del predatore che mena all'impazzata e colpisce quasi inavvertitamente: lo colpisco, *non so dove, non lo so*. La balla del «cadere insieme», che si muta quasi in una forma simbolica di condivisione. Non è la prima volta che mi capitava di incontrare questo istinto autoprotettivo del killer, che racconta di trovarsi quasi in simbiosi con la sua vittima, preoccupato. Del predatore che millanta una debolezza nel momento stesso in cui racconta una prevaricazione: la letteratura del lager è piena di carnefici compassionevoli e volenterosi. Quel giorno, in tribunale, le parole con cui Costa rivelava tutto il suo dolore nell'apprendere che Ramelli era in coma erano state queste: «L'ideologia prevalse sulla coscienza. E questa è la colpa più grave, una colpa che mi porto dentro. Dopo la morte di Ramelli rimanemmo prigionieri di questo orrore».

Bene, guardate quanti elementi intensi restano sulla tavola dopo questa testimonianza: precipitazione del dramma, accidentalità, tragedia, pentimento repentino, tormentato senso di colpa, consapevolezza e redenzione. Il film potrebbe sembrare convincente. E invece, solo un anno dopo, il conto non torna più.

Marco Costa, deposizione in aula al processo Ramelli, 1987:

«È vero, un anno più tardi partecipai anche alla spedizione punitiva del bar di Porto di Classe. Ma non avevo più la chiave inglese.»

«E allora perché partecipò a quell'azione, scusi?»

«Come studente di Medicina mi dissero che avrei dovuto soccorrere eventuali feriti.»

«Ma perché dopo Ramelli, la vergogna, e i sensi colpa di cui ci ha parlato, andò a Porto di Classe?»

«Eravamo prigionieri. Prigionieri di noi stessi e dell'ideologia.»

Prigionieri che si pentono, dunque, ma poi, come attraversati da un comandamento di fatalità, tornano a colpire. Solo un caso, quello di Marco Costa? Mica tanto. Nella loro meticolosa istruttoria – davvero molto più di un'indagine, quasi un saggio socio-politico-giudiziario – i magistrati Guido Salvini e Maurizio Grigo (come è noto progressisti e di sinistra), che all'inizio degli anni Ottanta cominciano a indagare sul caso insoluto, risolvendolo, scoprono che anche un secondo membro del commando che aveva martirizzato Ramelli – malgrado la vergogna, il dolore, il presunto senso di colpa di cui anche lui aveva doviziosamente raccontato in aula – solo un anno più tardi non aveva resistito al richiamo delle sirene.

L'uomo in questione è Claudio Colosio, l'ex compagno «Prezzemolo» (questo il suo soprannome in Avanguardia operaia per il suo essere militante instancabile e animatore onnipresente), anche lui medico poco più che trentenne quando nel marzo 1987 arriva a deporre in tribunale: «All'assalto a Porto di Classe, punto di ritrovo di fasci, io ho assistito, ma a distanza, senza sapere di che tipo di azione si trattasse, e nemmeno chi l'avesse ordinata». I giudici rimangono un po' perplessi e gli chiedono nel dettaglio cosa avesse fatto: «Io mi ritrovo ad andare verso il supermercato di viale Argonne, mi giro, e a quel punto vedo il fumo che esce dal bar...» Allora lo stupore che si sta abbattendo sull'aula viene interpretato da Ignazio La Russa, avvocato di parte civile della famiglia Ramelli, che domanda: «Mi scusi, ma lei perché andò?» Colosio fa una pausa come per mettere a fuoco i suoi ricordi, poi risponde con due parole secche: «Volevo vedere».

Dopo la tragedia, la sofferenza e la presunta redenzione. Dopo i sensi di colpa, la crisi, i ripensamenti. Dopo la catastrofe e il delitto, il voyeurismo.

Gad Lerner, «Anni di spranga», *L'Espresso*, 6 ottobre 1985:

«Per pietà, metta via quella foto!» Il brigadiere con un gesto distratto ha aperto il giornale di dieci anni fa sull'immagine di un ragazzo morente, intubato e con la testa sfasciata. Ma l'imputato, un medico trentenne dalla vita apparentemente serena, ormai lontano dalla politica, scatta in piedi, non regge. Del resto non ha nessuna intenzione di tenersi ancora dentro quel ricordo allucinato: «Ce l'avevamo anche noi una foto di Sergio Ramelli, fascistello di 18 anni, per riconoscerlo quel maledetto 13 marzo 1975, quando lo andammo a sprangare sotto casa. Ma la sua faccia non l'ho mai voluta guardare, non la riconoscerei, voglio scrollarmela di dosso. Signor giudice, sono dieci anni che io vivo con una bestia nello stomaco senza parlarne neanche con mia moglie!»

Il signor giudice in questione, Guido Salvini, coetaneo dei suoi tredici imputati, ascolta con angoscia e capisce. Perché la storia della morte di Sergio Ramelli per lui non rappresenta un reato su cui indagare: è al tempo stesso la macchia più vergognosa di quel movimento milanese degli anni Settanta fatto anche di cose belle in cui lui stesso ha creduto, militato, affondato le sue radici di uomo.

E così torniamo a Saverio Ferrari. Il bello è che la partecipazione dell'ex dirigente di Democrazia proletaria all'azione di cui raccontano anche Costa e Colosio non è una mia illazione, o una ingiuria diffusa dai suoi detrattori: è lo stesso Ferrari a ricordarla, quasi con un filo di seria e sussiegosa civetteria, per rispondere alle contestazioni che gli arrivano dagli ambienti di destra sulle sue colpe e le sue responsabilità. Di più: il suo coinvolgimento nell'assalto incendiario al bar, incredibilmente Ferrari lo cita come per chiamarsi fuori da un'accusa che lo indigna: «Sono stato condannato», spiega, «per l'episodio del marzo 1976 di largo Porto di Classe a Milano, riconosciuto colpevole di concorso in fabbricazione, trasporto e uso di bottiglie incendiarie, e per questo condannato a un anno e tre mesi». Poi una nuova precisazione: «Come risulta dal mio certificato penale», aggiunge quasi esibendo un *pedigree*, «non compare invece alcuna condanna per lesioni».

Dunque, ricapitolando: Saverio Ferrari era il capo del servizio d'ordine di Avanguardia operaia a Milano, i suoi ragazzi erano quelli che avevano sprangato Ramelli, lui era condannato *solo* per la fabbricazione e il trasporto delle molotov che avevano distrutto un bar, al commando quel giorno partecipavano anche due ex studenti che facevano parte del commando degli assassini di Ramelli, due suoi coimputati, ma Sergio Ramelli *non sarebbe però un martire*, secondo il giornalista de *L'Espresso*, perché a dirlo è Saverio Ferrari. Se non fosse grottesco sarebbe quasi comico: un capolavoro.

Ferrari evoca quell'episodio di violenza che avrebbe lasciato tre persone a terra, di cui una su una sedia a rotelle, come per testimoniare di una partecipazione che lo discolpa.

Faccio un esempio per i lettori di sinistra: provate a immaginare l'effetto che potrebbe produrre su di noi se – per esempio – un ex militante di destra imputato per strage (uno qualsiasi dei tanti) passasse a *il Giornale* di Alessandro Sallusti una foto di una vittima come Giorgiana Masi inquadrata in un giorno di scontri di piazza, corredando questo reperto di un articolo in cui si leggesse: «Non sarebbe però una martire Giorgiana Masi».

Ma il meglio deve ancora venire. Per esempio, quando Annalisa Terranova, una giornalista del *Secolo d'Italia*, pubblica un'intervista corpo a corpo con Sasso, l'autore dell'articolo. Un botta e risposta folgorante a partire dall'incipit.

Annalisa Terranova, intervista a Michele Sasso, *Secolo d'Italia*, 30 aprile 2015:

Ciao, sei Michele Sasso?

«Sì.»

Sono una collega del Secolo d'Italia.

«Ah, ma non eravate morti, al *Secolo d'Italia*?»

No ci siamo, online e non su carta.

«Capito.»

Senti, io ti chiamo a proposito del tuo articolo su L'Espresso, *quello sul 25 aprile nero che si celebra a Milano approfittando dell'anniversario della morte di Ramelli...*

«Sì, dimmi.»

Sai che ha suscitato parecchia indignazione tra chi conosce la storia di Sergio Ramelli?

«Ah sì? E perché mai?»

Perché hai scritto che non era un martire, anzi partecipò a una manifestazione di neofascisti violenti, di terroristi neri...

«Ah, ma questo non giustifica le sprangate.»

Ma questo non lo hai scritto, io non l'ho trovato scritto da nessuna parte in quel servizio.

«Ho parlato di tragica stagione...»

Ramelli è stato assassinato, i suoi assassini sono stati processati, c'è stato un grosso dibattito in Italia sulla violenza di quegli anni, molti hanno fatto mea culpa, gli assassini hanno scritto una lettera alla madre dicendo che il figlio neanche lo conoscevano, che sono andati ad ammazzarlo così, per sentito dire... tutto questo non è minimamente accennato.

Conosco bene Annalisa Terranova, è una giornalista militante, molto onesta, meticolosa e piena di passione, ha scritto un bel libro di ricostruzione sui ragazzi di destra tra gli anni Settanta e Ottanta (*Planando sopra boschi di braccia tese*). Ha un carattere fumantino: in tempi recenti, quando si è accesa la polemica sulla nuova copertina della seconda edizione di *Cuori neri*, malgrado fosse noto che non la condividessi, ho avuto con lei una telefonata in cui mi ha riempito di insulti: ma questo non conta nulla (tutti hanno diritto ai propri pregiudizi), anzi, semmai dimostra la grinta di cui è provvista, la stessa che in questo scambio di battute a bruciapelo le è assai utile. Nella sua intervista a Sasso, infatti, Annalisa fa tutte le domande giuste. È lei che coglie il punto e – mi pare – rivela un retroscena che dimostra il peccato di superficialità di cui si macchia l'autore dello scoop su «Ramelli in piazza».

Annalisa Terranova, intervista a Michele Sasso, *Secolo d'Italia*, 30 aprile 2015:

E poi c'è la foto.
«Eh, la foto.»
Avete pubblicato una foto dicendo che si tratta di Ramelli, ma questo non è verificato.
«Ma dai, ma è accertato che si trovava in piazza quel giovedì nero del '73.»
Ma chi lo ha accertato?
«L'Osservatorio democratico sulle nuove destre.»
Ah, quelli che seminano odio pubblicando nomi e cognomi e indirizzi.
«Questo è come lo vedete voi...»
Ma voi chi? Ma lo sai che quarant'anni fa questo era il metodo per alimentare gli scontri e le violenze? Lo sai che hai pubblicato una foto di un ragazzo morto dicendo che non era un martire come per dire che in fondo se l'era un po' cercata? Il metodo è quello, guarda, usarlo oggi è da irresponsabili, e soprattutto a chi giova? Ti sembra un'informazione corretta?
«Guarda, io a Milano ci vivo, le vedo le parate che fanno con i simboli nazisti...»
Ho capito, vorrei solo sapere un'ultima cosa: tu li hai vissuti gli anni Settanta?
«Ma dai, macché, io ho trentotto anni.»

Adesso vorrei raccontare un episodio che mi riguarda: una storia piccola, davvero minimale rispetto alle tragedie di cui sto parlando, ma che forse può rendere l'idea di un clima, lo spirito di un tempo. Il 12 maggio 1977, il giorno in cui a Roma, a Ponte Garibaldi, uccisero Giorgiana Masi, avevo sette anni. Eppure in quella piazza c'ero pure io. Mia madre e una sua amica avevano deciso non solo di partecipare al corteo commemorativo della vittoria del referendum sul divorzio del 1974, ma di portare i loro due bambini. Ovvero: una mia amichetta di infanzia e me.

So che a qualcuno con il senno di poi l'idea che si potesse condurre dei figli a una manifestazione a rischio potrà sembrare una follia, ma non era così. O almeno: noi non lo vivevamo così. Negli anni Settanta «il politico era privato», e si partecipava tutti a tutto: occupazioni di scuole, riunioni sindacali, rappresentazioni di teatro alternative, concerti. I cortei erano (spesso) gioiosi, i figli delle famiglie di sinistra li percorrevano a cavalcioni, o a piedi, o giocando a nascondino fra gli striscioni. Era un modo per dire: se ci siamo noi ci sono pure loro, e se provate a spaventarci non ci faremo scoraggiare dalla paura (una dinamica uguale e opposta l'ho vista anche a destra, nella memoria di testimoni come Flavia Perina o Isabella Rauti). Era un modo di vivere quel tempo, non so se giusto o sbagliato, di sicuro – nel pieno dell'anno più rovente degli anni di piombo, quando cominciarono a baluginare le P38 – un metodo pericoloso. Tutto quello che sto raccontando non sono ricordi ricostruiti ex post, ma immagini che sono rimaste impresse in modo vivido e scomposto nella mia memoria, proprio nell'ordine in cui ve le racconto.

Stiamo procedendo nel corteo. A un tratto, spari e sassaiole in via Arenula, grida, gente armata, gente che corre pistole in pugno e sciarpe in viso, nuvole di gas lacrimogeno che volano basse, la polizia che circonda e carica, come per rastrellare. Giorgiana è già caduta, poco più avanti, tra il ponte e il lungotevere. Ma in quel momento nessuno sa cosa sia successo: tutti i manifestanti, i buoni e i cattivi, gli scaltri e gli sprovveduti, corrono sciamando per i vicoli da via Arenula verso Campo de' Fiori tra fumo e fiamme.

«Mamma, ci stanno sparando!»

«Non dire cazzate.»

Paura, molta paura. E lacrime, quelle per le folate di gas che ci investono, ci avvolgono, ci fanno impazzire per il bruciore agli occhi. Conati di vomito. Tutti corrono verso le fontanelle, foulard di mamme bagnati per proteggere la bocca. Un'immagine surreale, che poi ho ritrovato in un libro di Erri De Luca. Si apre una finestra da un piano basso, una ragazza inizia a tirare qualcosa ai manifestanti: «Ecco i limoni!»

Ovviamente non capisco. Ma un ragazzo più grande si china su di me, apre a metà uno dei frutti con un coltellino e me lo porge.

«Vedi? Se spremi il succo sul viso il bruciore passa.»

Intanto l'intensità degli spari aumenta, il fumo è ovunque, qualcosa brucia, tutto lo scenario è di guerra, le finestre delle case si sbarrano. Anche mia madre e la sua amica si rendono conto che i loro bambini non possono resistere a lungo incolumi, in quelle condizioni. Vicino a noi passa un gruppetto di autonomi che estrae le armi e, proprio davanti ai nostri occhi, a pochi metri, inizia a sparare nella direzione opposta, quella della polizia. Io vorrei continuare a guardare, sono come ipnotizzato. Ma mia madre mi copre gli occhi, mi gira piegandomi il braccio e mi strattona via. Qualcuno terrorizzato si butta sotto le macchine. Lo faccio anche io, e mi prendo un ceffone: «Non restare indietro nemmeno di un centimetro!» A quel punto, però, mia madre e la sua amica, prese dalla disperazione, hanno un'idea: mentre siamo arrivati a un passo da Campo de' Fiori, in un vicolo, mamma si infila in un portoncino e inizia a suonare, metodicamente, a tutti i campanelli di un citofono.

«Aiuto, per carità, aprite! Abbiamo un bambino e una bambina!»

«Vi prego apriteci. Abbiamo due bambini piccoli!»

Mi corre un brivido lungo la schiena. Non avevo mai sentito la voce di mia madre distorcersi per la paura. Non avevo mai visto un adulto spaventato. Non avevo mai visto sparare, se non nei film. Non ero preparato all'idea che uno dei miei genitori potesse essere preso dal panico fino alla disperazione. Ed è proprio allora che qualcuno dal citofono ci risponde. Una voce metallica, ma provvidenziale.

«Davvero avete dei bambini?»

«Sììì!»

«Terzo piano, l'ultimo.»

Cloc, rumore di portoncino ligneo che si apre. Per quel che mi riguarda, io il misterioso proprietario di quella voce sicura già lo amo. Non c'è ascensore. Ricordo con gioia questa scaletta ripida che ci avvolge, i gradini saltati di slancio, i rumori degli scontri che si allontanano, l'inferno che si spegne, anche solo acusticamente. Entriamo. Il padrone di casa è un uomo, che mi pare grande, solido e buono. Ci invita ad accomodarci, ci prende un bicchiere di latte e orzata, porge a me e alla mia amichetta un fazzoletto, mi dice una frase che non dimenticherò mai più: «Ehi, ometto! Siamo coraggiosi, io e te!»

Poi, da perfetto gentiluomo si prende cura anche delle nostre madri, offre loro dell'acqua, chiede se vogliono telefonare a casa. Dice con severa bonarietà qualcosa come: «Siete state delle matte ad andarvene a passeggio in un giorno come questo».

Io vorrei intervenire, spiegare che noi non eravamo a zonzo, ma che stavamo partecipando al corteo democratico. Ma mia madre intuisce i miei pensieri e mi fulmina con uno sguardo imperioso, che più o meno vuol dire: «Taci!» Poi risponde: «Ha ragione. Abbiamo avuto molta paura!»

Io parlo come il classico bambino scemo: «Li abbiamo visti sparare, davvero! Giuro! Vero mamma?»

A questo punto, colpo di scena. Il signore mi fa sì con la testa, si avvicina a una consolle a cassettoni che è accanto al televisore, apre un cassetto, estrae una pistola, mi mostra con didascalica soddisfazione come si mette un colpo in canna, *clic*. «Non ti devi preoccupare, piccolo. Se uno di quelli si avvicina a questa casa, io gli sparo prima che riesca ad affacciare il muso davanti alla porta.»

E poi, rivolto alle nostre madri, di cui coglie le espressioni vagamente atterrite: «Non vi preoccupate, signore: ho un regolare porto d'armi».

Alcune considerazioni. *Clic-cloc*, come sintesi onomatopeica della giornata: come spostarsi, in due suoni, dal clangore degli spari al silenzio tiepido di una casa sicura. *Clic-cloc*, come passare dalla salvazione alla redenzione. *Clic-cloc*, in un giorno in cui a Roma si spara e in cui rimane a terra il corpo di una ragazza.

Se qualcuno avesse scattato una foto degli autonomi con la

P38, angolazioni permettendo, avrebbe potuto inquadrare mia madre e la sua amica, o sua figlia, o me, o tutti. Se qualcuno avesse potuto scattare una foto cento metri più avanti – e per fortuna ci fu chi lo fece – avrebbe immortalato un signore corpulento, con una matassa di capelli ricci in testa simile a una parrucca, un borsello vagamente fricchettone a tracolla, una maglietta con riga orizzontale alla Charlie Brown e una pistola in mano. Sembrava un extraparlamentare violento, intento a sparare, invece risultò essere l'agente di polizia infiltrato Giovanni Santone, di cui tanto bene ha raccontato Stefano Cappellini nel suo *Rose e pistole*.

Allo stesso modo, se un fotografo avesse fatto degli scatti durante gli scontri di Milano, nell'aprile 1973, avrebbe potuto inquadrare Sergio Ramelli, ammesso e non concesso che fosse suo l'ovale pallido rinchiuso nei tre millimetri. I moti di piazza, in quel tempo, erano così. La localizzazione non comportava automaticamente responsabilità. Ti trovavi dentro il fiume di un popolo di tuoi simili, e improvvisamente potevi incontrare un pistolero. Oppure ti capitava di trovarti, grato, al fianco del tuo salvatore – *clic-cloc* – e potevi poco dopo scoprire che era anche lui un potenziale pistolero, senza per questo essergli (almeno io) meno grato. Mia madre era una tranquilla elettrice democratica, che poteva trovarsi in un corteo in cui sparavano quegli stessi autonomi che lei – pacifista incallita – mi aveva insegnato a odiare. Sì, non esagero, *odiare*: non tanto o non solo per il dissidio politico (che pure c'era, visto che mio padre era un responsabile militante del Pci e in casa nostra l'assalto degli autonomi a Luciano Lama sarebbe stato ricordato per anni come una giornata luttuosa). Ma perché, finché era stato possibile, nella mia educazione democratica erano state bandite persino le armi giocattolo. Al cinema si potevano vedere film western solo se facevano parte del filone parodistico inaugurato dagli immortali Bud Spencer e Terence Hill, o se – ovviamente – era uno di quelli dalla parte degli indiani (*Balla coi lupi* era ancora in mente Dei, ma *Soldato blu* e *Piccolo grande uomo* erano già revisionismo cinematografico di sinistra). John Wayne era considerato un poco di buono e i suoi film tutti «orribili e reazionari». Persino il nostro salvatore del 12 marzo nell'aneddottica conviviale successiva al salvataggio era stato ribattezzato, con bonario sarcasmo, «il Callaghan di Campo de' Fiori» (io, siccome la vita è strana, da allora, per estensione, amo anche Clint Eastwood).

Per un puro vezzo personale, mia madre non vestiva gli abiti del suo tempo, niente gonne a fiori, né zoccoloni: e per questo motivo quella sera poteva apparire semplicemente come *una mamma*. Mio padre era addirittura fanatico del suo trench color panna: un democratico iscritto al Pci con la raccolta di tessere del partito diligentemente conservata in una cassettiera della camera da letto, la corporatura pingue e un'espressione sicuramente legalitaria. Rimase celebre – un anno più tardi – il fatto che, mentre cercava di evitare una carica, alcuni poliziotti aprissero un serrato cordone per farlo passare, e lo apostrofassero come «commissario». Era accaduto davvero? Non lo so. Ma tra gli amici il ricordo di quell'episodio diventava leggenda, parodia, motivo di affettuoso motteggio.

Sulla morte di Giorgiana Masi ha scritto un bellissimo libro un giornalista de *la Repubblica*, Concetto Vecchio (*Giorgiana Masi. Indagine su un mistero italiano*). In quel libro ci sono la passione, il rigore documentario, lo sconcerto per una pagina di storia che, ripercorsa oggi, sembra un'allucinato racconto di fantascienza.

E la cosa più difficile da raccontare degli anni Settanta è questa: si poteva stare nella foto delle bombe senza avere nulla a che fare con le bombe, in quegli anni che non posso dire di aver vissuto, se non da testimone prematuro, e di cui ho memorie sfuocate, come testimonia questo racconto quasi surreale dell'anno millenovecentosettantasette. Chi non c'era, come il trentottenne giornalista de *L'Espresso* che aveva puntato il dito contro Ramelli, può sempre ignorarlo. Ma anche chi ignora può documentarsi, accedendo a una letteratura sterminata. L'unico che non poteva certo ignorare il clima di quel tempo è Saverio Ferrari, uno che cortei come quelli, a Milano, li percorreva tutti. Armato.

L'Espresso, 10 settembre 2014:

Con «I fantasmi dell'Adriatico» di Michele Sasso, *L'Espresso* ha conquistato il premio Giornalisti del Mediterraneo edizione 2014. «Inchieste e reportage per raccontare i conflitti e le missioni di pace»: questo il tema della sesta edizione del concorso internazionale che si svolge a Otranto (Lecce). La giuria l'ha votato come miglior reportage della sezione Primavera araba con questa motivazione: «Il dramma degli immigrati che cercano un domani sulle nostre sponde è descritto con accenti di verità che dovrebbero farci ricredere su tanti nostri pregiudizi. L'articolo si segnala come preziosa perla di sempre più raro giornalismo d'indagine, che fa onore a tutta la stampa italiana».

Non credo che esistano due Michele Sasso. Uno accecato dal pregiudizio che trascrive le veline dell'Osservatorio e uno straordinariamente sensibile che coltiva l'arte del reportage. Credo che, pubblicando quella foto di Ramelli, Sasso sia stato attraversato dal piacere di «dare una notizia», sottovalutando due elementi importanti: da chi gli arrivava quella notizia e cosa significasse scrivere, come se nulla fosse, una frase come «però non sarebbe un martire». Il che dovrebbe indurre degli elementi di riflessione, per esempio quelli che ho letto in una lucida lettera aperta di Flavia Perina (oggi opinionista de *Il Fatto Quotidiano*, ieri redattrice del *Secolo d'Italia*, ex deputata di Futuro e libertà, una collega che aveva seguito il processo Ramelli da giovane cronista).

Flavia Perina, dal blog *Easy rider*, 30 aprile 2015:

Caro Michele Sasso,

ho letto su *L'Espresso* il tuo articolo su Sergio Ramelli e sul raduno a Milano in occasione del 40° anniversario della sua aggressione. Non entro nel merito della descrizione del raduno. Libera ricostruzione dei fatti, secondo le notizie che hai e il modo in cui le vedi. Ma la frase «Sergio Ramelli non sarebbe però un martire secondo l'Osservatorio sulle nuove destre» mi ha scosso come persona (non come persona «di destra»), come madre e anche come giornalista.

Non ci potevo credere. Per questo ho approfondito per cercare di capire se fosse roba tua o di altri. L'Osservatorio sulle nuove destre non ha mai parlato di martire o non-martire: si è limitato a riproporre una foto del 18 aprile 1973, durante gli scontri che portarono alla morte dell'agente Marino, in cui compare un ragazzo molto somigliante a Sergio Ramelli. Il ragazzo non sta facendo niente. Scappa su un prato, insieme ad altre persone. Idem la Fondazione Erri De Luca, che tu citi quasi a dare credibilità all'articolo, ma che si è limitata a digitalizzare quella foto insieme a molte altre. Dunque «non sarebbe un martire» è giudizio tuo. Farina del tuo sacco.

Ed è per questo, perché quella frase è roba tua, che scrivo a te con l'intenzione di rivolgerti due sole domande: pensi davvero che, nel caso fosse dimostrata la presenza di Ramelli negli scontri del 18 aprile 1973, questo giustificherebbe il fatto che lo abbiano ammazzato di botte sotto casa sua, in agguato? Davvero credi che un diciannovenne ucciso a sprangate, otto contro uno, mentre lega il motorino *non sarebbe un martire* perché due anni e dieci giorni prima stava a un corteo?

Insomma, caro Michele Sasso, e cari colleghi de *L'Espresso*, siete ancora lì? Alla giustizia proletaria e a «uccidere un fascista non è un reato»? Perché se fosse così, mi fate schifo. E credo che dovrebbero schifarvi anche le persone di sinistra, gli antifascisti e i comunisti perbene (cioè quasi tutti) che guardano indietro a quegli anni con senso di pietà per le vittime, tutte, soprattutto i ragazzini.

Condivido questa misurata invettiva finale, e quasi tutto il resto, ma non sono d'accordo con la Perina per il modo in cui getta tutta la croce della responsabilità su Sasso. Infatti il nodo resta sempre quello di cui sopra: ma in base a quali elementi l'Osservatorio sostiene che il ragazzo della foto in bianco e nero è Sergio Ramelli? Chi lo può provare? Ed è vero che è Sasso a scrivere materialmente che Ramelli *non sarebbe poi un martire*, ma è l'identificazione dell'Osservatorio, l'associazione con gli altri estremisti presenti, insomma, la stessa sintesi che offre Ferrari quando pesca quella foto dall'archivio De Luca a determinare quella considerazione. E qui entra in campo l'ex demoproletario, che tutte queste cose le sa.

Quando scoppia la polemica sulla foto, Ferrari viene subissato da ogni tipo di insulto, e ogni incontro pubblico in cui è annunciata la sua presenza viene preceduto da insensate minacce di morte. A quel punto l'interessato inizia a lanciare messaggi contraddittori. Il primo: malgrado tutto quello che ho ricordato, il demiurgo dell'Osservatorio decide di scrivere una e-mail al blog di Ugo Tassinari in cui sembra dissociarsi da *L'Espresso*.

Ugo Tassinari, dal blog *FascinAzione*, 6 maggio 2015:

Saverio Ferrari: «Non è in alcun modo in discussione se Sergio Ramelli sia stato o meno una 'vittima', quanto invece la sua presenza a una manifestazione promossa dall'Msi e dal Fronte della gioventù che sfociò in violentissimi scontri».

In modo estremamente chiaro e netto [commenta Tassinari, *N.d.A.*] Saverio Ferrari risponde alla nostra domanda e sconfessa il collega de *L'Espresso*: pubblicando, alla vigilia della commemorazione milanese, la foto degli scontri del giovedì nero a Milano in cui comparirebbe Sergio Ramelli, l'Osservatorio democratico non intendeva mettere in discussione la sua condizione di vittima (come ipotizzato da Sasso) ma semplicemente fornire un elemento di conoscenza storica, contributo che si inquadra in un più ampio progetto in corso sulla vicenda del 12 aprile 1973.

Ma è davvero così? Mica tanto. Dopo aver riportato con generoso entusiasmo questa precisazione, Ugo si troverà suo malgrado coinvolto in una polemica «triangolare» (con Murelli) su quel fatidico giovedì. Perché l'ex ragazzo nero, quel giorno, insieme a Loi – contesta l'Osservatorio di Ferrari proprio sul tema cruciale dell'identificazione di Ramelli – tirò le bombe.

Riporto questa disputa sempre approfittando del provvidenziale blog di Tassinari.

Ugo Maria Tassinari, dal blog *FascinAzione*, 30 aprile 2015:

Così Maurizio Murelli, in due diversi commenti su Facebook al mio precedente post sul valore storico della foto rilanciata da Saverio Ferrari sull'inizio degli scontri del 12 aprile 1973 a Milano: «Il gruppetto in basso di cui si vedono quattro volti sono 'sanbabilini'. Posto che Ramelli fosse stato in piazza il 12 aprile sarebbe stato contiguo al gruppo del Fronte della gioventù che per chi guarda la foto era a sinistra (non ripreso nella foto). Di fatto chi non era del Msi e quindi del Fronte arriva in piazza Tricolore da Porta Venezia, mentre gli iscritti del Msi erano già in piazza. Dunque quelli di 'sanbabila' (il che significa On, An, 'cani' sciolti, ex missini di Monforte) erano più o meno raggruppati. Essendo io con loro, non poteva esserci nelle mie vicinanze nessun iscritto regolare del Msi».

Tassinari spiega che tornerà più avanti su questa teoria. Ma ora seguiamo Murelli, che nel suo post si spinge oltre, rivelando di aver identificato un'altra persona in quella sagoma: «Con tutta probabilità quello indicato come Sergio è D.Q. di Monza, molto legato al giro di Vivirito [Salvatore Umberto Vivirito, ex militante sanbabilino, *N.d.A.*]. Dunque, se effettivamente (come è probabile che sia) l'altro è Vivirito, quello è D.Q. Per altro non poteva assolutamente essere Sergio per la semplice ragione che come sempre capita in quel tipo di adunanze i gruppi umani sono fra essi omogenei. Il gruppo di 'irregolari' di San Babila tra cui ero io», osserva Murelli, «sono quasi tutti presenti in quello scatto. I ragazzi del Fronte erano compattati tra loro... Erano già in piazza quando arrivammo noi da Porta Venezia dopo un primo contatto con la polizia. Ovviamente tutte queste precisazioni sono per chi è appassionato di dettagli di storia e cronaca. Niente aggiungono o tolgono al senso di quegli accadimenti».

Chiosa Tassinari: «È un testimone diretto quello che accetta il gioco da me proposto sull'identificazione dei presenti. E così scende in campo anche Nicola Rao, che quel giorno non c'era (aveva undici anni) ma su questi fatti ci ha lavorato a lungo, tra l'altro pubblicando nella *Trilogia della celtica* un robusto repertorio fotografico: 'Da questa immagine', osserva Rao, 'direi che quasi certamente quello a sinistra non è Ramelli e quasi certamente quello a destra è Vivirito'».

E continua dunque Tassinari: «Quindi nel gruppetto dei sanbabilini non ci sarebbe stato il giovane Ramelli, ma un camerata monzese del giro di Vivirito. Del resto anche io condivido, e non solo per esperienza diretta e personale, l'idea che negli scontri di piazza i gruppi organizzati sono compatti: perché ci si fida, perché ci si muove in modo coordinato, perché la strumentazione è differenziata. Io gli scontri più brutti li ho fatti quando sono andato da solo per questioni molto particolari (penso ai funerali di Jolanda Palladino). Quindi», conclude, «ci sono ragionevoli motivi per ritenere che il giovane immortalato nella foto non sia Sergio Ramelli. In caso contrario, comunque, non per questo diventerebbe meno vittima, come giustamente sottolineato da Flavia Perina».

Aggiunge ancora l'autore di *Fascisteria* nel lungo post pubblicato sul suo blog: «Ferrari scopre che Sergio Ramelli era presente nel gruppo dei dimostranti a piazza Tricolore mentre viene lanciata la prima Srcm. La notizia, dal punto di vista storico, è poco interessante: che il giovane vittima della brutalità del servizio d'ordine di Medicina di Avanguardia operaia fosse un attivista neofascista era già noto. Del tutto insignificante lo è sul piano giuridico ed etico: c'è forse qualche mente bacata», si chiede Tassinari, «che può sostenere che questo fatto attenui la tremenda colpa dei suoi assassini? Per quel che ricordo, gli stessi condannati hanno fatto abbondante ammenda dell'insensatezza di quell'agguato mortale. Eppure questa foto [...] è importante: perché coglie, con straordinaria precisione, proprio l'attimo fuggente del lancio del primo ordigno».

È qui che Tassinari si dedica a una vera e propria esegesi del reperto fotografico e rievoca la dinamica del «giovedì nero»: «Basta spostare lo sguardo dal presunto Ramelli al giovane sull'estrema destra della foto, quello con il giubbino chiaro, un maglione scuro e una busta di plastica in mano. Si tratta in tutta evidenza di Maurizio Murelli, colto proprio nel momento in cui sta caricando il braccio destro per lanciare l'ordigno (il secondo, che userà a via Bellotti venti minuti dopo, è contenuto nella busta di plastica). E tutti gli elementi che la foto fissa e consegna alla nostra analisi sembrano confermare la ricostruzione dei fatti che qualche anno fa lui stesso ha affidato a Nicola Rao per la *Trilogia della celtica*».

Interessante anche il modo in cui Tassinari aggiunge, a partire da quella foto, la sua interpretazione sulla dinamica degli scontri del 1973: «Murelli [nel libro di Rao] si era ingarellato a sostenere la natura difensiva di quel lancio, producendosi in un'appassionata disamina tecnica sulla differenza tra Srcm d'assalto e di difesa. E, a ben vedere, è evidente che tutti i fascisti si stanno spostando in direzione opposta a quella del lancio, qualcuno corre, molti camminano, la maggior parte neanche si volta, in pochi (più esperti) si ritirano comunque guardandosi le spalle: il gesto di Murelli ha quindi lo scopo di rallentare la carica della polizia e consentire lo sganciamento in tranquillità dei camerati. A confermare l'identificazione», conclude, «concorre un'altra foto storica, ben più nota: quella dell'arresto, pochi giorni dopo, dello stesso Murelli a Firenze, in cui il giovane sanbabilino ha ancora gli stessi panni addosso...»

Fra l'altro anche Tassinari non si sottrae al gioco del *chi-è-chi*: «Poi, ovviamente», aggiunge, «qualcuno si divertirà a identificare gli altri presenti riconoscibili. A me sembra curioso che Ferrari non si sia accorto chi potrebbe essere il camerata mezzo girato che è proprio a fianco al presunto Ramelli. Sono infatti evidenti alcune caratteristiche comuni (capelli lunghi scuri, barba, volto tondo) con Salvatore Vivirito, l'avanguardista che sarà protagonista degli ultimi fuochi del Mar...»

A questo punto devo confessare che, a mio parere, mentre il dibattito sui due livelli – storico e biografico – diventa interessante, la teoria dei «gruppi omogenei», sensata in linea di principio, sul piano pratico non prova assolutamente nulla. Basta una minima esperienza di piazza, anche compiuta in età prenatale, o persino in tempi recenti (e in contesti meno drammatici), per sapere che quando scoppiano i tumulti c'è un solo regista che si diverte a rimescolare le coreografie di partenza: il caos. Però il fatto più interessante è che questo dibattito spinge Ferrari a intervenire di nuovo, con un post caustico, quasi sprezzante verso i suoi interlocutori (il titolo è suo).

Saverio Ferrari, comunicato dell'Osservatorio democratico sulle nuove destre, 30 aprile 2015:

«Con buona pace di Tassinari e Murelli sulla foto che ritrae Sergio Ramelli» Ugo Maria Tassinari fa da sponda a Maurizio Murelli nel tentativo di ingenerare il dubbio che non sia Sergio Ramelli la persona ritratta il 12 aprile 1973 a Milano, in piazza Tricolore, al momento del lancio da parte dello stesso Murelli della prima bomba che ferirà un poliziotto e un passante. Foto pubblicata sull'Osservatorio sulle nuove destre e ripresa da *L'Espresso* on line. Stiamo parlando del cosiddetto «giovedì nero» che si concluderà con la morte dell'agente di polizia Antonio Marino, straziato da una bomba a mano nel corso di incidenti provocati da una manifestazione missina indetta, ironia della sorte, contro «la violenza rossa». Il sottoscritto da tempo ha raccolto tutti gli atti giudiziari disponibili riguardo quella vicenda ed è intenzionato a pubblicare una ricostruzione storica di quei fatti. Detto questo, se la persona identificata in Sergio Ramelli, come supposto da Maurizio Murelli, sia in realtà tale D.Q. di Monza, non rimane altro che questa stessa persona si qualifichi con il suo nome e cognome e mostri le sue fotografie di quegli anni. Il resto sono solo chiacchiere.

Ferrari non molla il punto. Né su Ramelli né su Murelli, e torna all'attacco dei suoi due interlocutori con le parole che seguono.

Saverio Ferrari, comunicato dell'Osservatorio democratico sulle nuove destre, 30 aprile 2015:

Comunque sia, tanto per essere chiari: in quella giornata, come da un'imponente mole (agli atti) di rapporti di polizia giudiziaria, corroborati da centinaia di foto, tutti i gruppi dell'estrema destra (da Avanguardia nazionale a Lotta di popolo, fino a La

Fenice) si confusero, spalla a spalla, con i missini e i militanti del Fronte della gioventù; la persona identificata nella fotografia in Sergio Ramelli si trovava a non più di cinque metri da Maurizio Murelli intento a scagliare la prima bomba Srcm. Domanda: quali sarebbero i «gruppi omogenei e compatti» di cui si sta parlando? Maurizio Murelli la prima cosa che disse al momento del suo arresto, il 16 aprile, a Firenze fu di essere un tesserato dell'Msi. Dichiarò per la precisione di «essere stato regolarmente tesserato nel 1972, mentre non era ancora in possesso di quella del 1973 perché non ancora ritirata o distribuita dal partito». (Commissariato di Pubblica Sicurezza presso la Direzione Compartimentale delle F.S. Firenze, Arresto di Murelli Maurizio, Riservata alla Questura di Firenze Ufficio Politico, Faldone 1). Tessera poi sequestrata e rintracciabile ad oggi nei faldoni giudiziari. Il tentativo postumo di confondere le acque, di passare solo per «un sanbabilino» svincolato dal partito, lascia dunque il tempo che trova.

L'ex militante di Avanguardia operaia sta ricordando una circostanza storicamente nota, che infatti scosse il Msi, soprattutto intorno al tema della famosa «denuncia» che i suoi dirigenti fecero alla polizia permettendo di identificare i due militanti che avevano lanciato le bombe. Ma ovviamente, colto sul vivo, anche Murelli ribatte colpo su colpo e dice la sua sul «giovedì nero», nuovamente ospite del blog di Tassinari. Dal caso personale il dibattito si sta allargando a una pagina cruciale per la storia degli anni di piombo a Milano.

Maurizio Murelli, intervento riportato sul blog *FascinAzione*, 1° maggio 2015:

Non sono stato interrogato dall'Ufficio politico di Firenze. Non esiste alcun interrogatorio a Firenze. A) È vero che avevo ricevuto una tessera del Msi all'inizio '72 «affibbiatami» in via Giuriati per la mia presenza in quella che allora ('71) era anche sez. del Msi. Come credo di aver detto a Nicola Rao per il suo libro *La fiamma e la celtica* il mio definitivo distacco (contiguità) con il Msi è del 1972... progressivo e totale nel settembre del 1972. A partire da quella data la mia collocazione è in San Babila. Come risulta dagli atti di 200 interrogatori per il processo del 12 aprile, chi non era del Msi si ritrovò ai Bastioni di Porta Venezia. Da lì si doveva arrivare a piazza Tricolore dove i missini regolari avevano avuto disposizione di ritrovarsi nonostante il divieto della tarda mattina imposto dalla Questura. Questo perché i missini non potevano bloccare l'afflusso dei tesserati del partito che venivano da fuori città e quindi non erano a conoscenza del divieto. Quando la polizia intervenne ai Bastioni di Porta Venezia, invece di realizzare il progettato corteo che sarebbe giunto in piazza Tricolore ci portammo in quella piazza per gruppi, gruppi omogenei per abituale frequentazione. Quindi io con i miei sodali. Il gruppo ritratto in quella foto sono tutti «sanbabilini». Un altro dei quattro che volgono lo sguardo verso la polizia che carica è quasi sicuramente M.C., quello a sinistra del supposto Ramelli.

Murelli sta spiegando che, in quel tempo, pochi mesi di militanza potevano bastare per produrre uno strappo identitario: quanti come lui, a San Babila, erano ex missini? Lui invoca la prova processuale per testimoniare l'estraneità di Sergio: «Se quello fosse stato Ramelli sarebbe stato imputato e interrogato per i fatti del 12 aprile. Infatti, questa foto a parte, la Questura ne realizzò due-trecento che in grande formato mi furono sottoposte durante l'interrogatorio proprio per i riconoscimenti. La Questura identificò tutti quelli con volto non mascherato e li imputò per adunata sediziosa. Quindi negli atti ci sono [e questo è un particolare molto importante , aggiungo io, *N.d.A.*] i nomi anche di tutti quelli che si vedono nella foto. Le foto, assieme agli atti, andarono poi bruciate in un incendio della cancelleria. Se l'archivista Ferrari ha voglia, può recuperare gli atti del processo dove sono elencati tutti i manifestanti riconosciuti direttamente dalla polizia (che aveva tutti schedati) o per ammissione degli arrestati».

Ma il 5 maggio 2015, in un nuovo post sul sito dell'Osservatorio, Ferrari ribadisce tutto quello che abbiamo ricordato, aggiunge che i manifestanti spararono colpi di pistola (fatto riscontrato in sede processuale), scesero in piazza con bombe a mano e assaltarono bar, istituti scolastici e altri luoghi ritenuti «covi di sinistra». Arriva a pubblicare persino le riproduzioni anastatiche dei verbali di interrogatorio di Murelli.

«Maurizio Murelli», aggiunge Ferrari, «nel corso di questa vicenda giudiziaria ha raccontato da imputato diverse frottole di cui darò conto, senza tema di smentite, nella ricostruzione storica cui sto lavorando. Alcune sono postume. Sarebbe il caso che non insistesse. Non siamo più a processo.»

Tuttavia mentre alza il livello della polemica con Murelli sul «giovedì nero», sembra che l'ex demoproletario quasi si dimentichi di quello che ha scritto su Ramelli, che – su questo l'ex sanbabilino segna un punto – non risulta tra gli indagati e i rinviati a giudizio di quel giorno. In queste condizioni voler considerare certo che il fantasma della foto fosse proprio il ragazzo con i capelli lunghi resta, fino a prova contraria, un capriccio.

Eppure, negli anni, la memoria di Sergio Ramelli ha continuato a inseguire i protagonisti di quel terribile delitto senza regalare loro tregua né oblio. Ne è un esempio la storia di Antonio Belpiede, l'uomo che secondo l'accusa aveva fatto da «palo», che uno degli inviati de *il Giornale* – Stefano Zurlo, uno specialista degli anni di piombo – rintraccia nella sua seconda vita pugliese. Sono passati quattro anni da *Cuori neri*, siamo nel 2010, e Zurlo insegue Belpiede in un passaggio decisivo della sua vita professionale, quando apparentemente crede di essersi lasciato quella storia alle spalle.

Stefano Zurlo, *il Giornale*, 17 gennaio 2010:

Antonio Belpiede, condannato a sette anni per omicidio volontario, è diventato primario. Sì, primario del reparto di ostetricia e ginecologia dell'ospedale di Canosa di Puglia. Belpiede non ha vinto una gara, perché il concorso si terrà solo nei prossimi mesi, ma un anno fa, quando si liberò il posto, i vertici della Asl Bat (BarlettaAndria-Trani) hanno scelto lui fra i candidati all'incarico. Così, sia pure in forma provvisoria, Belpiede è diventato dirigente dello Stato. Nulla di irregolare, per carità, semmai un problema di opportunità che il direttore generale della Asl Rocco Pianosa, area Rifondazione comunista, rispedisce al mittente: «Alla direzione della Asl risulta che il dottor Belpiede non abbia al momento alcuna pendenza penale. Il dottor Belpiede è stato nominato direttore facente funzione dell'Unità operativa di ostetricia e ginecologia dell'Ospedale di Canosa dopo una valutazione di tutti i curricula dei medici del reparto. A breve sarà espletato il concorso per nominare il primario».

«Tu puoi chiudere con il libro della storia, ma la storia non può chiudere con te», ripetono i protagonisti del meraviglioso *Magnolia* del regista americano Paul Thomas Anderson. È il passato che ti insegue, e non ti molla. E che pone domande anche a noi. Una volta pagato il suo debito con la giustizia, c'è qualcosa che dovrebbe impedire a Belpiede di diventare primario? A mente fredda, reprimendo lo sconcerto per le testimonianze del processo, dovrei rispondere di no. Credo che, scontata una pena, fare il medico non sia una professione in cui si può manifestare un conflitto di interesse, né che esista un problema di opportunità (come nel caso clamoroso di Susanna Ronconi, ex brigatista al ministero, che abbiamo raccontato in precedenza). Ma, intervistato da Zurlo, Belpiede risponde con baldanza. Non dice: «Ho sbagliato e ho pagato». Ma, più o meno: «Io non c'entro».

Stefano Zurlo, intervista ad Antonio Belpiede, *il Giornale*, 17 gennaio 2010:

Io vado avanti a testa alta. Non ho partecipato a quell'azione, non ho ucciso nessuno, sono innocente, ho subito una condanna vergognosa. Certo, ero membro del servizio d'ordine di Avanguardia operaia, ma non so nulla dell'omicidio Ramelli. So invece che dopo la laurea in medicina tornai in Puglia e ho dedicato una vita al lavoro e all'impegno per i pazienti. Quel posto, per quanto provvisorio, è il premio per anni e anni di fatica e abnegazione.

Avanguardia Operaia, maggio 1969:

Anche il capoccia, anche il ruffiano, anche il dirigente, sono uomini come noi. Quando sono in fabbrica si fanno grossi approfittando della forza del padrone, ma quando escono diventano degli individui isolati. Sono persone fisiche che soffrono in caso di percosse, sono persone che proverebbero vivo dispiacere scoprendo la loro auto distrutta; sono persone che hanno una casa... È importante individuare il nemico, personalizzarlo, dargli nome e cognome.

Belpiede, secondo la ricostruzione dei giudici Grigo e Salvini, avrebbe partecipato all'aggressione con un ruolo di copertura. Lui anche all'epoca aveva negato. In primo grado gli danno tredici anni, in appello sette, pena confermata in Cassazione. «Sono rimasto in cella un paio d'anni», spiega lui a *il Giornale*, «quando mi hanno arrestato ero capogruppo del Pci a Cerignola, ho lasciato per sempre la politica, è stata una tragedia. Violante [Luciano Violante, futuro presidente della Camera, dirigente incaricato dal Pci nel 1989 di studiare gli atti del processo Ramelli, *N.d.A.*] mi ha consolato e l'avvocato di parte civile Ignazio La Russa mi ha rincuorato. Voglio ricordare che sono stato condannato sulla base di dichiarazioni di pentiti che si ricordavano a malapena chi fossi. Ora non ho niente di cui pentirmi. Ho solo svolto con passione il mio lavoro di ginecologo.»

Ma anche questa polemica deflagra e si trascinerà per cinque lunghi anni, facendo da contrappunto alla carriera di Belpiede. Sulla stampa nazionale e locale intervengono numerosi esponenti politici che chiedono la sua testa per «indegnità». Lui presenta le dimissioni dal suo incarico, ma la Direzione Generale della Asl Bat emette un comunicato in cui si ribadisce la correttezza del procedimento e si precisa che «il dottor Belpiede è molto apprezzato dalla comunità locale e ha svolto il ruolo di responsabile della struttura operativa con competenza e dedizione. La sua domanda di dimissioni è respinta».

Ancora non basta: il 22 maggio un consigliere regionale del Pdl, Nino Marmo, presenta un'interrogazione rivolta all'allora governatore della Puglia Nichi Vendola e all'assessore alla Sanità Tommaso Fiore.

Belpiede risponde ancora: «Pur essendo vero che sono stato coinvolto in una vicenda politico-giudiziaria legata alla morte di Sergio Ramelli – e 'coinvolto' è il termine esatto – è oltremodo falso che sono stato condannato a tredici anni di reclusione, scontandone sette. È semmai lampante che, per qualche ragione a me neanche troppo oscura, il mio nome e una tragica vicenda di trentaquattro anni fa sono utilizzati per meri interessi di bottega».

Il primario di Canosa ripercorre quasi con le stesse parole quello che ha già detto a *il Giornale*. E poi aggiunge: «In quella drammatica esperienza ho imparato a valutare gli uomini, di destra o di sinistra, e a rispettarli per quel che valgono, non per la loro appartenenza. Ho apprezzato molto di più il dubbio sulla mia colpevolezza di un professionista serio come Ignazio La Russa, allora avvocato di parte civile, più che la timida difesa di Luciano Violante [...] in un anonimo articolo de *l'Unità*. Pur dichiarandomi innocente, ho sempre avuto chiaro che il dolore della madre di Ramelli era più importante di tutto il resto e che io pagavo al posto di tanti altri che, da destra e sinistra, furono protagonisti negli anni Settanta di una stagione di violenza (Sergio Ramelli, Benedetto Petrone [un giovane operaio della Fgci ucciso a Bari, nel 1977, da militanti che gravitavano nell'orbita del Msi, *N.d.A.*]). Io sono rimasto in carcerazione preventiva a piangere sul mio destino e su Sergio Ramelli che non avevo mai visto, mentre tutti gli altri, compresi gli esecutori materiali del delitto, erano fuori. Ringrazio, comunque, il consigliere Nino Marmo», conclude con sarcasmo il medico, «perché questa sua infelice iniziativa mi dà motivo di riflettere sulla necessità di rendere pubblica la mia storia, della quale non io, ma i miei giudici, si devono vergognare. Pensavo di non dover più riprendere in mano gli atti processuali e i ritagli dei giornali dell'epoca, proprio alla mia età in cui ancor meglio capisco che cosa significa perdere un figlio».

Luigi Montinari, deposizione in aula al processo Ramelli, 24 marzo 1987:

Ero un po' indietro con gli esami: dovevo darci dentro per laurearmi e per evitare che mio padre avesse da ridire. Alle 11.30 salgo a bordo della 500, mi dirigo nell'aula di biologia dove trovo Roberto Grassi. Gli altri sono partiti. Grassi mi dice: «Sbrigati!» Mi dà una chiave inglese. Io me la nascondo tra il soprabito e il pullover. Raggiungo i compagni. Strada facendo mi comunicano, non so più chi, che era un'azione contro uno di destra.

Passano cinque anni, le voci che inseguono Belpiede non smettono di turbinare, e l'interessato sceglie di concedere una nuova intervista, questa volta molto dettagliata, a Gianluca Veneziani. In questa occasione dice qualcosa di più, e aggiunge delle nuove rivelazioni, a mio parere importanti (anche per un dettaglio che riporterò tra poco) sui mandanti del delitto.

Gianluca Veneziani, intervista ad Antonio Belpiede, *l'intraprendente*, 28 aprile 2015:

Belpiede, ci aiuta a ricostruire le circostanze che hanno portato al suo coinvolgimento nella vicenda giudiziaria legata alla morte di Ramelli?

«Io, come ebbi già modo di dire al processo, non c'entravo assolutamente niente con quella storia. La mattina del pestaggio ero nel mio paese in Puglia, a Cerignola. Ma, a distanza di dieci anni dai fatti, emersero testimonianze sul mio coinvolgimento, in seguito alle dichiarazioni di tre pentiti. Così fui portato a processo per aver partecipato da 'palo' alla spedizione punitiva contro Ramelli e condannato a sette anni di carcere.»

Crede di aver pagato ingiustamente quello che altri invece non hanno scontato?

«Di sicuro, io ero ancora in carcere mentre gli altri, i veri responsabili della morte di Ramelli, tra preparatori, pali ed esecutori materiali, erano già fuori. Alcuni di questi poi spedirono dodici anni dopo una lettera alla mamma di Ramelli, Anita, chiedendo perdono. Ma sono sicuro che non lo avrebbero mai fatto, se non fossero stati individuati e arrestati con l'accusa di aver partecipato all'omicidio di Sergio.»

Lei invece ha mai provato a contattare la signora Anita?

«No, perché avrebbe significato aggiungere dolore ad altro dolore. Né ho mai portato un fiore sulla tomba di Sergio. Però lo ricordo spesso nelle mie preghiere, quando penso ai miei cari scomparsi.»

Quanto alla sua militanza, si è mai pentito di aver aderito ad Avanguardia operaia?

«Sa, eravamo ragazzi che volevano cambiare il mondo, giovani che sognavano un mondo migliore. Ci lasciavamo sedurre da tanti cattivi maestri, dirigenti dei movimenti della sinistra extraparlamentare, che lanciavano il sasso e poi, a fatti avvenuti, ritiravano la mano. Molti di loro, testimoniando al processo Ramelli, fecero finta di non c'entrare niente: gli organizzatori dell'assalto sparirono e non si conobbero mai i veri mandanti della spedizione punitiva.»

Crede che ci siano state delle responsabilità anche in chi tollerava «i compagni che sbagliavano»?

«I compagni che sbagliavano erano, per definizione, i terroristi. L'assalto a Ramelli si collocava invece sul limite tra politica e terrorismo: non fu un omicidio volontario, ma un omicidio preterintenzionale aggravato. Chi colpì Sergio non si rendeva conto che poteva anche uccidere.»

Vennero usate delle chiavi inglesi, però, per colpire intenzionalmente Ramelli sulla testa.

«Sì, ma quella doveva essere una 'lezione', non un assassinio. In quel periodo, poi, a Milano era in corso uno scontro civile, una situazione terribile, in cui quelli di destra non potevano transitare nei luoghi frequentati dalla sinistra, e viceversa. Eravamo figli di una crisi sociale, manifestatasi con il '68, a cui avevamo deciso di trovare delle soluzioni, spesso inappropriate.»

Lei, per esempio, faceva parte del servizio d'ordine di Avanguardia operaia. Qual era il suo ruolo?

«Difendere i cortei dei nostri militanti, nei contatti con le forze dell'ordine o con i giovani di destra. Ma non ero un picchiatore. Anche quelli che hanno ucciso Ramelli non erano dei picchiatori, piuttosto non sapevano maneggiare bene 'gli strumenti', li utilizzavano in maniera sbagliata, colpivano in testa anziché picchiare alle gambe, non erano avvezzi a un certo tipo di lezioni...»

Questo non vorrà dire certo assolverli ...

«No, sto solo sottolineando la contraddizione tra la violenza dell'agguato e la personalità di coloro che lo hanno eseguito. Molti degli assalitori di Ramelli erano persone miti, studenti di Medicina, che poi hanno trascorso tutta la carriera a salvare vite umane.»

Ottenendo un successo professionale che in tanti contestano. Claudio Scazza per esempio, che faceva il palo durante l'agguato, da gennaio di quest'anno è stato promosso a primario nel reparto di Psichiatria dell'ospedale Niguarda di Milano. E Giuseppe Ferrari Bravo, esecutore materiale del pestaggio, è diventato un giornalista di Liberazione.

«Probabilmente sono persone che hanno lavorato tutta una vita e sono riuscite a ricominciare, dopo aver scontato il loro debito con la giustizia. Quanto a me, spero di aver fatto nel mio mestiere qualcosa di buono: ogni volta che aiuto una donna a mettere al mondo una vita, provo a ritrovare quell'equilibrio distrutto dai fatti in cui, mio malgrado, sono rimasto coinvolto.»

A Sergio Ramelli intende invece rivolgere un pensiero?

«Voglio esprimere il mio dolore e il mio rispetto per quel ragazzo, che è stato meno fortunato di noi; ha scontato sulla sua pelle la violenza delle ideologie degli anni Settanta, che ha creato drammi sia in chi la compiva sia in chi la subiva.»

A parte il fatto che non mi passerebbe mai per la testa di definire Ramelli un ragazzo «meno fortunato» (ma può essere una leggerezza dovuta alla forma orale del botta e risposta), l'intervista di Belpiede mi lascia un dubbio. È un ricordo sfuocato. Vado di nuovo a frugare nel faldone delle mie fotocopie, e trovo che in un momento decisivo del processo, con un colpo di scena finale, anche qualcun altro espresse gli stessi dubbi sui mandanti che il ginecologo pugliese fa trapelare in questa intervista.

Milano, 1987. L'ultimo testimone è appena andato via. Il presidente della Corte, Antonino Cusumano, si rivolge agli imputati e chiede loro se hanno intenzione di aggiungere qualcosa alle loro testimonianze. Non era mai accaduto in passato, qualcosa di simile, e al termine della fase dibattimentale Cusumano lo dice esplicitamente: «È una novità. Ma, in un processo complesso, non bisogna tralasciare nulla che possa servire all'accertamento dei fatti».

È in questo preciso momento che, fra lo stupore di tutti i presenti, convinti che ogni particolare della vicenda sia stato ormai ripercorso in un lungo e dettagliato dibattimento, una mano si leva. C'è brusio, sorpresa. Molti non capiscono cosa stia accadendo. E nemmeno di chi sia quella mano che emerge tra le fila degli imputati. È un gesto inconsulto? È una risposta all'appello del presidente della Corte? Ci vuole qualche secondo per capire che è stato Marco Costa, dal fondo della panca, a sollevare l'indice della mano destra, chiedendo la parola. Ottiene l'assenso del giudice, si avvicina al microfono. Come già sappiamo, è uno degli accusati (insieme ad «Aldo» Ferrari Bravo) di avere sprangato a morte Sergio Ramelli. Come già sappiamo, è accusato di aver partecipato all'assalto al bar di Porto di Classe. È accusato anche di aver partecipato alle schedature dei nemici politici, nel quadro della campagna sull'antifascismo militante. Ha già deposto molto a lungo. Cosa mai potrebbe dire, di nuovo, si chiedono tutti? Ma questa volta Costa sembra parlare con un tono diverso, e le sue parole sono un misto di racconto e di amara e intensa riflessione sul delitto e sulla stagione che ha segnato.

«Io ho assunto le mie responsabilità...» esordisce. «Ero responsabile, è vero... È giusto ammetterlo, è giusto che sia così. Ho riempito quindici verbali, novanta pagine scritte fitte. Ho detto molte cose per fare chiarezza. Non così tanti altri. Mi sembra che troppi abbiano paura di venire e di dire la verità. Non so se definirmi avvilito o disperato. Ma ho visto qui, al pretorio, penosissime ritrattazioni.»

I processi sono così. Si possono passare ore e giorni intorno a dettagli, brandelli di testimonianza, turbini di parole che si avvitano intorno a se stesse. Ma poi – quando meno te lo aspetti – il momento-verità arriva nel modo più improvviso. Costa ricorda un episodio che lui aveva tentato di relegare in un angolo della memoria. È il frammento di verità che ha custodito dentro di sé, con prudenza e con pudore. Le sue parole sono un lampo che illumina tutto il processo. Finalmente non ci sono bugie, elusioni, perifrasi. Un racconto in presa diretta: «Ramelli era in agonia, e, in quei giorni mi sentivo perduto. Ci furono colloqui a quattr'occhi e riunioni senza ufficialità. Una volta, Flavia Donati, che era responsabile della cellula di Medicina, da dietro mi prese per il collo e mi sussurrò in un orecchio: 'Assassini!'» Non è tanto l'epiteto, che gli brucia, spiega al giudice, ma la conoscenza diffusa del delitto che quella battuta rivela, dal momento che fino ad allora era convinto di essere depositario di una verità che era rimasta compartimentata nel servizio d'ordine.

Costa continua: «Credevo che della tragedia di Ramelli fossimo al corrente noi della squadra e Roberto Grassi. Così non era. In tanti, evidentemente, erano al corrente. Dove sono? Perché tacciono?»

Tra il 1977 e il 1978, dice il killer di Ramelli, ricostruendo uno scenario che spiega qualcosa, la macchina organizzativa di Avanguardia operaia era andata in tilt: «I temi di dibattito erano due: l'autonomia e il servizio d'ordine. La polizia dava più spazio ai nostri cortei, ma gli autonomi si infiltravano e saccheggiavano i negozi. E noi, coinvolti pur non volendo». Non era un problema di coscienza, era un problema militare: «Il servizio d'ordine era fuori dal tempo, le chiavi inglesi non avevano più senso. Lo dicevamo ai dirigenti. Loro rispondevano: 'Avete ragione'. Ma il servizio d'ordine non veniva sciolto. A me, Cremonesi e Cicchero», spiega l'ex militante, «ci chiesero di fare da guardie del corpo di alcuni esponenti del partito. Intervenimmo ai concerti per l'autofinanziamento della Nuova sinistra... Qualcuno ha affermato che il servizio d'ordine c'era e non c'era. Ma non è vero. Faceva parte del partito», aggiunge Costa, «e con il partito c'era una compenetrazione profonda».

Qui la deposizione spontanea diventa quasi un *j'accuse*: «A me pare strano che tanti compagni di allora adesso non ricordino. Anche Porto di Classe ha ombre e oblii. Dicono che la convocazione per la riunione all'Ortica avvenne con la catena telefonica. I compagni li avrei avvertiti tutti io. Ma non è così. Io ne avrò avvisati uno, due. E gli altri? In dodici anni il destino ha posto pesanti ipoteche su queste vicende. Uno, Roberto Grassi, si è tolto la vita. Uno, Gianmaria Costantino, si è schiantato in macchina, uno è stato salvato per un pelo. Ma io non invoco il destino».

Le parole di Costa evidentemente, all'ultimo minuto del dibattimento, smuovono un dubbio che doveva emergere prima del giudizio. Il momento-verità diventa contagioso. Anche Claudio Colosio, uno dei pali dell'agguato, ha qualcosa da dire. Anche lui va al microfono. Interviene su chi non poteva non sapere e riparte da quei giorni concitati che avevano fatto seguito alla morte del giovane missino, alle ore della paura: «Grassi era assediato da noi che chiedevamo: 'Cosa possiamo fare?' È impossibile», commenta Colosio, «che Roberto non abbia chiesto consiglio a persone di cui si fidava. Questa persona c'è, deve esistere: a Milano, in Italia, nel mondo. Dovrebbe presentarsi a raccontare».

Ancora una volta si gira vorticosamente intorno a una storia, alla storia, per tornare al punto di partenza. Non posso non chiedermi: se Roberto Grassi fosse salito sul banco degli imputati cosa avrebbe raccontato? Avrebbe potuto chiamare in causa la responsabilità di altri dirigenti nella piramide rigidamente gerarchica del servizio d'ordine? Oppure, come immagino, avrebbe taciuto? In tanti delitti di quella stagione, il peso della colpa è rimasto sigillato dentro compartimenti stagni, come un ordigno, per poi abbattersi sulle spalle dei cosiddetti «esecutori materiali». Dei pesci piccoli. Per questo vorrei dire a Belpiede che ha tutto il diritto di combattere per la sua nuova vita, e di proclamarsi innocente dopo una sentenza, ma non di chiamarsi fuori da quel delitto: perché nessuno che sia stato nel servizio d'ordine di Avanguardia operaia a Milano, a Città Studi, può chiamarsene fuori a cuor leggero.

Penso – senza avere le prove per dirlo – che Grassi non avrebbe parlato: forse perché uno dei fattori scatenanti della sua crisi può essere stato il peso di questa responsabilità non condivisibile, e perché la storia ci ha insegnato che non esistono vie di mezzo, il senso di una gerarchia o si infrange o si rispetta. Perché sappiamo che i piccoli grandi delitti vengono commissionati senza ceralacche o pergamene, in modo discreto, allusivo e informale. Credo che per gli stessi motivi anche Saverio Ferrari dovrebbe astenersi dal parlare del caso Ramelli, e di qualsiasi dettaglio che lo riguardi, per almeno mezzo secolo. E non perché non ne abbia diritto, ma perché non è opportuno.

Nel giugno 2017 a Bologna, per la presentazione del libro a fumetti di Marco Carucci e Paola Ramella sulla storia di Sergio (*Ramelli. Quando uccidere un fascista non era reato*), si arriva a scontri di piazza con la polizia, che deve caricare. Ancora una volta un epilogo assurdo, ancora una volta una insensata guerra contro la memoria scomoda di un ragazzo trucidato.

In una storica intervista a Claudio Sabelli Fioretti, parlando di Lotta continua, un ex militante del servizio d'ordine, diventato oggi uno dei più noti scrittori italiani, ha cesellato parole di incontestabile onestà intellettuale su quella stagione, sull'idea della responsabilità. Credo che sia difficile non condividere le parole di Erri De Luca: «Abbiamo condiviso il peggio di quel tempo. Le azioni di quell'epoca erano a nome e a titolo collettivo. Non è che ci fossero militanti innocenti ed esecutori colpevoli. Non c'erano dirigenti ignari e dirigenti mandanti. Per questo ho scritto che molte persone sono in prigione o in esilio a scontare anche per me. E finché per qualcuno c'è uno strascico penale io non sono in pace con quel passato».

Come sarebbe bello se anche questi dieci anni di polemiche su Ramelli ci insegnassero qualcosa. Come sarebbe bello se queste parole di Erri De Luca – con la loro lucida e ineluttabile semplicità – potessero diventare un balsamo per i colpevoli schiantati dal rimorso, e un filtro per gli smemorati tentati dalla confortevole via di fuga dell'amnesia.

15
Il mistero di Fini: le «sliding doors», una foto e un dito che cambiano la storia

Roma, febbraio 2006. Mi ero avvicinato mentre lui era sul palco, in uno dei momenti morti della giornata. Dalla tribuna, sulla platea dei militanti, si abbatteva un diluvio inesorabile di interventi lunghi e ripetitivi, avvincenti come una nota di testo in corpo otto a margine di un tomo di diritto tributario. Erano i rituali di un partito al governo, al massimo della sua forza, che contava su ministri, governatori, centinaia di sindaci, migliaia di consiglieri e di eletti, stretti intorno al loro capo in modo indissolubile, e che tutto poteva immaginare – quel giorno – tranne che di trovarsi incredibilmente vicino alla data della propria estinzione.

Non avevo fatto in tempo a parlare, perché lui mi aveva anticipato dicendo: «Senti Telese, ho letto il tuo libro, mi è piaciuto. Mi ha fatto ricordare tante cose che credevo di aver dimenticato. Dettagli che mi hanno divertito e commosso. Fatti che conoscevo e avevo scordato, anche se non avrei dovuto, e altri che francamente speravo di non dover ricordare mai più, anche se li avevo vissuti». Pausa. «Il sorriso di Cremino, il rogo nella sezione di Daniela...» Gianfranco Fini si riferiva a Mario Zicchieri, amico di sua moglie Daniela Di Sotto. E poi all'incendio che era divampato nella sezione Msi del Tuscolano frequentata da Daniela, al salvataggio rocambolesco che l'aveva sottratta alle fiamme. Erano ricordi in bianco e nero, primi anni Settanta. Ma il leader di An si era interrotto, proprio nell'attimo in cui un'emozione controllata sembrava poter incrinare il timbro fermo della sua voce. Poi il tono era tornato quello di prima. Il piglio sicuro del leader che affonda le sue radici nella storia: «Vedi, io sono l'unico, credo, che quei 'cuori neri' li ha conosciuti quasi tutti».

Lo sapevo bene, ovviamente. Il giovane dirigente giovanile arrivato a Roma da Bologna, che si costruisce una carriera passando dal ribellismo inquieto delle sezioni studentesche alla desolazione delle periferie sgarrupate, parte dall'anonimato e dalla marginalità per approdare al ruolo di capopartito, senza soluzione di continuità: con l'eccezione di Venturini e Falvella, lui i ragazzi che avevo raccontato li aveva conosciuti, uno per uno, li aveva seppelliti da segretario dell'organizzazione di cui facevano parte.

Però c'erano un giallo e un mistero in cui mi ero imbattuto durante la mia ricerca, e che riguardavano la vita e la carriera di Fini, che non interessavano solo lui o me. C'erano un destino e una biografia che rendevano Fini unico: non solo leader ma anche protagonista, e soprattutto testimone. E c'era in particolare un tarlo che mi aveva accompagnato mentre scrivevo il libro ogni volta che avevo incrociato il suo nome nelle testimonianze, negli articoli di giornale e nei tantissimi documenti che lo riguardavano. A dirla tutta, ero così preso dalla curiosità per i lati meno noti della sua biografia degli esordi, per la sua mutazione quasi inspiegabile da anonimo a capo, che in quei giorni avrei dato qualsiasi cosa pur di poterlo intervistare. Proprio questo pensavo, forse con una punta di ingenuità, mentre lo guardavo seduto sul palco in quel giorno del 2006.

Come giornalista mi intrigava l'idea che un leader apparentemente sotto gli occhi di tutti, un personaggio che aveva ispirato ben quattro diverse biografie e un numero svariato di saggi, potesse custodire ancora dei punti ignoti. Quello che avevo scoperto mentre raccontavo la storia di Mario Zicchieri affondava le sue radici in un passato molto lontano dai riflettori che illuminavano la sua carriera.

Riguardava un episodio legato a una drammatica giornata del 1975. Fini all'epoca aveva solo ventitré anni, era un dirigente periferico, non era ancora assurto agli onori del carisma e della fama, non era ancora stato eletto o nominato in alcun organismo apicale. Era come Adam Lang, il protagonista de *Il ghostwriter* di Robert Harris ispirato a Tony Blair, che tutti conoscono per la sua vita pubblica nel presente (come primo ministro britannico), ma di cui nessuno conosce l'oscuro punto di svolta nella biografia, quello che gli permette di fare il salto evolutivo, passando dal ruolo di militante marginale a dirigente di primo piano.

Il presidente di Alleanza nazionale, che mi aveva sussurrato quella frase sporgendosi dall'alto di un tavolo su un palco, alla Fiera di Roma, durante una conferenza organizzativa del suo partito, era uno dei testimoni più antichi della storia in cui mi ero addentrato. Ma fra il testimone e il protagonista c'era un conflitto di interessi che questi due diversi ruoli comportavano: se il primo Fini in quelle ore avesse raccontato liberamente, il secondo si sarebbe facilmente trovato in imbarazzo. Nei giorni in cui si verificava il nostro asciutto scambio di battute, Fini era anche ministro degli Esteri: un personaggio pubblico, un uomo di governo impegnato nel presente, nel mezzo di un cammino in cui si era contrapposto alla storia da cui proveniva, nel tiro incrociato delle necessità diplomatiche e delle polemiche inevitabili. Comprendevo bene la difficoltà a ricordare gli anni di una militanza politica neofascista per un leader europeo che sedeva nel consesso politicamente corretto del Ppe e faceva il giro del mondo, immortalato in Israele con la kippah in testa – tra lo sconcerto dei militanti – dopo aver detto che Salò e le leggi razziali erano «il male assoluto». Il grande strappo. La casa di An aveva tremato, ma ancora una volta aveva tenuto.

Tuttavia quel giorno del 2006 avevo provato a rispondergli, a bruciapelo: «Presidente, era al funerale dei Mattei dopo il rogo di Primavalle, nel 1973: oggi quella stagione è diventata storia. Perché non mi dà un'intervista?» Fini mi aveva guardato quasi senza espressione, da dietro le sue lenti leggere, prive di montatura (l'ultima innovazione del look, rispetto ai vecchi occhialoni a goccia degli anni Ottanta). Era come se stesse scrutandomi ai raggi X con gli occhi prima di darmi una risposta.

«Te la rilascerò l'intervista, prometto.»

«Davvero?»

«Non ora, ma dopo le elezioni.»

È stato di parola. Mi ha dato un appuntamento per parlare degli anni di piombo e lo ha onorato. Ma lo ha fatto dopo tre elezioni e dieci anni esatti a partire da quel giorno.

Roma, 18 febbraio 2013. Sono passati sette anni dallo scambio di battute alla Fiera di Roma. Vado a intervistare Gianfranco Fini per *In Onda* (il programma che in quei giorni conduco con Nicola Porro su La7) quando manca meno di una settimana alle Politiche. L'ex ministro degli Esteri adesso ha i capelli grigi e qualche ruga in più. È sempre presidente, ma di un altro partito: si chiama Futuro e libertà. Nel simbolo dominano due colori: un prato verde e un grande cielo azzurro, che incastonano il suo nome scritto in bianco.

Sembra stanco; è molto cortese, ma – come sempre – non rivela emozioni. Negli ultimi tre anni ha realizzato una scissione e ne ha subita un'altra. Ha fatto il giro del mondo la sequenza video del suo «Che fai, mi cacci?», il grido di sfida a Silvio Berlusconi lanciato in una sala congressi vicino al Vaticano. Non tutti lo avevano capito, ma il Popolo della libertà era morto quel giorno, anche se il cadavere sarebbe passato lungo il fiume solo mesi dopo. Quel giorno c'ero. Ricordavo quella mattina, l'imprevisto che squarcia la routine, la telefonata da cronista adrenalinico a Maurizio Belpietro: «Direttore, si sta sgretolando il Pdl!»

Eppure dopo lo strappo Fini era rimasto impigliato nella vicenda limacciosa della casa di Monte Carlo, venduta dal partito a suo cognato in circostanze non chiare. Il leader di An, che nel frattempo era diventato presidente della Camera, sapeva o non sapeva di quella transazione? Per una lunga estate i media del centrodestra lo avevano tartassato su questo punto, adesso sembrava che non importasse più nulla. I sondaggi avevano visto

Futuro e libertà passare dal 7 per cento (subito dopo lo strappo, nel momento della scissione) al 2 per cento (dell'ultima rilevazione prima del voto). Pochi giorni dopo il nostro incontro scopriremo che il nuovo partito prenderà ancora meno, e morirà nella culla: Futuro e libertà si fermerà allo 0,47 per cento, uno dei risultati negativi più clamorosi della storia repubblicana.

Quel giorno del 2013, mentre parliamo, ho l'impressione che il politico esperto abbia già la premonizione della catastrofe che incombe sulla sua testa. Ma di questo non discutiamo: le domande sono sulla prospettiva politica del centrodestra, sul governo Monti. A un certo punto la butto lì:

«Presidente, si ricorda che sette anni fa mi ha promesso un'intervista sugli anni di piombo?»

(Sorride) «Sì. Ma non è ancora il momento. Ti chiedo di continuare ad avere pazienza...»

«Fino a quando?»

«Dopo le elezioni, ti va?»

«So già che non lo farà.»

«Dopo il voto pagherò questo debito, promesso.»

In *Cuori neri* avevamo pubblicato una foto che avrebbe potuto essere il migliore spunto per scrivere un saggio sulla forza potente del destino. Quell'unica immagine contiene il ritratto di due ragazzi e il racconto di due storie divergenti. La prima l'abbiamo già seguita nel capitolo su Stefano Recchioni. La seconda è questa.

Come abbiamo visto, il 7 gennaio 1978, il giorno della strage di Acca Larentia, nella piazzetta dove sono ancora umide le pozze di sangue di Franco Bigonzetti e Francesco Ciavatta, c'è un giovane con l'impermeabile bianco che si accende una sigaretta accanto a un altro ragazzo in giacca di velluto. Due minuti dopo quello scatto il ragazzo con la giacca di velluto fa tre passi in avanti e muore. Il giovane con l'impermeabile bianco fa tre passi di lato, viene ferito da un candelotto lacrimogeno al ginocchio e sopravvive. Questo incrocio di destini è quello che consente al giovane con l'impermeabile di diventare leader, ministro degli Esteri, vicepresidente del Consiglio, presidente della Camera. Quattro passi, un bivio di pochi centimetri, separano Stefano Recchioni da Gianfranco Fini, l'apocalisse dalla gloria.

Fini era un sopravvissuto al tempo delle pistole che sparavano, ma grazie a quei tre passi di lato era diventato – anche – un protagonista del nuovo tempo. Stupefacente, a volte, la topografia dell'irrevocabile: muoversi di lato o in avanti, e cambiare il proprio futuro, affacciarsi a un destino o diventare un epitaffio.

Era vero l'aneddoto che mi aveva rivelato nel 2006 Luigi D'Addio, ex segretario della sezione romana del Msi di via Erasmo Gattamelata? Secondo D'Addio, nei turbolenti giorni che erano seguiti alla morte di Mario Zicchieri, nel 1975, Fini aveva consumato i fasti di una radicale passione giovanile dentro la corrente barricadera di Lotta popolare, fondata nel dicembre 1974 da alcuni dirigenti romani del Msi come Teodoro Buontempo, Carlo Alberto Guida (del centro sportivo Fiamma), Paolo Signorelli (professore ordinovista), Romolo Sabatini (futuro braccio destro di Pino Rauti), Paolo Sgrò (segretario della sezione Portonaccio) e lo stesso D'Addio (segretario della sezione Prenestino).

Si trattava di una corrente movimentista, quasi scismatica, che non a caso riecheggiava nel nome Lotta di popolo (l'organizzazione dei nazimaoisti del Sessantotto nero) e si contrapponeva alla linea ufficiale del Msi. Gli attivisti di Lotta popolare consideravano i vertici del partito troppo moderati e filomonarchici, e Giorgio Almirante un leader della «sinistra» interna che per opportunismo aveva spostato «a destra», e verso un'identità troppo conservatrice, lo storico baricentro della Fiamma.

Quel giorno D'Addio mi parve molto eccitato, sarcastico, amaro. Dopo il funerale di Mario, sosteneva l'ex dirigente missino, Fini era sceso in piazza con i camerati che si erano scontrati con la polizia, portando al braccio una fascia tricolore con sopra la scritta bianca msi – lp (Msi – Lotta popolare). Anche un pezzo di stoffa può diventare una divisa, e ogni divisa, in un partito, è l'anticamera di uno scisma.

Quella mattinata di guerriglia urbana aveva rischiato di stroncare la carriera di Fini prima ancora che iniziasse: «Dopo gli scontri, e dopo il funerale di Mario», mi aveva detto D'Addio, «Almirante era letteralmente furibondo. Sosteneva che il Msi rischiava di essere screditato a livello nazionale per la follia di quattro ragazzini che 'giocavano alla guerriglia, come degli incoscienti'. A chi gli aveva chiesto cosa volesse fare, aveva risposto: 'Li voglio tutti fuori'». E così sarebbe stato.

Il segretario della Fiamma, secondo D'Addio, aveva scelto di usare il pugno di ferro per schiacciare l'eresia, chiedendo ai fotografi che lavoravano per il *Secolo d'Italia* tutti gli scatti di quella giornata di fuoco. Poi aveva impugnato personalmente un lentino da fotografo e si era messo a cercare, nelle istantanee, i giovani militanti che avevano al braccio la fascia con la sigla di Lotta popolare. Chi veniva identificato «era convocato dai dirigenti e dal segretario, costretto a raccontare tutto. Chi aveva ruoli direttivi, invece, veniva espulso».

«Tu eri segretario», avevo fatto notare a D'Addio.

«E infatti fui convocato, messo di fronte alle foto ed espulso.»

«E Fini era tra i ragazzi con la fascia al braccio?»

«Assolutamente sì.»

«Ed era stato espulso?»

«No.»

«Come mai?»

«Fu protetto da Donato Lamorte, futuro segretario di Almirante e – ironia della sorte – futuro braccio destro dello stesso Fini.»

«Come?»

D'Addio aveva sorriso.

«Nella riunione di Almirante con i dirigenti romani, quando si era proceduto ai riconoscimenti, Donato aveva impugnato la foto in cui era immortalato anche Gianfranco, usando due dita come una pinza, e tenendo sempre il suo pollice sopra la faccia di Fini.» Mi sembrava inverosimile, ma D'Addio insistette: «Ti giuro!

Ma se non ti fidi di me perché non lo domandi a Fini? Lamorte e il gruppo dirigente avevano deciso che doveva essere salvato e lo salvarono».

«Mi pare strano, è una storia da romanzo di cappa e spada.»

«Sì, lo so. Ci penso spesso e ti dico che la cosa mi fa sorridere. Capisci? Senza quel dito di Donato, non ci sarebbero mai stati la svolta di Fiuggi, l'appello di Berlusconi dal supermercato di Casalecchio di Reno [per votare Fini alle amministrative di Roma, *N.d.A.*], il centrodestra come lo abbiamo conosciuto in questi anni.»

«Esageri.»

«Per nulla. È Fini l'uomo che – nel bene e nel male – rende possibile la mutazione del vecchio Msi. Rifletti. Senza di lui nulla di tutto questo sarebbe accaduto.»

Era una provocazione, ovviamente, ma anche un enigma. Il destino di un singolo uomo – per quanto importante – poteva diventare lo snodo per cui passava la storia del centrodestra? Effettivamente era difficile immaginare le vicende del Msi negli anni Novanta, la fuoriuscita dalla casa del padre, se a via della Scrofa fosse rimasto come leader Pino Rauti, ma anche uno qualsiasi dei suoi coetanei della Fiamma. Era stata la scelta di Almirante a far diventare il ragazzo di Bologna il delfino prima e il segretario poi. Era stata la sua attenta tutela a difenderlo nel periodo cruciale. Questa intuizione politica era davvero partita da quella foto?

Conoscevo solo tre persone – oltre a Fini – che potevano confermare o smentire quella rocambolesca ricostruzione. Il primo era Teodoro Buontempo, che all'epoca era il diretto superiore del futuro presidente di An. Il secondo, e il più importante, era proprio «l'uomo del pollice» (in quei giorni eminenza occulta di An, poi deputato), Donato Lamorte. Il terzo era Maurizio Gasparri che, sebbene all'epoca fosse solo un diciottenne, era il più stretto collaboratore di Fini.

Ero partito da Buontempo che, come sa chiunque abbia letto *Cuori neri*, mi aveva regalato testimonianze straordinarie su quel periodo per il mio libro, compresa quella – da film neorealista – in cui Fini, lo stesso Teodoro e diversi protagonisti del futuro gruppo dirigente del partito finivano al commissariato dopo una retata fra le prostitute. Il gruppo di giovani missini, che si trovava sotto un ponte del lungotevere, davanti a un bidone in fiamme, a bruciare pellicole di celluloide per ricavare nitrato d'argento dalle lastre, era stato scambiato per un assembramento di papponi e prostitute. Indimenticabile.

Mentre discutevamo seduti su un divanetto del Transatlantico, Buontempo mi era sembrato appassionato e umorale, come sempre. Mi piaceva scandagliare i testimoni diretti in lunghe discussioni senza i limiti pressanti di un articolo di giornata. Con Fini Buontempo aveva un conflittuale rapporto di amore-odio. Il leader di An lo aveva degradato, combattuto spietatamente come oppositore, ma anni dopo si sarebbe rivolto a lui per commissariare il partito in un momento di difficoltà.

La chiacchierata di quel giorno non risolse definitivamente l'enigma, ma produsse un'intervista per *il Giornale* in cui Buontempo raccontava la storia esilarante di Fini e della sua ascesa partendo da una curiosa valigetta: «Io, come è noto, dormivo in una Fiat 500, non ero certo un lord inglese. La metà dei nostri erano brutti, sporchi e cattivi. Poi c'era qualche studentello sbarbato, c'erano i rudi camerati d'azione, molti reduci, qualche giovane rautiano occhialuto, colto, ma tendenzialmente folle o esoterico: ovvio che quando Almirante guardava Fini, fasciato nel suo impermeabile bianco e con la sua valigetta di pelle in mano, alto, distinto e con gli occhiali, mi dicesse: 'Teodoro, ma non lo vedi come è elegante?'. Ah ah ah». E io: «Ma cosa c'era nella valigetta?» Altra risata omerica di Teo. «Questa è la domanda giusta! Ascoltami. Un giorno lo prendo in disparte e gli faccio: 'A Gianfrà, ma toglimi una curiosità: cosa cazzo ci sta in questa valigetta che ti porti dietro?!' Lui prima mi guarda un po' sornione. Poi, senza dire nulla, solleva la ventiquattrore e infine la apre.» Suspence. «E cosa c'era dentro?» chiedo. Buontempo era di nuovo scoppiato a ridere: «Una penna biro a due colori, una matita e un foglio di carta. Hai capito? Un genio assoluto. Era praticamente vuota».

Attenzione alla tara, al senno di poi. C'era davvero la valigetta? Era solo un simbolo? Era il sarcasmo di un ex amico, di un ex maestro, in quei giorni oppositore? Non lo pensavo, perché malgrado le stoccate feroci sulla politica, i due non avevano mai perso il loro rude rapporto, incomprensibile nella dinamica, ma segnato – come spesso capita – da legami indissolubili. Buontempo era stato ironico, ma mai cattivo. Quando avevo incontrato Fini alla Camera dopo la pubblicazione dell'intervista – come era ovvio – non mi aveva detto nulla. O non l'aveva letta, oppure la storia della valigetta l'aveva divertito. Il giorno in cui sarei arrivato a chiederglielo, come vedrete, mi avrebbe spiazzato.

* * *

C'era poi Lamorte, l'uomo dei segreti e il segretario dei segretari. Era entrato nel Msi nel lontano 1949 proprio partendo dalla sezione del quartiere Prenestino, dove si era iscritto e dove era rimasto fino al 1969 per poi essere cooptato nei ranghi della federazione romana. Era un amante della «macchina del partito», del suo funzionamento, della struttura. I segretari federali romani passavano, mentre lui rimaneva sempre al suo posto con tutte le leve in mano. Lamorte poteva dire di essere un punto di riferimento di giorno e di notte, soprattutto nell'epoca del terrorismo, cosa che era l'oggetto di una delle sue rare professioni di orgoglio: «Fui io, nei bui anni del terrorismo, il primo ad arrivare a Primavalle mentre bruciavano i corpi dei fratelli Mattei, ero io che chiudevo tutte le bare dei nostri ragazzi uccisi».

Quando, in un corridoio di Montecitorio, sempre nel 2006, gli avevo chiesto se l'aneddoto del dito fosse vero mi aveva risposto con una risata e allargando le braccia.

«Ma chi ti ha raccontato questa favola?»

«D'Addio.»

«Ah. E a te pare possibile?»

«Non deve sembrare possibile a me. Mi interessa solo sapere se è vero.»

Al che Lamorte mi aveva pagato un succo di pomodoro alla buvette, mi aveva parlato di questioni legate alla vita di An, mi aveva sorriso e se ne era andato senza dire nulla di più.

Ma attenzione all'epilogo. Ben cinque anni più tardi, dopo la nascita di Futuro e libertà, mi aveva fermato lui stesso, di nuovo alla buvette e – come se di quella storia di Lotta popolare avessimo parlato due giorni prima – mi aveva apostrofato dicendomi: «Beh? Allora la vuoi ancora sapere la vera storia della foto?»

«Non mi avevi detto che non era vera?»

«Non è esatto: se ricordo bene, ti avevo chiesto se ti sembrasse possibile. È un altro discorso.»

«Lo hai messo tu quel dito oppure no?»

«Se lo avessi messo davvero non dovresti chiederti il come, ma semmai il perché.»

«Allora te lo chiedo: perché?»

Sorriso. «Facciamo così. Dopo le elezioni ci prendiamo un altro caffè e facciamo un'intervista per metterla agli atti.»

Per le vicende folli della vita ho rivisto decine di volte Donato Lamorte, alla Camera, ma non abbiamo più proseguito quella discussione: forse mi sembrava che ci sarebbe sempre stato il tempo per farlo. E lui sembrava determinato: «Sì, sì... So che cosa vuoi da me». Ma mi sbagliavo. Il segretario dei segretari è morto nell'agosto 2014. Non ho mai avuto modo di chiedergli se era stato lui a segnalare il giovane Fini ad Almirante. Segretario è colui che serba un segreto. L'unico rimasto a cui potevo chiedere di raccontarmi la verità era proprio Fini.

I dubbi e le curiosità ti possono inseguire per una vita, andando e tornando senza criterio. Mi ero quasi rassegnato all'idea che il mistero del giovane Fini non interessasse nessuno tranne me, quando nel luglio 2007 su *L'Espresso* era apparsa una lunga e per certi versi stupefacente intervista di Marco Damilano a uno dei protagonisti di quegli anni, Sergio Mariani, primo marito di Daniela Di Sotto, dirigente del Fronte della gioventù, coetaneo di Fini, suo rivale in amore.

Il motivo per cui Mariani aveva rotto il silenzio – oltre alla nota abilità da segugio di Marco – era apparentemente marginale, extrapolitico. L'ex dirigente lavorava come intermediatore editoriale, procacciava al minor costo possibile la stampa di manifesti e volantini per conto di Alleanza nazionale. In quei mesi del 2007, però, era arrivato sull'orlo della bancarotta per colpa del partito che era stato il suo riferimento di una vita. An, diceva lui, gli doveva 750.000 euro per le campagne elettorali provinciali del 2003 ed europee del 2004, più 90.000 euro per la campagna europea di Adolfo Urso.

Damilano aveva contattato Mariani dopo che lui, esasperato, si era risoluto a un gesto clamoroso: attaccare sui muri di Roma un manifesto in cui denunciava tutti questi dettagli. Sperava ancora che Fini intervenisse. Raccontava di aver mantenuto rapporti «corretti» con lui fino all'estate 2006, quando nel suo ufficio erano arrivati i carabinieri che all'epoca indagavano su Marco Buttarelli, segretario amministrativo di Alleanza nazionale a Roma. Buttarelli aveva dato a Mariani soltanto il 10 per cento di quanto gli doveva An. Mariani era furibondo al solo ricordo: «Ricevo 70.000 euro, senza Iva, e non gli 84.000 che sarebbero stati regolarmenti fatturati da una delle società beneficiarie ed esecutrici del lavoro. La mia colpa è che non dico ai carabinieri a chi li ho dati. Faccio sapere a Fini che ho agito in modo corretto. Da questo momento si interrompe ogni rapporto».

Ecco perché, in questa stupefacente doppia collisione – fra pubblico e privato, oltre che fra passato e presente – già l'incipit dell'intervista a Damilano era minaccioso: «La vicenda tra me, Gianfranco e Daniela dovrebbe avere lui il coraggio di raccontarla. Io ho sempre avuto la dignità di viverla...»

Non era un'affermazione casuale. Solo dieci giorni prima di questa presa di posizione la separazione tra Fini e sua moglie Daniela era diventata un passaggio politico, curato con attenzione maniacale dall'avvocato Giulia Bongiorno, annunciato con un comunicato, l'ennesimo strappo del leader di An con il suo passato. E dal passato – scriveva Damilano – riemergeva, prendendo voce dopo anni di silenzio, «il terzo lato del 'triangolo nero'».

Chiedeva il giornalista de *L'Espresso*: «Quando ha conosciuto i due Fini?» «Daniela l'ho vista nella sezione Msi del Quadraro, a Roma, dove c'era una forte presenza dei rossi. Una ragazza molto determinata, in realtà esprimeva una grande femminilità. Era, come si dice, da bosco e da riviera. Gianfranco l'ho incontrato nel '73 nella sede del Fronte della gioventù di via Sommacampagna. Vestiva in trench o con un cappotto di pelle nera. Frequentava la corporazione studentesca di cui era responsabile Maurizio Gasparri. Aveva una penna brillante, fiorivano i giornaletti, servivano persone che sapessero scrivere.»

Damilano aveva ricordato a Mariani il suo passato di «uomo d'azione», e soprattutto il suo soprannome, «Folgorino»... E l'ex dirigente del Fronte non si era tirato indietro. I rapidi cenni autobiografici sembrano già i capitoli di un romanzo: «Avevo partecipato al XXIX corso della Folgore ed ero molto rapido. Ma il mio vero soprannome era il 'Legionario', sono stato nella Legione straniera.

A Roma sono arrivato nel 1972, dopo un mandato di cattura: a Milano avevo picchiato un ragazzo, gli avevo fatto parecchio male. Il Msi era monolitico, stretto attorno a Giorgio Almirante. Una volta le sue segretarie, le sorelle Ornella e Gila, ex combattenti della Rsi, mi chiesero davanti a lui: 'Se ti desse uno schiaffo, tu che faresti?' E io: 'Glielo ridarei'. Almirante sorrise: capiva il carattere delle persone».

Il ritratto che Mariani fa del Fronte della gioventù anni Settanta è irresistibile: «C'erano tutti gli attuali dirigenti di An. Io ero a fianco di Teodoro Buontempo, con lui nel '72 aprimmo la sede di via Sommacampagna 29, ho la residenza ancora lì, mai cambiata. Il partito per me è una comunità. Del fascismo mi piaceva il nome: le individualità unite per un obiettivo comune».

E Fini? Qui le cose si complicavano, e i conti non tornavano più. «Fini», spiegava il Mariani del 2007 a Damilano, «era emarginato, distaccato. E poi raccontava cose false: che proveniva dalla Giovane Italia di Bologna, che abitava in piazza di Torre Argentina e invece stava a Monteverde, che era figlio di un alto dirigente di una multinazionale del petrolio [invece era un benzinaio, *N.d.A.*]. Alcuni di noi sospettarono che fosse un infiltrato della polizia. Una sera decidono di dargli una lezione, bastonarlo.»

Possibile? Mariani proseguiva così: «Salgo anch'io in macchina. Lui si accorge del pedinamento, scappa, si infila in un palazzo. Io lo seguo da solo, entro, scendo giù. Trovo Gianfranco rannicchiato in un sottoscala. Mi prende le gambe e mi dice: 'Sergio, che colpa ne ho se non ho il vostro coraggio?' Mi sembrò un atto di sincerità. Ho visto il Fini sempre ingessato che si apriva. Diventammo amici».

Era accaduto davvero? Se fosse così, il Gianfranco del 1975 acquisiva fascino e simpatia. Un'incredibile difformità rispetto allo stereotipo del militante ferreo, ma anche rispetto al suo personaggio futuro, l'uomo di ghiaccio. Mariani sfogava il suo rancore: ma ai miei occhi, più aumentava la distanza tra il dirigente «emarginato» e il futuro capo, più la sua ascesa diventava interessante e significativa. E gli aneddoti non finivano qui.

Marco Damilano, intervista a Sergio Mariani, *L'Espresso*, agosto 2007:

Vi vedevate anche con Daniela?

«Mi sono sposato con lei nel 1976. Una volta andammo in tre a vedere *Apocalypse Now* e Gianfranco e Daniela applaudirono la scena della cavalcata delle valchirie e degli elicotteri. Nella scena successiva, quando la vietnamita fa saltare in aria gli americani, in sala esplose un applauso contro di noi. Si accesero le luci, alcuni poliziotti ci protessero, ci allontanammo di corsa, mestamente.»

In quegli anni Fini si dichiarava fascista?

«Fini non è mai stato fascista. Allora diceva di essere mussoliniano. Ma lui non è né fascista né mussoliniano. È una persona che ha un profondo culto della personalità: la propria. È il suo limite. Un uomo che non è all'altezza della libertà degli altri.»

Mariani, lei è stato più volte condannato per atti di violenza. Mentre Fini oggi è uno statista. Non le pare di esagerare?

«Sì, è vero, ho praticato, anzi, ho vissuto la violenza. Il mio avversario era il nemico, quello dello slogan 'Uccidere un fascista non è reato'. Avevo accettato le regole del gioco. Dopo ho capito che erano condotte da organismi superiori, il sistema, ma nel 1974-75 si alza il livello dello scontro con la sinistra: dai cazzotti si passa ai bastoni – io usavo il manico di piccone, segato nell'ultima parte perché si spaccava con i colpi – poi le spranghe, i coltelli e infine le armi. Ci segnò la morte di Mario Zicchieri, 'Cremino', ucciso barbaramente a sedici anni.»

Perché?

«Il giorno prima aveva comprato un disco di Lucio Battisti, Daniela glielo aveva chiesto in prestito. Si era creata una organizzazione interna, il 'Msi-per la Lotta popolare', per condizionare il partito in una difesa più convinta dei suoi ragazzi e accettare la logica dello scontro. La maggioranza dei giovani aderì, anche Fini firmò il loro manifesto.»

Fini estremista? Impossibile.

«Lo spinse il desiderio di essere accettato. Lo stesso che oggi lo porta a proporre il Corano nelle scuole. La verità è che non è mai stato considerato da quelle frange, esattamente come oggi non lo accettano fino in fondo alcuni settori economici, finanziari, religiosi.»

Si dice che Fini sia una persona fortunata.

«In realtà è un utilizzatore del gratta-e-vinci della politica. Non si può non avere un progetto. Non si può passare da un estremo all'altro, con indifferenza. Quando a Fiuggi nacque An, volle spegnere la luce come simbolo del nuovo corso: l'ultimo dei messaggi che avremmo dovuto dare. Per lui, invece, si trattava di allontanare ogni cosa che avesse fatto parte del suo passato.»

Era interessante vedere l'uomo d'armi e di sostanza che diventa improvvisamente psicanalista. Secondo quanto racconta Mariani a *L'Espresso*, la conoscenza tra Gianfranco e Daniela si era approfondita durante una visita alla tomba del Duce, dopo un viaggio a bordo di un pullman pieno di camerati romani nel 1979: «Vivevamo insieme sotto lo stesso tetto, ma Daniela e Gianfranco avevano cominciato una relazione clandestina nella casa di una dipendente del *Secolo*, collega di Daniela. Venni a sapere qualcosa, chiesi spiegazioni e lei mi rispose: 'Non è vero! Te lo giuro sul nostro bambino morto!' Ebbi uno scontro fisico con chi mi aveva raccontato quella cosa e aveva messo in dubbio la parola della mia donna. Io ho creduto a Daniela, in ogni caso».

L'epilogo del triangolo è drammatico e inaspettato, e culmina con un colpo di pistola. Ma anche qui c'era un mistero.

Marco Damilano, intervista a Sergio Mariani, *L'Espresso*, agosto 2007:

Cosa accadde quel giorno?

«Non ricordo. È una rimozione. La vicenda si è svolta come tutti e tre sappiamo bene. Se sono arrivato a spararmi è perché Fini ha inciso pesantemente. Mi aveva portato di fronte al fatto di essere responsabile del fallimento del mio matrimonio. La colpevolizzazione mi ha messo in un profondo stato depressivo rispetto al quale non avevo possibilità di ritorno né di perdono di me stesso.»

Prova rancore, odio nei loro confronti?

«Se Daniela quando eravamo ancora sposati si è innamorata di Fini non ha nessuna colpa, il sentimento non si può gestire. Il problema non sta nel tradimento dell'amore, ma nell'errore di Fini: il tradimento dell'amicizia, di un vincolo di comunità. Ma Fini ha già il potere e lo esercita. Chi si mette di traverso viene esautorato dagli incarichi politici. Il dopo fu ancora più imbarazzante: restai nel partito, non volevo andarmene per responsabilità che non avevo. Mi chiesero di trasferirmi al Nord, Fini non vedeva l'ora di allontanarmi da Roma. Almirante lo bloccò: 'Mariani non si muove'.»

Lo ha mai affrontato?

«Sono cose che deve raccontare Fini. Il personaggio pubblico è lui. Oggi sono rabbioso per l'ingiustizia che sto subendo. Alcuni colonnelli sono affascinati dalla capacità di Fini di raggiungere gli obiettivi, forse sperano di vincere sulla ruota della fortuna. Sono l'unico dirigente dell'epoca che non è diventato parlamentare.»

A causa delle condanne per violenza?

«No: era stato rotto un braccio a un ragazzo di Sommacampagna, corsi al liceo Plinio e picchiai il responsabile, fui preso dai carabinieri. Alemanno stava da quelle parti, fu arrestato anche lui e quando arrivai in caserma era legato con le manette al termosifone e lo stavano picchiando selvaggiamente. Poi è diventato ministro. Ai dirigenti di An chiedo: oggi tocca a me, quando toccherà a voi, per quello che rappresentiamo? Io pago per lesa maestà, per aver offeso questo imperatore che brilla di luce propria.»

Mariani aggiunge anche dettagli molto privati e dolorosi (sia per lui sia per la ex compagna) che volutamente non trascrivo, perché in questa sede non hanno alcun interesse. Sembra un uomo ancora innamorato di Daniela, e sicuramente ferito. Quando Damilano gli chiede come mai esca allo scoperto proprio allora, dice: «Sono di fronte al fallimento delle mie attività, senza colpa». E alla domanda sul perché non abbia denunciato i suoi camerati, recupera la sua morale di partito: «I panni sporchi si lavano in famiglia. Di recente li ho citati in giudizio. Questi soldi mi sono dovuti non solo perché ho eseguito il lavoro, ma perché esisto. Dichiarerò ai quattro venti cosa è diventata An, quali ricatti governino il vivere sociale di un partito assolutamente non democratico. Non do la responsabilità solo a Fini. All'indomani del manifesto vengo chiamato da Donato Lamorte, che mi chiede di mettere a posto la vicenda».

Oggi, nel giorno in cui scrivo, non so come e se si sia chiusa la vicenda delle fatture, e nemmeno mi interessa. Ma so che questo squarcio livido di autobiografia arrabbiata racconta molto di una comunità incandescente e dei dilemmi di un leader in ascesa. Tra i giorni della valigetta e quelli della segreteria, Fini si è fortificato, è diventato leader.

Nel 2008, appena atterrato con un aereo a Verona, mi sto allungando per prendere la valigia in una cappelliera quando vedo un signore vigoroso con i baffi bianchi che me la porge. Mi apostrofa con tono sarcastico. All'inizio non capisco bene se sia arrabbiato con me o giochi:

«Sono Paolo Signorelli, quello di cui hai scritto ricordando che avevo a casa un'ascia bipenne»

«E non era vero?»

Sorride. «Era vero. Ma non andavo a fare il vichingo. Era poco più che un soprammobile.»

«Io ricordo di aver citato i capitoli del tuo *Di professione imputato* perché mi aveva colpito l'incredibile scena dell'incontro con Valerio Fioravanti in carcere...»

«Ah, il Cocomero, certo! Sono affezionato a quel libro.»

«Parlo della scena in cui lui ti prendeva in giro perché eri considerato il capo dei Nar, mentre il capo dei Nar era lui.»

«Si era svolta esattamente come l'avevo raccontata. Io ero arrestato, e restavo dentro come presunto capo dei Nar, e il vero capo dei Nar usciva prendendomi per il culo. Curiosa la vita, no?»

«E avevo parlato della tua espulsione dal Msi nel capitolo su Mario Zicchieri.»

«Lo ricordo bene. Se fai una nuova edizione, però, dovresti aggiungere che io, al contrario di altri, non subii nessun provvedimento. Durante quel processo farsa, mentre altri si battevano il petto, prima che decidessero di buttarmi fuori dal Msi con un provvedimento farsa, io me ne ero già andato: il funerale di Mario era stato il punto di non ritorno, i ponti si erano rotti, avevo ricominciato a respirare.»

«Perché?»

«La passione politica mi avrebbe portato anche in carcere, da innocente, ma nel 1975 ho avuto la fortuna di non restare – da vile – in un partito che era diventato un carcere.»

«Se fossi rimasto nel Msi non avresti fondato Costruiamo l'azione e non avresti avuto dieci processi...»

«Quattordici processi. Ma è stata la mia vita. Ricordati che mi volevano accollare l'omicidio Amato, il delitto Occorsio e – per non farsi mancare nulla – la strage di Bologna. Ci ho messo tredici anni, ma sono uscito innocente da tutti quei tribunali.»

Era vero: Signorelli, condannato per associazione sovversiva, era stato prosciolto da tutte le accuse omicide e stragistiche. Il colloquio con lui mi aveva lasciato di stucco. E, mentre ci separavamo, ognuno con il suo trolley, mi veniva voglia di richiamarlo il giorno dopo, per intervistarlo. Poi però non l'ho fatto. Per pigrizia. Perché non ti rendi mai del tutto conto che il tempo passa velocissimo. Signorelli sarebbe morto solo due anni dopo, nel dicembre 2010.

Nel 1976 il giovane Gianfranco viene chiamato a occupare una stanzetta vicino al cinema *Quirinale* dove ha sede la costituente di destra voluta da Almirante. È un organismo ectoplasmatico, un incarico senza alcun potere, ma è il primo ruolo da dirigente nazionale della sua vita. A Roma prepara volantini, a Sommacampagna si occupa del Fronte, nella sede vicino al *Quirinale* frequenta il retropalco del tentativo (poi abortito) con cui Almirante vuole allargare il Msi. Venti anni dopo l'allievo copierà il modello del maestro. Con più successo.

Nelle serate in cui fa il fiduciario studentesco Fini si ritrova spesso a cena con Lamorte e Gasparri. Chiedo a Maurizio di raccontarmi quei giorni. Lui sorride e inizia a ricapitolare la vicenda di Lotta popolare per filo e per segno: «La manifestazione con le fasce tricolori fu fatale. E alla fine furono espulsi in tre: Signorelli, D'Addio e Sgrò. Non so nulla del pollice di Lamorte, è possibile, ma all'epoca io ero un ragazzino che non entrava nelle stanze che contavano».

Ma perché Lamorte avrebbe salvato proprio il ventitreenne Fini, che non aveva ancora fatto nulla nella sua breve carriera? Il deputato di Forza Italia (nel 2016, quando questo colloquio avviene) sorride: «Gianfranco era diverso da tutti. Aveva la faccia, i modi, il tono. Era il prototipo di un tipo di dirigente che all'epoca ancora non esisteva. Quando nel 1977 perdiamo le elezioni nella corsa contro i rautiani per decidere il nuovo segretario del Fronte, lui arriva quarto perché i rautiani – dopo la scissione – sono diventati maggioranza. Ma a quel punto Almirante esercita il suo imperio, lo ripesca e lo fa diventare capo del Fronte: quasi tutti si stupiscono, tranne me». Perché? «Perché avevo capito da tempo che Almirante voleva facce come quella di Gianfranco.»

Chiedo a Gasparri se dopo trent'anni di vita politica insieme, dopo quel «Che fai, mi cacci?» si siano più riparlati. Mi risponde spiazzandomi: «Mai più». Mai? «Mai, mai, mai. Al funerale di Lamorte ci siamo visti e non ci siamo nemmeno salutati. Io lo ritengo un leader che ha sbagliato strada danneggiando il centrodestra e il suo partito.» E lui? Gasparri ci pensa solo un attimo: «Credo che mi consideri peggio, un 'traditore berlusconiano'». Dopo quasi mezzo secolo di politica insieme? «Sì. C'è stata troppa durezza tra noi: vedi, con La Russa ci siamo separati senza rompere, pur militando in partiti diversi.» Con lui no? «Non è stato possibile, e mi dispiace. Ma cosa pensi lui di me, francamente, oggi non mi interessa più.»

Amicizie antiche che hanno cambiato segno. Ferite profonde, non rimarginate.

Entro nell'ufficio da ex presidente della Camera di Gianfranco Fini pochi giorni prima che parta per le vacanze dell'estate 2016. Faccio una premessa: in questo capitolo non parlo del caso Tulliani, della casa di Monte Carlo, dell'inchiesta sui conti cifrati, del sequestro delle due assicurazioni sulla vita; insomma, delle accuse che si sono abbattute sulla testa dell'ex presidente di An. E non solo perché le indagini che hanno fatto deflagrare il caso sono successive a questo incontro. Ma perché qui mi interessa ricostruire il percorso politico di Fini, il suo rapporto con la storia della destra italiana, non l'epilogo giudiziario di uno scandalo.

E quindi eccomi negli uffici di Montecitorio. Mi apre la porta del suo studio Rita Marino, fedelissima segretaria dai tempi della Fiamma. Una breve attesa. Entro nella stanza dell'ex presidente. Fini mi dà del tu – «Sono giornalista anche io» –, io, non so perché, gli do del lei. Prima di iniziare con le domande, sorride quando gli ricordo tutte le tappe prima di questo incontro: «Vedi che sono di parola?»

Gli spiego che mi piacerebbe partire dagli anni Settanta, dai suoi ricordi dei momenti duri, dalla storia dei «cuori neri». E da lì cominciamo, quando gli chiedo quale sia il suo ricordo più antico legato agli anni di piombo. «Il rogo di Primavalle, senza dubbio», risponde. «Conoscevo Virgilio Mattei, ovviamente.

Era nei Volontari nazionali. I Mattei erano una famiglia che nel partito romano, quindi per tutto il Msi, contava: erano 'gli almirantiani' di Primavalle. Questo rese più odiosi, per tutti noi, i tentativi della stampa e degli extraparlamentari di sinistra di derubricare quel terribile delitto a una faida di sezione. Il ricordo personale che ho di quei giorni è semplice e terribile: ero arrivato da poco a Roma, ed era come essermi ritrovato improvvisamente nel mezzo di una guerra.»

Luca Telese, intervista a Gianfranco Fini, 2016:

Presidente, ricorda di aver conosciuto Gasparri al funerale dei Mattei?

«No. Lo ricordo poco dopo, a Sommacampagna.»

E l'omicidio di Mario Zicchieri?

«Era proprio un piccino, un ragazzino. Era un delitto che ci sembrava ancora più turpe, perché colpiva un militante di periferia, lontano dai giochi, dalla guerra, da tutto. Aveva due anni più di sua sorella Barbara, che poi è diventata una di noi, venendo a lavorare in direzione nazionale, anche per un rapporto di continuità ideale con quella storia che, per quel che mi riguarda, non si è mai interrotto.»

Il giorno dei funerali di Mario ci furono degli scontri con la polizia?

«O non li ricordo o li ho rimossi.»

Possibile?

«Non c'era un motivo particolare per ricordare degli incidenti, perché gli incidenti a quei tempi erano all'ordine del giorno.»

Diversi testimoni mi hanno raccontato che in quel frangente lei aveva rischiato addirittura l'espulsione.

(Fini scuote la testa.) «È possibile. È vero che avevo aderito a Lotta popolare. Ma non c'erano tessere, affiliazioni o chissà che... Era più che altro l'adesione a uno stato d'animo.»

Non ricorda nemmeno di aver subito un'inchiesta interna?

«Ricordo che Michele Marchio, il più importante dirigente romano dell'epoca, mi disse: 'Se te lo chiedono di' che la tua era un'adesione ideale, ma non organizzativa'. Questo feci, e lì la cosa si chiuse.»

Mentre annotavo le risposte nel mio taccuino ero abbastanza stupefatto che Fini avesse dei ricordi tanto vaghi su quel passaggio così drammatico: una vicenda che lo aveva sfiorato, e che era culminata con tre espulsioni.

Ma lui su questo punto insisteva:

«A quell'epoca tra noi c'era un sentimento molto diffuso di insoddisfazione verso i vertici e di profondo rancore per quello che stavamo vivendo. Iniziavano a piovere cadaveri, e i corpi che ci trovavamo a seppellire erano quelli dei militanti con cui finivamo le manifestazioni in pizzeria. Eravamo tutti sconvolti, erano giorni a metà tra la macelleria di strada e la guerra civile.»

Lei sapeva, Presidente, che secondo D'Addio era stato Lamorte a salvarla da provvedimenti irreversibili, coprendo il suo volto con un dito?

«Sì, è vero. In quelle ore accadde di tutto. Ero andato con la fascia tricolore davanti alla sezione. Ero un ragazzo. Quando arrivò la bara i dirigenti furono contestati...»

E c'era già un rapporto con Lamorte?

«Con lui sì, con Almirante ancora no.»

Nemmeno una conoscenza superficiale?

«Nulla, zero. Lo guardavo dal basso in alto. Nel 1975 non ero nemmeno nel comitato centrale. La conoscenza inizia quando, dopo la scissione di Democrazia nazionale, se ne vanno Anderson e Cerullo, portandosi dietro tre quarti del gruppo dirigente giovanile.»

Lì ebbe la sensazione di essere stato scelto?

«Sarebbe un azzardo, dirlo. Veramente credo che più che una scelta fosse una necessità: della mia generazione a Roma ero rimasto solo io.»

La storia del dito sulla foto sarebbe interessante se rivelasse già allora una predestinazione. Mi piacerebbe poterlo chiedere a Donato. Ma purtroppo non è più tra noi. Possibile che non le avrebbe raccontato una cosa di questo tipo, se fosse accaduta?

(Fini sorride.) «Conoscendolo bene, non mi stupirebbe affatto, se non lo avesse fatto. Era una tomba.»

Questo giovane Fini che mi racconta sembra troppo candido, sapendo che è diventato il leader assoluto di quel partito.

«Però posso dire una cosa, che non è figlia di falsa modestia, credimi, non conosco questo sentimento: se nel 1975 qualcuno mi avesse detto che potevo diventare non dico segretario, ma anche soltanto deputato, lo avrei considerato un folle e avrei chiesto la perizia psichiatrica.»

Come mai?

«Facevo politica con l'idea fissa che potevo uscire la mattina senza tornare a casa la sera. Se in quei giorni mi ha salvato il dito di Lamorte non è stato un gioco di prestigio, o un trucco, o la trovata di un singolo: ma una scelta politica di un gruppo dirigente che aveva un disperato bisogno di quadri.»

Una scelta di chi?

«Di Donato, sicuramente, con cui avevo già dei rapporti. E poi di Michele Marchio, che era il dominus del partito romano, uno che di certo mi stimava. Non trovo inverosimile che Lamorte possa aver messo quel dito. Casomai voglio dirti che se uno come Almirante non mi ha trovato nella foto è perché ero parte di un gruppo dirigente che non voleva venissi trovato.»

Nel 1974 c'è il duplice omicidio di Mazzola e Giralucci.

«Quella è una pagina che non potrò mai dimenticare. Come un film. Il giorno dei funerali a Padova arriviamo con i pullman: c'era un clima grigio, non si vedeva un padovano lontano un chilometro, c'eravamo solo noi, i missini di tutta Italia, in una città spopolata per la paura. Ho pensato: 'Se qualcuno si mette a sparare qui, fa il tiro a segno'. La cosa difficile da spiegare, per me, è lo spirito di fatalità con cui in quei tempi abbiamo superato il lutto.»

Può spiegarsi meglio?

«Io non giustifico nulla, soprattutto chi ha scelto la via della lotta armata. Ma se devo spiegare a mia figlia cosa accadde alla mia generazione, trovo la ragione in quel senso di dramma e di lutto che impregnava ogni cosa. Eravamo nati nel mito della sconfitta, della guerra, dei reduci, e ci trovavamo catapultati in una nuova guerra, di nuovo circondati da pianti e cadaveri. Padova è, nella mia memoria, il luogo dove per la prima volta inizio a capire questa cosa, proprio mentre sfilo per una citta deserta: siamo in una guerra.»

Nel 1975, in una sparatoria, muore lo studente greco Mikis Mantakas.

«Durante il processo Mattei intorno al tribunale si era scatenato l'inferno. Difendere il nostro diritto di esserci voleva dire difendere il nostro diritto di esistere. L'agibilità fisica e le scelte politiche, in quei giorni, erano la stessa cosa.»

E Mikis lo conosceva?

«Anche lui lo avevo incontrato, e in diverse occasioni. Sabrina, la sua ragazza, era una delle segretarie a via Quattro Fontane. Avevo visto più volte questo ragazzo scherzare in corridoio: saluti, battute, chiacchiere. Un volto familiare, amico, anche se il suo cognome l'ho saputo il giorno in cui è caduto. Ma erano proprio storie come questa che accrescevano il sentimento di angoscia con cui abbiamo attraversato quei tempi. Quelli che ti stavano intorno, un giorno potevano esserci e il giorno dopo non più. Quando anche tu esci la mattina senza sapere se tornerai a casa la tua testa è cambiata.»

Passano solo due anni e nel 1977 Almirante la sceglie come nuovo segretario del Fronte della gioventù, al termine di una votazione in cui lei arriva addirittura quinto dopo Marco Tarchi, Stefania Paternò, Biagio Cacciola e Claudio Caparvi.

«Sì, e non mi costa nulla ammettere che ero stato precettato. Quella fu una scelta consapevole del segretario. Almirante mi aveva conosciuto, provato con un incarico senza apparente responsabilità, nella Costituente. Adesso puntava su di me. Ho anche una foto, da qualche parte, in cui siamo tutti e sette, i candidati, nello studio del segretario, con lui, prima o dopo il voto.»

E, improvvisamente, da marginale diventa il prescelto.

«Un parolone. Credo, più semplicemente, che Almirante non se la sentì di assegnare il ruolo più delicato del mondo giovanile a uno come Tarchi, cioè a un rautiano. Ero il più giovane tra gli almirantiani, il più diverso da quelli di cui il segretario politicamente non si fidava.»

Così è segretario nazionale negli anni più difficili.

«Non c'erano solo gli scontri. Ricordo Sergio Caputo, un ragazzo simpaticissimo e ricciolone che disegnava a mano manifesti e striscioni. Poi è diventato un celebre cantautore.»

Oggi Caputo nega la sua militanza.

«Mi pare incredibile, perché mi ricordo di quando da fiduciario gli davo i volantini da distribuire.»

Ma è vero che nella famosa valigetta di cui parla Buontempo aveva solo una penna?

«Mah, alcune volte era persino vuota... La valigetta non conta per quello che ci porti dentro ma per quello che ci puoi mettere. Era a suo modo un simbolo del fatto che non eravamo necessariamente impresentabili.»

La leggenda narra che quell'anno al campo Hobbit i più arrabbiati la aggredirono.

«Non appartenevo a quei mondi organizzati e chiusi. Non ricordo un singolo episodio, ne ricordo tanti. Con chi stava sul filo della lotta armata le schermaglie erano all'ordine del giorno. Ed erano durissime.»

Anche con i rautiani?

«No, anzi, ti dirò: queste distinzioni così profonde – almirantiani, rautiani o romualdiani – per tutti noi che eravamo nel Fronte non esistevano nel modo in cui voi le leggete oggi, con il senno di poi, con la chiave delle battaglie degli anni Novanta: ciò che ci univa, all'epoca, era molto più di ciò che ci divideva.»

Nel gennaio '78, poco dopo la nomina, lei si ritrova ad Acca Larentia...

«Qui subentrarono rabbia e disperazione. Qualcuno perse la testa. Altri spararono, da assassini, contro militari e poliziotti, convinti di colpire lo Stato. La cosa spiazzante, nuova, era che ci trovavamo nel mezzo.»

In che senso?

«Essere ferito io stesso alla gamba, seppure in modo lieve, davanti alla sezione di Acca Larentia, mi dava l'idea di essere un bersaglio, di essere diventato vulnerabile. Tenere la barra si faceva sempre più difficile.»

Fu una ferita grave?

«Per un mese – e che mese, se penso a cosa accadde dopo la strage, a partire dalle sparatorie di piazza a Roma – avevo potuto camminare solo con un bastone. Non era solo il dolore, a preoccuparmi. Ero un capo che zoppicava come un reduce.»

E si ricorda la dinamica degli incidenti, lo sparo che ferì Recchioni?

«Sì, anche perché solo un istante prima parlavamo, così: 'Hai da accendere?' 'Sì, certo.' È il momento più vivido che ho nella memoria. Mi è rimasto impresso quasi tutto. Ero davanti alla sezione, arrivarono centinaia di ragazzi, la tragedia sembrava alle spalle. La rabbia era palpabile, c'era disperazione. Due ragazzi uccisi. Ma non era finita, una nuova scintilla faceva esplodere quel serbatoio di sentimenti incendiari: quando anche Recchioni cadde, fu l'inferno. E durò per giorni.»

È stato quello l'atto di nascita dei Nar?

«Qualcuno era già clandestino, qualcun altro prese allora la via della lotta armata; persino un dirigente prestigioso come Pino Romualdi venne contestato pubblicamente. Ed era per certi versi incredibile. Una parte del mondo da cui venivano i Nar, ormai, era contro di noi.»

Nel 1979, durante un corteo non autorizzato che celebra l'anniversario della strage, muore un ragazzo del Fungo, Alberto Giaquinto, e i Nar meditano di ucciderla considerandola responsabile di quel corteo. Le risulta?

«La manifestazione non era organizzata da noi. Quanto alla minaccia, non so se fosse vera. Allora per fortuna non lo seppi. Oggi non mi stupisce.»

Era mai stato al Fungo dell'Eur?

«Io mai. L'equivalente di San Babila, a Roma, per noi era piazza delle Muse.»

Cosa sapeva, all'epoca, del Fuan di via Siena, dove è nata una cellula che poi si è impegnata nella lotta armata?

«Potrei cavarmela dicendo che il Fuan era tutto un altro mondo rispetto al Fronte. Ed era vero. Ma il fatto era molto più semplice: in quel mondo nessuno controllava più nulla, non eravamo in grado di fermarli.»

Almirante arrivò a emanare una circolare in cui proibiva l'uso della celtica.

«Perfettamente inutile, perché ormai era un simbolo identitario per tutti: nessuno rinunciò a usarla, né noi dirigenti potevamo impedirlo.»

Non le pare strano che Almirante non lo capisse?

«No. La comunità giovanile in quei giorni era un magma in cui c'era di tutto, e lui non ne conosceva tutte le sfumature. Intuiva, ma non sempre poteva capire.»

In che senso?

«Ti faccio un esempio. Un giorno andai a dirgli: 'Guardi, il problema è che c'è qualcuno che usa la bandiera rossa con il cerchio bianco, per ricordare gli emblemi del Terzo Reich! In verticale, come un vessillo. Allora aveva capito.»

Eravate tra l'incudine e il martello, vi davano dei pompieri.

«Sarà. Ma quelli che dicevano che bisognava prendere un'altra strada, che bisognava andare contro lo Stato, sono finiti tutti a sparare.»

Ricorda Angelo Mancia?

«Benissimo: faceva il fattorino al *Secolo d'Italia*, e io ero lì quasi tutti i giorni. Ci lavoravo.»

E Francesco Cecchin?

«Era militante nel nucleo del Trieste Salario, a Roma, che nel Fronte era un mondo molto importante. Anche la sorella di Cecchin, Maria Carla, poi ha lavorato a via della Scrofa.»

Conosceva Nanni De Angelis?

«Entrambi i fratelli dall'inizio degli anni Settanta: all'epoca erano in Terza posizione, una storia diversa dalla nostra, ma con un'origine comune.»

È sempre convinto dell'innocenza della Mambro e di Fioravanti nella strage Bologna?

«Sì, sono convinto, come Enzo Raisi [ex parlamentare bolognese di An, autore di un libro sulla strage, *N.d.A.*], che sia stato o un incidente o un avvertimento all'Italia degli estremisti palestinesi. Quell'anno non andammo in vacanza e piovvero mandati di cattura che lambirono anche la nostra comunità.»

Si ricorda Di Nella?

«Sì. Faceva parte di una generazione cresciuta durante la mia segreteria. Aveva aderito a Fare Verde, era un amico di Alemanno. Vedi, perdere undici ragazzi a Roma non era un dettaglio. Era un trauma. E Paolo per fortuna fu l'ultimo, perché riuscimmo a uscire dalla logica della guerra con il nemico. Io ho parlato a tutti quei funerali: era la conseguenza di essere il capo di quella comunità, un peso che mi porto ancora dentro.»

Anche quando Almirante propose la doppia pena di morte per i terroristi neri lei era segretario del Fronte.

«Ovviamente sì. Fu uno dei motivi più grandi di scontro nella nostra organizzazione. Io non ero convinto fino in fondo. Non nel merito, ma nel modo, che era il più duro e provocatorio che si potesse immaginare per chi non era d'accordo. Ma Almirante mi disse: 'Guarda che se vogliamo essere credibili deve essere chiaro che con loro non abbiamo nulla a che spartire'.»

C'era confidenza tra lei e il segretario?

«Io gli davo del lei, sempre. Quando andò ai funerali di Enrico Berlinguer, senza dire nulla a nessuno e lasciando la macchina parcheggiata sulle strisce pedonali, gli chiesi: 'Posso sapere perché lei è andato a rendergli omaggio?' Lui mi rispose con una citazione di Vincenzo Monti: 'Ricordati che *oltre il rogo non vive ira nemica*'.»

È tratta da In morte di Ugo Bassville.

«Già. E lui aggiunse: 'Vedi, Berlinguer si è offerto in sacrificio al suo popolo. Questa è una cosa che ai miei occhi lo rende umano e stimabile'.»

Possibile che non si sia mai chiesto perché scelse proprio lei come erede?

«Almirante a Salò c'era stato: da travet, come capo gabinetto del ministro Fernando Mezzasoma. Romualdi era stato il segretario di Mussolini. Quando Almirante si rende conto che non riesce più a guidare il partito cerca un uomo estraneo alla sua generazione, senza legami con la storia della Rsi. Tra i dirigenti di prima linea ero l'unico con queste caratteristiche.»

Perché?

«Il suo slogan prediletto era: 'Non rinnegare, non restaurare'. Ma oggi credo che quella massima fosse la sua stella polare: l'unico modo per chiudere il conto con la Rsi, nell'Italia repubblicana, per gli uomini come lui che erano usciti indenni da una guerra civile, era realizzare il salto generazionale. Io ho imparato da Almirante a superare l'idea del nemico. Visto con gli occhi di oggi, sembra un processo facile. In realtà era stato un processo lungo, difficile, interiore.»

Con la candidatura a sindaco di Roma lei è diventato un leader nazionale di prima grandezza.

«Questa ti divertirà. L'ipotesi che si prospettava, per noi, nel 1993 era convergere su Buttiglione o trovare un altro nome.»

Chiedevano al Msi di sostenere Buttiglione?

«Proprio lui.»

Sarebbe stata un'altra storia. Ma cosa accadde?

«Ci aiutò il conflitto fra le diverse anime dello scudocrociato. La sinistra non poteva accettare Rocco, e a un certo punto arriva la notizia che la Democrazia cristiana ha cambiato cavallo, che candiderà il prefetto Caruso.»

E allora?

«Te lo racconto in diretta. Calcola che il nome di Caruso, prefetto con fama da duro, era stato salutato come un colpo di genio.»

E lei non era convinto.

«Affatto. Vedevo uno spazio.»

Cosa successe?

«Ero in macchina: stavo andando a fare un comizio in piazza Tuscolo, e intanto rimuginavo l'identikit di una possibile alternativa. Deve essere un politico... non deve essere un tecnico... non può essere un ex democristiano... non deve esprimere una pregiudiziale anti-missina... A un tratto mi venne in mente il nome giusto. Mentre aprivo la portiera della macchina dissi: 'Mi candido io'. E così fu.»

Quanto si aspettava?

«Quella mattina non più del 10 per cento. Dopo due giorni pensavo il 20. Presi il 47 per cento. Il Msi arrivò al 29 per cento e quel risultato cambiò la nostra storia.»

In che senso?

«Invece di goderci il successo politico, usammo quel capitale per costruire Alleanza nazionale. Senza quella svolta non saremmo mai andati al governo.»

È vero che perdere il ballottaggio con Francesco Rutelli fu la sua fortuna politica?

(Fini si ferma.) «No, non è vero, anzi, è una sciocchezza assoluta: fino all'ultimo giorno ho sperato di vincere, ho fatto di tutto per riuscirci.»

Perché?

«Governare Roma sarebbe stato un banco di prova straordinario.»

Però...

«Però è vero che quel risultato non era una sconfitta. Ma un trionfo. Da soli, di fatto, raccoglievamo il voto di un italiano su due; non solo a Roma, ma anche a Napoli. Eravamo il primo partito della destra in tutta Italia. Alleanza nazionale era già in campo prima ancora di nascere.»

Quel giorno parlammo ancora, quasi un'ora. Fini mi raccontò i giorni concitati dello strappo con Berlusconi, il tentativo del voto di fiducia, mi rivelò che c'era un nome già pronto per il governo se Berlusconi fosse caduto.

Era lei?

«No, ovviamente non potevo essere io.»

E chi era?

(Sorriso.) «Non l'ho mai detto a nessuno, nemmeno sotto tortura. Pensi davvero che potrei dirlo a te?»

Sublime.

A me però interessava qualcos'altro: il ciclo della storia che si chiude, il Fini testimone che finalmente si concilia con il Fini protagonista in un punto zero irrevocabile. Se la storia si fosse fermata alle elezioni del 1994, il ragazzo con l'impermeabile e la valigetta di pelle sarebbe stato, per gli storici, un trionfatore. Se la narrazione si fosse fermata al 2001, avremmo parlato di un futuro leader che aveva in mano le chiavi del governo presente, e nello zaino lo scettro di quello futuro. Nel 2010 di un azionista di maggioranza della coalizione che ha da poco vinto le elezioni sfiorando il 50 per cento dei voti, oltre che di un leader europeo. Nel 2016 Fini era ancora un protagonista indubbio, ma anche uno sconfitto. Nel 2017 un uomo travolto da un brutto scandalo

Nel libro che ho citato come pietra di paragone della mia suggestione – *Il ghostwriter* – il colpo di scena immaginato da Robert Harris (un'intuizione immortalata da Roman Polanski in un grandissimo film, per chi ama la politica) è questo: la chiave dell'enigma futuro è nascosta nel cono d'ombra del passato. Il brillante e talentuoso scrittore ingaggiato per lavorare a una biografia del leader Adam Lang scopre un fatto cruciale: da giovane, il politico aveva avuto un aiuto occulto che aveva cambiato il corso della storia, ed è stato favorito, nella sua ascesa, nientemeno che dalla Cia. Nel tempo del racconto in cui il ghostwriter svolge la sua indagine, Lang è sotto processo e finisce nella polvere, perché con la guerra in Iraq ha pagato il suo tributo a quel vincolo antico. Il passato ti insegue e ti chiede il conto, quando meno te lo immagini. Nell'ultimo capitolo, però, il ghostwriter scopre che la sua intuizione era giusta, ma che si è sbagliato sulla responsabilità: persino lo stesso Lang è inconsapevole del bivio che ha cambiato la sua carriera. È stata la sua intelligentissima moglie, anche lei ex militante – un alter ego sublimato di Cherie Blair più Hillary Clinton – a pilotare il destino del proprio compagno.

Qui la suggestione romanzesca mi aiutava a mettere a fuoco la mia idea sulla parabola di Fini illuminando i limiti della realtà. Il dito sulla foto è un simbolo, esattamente come nel libro di Harris lo erano le foto e le amicizie dimenticate del premier britannico immaginato dall'autore. Donato Lamorte era stato l'uomo che aveva pilotato la sua ascesa, facendosi esecutore, prima profetico, e poi testamentario, della strategia almirantiana: cercare un leader privo delle cicatrici del reducismo, superare la nostalgia, «non rinnegare, non restaurare». Un potente meccanismo si mette in moto e sovrasta la storia, attuando il comandamento. Per me, che non valutavo questa lunga avventura politica con l'occhio di una appartenenza, questo percorso diventava interessantissimo: il dito sulla foto, la grazia concessa all'eretico per permettergli di diventare capo, la scelta scientifica di operare il salto generazionale, la traversata del deserto, non erano diventate una sconfitta per effetto di un complotto di palazzo o di un singolo dato elettorale, ma perché – nel respiro di un bilancio epocale – il vecchio non era riuscito a partorire il nuovo.

«Lascio la casa del padre per non farvi più ritorno», la frase più immaginifica del discorso di Fiuggi, mi aveva raccontato quel giorno Fini, quasi divertito, «l'ha scritta il professor Fisichella.» Splendido lavoro da ghostwriter: in bocca al compassato politologo non avrebbe emozionato nessuno, in bocca al leader di An, nella sua stagione più carismatica, quello slogan era diventato l'incipit di un romanzo shakespeariano, perché le parole, in politica, sono sempre di chi le usa e di chi sa farle vivere.

Ma in questo punto esatto della storia il cammino del leader si era separato inaspettatamente da quello della sua gente: il popolo che aveva seguito Fini nell'esodo non aveva trovato una nuova casa e si era ritrovato – alla fine di un lungo viaggio – profugo e orfano. Dopo tanti sforzi per sfuggire all'abbraccio del passato, alla doppia memoria del lutto – quello della guerra civile, quello degli anni di piombo – il capo che aveva guidato l'esodo non era stato in grado di diventare il protagonista della stagione futura, e la sua comunità si era dissolta nella diaspora.

Malgrado tutti i suoi strappi, Fini e il suo gruppo dirigente non erano riusciti a diventare i primi di un nuovo tempo, ma solo gli ultimi di una storia che finiva, con loro, per effetto delle scelte compiute durante il viaggio. Il leader che aveva vinto tutte le battaglie, al termine della storia e della traversata si era ritrovato senza più esercito né colonnelli, solo in un campo di macerie.

Ecco perché non potevo raccontare i «cuori neri» senza esplorare il paradosso del cuore nero di Fini. In fondo era semplice: la storia politica della destra postmissina si era consumata tra una scissione e una annessione perché il precetto primigenio del padre – «non rinnegare» – agli occhi del suo popolo era stato infranto. Ed è esattamente in questo momento che la memoria della storia missina, così come il culto dei «cuori neri», aveva smesso di essere il patrimonio di una comunità politica. Il figlio prediletto del partito, forgiato nel tempo del ferro e del fuoco, il polemista brillante e talvolta irresistibile, l'uomo che inorgogliva una intera comunità con le sue battute affilate nei dibattiti televisivi era diventato un eroe mortale e infine un traditore. Così vulnerabile che, invece di diventarne l'erede, era finito divorato dallo stesso dinosauro berlusconiano di cui voleva propiziare l'estinzione.

16
Una vivace serata a CasaPound

L'ultima telefonata in ordine di tempo mi era arrivata, quasi alla vigilia dell'appuntamento, dalla mia amica Valentina Valerio, storica dell'arte, ex compagna di università, affezionata residente – proprio come me – del quartiere Esquilino: «Ma mica sarà vero che vai a CasaPound? Ci sono persino i manifesti!» E ovviamente era vero: avevo accettato un invito a parlare di *Cuori neri* il 25 febbraio 2006 «in casa del diavolo», nella sede della più nota e discussa organizzazione della destra extraparlamentare.

Valentina era a passeggio per piazza Vittorio, con il suo bambino, quando si era imbattuta nella solita imponente campagna di affissione del centro sociale di via Napoleone III. Non era, anzi, non è, una trinariciuta. Era, ed è, una donna democratica, evoluta, progressista, che però – come tanti – considerava già solo l'idea di accettare quell'invito come il segno di una indicibile e inspiegabile debolezza o, peggio, come un pericoloso cedimento alla vanità o, peggio ancora, come una sorta di grave e consapevole compromissione con responsabilità indicibili e universi che si trovavano al confine più prossimo con la violenza.

Un altro amico, un collega che non aveva nemmeno particolari legami con la cultura della sinistra, mi aveva detto invece:

«Guarda che una cosa così, nel tempo di internet, ti resta addosso per tutta la vita». Dato il mio carattere, non poteva darmi un incentivo maggiore. Ad andarci.

Ma almeno su quella valutazione il mio amico aveva ragione e avrei avuto modo di verificare la portata di quel vaticinio, non solo per un'incredibile e ricorrente campagna di discredito (di cui racconterò tra breve), ma addirittura per un effetto (minimo ma significativo) che per me avrebbe avuto sul piano lavorativo. L'eco della serata a CasaPound, infatti, si era avvertito persino due anni più tardi, quando Concita De Gregorio, appena nominata direttrice de *l'Unità*, mi aveva proposto di andare a lavorare nel quotidiano fondato da Antonio Gramsci (lo stesso su cui molto tempo prima avevo pubblicato alcuni dei miei primi articoletti, da umile collaboratore). A quei tempi *l'Unità* era ancora un quotidiano importante: Concita era una cronista con cui avevo lavorato per anni, era una forza della natura, era una mia amica. Al giornale trovò da subito – nulla di strano – un piccolo fuoco di contraerea sul mio nome. Una reazione prevedibile, da parte della minoranza dei più ortodossi, così com'era prevedibile che qualche trinariciuto avrebbe sollevato dubbi su un irregolare come me.

Ma la cosa che più mi aveva colpito, il giorno dopo quello in cui erano usciti i *rumours* sulla mia possibile assunzione, era leggere su *Il Riformista* di Antonio Polito che in quelle ore una mano anonima aveva affisso in bacheca (nella sede trasteverina del quotidiano) un volantino con scritto: ecco gli amici di telese. Sotto campeggiavano una foto di Gabriele Adinolfi e il logo di CasaPound, con il celebre scudo di tartaruga stilizzato. Meraviglioso. Una polemica troppo velenosa e sapida per passare inosservata. E così, il giorno dopo, il *Corriere della Sera* aveva pubblicato un articolo corredato da questo titoletto: «L'ira di Colombo per l'autore di *Cuori neri* a *l'Unità*». Un cerchio lungo due anni si era chiuso con questa sanzione sulle pagine del più autorevole quotidiano italiano.

Furio Colombo era uno degli ex direttori, un'autorità morale della testata (come lo sarebbe stato un anno dopo, ironia della sorte, a *Il Fatto Quotidiano*, di cui sarei diventato cofondatore senza problemi): i suoi dubbi diventavano una sorta di anatema. Non parlai con Furio in quelle ore (ho avuto modo di farlo in seguito, è una persona squisita e schietta, era stato tratto in questa miserabile guerriglia senza consapevolezza), ma ho ancora riconoscenza per il modo in cui Concita mi aveva invitato a fregarmene: «Dai Luca, vieni, così regaliamo una copia ai redattori indignati».

Il problema, però, era questo. A ben due anni dalla celebrazione di quell'incontro, il punto di scaturigine di tutto quel gioco di sponde era ancora lì: la partecipazione alla presentazione del libro nella sede di via Napoleone III. Mi sembrava veramente un gesto surreale. Chi aveva affisso quel *samizdat* nella bacheca de *l'Unità* nulla sapeva di cosa fosse accaduto in quel dibattito, nulla diceva del libro: il solo essere stato in quel luogo veniva considerato in sé un gesto indegno, un marchio di infamia. Era davvero un piccolo retaggio delle sottoculture degli anni Settanta, una miseria. Ne racconto solo perché, in scala, può dare la dimensione di quale pressione si potesse subire negli anni che avevo raccontato. Solo per aver girato e trasmesso sulla Rai un documentario sulla destra (*Nero è bello*), all'alba degli anni Ottanta, Giampiero Mughini era stato considerato un apologeta del Ventennio. Meravigliosa la risposta che mi aveva dato, sorvolando sui piccoli effetti di quella *fatwa*: «La soluzione è stata semplice, caro Luca: di tutto quello che hanno detto me ne sono bellamente fottuto».

Andò a finire così: non per l'idiozia di quel piccolo *tazebao*, ma per tanti altri dubbi su quel quotidiano (e sul partito a cui faceva riferimento), mentre facevo su e giù in macchina fra la sede de La7 di via Novaro (dove lavoravo all'epoca) e Fregene decisi di rispondere no all'offerta, ignorai le chiamate dei colleghi che mi chiedevano una dichiarazione («Cosa rispondi a Colombo? Torneresti a CasaPound anche da giornalista de *l'Unità?*») dettai un comunicato all'Ansa senza nemmeno scendere dalla macchina e mi liberai di un peso indicibile.

Però quella mano anonima aveva avuto un ruolo: mi aveva fatto sentire orgoglioso di una scelta che avevo fatto, in quei giorni, con animo combattuto. Era giusto andare a discutere a CasaPound, e anche all'inferno (all'occorrenza), se poi qualcuno pretendeva di decidere per conto mio cosa fosse legittimo e cosa no, chi poteva essere un interlocutore e chi non poteva esserlo. Per fortuna amici come Valentina avevano la libertà intellettuale per capirlo.

Fra l'altro: tutti quelli che conoscevano la storia dei miei rapporti con quel particolare arcipelago della fascisteria contemporanea sapevano quanto quella schedatura, come tutte le semplificazioni, fosse ingannevole: se non altro perché erano note le dispute che Adinolfi aveva avuto con me (e viceversa) prima e dopo *Cuori neri*. E perché bastava scorrere i risultati di qualsiasi motore di ricerca per venire a conoscenza del fatto che il sottoscritto stesse cordialmente sull'anima all'ex fondatore di Terza posizione. Ero stato prima stroncato, dopo l'uscita del libro, poi parzialmente riabilitato, dopo quella serata di cui racconterò tra breve, quindi di nuovo messo all'indice per l'evidente incompatibilità fra le rispettive idee sugli anni di piombo, le stragi, la lotta armata. Il punto più basso – almeno nella considerazione di Adinolfi – lo avevo toccato dopo la pubblicazione nella mia collana del libro di Nicola Rao *Il sangue e la celtica*, che all'ex dirigente di Tp era sembrato parte di una strategia revisionista predisposta a tavolino per demolire l'identità della destra radicale. Ancora peggio ha scritto su *Il primato nazionale* dopo la polemica del 2015 sulla copertina della riedizione di *Cuori neri*: «In fondo non è tanto scandaloso che Telese abbia fatto la sua carriera speculando sui neofascisti assassinati. Questo ci potrebbe anche stare se non fosse aggravato dal fatto che l'autore ha preteso più di una volta di mettere bocca dove non doveva e regolarmente in modo sconcio». E ancora: «Ci potrebbe anche stare se il suo ormai famoso *Cuori neri* non avesse praticato una selezione tra morti accettabili e morti impresentabili, del tutto scomparsi, questi ultimi, dalla galleria dei ritratti. Quello che è davvero indegno è che ci sia tanta gente d'area che questa selezione l'ha approvata, e che si è compiaciuta nel vittimismo con lacrimuccia che è lo spirito con cui i nostri caduti sono stati ricordati».

È interessante paragonare queste frasi con le parole che lo stesso fondatore di Terza posizione aveva invece scritto a caldo, subito dopo la serata della presentazione.

Gabriele Adinolfi, «Una serata vivace», 2006:

Si è tenuto a CasaPound il primo incontro romano sul libro *Cuori neri* di Luca Telese. Interventi di Gianluca Iannone (Sinevox), Luciano Lanna, Gabriele Adinolfi, Luigi Ciavardini, Luca Telese e dibattito acceso con un pubblico di ogni età e ricco di veri protagonisti degli anni di piombo; quelli, per intenderci, seri e schivi. In sintesi si è resa a Telese una serie di meriti: rigore, onestà, capacità di cogliere in pieno sia la drammaticità di quegli anni che la viltà in cui e di cui si nutrirono gli sciacalli assassini. Gli è stato reso anche il merito di aver restituito una dimensione «normale», «umana» al «Mostro»; ma non tutti hanno considerato positivo quest'ultimo aspetto.

Oggi ritengo che quello che pensava davvero del libro Adinolfi lo abbia scritto nel 2015, e che in quell'articolo del 2006 si fosse invece, per così dire, fatto coinvolgere dal clima dell'evento. Ciononostante, l'aver provato sulla mia pelle l'esperienza di quella serata a CasaPound, e tutto ciò che ne era seguito, continuava a farmi scoprire cose importanti.

Nel 2009, nel corso di un corteo che sfilava per le vie di Roma, in un segmento vicino ai centri sociali, qualcuno si era preso la briga di scandire una piccola lista di proscrizione con i nomi di persone di «area democratica», colpevoli di alto tradimento perché si erano macchiate della grave colpa di partecipare a un dibattito in quel circolo. Questa volta ero in buona compagnia, perché insieme a me venivano citati anche nomi come quelli di Giampiero Mughini, Giulio Giorello e (credo) Antonio Pennacchi. Era incredibile scoprire che qualcuno che nulla sapeva di cosa era accaduto in quegli incontri pretendesse di metterti all'indice perché improvvisamente eri diventato «un frequentatore» di CasaPound. Un amico dei fascisti, o addirittura un fascista, lo dice l'equazione. Avevo per giunta anche scritto un libro sui fascisti, e quindi tutto tornava.

Ancora nel gennaio 2015, Simone Regazzoni, trentanovenne ex candidato con i Disobbedienti (!), all'epoca portavoce della campagna elettorale della candidata presidente della Liguria Raffaella Paita, era stato chiamato a giustificarsi per aver partecipato in una sede di CasaPound a un dibattito sul suo libro intitolato *Sfortunato il paese che non ha eroi*. Con il carattere che nessuno gli può negare, Simone aveva vergato questo comunicato: «Sono figlio di un operaio della Cgil cresciuto nei centri sociali, la mia unica candidatura è stata con Casarini, la mia identità di sinistra non è in discussione». In un articolo firmato da Renzo Parodi su *Il Fatto Quotidiano* si riportavano le affermazioni di Simone citando ancora un precedente: «quello del giornalista Luca Telese, pure lui disposto ad affrontare il nemico ideologico senza farsi scrupoli di sorta».

Il fatto che io a CasaPound ci fossi stato una sola volta in vita mia (quella volta), e che avessi passato buona parte della serata a litigare (non che lo volessi, ma era stato un piccolo match, che si era celebrato proprio con Adinolfi e con Ciavardini) era irrilevante. La mia idea era chiara, e rappresentava nella mia visione il grado zero di ogni principio di convivenza democratica: non condividevo molte delle cose che diceva Adinolfi, soprattutto sugli anni di piombo, ma continuavo (e continuo) a difendere il suo diritto, e quello di tutti i suoi compagni di avventura, a fare quello che loro aggrada, a invitare chi vogliono e a non essere etichettati come degli appestati solo perché qualcuno pretende di avere la facoltà di ritirargli il patentino di presentabilità sociale (non si capisce in virtù di quale divino mandato).

La prima ondata di ostracismo contro di me, a dire il vero, si era manifestata dopo un terribile delitto che si era consumato a Focene nell'estate del 2006. Nella notte tra il 26 e il 27 agosto qualcuno aveva approfittato della morte di un ragazzo, Renato Biagetti, tragicamente ucciso a coltellate all'uscita di una discoteca (il *Buena Onda*), per dar vita a quella riedizione farsesca delle liste di proscrizione degli anni Settanta. Lo aveva fatto ricavando dal sito internet del movimento di via Napoleone III la lista dei nomi di tutti gli ospiti estranei alla tradizione della destra invitati a CasaPound fino a quel giorno (lo stesso elenco che poi sarebbe finito nella bacheca de *l'Unità*), per poi farla circolare in rete, riverberandola nella miriade di siti para-antagonisti. L'omicidio di Biagetti, nelle prime ore, era stato contrabbandato sui quotidiani locali, per via del contesto, come «una rissa tra balordi». Lui amante del reggae, con la sua ragazza, si era ritrovato a essere aggredito da due giovani – un maggiorenne e un minorenne – a ora tarda. Ma subito dopo, delle indagini molto accurate e meticolose (malgrado all'epoca qualcuno si fosse spinto a delirare persino contro gli inquirenti, accusati di tenerezza verso la destra) avevano individuato con certezza l'identità e la responsabilità del più grande dei due – il diciannovenne Vittorio Emiliani – che, messo alle strette, aveva ammesso sotto interrogatorio il suo ruolo nella rissa. Emiliani (solo omonimo del più noto ex direttore de *Il Messaggero*) aveva confessato il luogo dove – nella speranza di farla franca – aveva sepolto l'arma con cui quella sera aveva inferto con vigliaccheria, e con la violenza di una belva, otto terribili coltellate sul corpo di Renato. La polizia rivelò che Emiliani portava una croce celtica tatuata sul braccio, ma anche che non aveva nessuna affiliazione politica a gruppi organizzati, men che meno a CasaPound: per quel folle delitto si sarebbe preso (giustamente) una condanna a quindici anni.

Tuttavia, in quelle ore, tutti i siti antagonisti, e persino qualche esponente politico legato alla galassia dei centri sociali avanzavano la proposta di un'immediata chiusura di CasaPound. Ovviamente nessuno degli esponenti di quel movimento aveva partecipato a quel crimine. Era come se, dopo la bomba con cui nell'aprile 2007 era stato distrutto un locale di destra a Milano (il *Cuore nero*), qualcun altro avesse chiesto la messa fuori legge del Leoncavallo. Puro arbitrio.

Bene, io non ero frequentatore né di CasaPound né del Leoncavallo, ma difendevo (e difendo) il loro diritto a esistere, almeno finché non fosse stato provato che qualcuno di quelle comunità progettava e organizzava crimini o violava le regole. Ecco che cosa sarei andato a scrivere in qualunque giornale rosso, nero o bianco in cui mi fossi ritrovato a lavorare nella mia vita. Molti che leggono senza avere contezza di quell'universo potrebbero provare stupore nel venire a sapere che sotto lo scudo della tartaruga di CasaPound esistono molte e variegate idee, tante identità, talvolta assai distinte tra loro, che in quella famosa serata si erano manifestate in tutto l'ampio spettro della loro diversità. Forse anche per questo è interessante ripercorrere alcuni dei nodi più importanti emersi in quel dibattito del febbraio 2006.

* * *

Cinque piani a piedi, sala stipata fino all'inverosimile. Pensavo che mi attendesse una discussione pacata, e per certi versi specialistica, forse iniziatica. Invece sarebbe stata una serata di passioni feroci, leali e autentiche. Già il tavolo dei relatori preannunciava lo spirito della contesa che stava per accendersi. A parte il contributo di un giornalista del *Secolo d'Italia*, Luciano Lanna (che avevo già sentito parlare del libro e in passato era stato mio collega a *L'Italia settimanale* di Pietrangelo Buttafuoco), i primi tre interventi contenevano scudisciate non da poco.

Il più importante dei tre relatori, il padrone di casa Gianluca Iannone (oggi come all'epoca il leader di quella comunità), aveva espresso forti dubbi sui veri obiettivi del mio libro: «Che cosa si propone Telese, a cosa mira esattamente?» Gabriele Adinolfi, pur dicendo cose interessanti su *Cuori neri*, aveva aggiunto staffilate al vetriolo sul calcolo dei futuri diritti d'autore che avrei percepito, a partire da una stima che aveva fatto sul libro di Giampaolo Pansa *Il sangue dei vinti* (a suo avviso, oltre 900.000 euro: magari...). Inutile ricordargli che all'epoca *Cuori neri* aveva tirato 38.000 copie (sarebbe arrivato in seguito a 70.000, compresa l'edizione Euroclub) e che Pansa ne avesse vendute la bellezza di 350.000. Non era questione di cifre, di razionalità, di dati. Era come un ruggito del leone, come un test: «Vuoi fare i soldi sopra i nostri morti? Ammettilo». Così all'obiezione di tipo «economico», in fondo la più semplice, avevo risposto subito: «Siccome in questo libro ci ho messo tre anni di lavoro, buona parte del mio tempo libero, e anche l'anima, facendo trasferte ovunque in giro per l'Italia a spese mie, non solo non mi dispiace incassare dei diritti d'autore», avevo premesso, «ma, se mi permettete, ne sono contento e mi auguro che questi dividendi siano tanti».

Era solo il primo round. In realtà i discorsi sui diritti, le precisazioni sui dettagli, le critiche sulla selezione delle storie che avevo scelto di raccontare erano comunque segnali rivelatori di un dubbio più grande. Il filo conduttore di tutti i primi interventi era: «Facci capire se sei un profittatore o no, spiegaci perché ti sei permesso di mettere le mani dentro la nostra storia, una storia che non ti appartiene...» A esprimere questa posizione, per esempio, c'era il terzo «relatore», Luigi Ciavardini, ex esponente dei Nar, che avevo ampiamente citato nel capitolo su Nanni De Angelis e sulla strage di Bologna. Ciavardini, con un certo sussiego, spiegava: «Premetto che il libro non l'ho letto, ma molti me ne hanno parlato. So molte delle cose che ci sono scritte perché me le hanno raccontate. Diciamolo senza giri di parole. In questa sala sono tutti incazzati!» Era davvero così?

Gabriele Adinolfi, «Una serata vivace», 2006:

Vi è inoltre il rischio di far passare quella sorta di tentativo di «pulizia etnica antifascista» (Lanna) come se fosse il frutto di una «guerra per bande» o come la risposta democratica ad azioni irresponsabili di Almirante (1968) o Borghese (1970) quando invece quelle «risposte» furono decise e avviate già nel 1967. Così non si può cogliere come si sia trattato di una vera e propria «guerra di religione» fra una teologia uniformatrice mono(a)teistica e intollerante che si alimentava della mitologia feroce e vile del partigiano e una «chiesa di tutte le eresie» fondata sul sorriso, il coraggio e la forza, che assomiglia sì alla violenza ma ha tutt'altra caratura, caratteristica e spirito.

Da quel momento in poi era stato come se a una macchina che procede su una strada fitta di tornanti fosse improvvisamente saltato l'impianto dei freni: il dibattito era diventato tambureggiante e incandescente, cresceva di intensità a ogni curva. Molti chiedevano: «Ma qual è il vero obiettivo della tua operazione?»

Più o meno a metà degli interventi liberi che avevano seguito quelli dei relatori avevo ripreso la parola. Precisando che non intendevo difendermi dalle accuse – ognuno era libero di pensare quel che più gli aggradava – ma che era invece necessario spiegare qualcosa di più sulla genesi del libro, del tutto autonoma e svincolata da qualsiasi altro disegno che non fosse la mia idea di restituzione di una memoria integrale. Per esempio avevo raccontato di aver iniziato a scrivere molto prima dell'uscita de *Il sangue dei vinti*. E poi chiarendo che, al contrario di quello che in diversi avevano sostenuto, non c'era stata nessuna pianificazione (magari si potesse) di un bestseller a tavolino: «Nessuno, prima dell'uscita, poteva pensare che un libro italiano di saggistica lungo ottocento pagine, incentrato su ventuno morti ammazzati, per giunta tutti di destra, avrebbe potuto raggiungere questi livelli in classifica». Quel saggio, invece, era stato il frutto di un lavoro lungo, pieno di scelte difficili, di continui slittamenti e incertezze sulla data della pubblicazione.

Adesso posso aggiungere che quel successo sorprendente era dovuto in particolare alla fiducia che tre persone (nessuna delle quali lavora più alla Sperling & Kupfer, quindi non liscio il pelo al mio attuale editore) avevano avuto in quel progetto. La prima era stata la responsabile della saggistica dell'epoca, Marcella Meciani, che aveva approvato il contratto avendo in mano solo una scaletta con la lista dei capitoli e tre righe di spiegazione sul contenuto di ognuno (oltre a tutto ciò che le avevo raccontato a voce). Il secondo era stato il mio editor, Enrico Racca (che a metà dell'opera avrei fatto quasi impazzire), così affine al mio modo di vedere da diventare poi il levatore della collana «Le radici del presente».

La terza, e non certo in ordine di importanza, era stata la direttrice editoriale, Carla Tanzi (che poco dopo la pubblicazione avrebbe dovuto lasciare la guida della Sperling per questioni di salute), una donna nei confronti della quale non sarò mai abbastanza grato. Carla veniva da una storia di sinistra, era una figlia degli anni Settanta, aveva iniziato a leggere i capitoli con la mente libera da qualsiasi pregiudizio, come se si trattasse di scoprire un mondo. Quando, prima di andare in stampa, all'interno della casa editrice erano divampate le polemiche sulla copertina da scegliere (ancora nel 2006 qualcuno del marketing era convinto che «i librai progressisti» avrebbero avuto problemi a esporre una copertina con l'immagine dei Balder... quanto tempo è passato!), era volata a Roma con in borsa uno scatafascio di bozzetti per dirimere la questione. La mia proposta di partenza era quella di una copertina tutta nera con la scritta in bicromia, i Balder e il profilo di una P38 che avevo disegnato io. Quella dell'ufficio grafico prevedeva l'immagine di un corteo missino degli anni Settanta, scelta e montata per sembrare un clone de *Il sangue dei vinti*. A quell'idea, che consideravo una provocazione, avevo risposto con un'altra in cui era raffigurata solo un'immagine, la «cuoriceltica», dove si incrociavano una croce celtica e un cuore. La cuoriceltica era stata considerata un impubblicabile simbolo neofascista, e invece era un logo che avevo disegnato quasi per gioco, solo per segnare i faldoni del mio archivio con i materiali del libro.

Carla aveva scelto come luogo di discussione il tavolino di un bel caffè di piazza del Pantheon, che aveva un fondo di smalto color bianco panna lucido. Solo montando e rimontando su quel tavolino le strisce delle stampate con gli elementi del titolo, del nome e dei famigerati Balder, era nato, come per magia, l'inconfondibile striscia bianca che poi avrebbe caratterizzato la copertina. Il risultato finale era piaciuto a Carla. «Tu ci credi davvero?» mi aveva chiesto. «Sì», avevo risposto. Con mio grande sollievo, a quel punto, tutti i bozzetti dell'ufficio grafico erano finiti in un cestino, proprio al fianco di uno dei più importanti monumenti della capitale.

Mi veniva in mente questa scena – di Carla che armeggiava con i bozzetti sul tavolino – ogni volta che qualcuno, durante quella serata e in seguito, immaginava un pool di agenti del marketing impegnati a pianificare tirature spaziali. Avevo spiegato al pubblico di CasaPound qual era la dimensione del lancio: una prima tiratura di 3.700 copie, quella che all'epoca era riservata a libri che erano votati a una dimensione di nicchia. Non era stata fissata per cattiveria, ma perché era il massimo che la rete dei venditori era riuscita a prenotare con il giro delle cedole. Eppure l'intera tiratura del libro sarebbe andata esaurita nelle prime quarantott'ore, e il titolo sarebbe andato «in rottura di stock» anche la settimana successiva, quando in soli cinque giorni erano scomparse dagli scaffali altre 10.000 copie. Questa seconda edizione – altro motivo d'invettiva nei miei confronti quella sera – era stata corredata dal marketing da una fascetta gialla con una frase estratta da una bella recensione scritta da Walter Veltroni: «Un libro che fa male, un libro che va letto». Apriti cielo. Più d'uno mi aveva raccontato di aver considerato quella fascetta come un oltraggio. Dubbi a cui, ancora una volta, aveva dato voce Adinolfi.

Gabriele Adinolfi, «Una serata vivace», 2006:

Quello che non accetta nessuno è che un personaggio come Walter Veltroni che all'epoca fu perlomeno dalla parte sbagliata, cioè quella che alimentava lo spirito e la cultura in cui crebbero gli assassini alla Morucci, alla Savasta, alla Ognibene, si metta addirittura a far campagna elettorale sui nostri morti con una striscetta apposta dall'editore al libro che riporta una sua frase: «È un libro che fa male». Quello che fa male è vedere la sua figura che si erge sul nostro sangue a fini di campagna elettorale. Che certa gente faccia carriera sui nostri morti, questo non lo accettiamo! Ciò chiarito, sinceri complimenti e un abbraccio a Luca Telese.

In realtà – come abbiamo visto nel caso di Giampaolo Mattei, e prima in *Cuori neri* – Veltroni avrebbe avuto, negli anni, molte occasioni per dimostrare che l'idea di pacificazione espressa con l'articolo su *Vanity Fair* da cui era tratto quel distico non era figlia di qualche tentativo di *captatio benevolentiae* ma di una convinzione profonda. Eppure il dibattito procedeva: subito dopo avevo fatto in tempo a spiegare la responsabilità che mi pesava addosso per tutte le famiglie coinvolte (dei dubbi di

Silvia Giralucci ho raccontato nel primo capitolo), avevo provato a ricostruire il filo di sangue che nella mia indagine aveva legato tutte le storie fino ad Acca Larentia. La rappresentazione della carneficina e del meccanismo spietato delle rappresaglie non era frutto di una qualche manipolazione, ma una pura e semplice constatazione. La progressione dei delitti, da Venturini – ucciso durante un comizio di Almirante nel 1970 mentre cercava di fare da scudo per proteggere il leader missino dagli oggetti che un gruppo di contestatori di sinistra lanciava sul palco – in poi, spiegava semmai che quella della violenza omicida era stata una vera precipitazione, un tunnel in cui si passava senza soluzione di continuità dalla morte accidentale al delitto premeditato.

A quel punto ero stato interrotto da Graziano Cecchini (all'epoca non ancora artista fasciofuturista ma esponente dell'Associazione Fratelli Mattei), che in un turbinoso intervento aveva denunciato il ruolo del «regime» e – se ricordo bene – di Paolo Mieli nella rimozione delle tante verità emerse, e poi occultate, durante i lavori della commissione Mitrokhin (a quei tempi ancora in attività). In quel ragionamento erano citati tanti singoli fatti, tante obiezioni in parte anche legittime, ma che nulla avevano a che fare con il mio lavoro. Del resto Mieli, che pure avrebbe dato un giudizio per me lusinghiero su *Cuori neri*, contrariamente a quello che pensava Cecchini, aveva letto il libro, come tutti, solo dopo l'uscita in libreria (non poteva essere altrimenti, visto che lavorava per la Rizzoli, una casa editrice concorrente).

Dopo Cecchini era stata la volta di Peppe Dimitri che, con un'analisi lucidissima sulla sequenza di morte di fine anni Settanta a Roma, recitata con voce quasi sommessa, guardandomi negli occhi per tutto il tempo, si era soffermato, come ho già ricordato, sul caso di Nanni De Angelis e su Terza posizione. Dopo di lui una signora dalla platea era sbottata (avrei scoperto solo in seguito che si trattava della moglie di Adinolfi, evidentemente sono una passione di famiglia) con un gridolino indignato: «Non ho letto il libro e non lo leggerò mai!» Ma subito dopo aveva estratto un foglietto fitto di annotazioni e citazioni tratte da *Cuori neri* e aveva denunciato il passaggio che la faceva arrabbiare di più: mi imputava di aver accreditato la vulgata della cosiddetta «fuga» all'estero di Fiore e Adinolfi dopo le dispute con i Nar e le prime inchieste su Terza posizione. Si trattava forse di una sola riga, ma comunque quella latitanza era un fatto, non un giudizio morale: il giudizio sulle cause e sui modi che l'avevano determinata spettava ai lettori. Eppure anche questo entrare in ogni dettaglio rivelava un modo di vedere le cose di una parte di quella comunità, un punto di osservazione totalmente immerso dentro la soggettiva dei protagonisti o dei loro eredi. Esisteva una sorta di memoria «etnica» – *i nostri caduti* – che spesso si svincolava da qualsiasi riferimento storico. Era una memoria diacronica, passionale, che non poteva non entrare in conflitto con quello che molto spesso era semplicemente scritto nei documenti o nelle testimonianze dei protagonisti.

Ed ecco un altro dei punti cruciali: perché avevo scelto di dedicare un capitolo ad alcuni dei «nostri caduti», invece che ad altri? La mia risposta era quella che aveva raccolto il maggior numero di dissensi. Alcuni di coloro che erano considerati «martiri» avevo deciso consapevolmente di non raccontarli perché erano persone che avevano scelto, anche se giovanissime, di entrare nella lotta armata. Basterebbe l'esempio di Franco Anselmi, che pure con la sua storia attraversava diversi capitoli del mio libro, non ultimo quello di Acca Larentia.

Il problema era di metodo. Io con *Cuori neri* avevo provato a sollevare un problema civile: quello di ventuno delitti in cui le vittime sono state travolte da un destino che non aveva nessuna ragione di essere, se l'Italia di quel tempo non fosse stata attraversata da una guerra civile a bassa intensità. Un conto era morire come Anselmi mentre si assalta un'armeria con le armi in pugno, un altro è cadere come «Cremino» Zicchieri mentre si ciclostila un volantino. Apriti cielo! Era molto difficile spiegare che si potesse anche solo provare a introdurre una distinzione, nel mondo dei «caduti», tra chi era vittima e chi non lo era. Non pensavo di dover convincere qualcuno e non mi importava. Io non avevo scritto un libro «per la destra», immerso dentro una sorta di visione separata della società; avevo scritto pensando che tutti gli italiani che avevano a cuore la memoria del loro Paese avrebbero dovuto confrontarsi con quei delitti. Ci furono attimi di trambusto, qualcuno era d'accordo, altri no, ma i problemi che si animavano intorno al nodo della memoria «etnica» non finivano qui.

Per dire: c'era un ragazzo con gli occhi azzurri che ululava solo a sentir pronunciare il nome di Sandro Pertini, ovvero del protagonista con cui avevo chiuso il capitolo su Paolo Di Nella. Mi chiedeva arrabbiato: «Da dove hai tratto il resoconto della visita al Policlinico?» Avevo avuto buon gioco a citare le fonti, tutte indicate nel testo, a partire dalla lunga cronaca dell'Ansa che si era soffermata su quell'episodio così eccezionale, il dialogocontestazione e le lacrime tra il presidente e i ragazzi del Fronte della gioventù. Anche Adinolfi, a dire il vero, aveva chiuso il suo intervento tambureggiando i pugni sul tavolo, e arrabbiandosi non poco per il modo in cui *Cuori neri* tratteggiava – a suo dire con troppo rispetto – le figure di Giorgio Almirante e del «presidente partigiano». Meritano un approfondimento entrambi i punti: il Pertini antifascista non poteva che essere un tabù. Ma il suo gesto di omaggio al capezzale di Di Nella aveva davvero significato un punto di chiusura simbolico del tempo dell'inimicizia. Oggi conosco un particolare in più che il giorno della presentazione non mi era noto. Me lo ha rivelato Mauro Mazza, ex direttore del Tg1 ma – in questo caso – ex giornalista del *Secolo d'Italia*, autore de *I ragazzi di via Milano*, un libro di memorie pieno di aneddoti folgoranti sulla storia missina. Ai margini di una presentazione di *Cuori neri* Mazza mi raccontò di un'altra visita che il presidente della Repubblica meditava, ben quattro anni prima, e che spiegava come quella sua tappa in ospedale non era stata frutto del caso o di un capriccio ma – ancora una volta – di una volontà. «Vedi», mi ha detto, «la tua ricostruzione non mi ha sorpreso, perché molti di noi sapevano che Pertini avrebbe voluto tributare questo omaggio già quattro anni prima, nel 1979.»

Possibile? Mauro ne aveva la certezza: «All'epoca i partiti erano una cosa seria. Pertini aveva deciso, ma chiese in via informale ai dirigenti del partito come sarebbe stato accolto il gesto». E cosa risposero loro? «Almirante e gli altri dirigenti sarebbero stati onorati. Ma dopo averne discusso pensavano che una parte della base giovanile, ancora traumatizzata dagli anni di piombo, non sarebbe stata in grado di recepire serenamente quella scelta.» E come andò a finire? «La risposta fu trasmessa a Pertini, che accettò senza battere ciglio. Poi, nel 1983, giudicò da solo che i tempi erano maturi. E andò a rendere quell'omaggio che aveva immaginato al capezzale di Di Nella.» Questo sorprendente retroscena rafforza, piuttosto che indebolire, l'interpretazione che avevo dato di quell'estremo omaggio nel capitolo finale di *Cuori neri*, l'importanza simbolica di quel gesto.

Gabriele Adinolfi, «Una serata vivace», 2006:

Vi sono dei rischi, per chi prenda questo libro come *il* libro, rischi di disorientamento. Innanzitutto c'è il pericolo di trasformare il Fato in caso, i portabandiera in selvaggina, i Caduti («i nostri angeli custodi» dice Sinevox) in gente inconsapevole, morta per niente. Poi c'è il rischio di accogliere la storia così come viene dettata dagli intervistati che sono spesso mossi dalla pulsione di apparire «politicamente corretti» tanto dal prendere le distanze da molti aspetti del loro stesso passato. Oppure da costruirsene uno raccontando gesta epiche mai compiute, sostituendosi ad altri nella ricostruzione di ieri (ed è miseramente successo!). Troppo grandi risultano poi figure che non lo meritano affatto, troppo piccole altre che hanno portato silenti sulle proprie spalle il peso collettivo pagando spesso per tutti.

C'era però un elemento di arbitrio in quello che avevo raccontato. Sì, certo, senza dubbio alcuno. Ma c'era anche in chi quel lavoro lo leggeva, e lo giudicava con il senno di poi o con le sue convinzioni dell'epoca, con le sue simpatie o antipatie di una intera vita. Io già a quei tempi sentivo che l'unica categoria possibile per capire e spiegare quel male era «la zona grigia» di Primo Levi, il luogo dove le responsabilità delle vittime e quelle dei carnefici vengono confuse e sovrapposte per effetto della prevaricazione, dei meccanismi di condizionamento e di spersonalizzazione ambientali. In uomini come Adinolfi, invece, viveva l'illusione che si potesse ancora disegnare in modo netto una linea di demarcazione che separasse «buoni» e «cattivi», puri e impuri, bene e male.

Gabriele Adinolfi, «Una serata vivace», 2006:

In ogni caso si percepisce pienamente la piccolezza di quegli assassini che, una volta inchiodati alle loro responsabilità, dopo aver massacrato nei modi più abietti degli adolescenti, hanno cercato rifugio e sconti di pena minimizzando e provando a farsi dimenticare. Vi è infatti in quella lunga storia anche una linea di demarcazione orizzontale. Quelli che stanno al di sopra di quella linea, che hanno assunto persino le responsabilità di cose che non hanno compiuto o voluto, di azioni commesse contro la loro autorità e volontà sono Uomini, come Curcio, come Scalzone. Gli altri, gli Ognibene, i Morucci, i Savasta, i Del Giudice e via dicendo, ovvero spesso gli assassini, sono invece gente che fa torcere le budella dallo schifo.

Certo, anche in questo tentativo di demarcazione dei confini i risultati erano sorprendenti e gli estremismi finivano per attrarsi. Era curioso, per me, scoprire che in questa sorta di trasfigurazione qualcuno che veniva dalla storia della destra potesse provare un legame di solidarietà così profondo con i fondatori delle Brigate rosse e di Potere operaio, cioè delle organizzazioni armate che avevano esordito – come avevo raccontato proprio in *Cuori neri* – ammazzando dei giovani missini.

Molto di più avevo da dire su Giorgio Almirante, ed è interessante spiegare ai lettori di sinistra che alcuni dei suoi principali detrattori si trovavano in quella platea, mentre molte delle notizie che venivano contestate, o considerate «fuorvianti», le avevo pubblicate io. La verità è che, pur avendo diverse idee sull'ex segretario del Msi, non avevo espresso particolari giudizi, mi ero solo limitato a riportare dei fatti.

Nel primo capitolo Almirante era l'uomo che aveva pianificato la spedizione punitiva all'università La Sapienza del 1968 («un raid da guardie bianche», lo aveva definito un futuro almirantiano come Teodoro Buontempo). Ed era, nel capitolo su Di Nella, il segretario che fa disperare i ragazzi del Fronte della gioventù per la sua raccolta di firme contro la pena di morte. Ma era anche, e non potevo non ricordarlo, l'uomo che aveva riscosso e devoluto la sua liquidazione alla vedova di Venturini, che aveva opposto resistenza al rischio di una nuova guerra civile, che era riuscito a mantenere segreti i suoi incontri notturni con Enrico Berlinguer nella fase più calda degli anni di piombo, e che poi aveva reso il suo clamoroso (e coraggioso) omaggio al feretro del segretario comunista. Tutto questo io lo raccontavo attraverso documenti e testimonianze disparate, per esempio con i bollettini di cui raccontava la signora Giralucci, da cui risultavano versamenti alle famiglie colpite dal lutto. Questi erano i fatti, ognuno avrebbe giudicato. Però un'altra lezione di complessità era che gli uomini che hanno biografie politiche ricche, lunghe e interessanti potevano avere animato – in periodi diversi – pagine diverse, se non contraddittorie, della storia italiana.

Ma chi poteva immaginare che un ex ragazzo del Pci si sarebbe trovato impegnato, in un centro sociale di destra, in una discussione in cui sembrava passare per un avvocato difensore dello storico segretario missino? C'era in questa contesa, nel dialogo tra lingue, memorie e codici diversi, qualcosa che – non posso negarlo – mi confermava nella giustezza della mia scelta. Discutere, anche nella maniera più dura, a patto che non venga meno il minimo presupposto del riconoscimento dell'altro, è lo strumento più alto di formazione che io conosca. Potessi tornare indietro accetterei ancora mille volte quell'invito. Non potevo ammettere l'idea di rifiutare il dialogo con qualcuno degli eredi delle storie che avevo raccontato, non potevo pensare che sarei risultato contumace agli occhi di chi aveva dei dubbi su di me, sul mio lavoro e sulle mie intenzioni.

Insomma, per tutti questi motivi l'incontro di via Napoleone III era stata una «sfida all'Ok Corral». Avevo parlato più volte, a tratti c'era stato un vero ping-pong, e quando mi ero alzato, alla fine della serata, non so se ero riuscito a convincere tutti. Dopo, a mente fredda, mi era sembrato che la tensione si fosse sciolta, che qualcuno di loro potesse pensare ancora che io avessi violentato la sua storia, ma perlomeno che non lo avessi fatto in malafede. Avvertivo che sottotraccia molti degli elementi di tensione erano estranei al libro: c'era una disputa antica tra le diverse anime della destra postfascista, ce n'era un'altra addirittura fra le diverse anime degli ex di Terza posizione, al punto che Adinolfi non si curava di manifestare il suo disprezzo (eufemismo) per Marcello De Angelis e quando si doveva necessariamente riferire a lui lo chiamava, con una perifrasi plateale e acida, «il cognato di Ciavardini». Qualcun altro mi chiedeva se mi sentissi «più vicino ai Nar o a Tp» (pensa tu) e io dovevo spiegare che non avevo intenzione di scrivere un libro di storia su Terza posizione o sui Nar, ma che avevo dovuto raccontare un frammento di quella storia perché era indispensabile per narrare la vicenda di Nanni De Angelis, di Alberto Giaquinto, di Acca Larentia.

Era stato sorprendente l'intervento di Andrea Insabato (sì, proprio lui, l'attentatore della bomba a *il manifesto*, che da allora si muove con le stampelle) e durissimo quello di Ciavardini, che si era intrattenuto sul tema della vendetta e del perdono senza propendere troppo (altro eufemismo) per il secondo, quando si trattava dei suoi ex nemici.

Ovvio che io mi fossi rallegrato quando era intervenuto Miro Renzaglia, poeta ed ex «cuore nero» (la sua storia si era incrociata con quella di Angelo Pistolesi). Con sensibilità di artista, a un certo punto aveva esclamato: «Ma perché, se eravate tutti così bravi, non lo avete scritto voi questo libro?» Renzaglia aveva aggiunto nuovi dettagli sui fatti di Sezze del 1976, quando dei colpi di pistola esplosi da una macchina del corteo che trasportava il deputato missino Sandro Saccucci avevano ucciso il giovane del Pci Luigi Di Rosa. Ed era calato il silenzio, per esempio, quando aveva rivelato: «Pistolesi, durante tutti gli interrogatori, non denunciò un quarto ragazzo che era con lui in macchina. Potrei farne il nome perché oggi è morto, non lo faccio lo stesso, ma questa è stata la sua lealtà, la linea che lui e gli altri tre tennero in carcere» (uno degli altri tre che avevano taciuto, questo Renzaglia aveva l'eleganza di non sottolinearlo, era lui).

Oggi potrei dire che a tratti mi ero sentito angosciato, per questo piccolo processo pubblico, ma in realtà dovrei aggiungere anche che mi ero misurato con tutte queste obiezioni con grande soddisfazione. Avevo imparato qualcosa di più sulla lingua di un mondo, sul modo di pensare di una comunità estranea alla mia. Anche perché l'unica cosa innegabile è che la stragrande maggioranza delle persone che avevano animato quel dibattito, dai più giovani ai più adulti, erano attraversate da una passione vera.

Ci muovevamo nel campo minato delle identità: ed era evidente già all'epoca che con quelle premesse il culto dei «cuori neri» non poteva che sopravvivere all'estinzione di Alleanza nazionale. Era tempo che non trovavo interlocutori che fossero allo stesso tempo così spietati, ma contemporaneamente così leali. Forse per me era stato una sorta di inconsapevole test. Forse loro erano abituati così, non lo so. A tratti mi sembrava di rivedere la scena memorabile di *Per un pugno di dollari*, con Clint Eastwood che grida a Gian Maria Volontè: «Al cuore, Ramon, se vuoi uccidere un uomo devi colpirlo al cuore». L'elemento della sfida diretta come prova, e insieme come strumento dialogico.

L'unica cosa certa è che la domanda di Renzaglia valeva la serata: nessuno che facesse parte di quel mondo avrebbe potuto scrivere a cuor leggero. L'elemento che a tutti sembrava più curioso, e cioè che un giornalista di sinistra avesse potuto impegnarsi in una monografia su ventuno ragazzi di destra, era in realtà l'unica risposta possibile a quel problema di memoria e di identità. Nessuno a destra avrebbe potuto passare indenne per un processo pubblico come quello, nessuno avrebbe potuto ignorare le appartenenze. Ci poteva riuscire solo un marziano, uno senza vincoli che arrivasse come un ufo da un altro mondo. Avevo capito che la mia non conoscenza di alcuni meccanismi di quella comunità mi aveva preservato e assistito nella scrittura: quel marziano, nella storia della destra, ero io.

17
Ustica,
la macchia che non si cancella

Sono passati trentasette lunghi anni, ma il conto ancora non torna. Pensate se vi dicessero che nel vostro Paese sono morte ottantuno persone che viaggiavano spensierate, esattamente come fate voi. Pensate se vi raccontassero che le autorità militari di quattro Paesi – tutte – hanno nascosto la verità.

Ipotizzate che per anni vi abbiano spiegato che il disastro è accaduto per via di una bomba nascosta nella toilette dell'aereo, e che poi però si scoprisse che l'unica cosa rimasta integra è proprio la toilette. Pensate cosa dovrebbe accadere se un giorno vi dicessero che quella notte «si è sfiorata la terza guerra mondiale». Immaginate che un ex presidente della Repubblica ci abbia rivelato che c'è stata una battaglia nei cieli (ma che è stata nascosta). Che i documenti per provare quel conflitto c'erano (ma sono stati stracciati), e che molti dei testimoni di questa storia sono morti in circostanze oscure o apparentemente inspiegabili (ma a noi hanno raccontato che sono state solo curiose coincidenze). Immaginate che un ex presidente della Repubblica abbia raccontato, prima di morire, che l'aereo è stato colpito da un missile a risonanza, dai francesi, che quella sera volevano uccidere un capo di Stato libico, ma che un generale dei servizi italiani (teoricamente alleati della Nato), avesse avvisato il colonnello Gheddafi (teoricamente nemico dell'Italia) che gli volevano fare la pelle.

Pensate che l'ultimo colpo di scena – nel 2016 – è arrivato da un altro Paese: un giornalista d'oltralpe, indagando con severità sulle responsabilità francesi, ha trovato le prove che quella notte nei mari italiani c'era una portaerei della sua marina, e ci ha mostrato gli ex ministri del suo Paese che – esattamente come prima i nostri alti ufficiali – balbettano fieri e vagamente seccati il loro forbito rosario di «non ricordo». L'inchiesta del reporter francese ci rivela che a Parigi, tanto per non avere problemi, i documenti sulla strage sono stati secretati fino al 2040.

Non è la trama di un giallo: è la nostra storia. La storia del dopoguerra, del mondo diviso in due e di questo missile: l'ultima pagina che è stata scritta in questi anni sulla strage di Ustica. È il racconto di quello che non deve accadere mai più. E che invece – dopo trentasette anni di battaglia memoriale – è tornato dal passato, come un relitto di memoria, obbligandoci a porci, ancora una volta, delle domande utili.

Gennaio 2016. Tutto riparte, dopo anni di silenzio, da un documentario francese. Si intitola *Crash d'Ustica: une bavure française?*, e in Italia il suo contenuto viene reso noto da un articolo del 22 gennaio in cui la corrispondente da Parigi de *la Repubblica,* Anais Ginori, ne fa un racconto in anteprima.

In quel periodo conducevo ancora *Matrix*: l'articolo mi colpì molto. Nel film, infatti, si rivelavano nuovi elementi e si sceglieva un punto di osservazione del tutto inedito, diverso dal nostro, che rendeva particolarmente interessante l'inchiesta di Emmanuel Ostian.

Il film è in francese, e deve essere ancora trasmesso da Canal Plus quando l'anticipazione esce da noi, e ovviamente all'epoca il suo contenuto è del tutto inedito in Italia. Potrebbe valere la pena comprare i diritti, tradurre il film e trasmetterlo per la prima volta nel nostro Paese? La proposta ci viene fatta – con entusiasmo – da Mauro Crippa e Andrea Delogu, i dirigenti di News Mediaset che con un blitz oltralpe a caccia dei diritti acquisiscono l'esclusiva del documentario. Con altrettanta passione, e a tempo di record, ci gettiamo nell'impresa. Persino la madre (francofona) di una autrice di *Matrix*, Cristina De Palma, viene coinvolta nell'edizione italiana, per rispettare i tempi che ci siamo dati. In quindici giorni riusciamo a finire il lavoro. La rete compra pagine di pubblicità sui quotidiani per promuovere l'iniziativa, in un periodo in cui tutta l'attenzione dei media è dedicata al festival di Sanremo. Pazienza. Convochiamo testimoni, magistrati e parenti delle vittime nel centro di produzione del Palatino, a Roma, dove presentiamo il film in anteprima alla stampa, accompagnandolo con testimonianze e documentazioni. Un piccolo convegno.

Il lavoro di edizione per noi diventa molto utile, perché quando si lavora sulla forma si arriva subito ai nodi cruciali del contenuto. In quei giorni, per esempio, ci interroghiamo a lungo su come tradurre il sostantivo del titolo originale: *une bavure* è in senso letterale una «sbavatura», o in un senso estensivo una «macchia», un «errore»? E non è addirittura un «orrore», se produce una strage? Non era una disputa filologica astratta, ma una questione di sostanza. Nella versione definitiva avremmo scelto di dare visibilità a «il missile francese», ma il peso di quel sostantivo restava tutto, ed era il cuore del problema. Mai come in questo caso la pregnanza e l'esattezza della lingua esprimevano un contenuto: il senso forte di un titolo, e quindi dell'inchiesta che riassumeva, era la risultante di un problema complesso. Non a caso, in inglese, gli stessi produttori avevano tradotto quel termine con *A secret bloodstain*: aggiungendo una «macchia di sangue» e un «segreto», per dar peso alle intraducibili sfumature lessicali della lingua francese.

Il messaggio doveva arrivare a segno. Dopo tante ipotesi, dopo le parole dell'ex presidente Francesco Cossiga, da un'inchiesta condotta fuori dall'Italia arrivava la prova della presenza di una portaerei francese nello spazio del Tirreno, di una sua possibile implicazione nella strage.

Dopo l'annuncio pubblico della messa in onda del film su Canale 5, la domenica sera prima dello speciale mi aveva chiamato al telefono il generale Dino Tricarico, ex capo di stato maggiore della Difesa. Tralasciando la *bavure* (e arrabbiato invece proprio per la parola «missile» nel nostro titolo), mi aveva manifestato tutto il suo disappunto. Mi aveva detto infatti: «Scusi, Telese, ma mica crederà anche lei a questa solenne balla del missile? Quel documentario francese è un racconto di fantasia! Perpetua un'invenzione, una favola vecchia ormai di vent'anni! Lo testimoniano i processi in cui tutti i militari sono stati assolti. Il Dc9 è esploso per una bomba collocata nella toilette, punto. Il resto sono tutte *bal-le*».

Non potevo certo immaginare che il nostro botta e risposta di quella sera sarebbe diventato il punto di ingaggio di un'intervista senza rete che oggi è il cuore di questo capitolo, perché secondo me racconta molto del rapporto tra la memoria degli anni di piombo e il comportamento delle istituzioni militari.

Non è una questione di lana caprina. Come è evidente a tutti, bomba o missile cambia la storia. Se non è stato un missile, se al contrario di quello che ha sostenuto Cossiga non c'è stata battaglia nei cieli e nei mari, se come ci raccontano i militari italiani si fosse trattato soltanto di una bomba nella toilette, le nostre forze armate non avrebbero nessuna responsabilità diretta nel massacro dei civili scomparsi nel Tirreno, non dovrebbero rispondere delle loro colpe. La battaglia che si trascina nei tribunali da oltre un quarto di secolo non decide solo se lo Stato debba pagare i risarcimenti. Mette in gioco le responsabilità delle nostre forze armate e della Nato su una delle stragi più efferate che abbiamo mai conosciuto sul nostro territorio.

Ecco perché basterebbero le battute più sapide di quella telefonata – che sintetizzano le posizioni di chi anche in questi anni sostiene la tesi di un ordigno esplosivo a bordo del Dc9 Itavia precipitato a Ustica – per spiegare quanto l'Italia sia il luogo della memoria divisa, e quanto su questa carneficina il nostro Paese abbia mostrato, in questi lunghi anni di inchieste e processi, il suo lato peggiore: istituzioni in conflitto, piccoli grandi misteri, depistaggi e bugie (purtroppo acclarati) e persino una catena di vittime che ha fatto da epilogo a chi era morto sul Dc9.

Nel 2016 un film del regista Renzo Martinelli (*Ustica*) ha addirittura ipotizzato una nuova tesi, quella che l'aereo sia caduto in seguito a un contatto con l'ala di un caccia americano. Il generale Tricarico – nella telefonata che ho citato – si riferiva invece a una sentenza del 2007 che non solo non voglio omettere, ma che in queste pagine rappresenta in modo sublime un vero problema della nostra storiografia giudiziaria. Quella sentenza ha assolto dall'accusa di «alto tradimento» i generali della Difesa Lamberto Bartolucci e Franco Ferri «perché il fatto non sussiste». La Corte, cioè, ha ritenuto non dimostrabile l'accusa che gli imputati (scagionati nei giudizi precedenti per prescrizione e cancellazione del reato) avessero ricevuto notizia della presenza di aerei stranieri nello spazio aereo italiano. Un punto a favore dei militari, indubbiamente.

Eppure anche questo verdetto, importante in punta di diritto, non poteva mettere in discussione le prove inoppugnabili emerse da tutte le inchieste portate avanti negli anni: i documenti manipolati, i registri strappati, i nastri smarriti che avevano spinto il giudice Rosario Priore a denunciare l'inquinamento delle prove e il sabotaggio della sua inchiesta. E confliggono anche con i verdetti che hanno previsto i risarcimenti dei famigliari delle vittime da parte dello Stato. Questa sentenza affermava semplicemente che la responsabilità diretta dei graduati militari in quelle azioni non era giudiziariamente comprovabile. Non che questi episodi e queste manomissioni non fossero effettivamente avvenuti. E infatti, solo pochi giorni dopo questo giudizio, una nuova, ennesima inchiesta era stata aperta per le clamorose rivelazioni di Francesco Cossiga, presidente del Consiglio all'epoca del disastro: «Il Dc9», aveva detto in un'intervista a Giampiero Marrazzo contenuta nel documentario *Sopra e sotto il tavolo* realizzato con Gianluca Cerasola, «è stato abbattuto da un missile, e a tirare questo ordigno sull'aereo civile sono state le forze armate di un Paese alleato che volevano uccidere Gheddafi e, puntando male un missile, colpirono l'aereo».

Il 25 gennaio 2007, dopo il putiferio scatenato dalle sue dichiarazioni, Cossiga parla ancora, a Radio Rai, e rincara la dose entrando nel dettaglio della sua ricostruzione: «Il missile non era ad impatto. Era a risonanza. Perché se il missile fosse stato ad impatto dell'aereo non avremmo più traccia, neanche una scheggia. Questo», ha aggiunto Cossiga, «si è messo sotto il povero aereo di Ustica per nascondersi al radar dell'aereo che voleva abbattere, per far confondere la sua figura con quella dell'aereo, ha lanciato il missile, ha calcolato male, ed è andato ad impattare il Dc9». In quella intervista il presidente emerito si rifiutava di rispondere alla domanda su quale fosse lo stato straniero che aveva ordinato questa azione di guerra sui nostri cieli: «Non voglio che venga presentata una nota di protesta di una grande potenza alleata».

In quei mesi mi capitò di discutere più volte con Cossiga – a margine di altre interviste che gli avevo fatto per *il Giornale* – sul fatto che molti critici lo attaccavano, considerando la sua versione meno credibile, perché ometteva quel dettaglio. Il presidente sorrideva, scuoteva il capo, allargava le braccia sorridendo: «Hanno ragione. Provvederò». Forse per questo, poco più di un anno dopo, Cossiga avrebbe deciso di dare l'ultimo strappo, di aggiungere al mosaico l'ultima tessera della verità che diceva di conoscere, con un disvelamento senza precedenti. Il presidente emerito non parlava mai a caso. Era convinto che con la fine della guerra fredda non ci fosse più motivo per custodire i segreti dell'alleanza atlantica di cui era stato leale depositario fino alla caduta del Muro di Berlino e oltre. E le ultime rivelazioni, consegnate a un'intervista a Sky Tg24, erano davvero sconvolgenti: «Furono i nostri servizi segreti che, quando io ero presidente della Repubblica, informarono l'allora sottosegretario Amato e me che erano stati i francesi, con un aereo della marina, a lanciare il missile, non a impatto ma a risonanza».

Poi era arrivata l'ultima rivelazione, quella destinata a rimanere scolpita negli annali: «Volevano uccidere Gheddafi». E anche qui Cossiga, nella stessa intervista, entrò nel dettaglio: «La tesi è che i francesi sapevano che sarebbe passato l'aereo di Gheddafi. La verità è che Gheddafi si salvò perché il Sismi, il generale Santovito, appresa l'informazione, lo informò quando lui era appena decollato e decise di tornare dietro. I francesi questo lo sapevano, videro un aereo dall'altra parte di quello italiano e si nascosero dietro per non farsi prendere dai radar».

Anche un altro ex ministro dell'epoca, un uomo come Rino Formica, che avevo sentito proprio nei giorni precedenti alla messa in onda, dichiara tuttora di essere stato tratto in inganno, e oggi si dice convinto di questa tesi: «Il Dc9 è stato abbattuto da un missile». Lo sento a ridosso della trasmissione – un lucidissimo novantenne – ma declina cortesemente l'invito con queste parole: «Mi creda, ho sempre pensato che Cossiga avesse piena contezza di quello che ha raccontato. Quanto a me, quello che sapevo l'ho già detto. Quello che non so non posso inventarlo».

Viviamo quindi in un Paese in cui si è prodotto un ennesimo paradosso, del tutto inedito rispetto a quello che si è verificato negli altri Stati membri della Nato. Avendo istituzioni che – con la felice eccezione di Cossiga – non sono state in grado fare luce e chiarezza, si è prodotto un congegno di doppia verità che è diventato anche giudiziario: le autorità politiche sostengono una tesi e quelle militari ne affermano una opposta. Il nostro è un Paese in cui la sentenza-ordinanza del giudice Rosario Priore esclude le tesi del cosiddetto «cedimento strutturale» (un'avaria a bordo) e della bomba (quella che scagiona i militari). Mentre altre sentenze in procedimenti correlati (per esempio quelle che ho appena ricordato) affermano invece che le tesi di una responsabilità del nostro ministero della Difesa sono indimostrabili.

In questo clima di battaglia giuridica, e civile, il rigoroso documentario di Ostian si concentra quasi esclusivamente sul lato delle responsabilità francesi, quelle di cui parlava Cossiga, ma facendolo smentisce la tesi della calma piatta sui cieli dell'Adriatico, e rafforza – ovviamente – lo scenario di «guerra atlantica» in cui Cossiga immerge la strage, spiegandola. Scandagliando questo tema, il giornalista francese ha realizzato un'inchiesta che rivela un nuovo «muro di gomma»: è quello che riguarda le amnesie e le mezze ammissioni riconducibili alla Difesa e al governo francese. In questa inchiesta le responsabilità di parte italiana sono sullo sfondo, ma tutti gli elementi che emergono sui silenzi francesi sono nuovi e interessanti. A partire dai documenti che in modo paradossale (non si tratta di tesi dietrologiche ma addirittura di materiale promozionale della Difesa francese) provano la presenza a lungo negata della *Foch*, una portaerei della marina, nel mar Tirreno proprio la sera del 27 giugno 1980. Ostian, infatti, riesce a esibire un esemplare originale di un almanacco della marina militare francese in cui la foto della portaerei viene indicata, con tanto di data, come scattata nel mar Tirreno il giorno della strage. Aerei e navi sarebbero partiti dalla base di Solenzara (in Corsica) per colpire un mig libico. Sublime ironia: un mistero celato da un ottimo e coriaceo sistema di *omissis*, e da un segreto di Stato postdatato di mezzo secolo, viene violato e divulgato per colpa di una improvvida didascalia di un materiale di propaganda ufficiale.

Ma il film non si ferma qui: prosegue con l'esibizione dei reperti e delle perizie (visionati dal giornalista francese nell'enorme sezione oggi consultabile presso l'archivio di Stato italiano) secondo cui appare impossibile qualsiasi ipotesi di esplosione a bordo. C'è un dettaglio, nel documentario di Ostian, che mi colpisce, al punto da farlo ingrandire e stampare perché possa essere esibito in studio: è la foto, recuperata tra i reperti inventariati, della tavoletta della toilette del Dc9, perfettamente integra, che mostrerò al generale Tricarico nell'intervista che farà seguito alla trasmissione di *Une bavure française*.

Quello di Canal Plus è un racconto drammatico che ricorda davvero l'intreccio di un film giallo. Considerando il valore di questo documento, l'importanza del dibattito, il peso delle ottantuno vittime di una delle più efferate stragi commesse in Italia, il ruolo civile che l'informazione può e deve svolgere su temi così controversi, mi chiedo quanto dovremo aspettare perché Ustica smetta di essere una pagina di verità e ipotesi controverse che turbinano nel vuoto della memoria, senza poter trovare uno spazio definito nella storia italiana.

Matrix, 10 Febbraio 2016, intervista a Leonardo Tricarico:

Generale Tricarico, ex capo di Stato maggiore dell'aeronautica...
«Ovviamente sì, lo ammetto. È una colpa?»
Dov'era nel 1980, il giorno della strage di Ustica?

«Presso lo Stato maggiore, già allora: servizio di Difesa aerea, ero tenente colonnello.»

Lei è la persona giusta per le domande che le devo fare...

(Sorriso) «Come vede sono competente, e informato sui fatti: spero che anche questa non sia una colpa per lei...»

Perché questo sarcasmo, generale?

«Prima questo documentario, poi un nuovo film su Ustica del regista Renzo Martinelli, basato su teorie fantasiose e assurde. Su Canale 5 lei sceglie di trasmettere un docufilm francese che, a mio parere, infanga le forze armate. Spero che mi permetterà di spiegare perché!»

Lei ha visto Il missile francese*?*

«Telese, questo titolo è una bufala, che riprende una bufala!»

E perché, scusi?

«Ho un dovere morale: tutelare l'onore dei nostri generali, che hanno difeso quello che è anche il suo Paese. Uomini assolti dopo essere stati messi sotto processo per alto tradimento... Si rende conto? Hanno rinunciato anche alla prescrizione perché convinti di essere assolti! Eroi.»

Scusi, generale, cominciamo da qui: lei cita una assoluzione nel processo ai generali...

«Certo!»

Ma contesta il lavoro delle commissioni di indagine, e la sentenza più importante, quella del giudice Priore, dove si riconoscono le responsabilità delle forze armate, i depistaggi messi in atto dai nostri militari?

«Naturalmente: è una sentenza suggestiva e priva di prove.»

Parliamo del documentario di Canal Plus?

«Non lo vedrò mai! So chi ha manipolato i giornalisti francesi.»

Chi?

«L'associazione delle vittime di Ustica, ovvio. È un film fuorviante fin dal titolo.»

Gibellina, giugno 2002. Marco Paolini è andato a filmare il suo indimenticabile monologo su Ustica in Sicilia, nel cretto di Gibellina, il meraviglioso e suggestivo complesso monumentale creato da Alberto Burri cementando le rovine dell'antica città devastata dal terremoto del 1968. C'è un bellissimo spettacolo, ripreso e trasmesso dalla Rai, che documenta questa inchiesta teatrale e poetica, questo viaggio tra i corridoi bruni costruiti con le macerie compattate.

Avevo visto il primo embrione dello spettacolo a Roma, in una villa incantata, una sera, confuso in mezzo a una folla muta, attenta e incredula. E ancora oggi penso che qualsiasi racconto sulla strage, più che le sentenze e le polemiche, debba partire da quella geniale intuizione poetica di Paolini: I-Tigi come la sigla dell'aereo, ma anche come il nome di una popolazione scomparsa: gli umbri, i sanniti, e i tigi, «il popolo di quelli che volano», il popolo di cui tutti noi facciamo parte. È questo che rende il racconto su Ustica una lezione civile.

Scrive Paolini nel suo quaderno di appunti: «La storia del Dc9 I-Tigi è di quelle che vanno raccontate perché contengono tutti gli elementi della tragedia classica, come l'insepoltura, la mancanza di giustizia, il confronto impari tra vittime e potere, ma in più questa vicenda propone alcuni argomenti di stringente attualità. Questa», aggiunge Marco nelle sue note, «è una tragedia globale perché vittime, testimoni e colpevoli appartengono a Paesi e sistemi diversi e non c'è nessun giudice che riesca ad erigersi al di sopra delle differenze e dei conflitti planetari fra ragioni del diritto e ragion di stato tra richiesta di giustizia, esigenza di verità e convenienza del silenzio, inconfessabili decisioni, arroganza dei poteri».

Le immagini che non ti scordi, di quel monologo, sono i dialoghi tra i radiofari, tradotti da una lingua tecnica in emozione, e la geniale trovata investigativa del magistrato napoletano (il giovane Priore) che ricostruisce le presenze dei testimoni da interrogare, in servizio nel radiofaro del registro strappato, dall'esame di una chiavetta per utilizzare la macchinetta del caffè della base. Oppure l'indagine sui movimenti della portaerei americana – non dichiarati nelle rogatorie – ricostruiti grazie a un'inserzione sui giornali, per ottenere le foto degli sposini, in posa con il panorama del golfo di Napoli alle spalle. E infine quel tormentone minimale, per ogni *omissis* ricordato: «E dispiace... E dispiace». Dispiace. Niente urla né enfasi. Non c'è la retorica della controinformazione, non c'è il bagliore luciferino dell'indignazione eccitata un tanto al chilo, nella prosa di Paolini. C'è il senso civile del disincanto che non si rassegna.

Ancora oggi non c'è bisogno di aggiungere una parola a questa sintesi. Ho sempre negli occhi la meravigliosa messa in scena di Gibellina, con Paolini che corre a braccia aperte, simulando l'aereo, tra i vicoli neri del cretto, dando forma epica a migliaia di pagine di materiali informi, spezzoni di intercettazioni, verbali di interrogatorio, e persino all'illustrazione dei tracciati radar.

Dove la giustizia e la storia non arrivano, solo la forza della poesia si può spingere. E riuscire a ricostruire l'anello che ci manca fra la cronaca e la memoria.

Nel febbraio 2016, quando mi sono ritrovato nello studio di *Matrix* di fronte all'ex capo di Stato maggiore dell'aeronautica sulla strage di Ustica, mentre lo intervistavo avevo dentro di me anche il senso di quel monologo. Tricarico, sul piano personale, è una persona civilissima. Malgrado il duro faccia a faccia di quel giorno continua a mandarmi gli auguri per le feste, di tanto in tanto i complimenti per un nuovo programma, pensieri e opinioni. Come se volesse ribadire, indirettamente, che il suo non è un fatto personale, è una questione di principio.

Anche il mio interesse per Ustica, però, non è una questione privata. Mentre parlavamo di quelle sentenze, era come riveder passare davanti agli occhi i volti dei famigliari raccontati con delicata attenzione nel documentario di Ostian, o la rabbia civile e composta di Daria Bonfietti, presidente della loro associazione. Era come essere attraversati da un moto di sgomento.

Il generale, che adesso dirige un apprezzato ufficio studi ed è presidente della Fondazione Icsa (Intelligence Culture and Strategic Analysis), è una persona colta, problematica, il contrario del cliché che si potrebbe immaginare, quello del militare da film americano, tutto stellette e frasi fatte. Non è nemmeno un fanatico della guerra. Nei giorni in cui andava in onda lo speciale, per dire, spiegava in trasmissioni e talk show tutti i suoi dubbi sugli interventi di terra in Libia. Eppure, probabilmente,

Tricarico non è del tutto consapevole di rappresentare – con la sua cocciuta battaglia di «controverità» su Ustica – l'incarnazione di un buco nero nella storia italiana.

Più che un'intervista, quello che si è celebrato con lui in studio è stato un corpo a corpo. Non so se aveva ragione a dire che «lo stavo trattando male», in quel botta e risposta. Se fosse davvero così non ho motivo per pentirmene, e immagino che lui lo capisca. Tricarico era (ed è) un uomo abituato al comando: quella sera non le aveva mandate a dire. Dopo aver fatto tante domande, nella vita, ne aveva subita qualcuna.

Matrix, 10 febbraio 2016, intervista a Leonardo Tricarico.

Dunque non è stato un missile ad abbattere l'aereo, generale?

«No! Non c'è nessuna traccia di missile nelle perizie.»

Questo lo dice lei.

«Lo dicono i migliori periti del mondo.»

E come sarebbe caduto l'aereo, secondo lei?

«Una bomba collocata nella toilette, punto.»

È informato del fatto che nelle carte dell'istruttoria ci sono le foto degli arredi, ancora integri, della toilette dell'aereo?

«Cosa c'entra questo?»

Ha mai visto quelle foto?

«Le ho detto che tutto questo è inessenziale.»

E se le facessimo vedere le foto di quella tavoletta? La guardi.

«Io non ho bisogno di guardare nulla.»

Ma se lei ha detto che tutto è andato distrutto!

«Guardi, non mi interessa.»

Ecco, vede? Quella è la foto!

«Prendo atto. Ma la toilette non era intonsa: ci sono anche tubi schiacciati sul reperto.»

Gli oblò del Dc9 sono quasi tutti integri!

«Senta, solo una pressione di 400 chili per chilometro quadrato, cioè una bomba, poteva piegare quei tubi.»

Chi lo dice?

«Lo dicono i migliori periti del mondo.»

Scusi, generale, per un attimo lasci perdere i tubi. Dagli atti risulta chiaramente che l'aeronautica ha mentito. Le posso citare i radar? Marsala, Ciampino, Otranto...

«E allora?»

Tutti i registri e le bobine di questi radiofari sono stati strappati o cancellati! Le pare normale?

«Lei ha ravanato nell'immondezzaio e ha tirato fuori tutta la spazzatura che c'era!»

Tutti i dati che le cito sono contenuti in atti e sentenze giudiziarie, relazioni di commissioni d'inchiesta che posso mostrarle e citare.

«Questi documenti sono stati tutti smentiti dai fatti.»

Se dice così, penso che lei non li abbia letti. Anche perché c'è una inchiesta in corso che la magistratura ha riaperto a Roma dopo le rivelazioni del presidente Cossiga.

«Le ho lette, le ho lette quelle carte...»

E allora, non sono vere?

«Sono vecchie. C'è una sentenza più recente, del 2007. Io credo a quella.»

Lei, un generale, non crede all'ex presidente del Consiglio Cossiga, ex capo delle forze armate?

«Ehhhh...»

Ci crede o no, a un ex presidente della Repubblica?

«Lei sa che Cossiga diceva molte cose.»

E dunque secondo lei mentiva quando ha parlato delle responsabilità su Ustica?

«Io penso che non sapesse esattamente la verità. Avrà avuto informazioni sbagliate.»

Raccontare una storia per raccontarle tutte. Il maresciallo Mario Alberto Dettori, sardo di nascita ma trapiantato in Toscana per esigenze di servizio, fu trovato impiccato da due amici di famiglia in una piazzola vicino all'argine dell'Ombrone a Istia, nel Grossetano, il 31 marzo 1987.

La notte della strage, Dettori era uno degli ufficiali in servizio al radiofaro di Poggio Ballone. Secondo quello che aveva raccontato lui stesso alla moglie e alla cognata, nel cielo sopra Grosseto stava succedendo qualcosa di incomprensibile e inimmaginabile. Le due sorelle non erano state le uniche testimoni. Il maresciallo, la notte di Ustica, decise di fidarsi di un capitano dell'aeronautica, Mario Ciancarella, e gli confidò queste incredibili parole: «Capitano siamo stati noi...» E ancora: «Capitano, dopo questa puttanata del Mig libico...»

Aveva paura, era preso dall'angoscia. Dalla notte di Ustica Dettori non sarebbe stato più lo stesso. Il capitano che ha fornito la testimonianza di questo colloquio verrà radiato dalle forze armate. Non sono in grado di dire se a torto o a ragione, e nemmeno se abbia detto il vero: sta di fatto che la sua testimonianza coincide con quella della famiglia Dettori. E anche qui un piccolo mistero si annida nel mistero, perché il decreto con cui Ciancarella viene cacciato dalle forze armate, apparentemente firmato dal presidente della Repubblica Sandro Pertini, dopo due decenni viene dichiarato falso dal Tribunale di Firenze: la firma di Pertini, dicono i giudici, era falsa. In quale Paese del mondo si può falsificare persino la firma di un presidente su un decreto? Mistero.

Anche l'ex sindaco di Grosseto, Giovanni Battista Finetti, muore – dopo essere stato investito – durante un trasferimento dall'ospedale di Grosseto a quello di Pisa, nel gennaio 1983 (ma non si provano rapporti con la strage; l'unico elemento è dato dalle notizie apprese da Priore, attraverso alcuni testimoni, sul fatto che Finetti aveva raccolto confidenze da ufficiali in servizio la sera del 27 giugno).

Secondo il giudice Priore muoiono negli anni, in tutto, ben tredici persone che potrebbero avere un rapporto con la strage (e dopo la sua sentenza il contatore si arricchisce ancora, arrivando a ventuno casi, non tutti vagliati da indagini serie). Dedichiamoci al primo gruppo: muore Pierangelo Tedoldi, colonnello dell'aeronautica distaccato in servizio proprio a Grosseto, per un incidente d'auto il 3 agosto 1980. Muore il capitano Maurizio Gari, capo controllore della centrale operativa della difesa aerea di Poggio Ballone, per infarto, nel 1981. Muore il maresciallo Ugo Zammarelli, nell'agosto 1988, anche lui investito (l'unico labile legame con la strage, però, è che era in servizio al Sios – Servizio informazioni operative e situazione – di Cagliari). Muore il maresciallo Antonio Muzio, nel febbraio 1991: vittima di un omicidio (nel 1980 Muzio era in servizio presso la torre di controllo di Lamezia Terme). Muore il tenente colonnello Sandro Marcucci, il 2 febbraio 1992, per un incidente aereo durante una missione antincendio (nel 1980 era in servizio anche lui, come pilota, nell'aerobrigata dell'aeronautica di Pisa). Muore, sempre il 2 febbraio 1992, vittima di un incidente stradale in provincia di Lecce, il maresciallo Antonio Pagliara, che nel 1980 era in servizio come controllore di difesa aerea a Otranto (ma le indagini sul suo decesso si sono concluse determinando la «casualità dell'incidente»).

Coincidenze? Casi diversi tra loro e non comparabili? Suggestioni? Combinazioni? Forse. Ma sono tanti. Quello che fa scatenare le fantasie più ardite si verifica il 28 agosto 1988 a Ramstein, in Germania, quando in un terrificante incidente perdono la vita tre militari impegnati in un'esibizione delle Frecce Tricolori. Si tratta del tenente colonnello Mario Naldini, del suo parigrado Ivo Nutarelli e del capitano Giorgio Alessio: insieme a loro muoiono 67 civili innocenti che assistevano all'esibizione dell'aeronautica militare italiana. I feriti che restano sul campo, in uno scenario che pare di guerra, sono oltre 340.

Naldini e Nutarelli erano in volo sullo stesso aereo la sera del 27 giugno 1980, il giorno della strage. Partito dalla base di Grosseto per un'esercitazione, tra le 20.30 e le 20.45, l'F104 che trasporta i due ufficiali si mette a «squoccare» per ben due volte: lo «squocco», nel gergo dei piloti, è un segnale di pericolo, il codice 7700, che significa «emergenza generale confermata». Pochi minuti dopo la trasmissione di quel segnale, la torre di controllo perderà il contatto con il Dc9 Itavia che sta viaggiando tra Bologna e Palermo e che, come sappiamo, esploderà e si schianterà in mare. Cosa avevano visto Naldini e Nutarelli? Nessuno lo ha mai saputo. La loro scomparsa alla vigilia dell'interrogatorio del giudice Priore è solo una drammatica coincidenza ed è la logica del sospetto che ci spinge a porci una domanda?

Lo stesso interrogativo se lo è posto Rosario Priore, e la sua riflessione sulla morte dei due ufficiali delle Frecce ci aiuta a capire e a distinguere, con molto rigore. Nella sentenza-ordinanza il magistrato scrive: «Di certo i due erano a conoscenza di molteplici circostanze attinenti al Dc9 e a quei velivoli che volavano in prossimità di esso. Ma non v'era stato nel corso degli anni alcun segno di cedimento da parte dei due, se non qualche battuta, pronunciata in ambienti ristretti e che in breve tempo s'era estinta senza alcun seguito».

Il giudice istruttore, ovviamente, esclude che la strage di Ramstein sia stata compiuta al fine di mettere a tacere i due piloti che avrebbero dovuto testimoniare al processo su Ustica: «Quello che non convince», scrive, «è la sproporzione tra fini e mezzi, e cioè che si dovesse cagionare una catastrofe, con modalità peraltro incerte nel conseguimento dell'obbiettivo, cioè l'eliminazione di quei due testimoni per impedirne rivelazioni». Compiere una strage per coprire un'altra strage – esclusi scenari di follia – non aveva alcun senso. Ed è proprio per questo motivo che Priore, nell'incredibile casistica delle morti successive alla strage (ma considerate connesse) distingue fra «i casi risultati non collegati alla vicenda di Ustica» – tra i quali inserisce l'incidente di Ramstein – e i decessi per i quali permangono indizi di collegamento con il disastro del Dc9 e la caduta del Mig.

«Questa inchiesta come s'è caratterizzata per la massa di inquinamenti così si distingue per il numero delle morti violente attribuite per più versi ad un qualche legame con essa», scrive Priore nella sua premessa al capitolo della sentenza-ordinanza che si occupa di questo argomento, intitolato proprio «Le morti sospette». Ma subito dopo specifica: «Questo numero viene però quasi azzerato, se si tiene conto della durata delle indagini e quindi di un tasso fisiologico di decessi». Il che significa che non tutte le morti «collegate» sono quindi sospette. Ma alcune lo sono di sicuro.

Chi fosse interessato a questo capitolo della storia di Ustica, pieno di misteri e zone grigie, e volesse vagliare con uno studio serio la differenza tra ciò che è sospetto e ciò che non lo è, incontra – nella sterminata bibliografia sulla strage – un libro agile e utilissimo. Si intitola *Vittime collaterali*, ed è stato pubblicato di recente (nel 2013): lo ha scritto Fabrizio Colarieti, un corrispondente locale dell'Ansa. È un lavoro interessante perché percorre questo elenco di tredici morti sospette compilato negli anni (spesso con criteri diversissimi di gravità e di possibile relazione con gli eventi del 1980) e cerca di far luce sui casi più clamorosi, soffermandosi soprattutto sulla valutazione dei fatti accertati. Non pretende di fornire verità definitive, ma costruisce il primo grande inventario sul tema.

I due casi più incredibili trattati da Colarieti, su cui in occasione del nostro speciale hanno lavorato anche due inviati di *Matrix* – Giovanni Marinetti e Francesco Fossa – sono quelli del maresciallo Dettori, che abbiamo appena ricordato, e del maresciallo Franco Parisi, in servizio al radiofaro di Otranto il 18 luglio 1980, il giorno, cioè, in cui secondo l'aeronautica militare italiana un Mig libico era caduto sulla Sila. Interrogato una prima volta, con i colleghi fuori dalla porta, Parisi cade più volte – a detta del magistrato – in «palesi contraddizioni». Richiamato per un nuovo interrogatorio, fissato il 10 gennaio 1996, muore pochi giorni dopo aver ricevuto la convocazione. Perché – come è noto – nei lunghi anni in cui si verificano questi decessi si celebrano le indagini e i processi per la strage. Le coincidenze, come si sa, possono essere tante. Ma sentendo le interviste di Marinetti e Fossa e consultando il libro di Colarieti su questi decessi, anche il più scettico degli scettici non potrebbe far altro che porsi delle domande: quante possibilità esistono che a morire siano due ufficiali dell'aeronautica, entrambi di servizio in un radiofaro, entrambi al lavoro in una notte cruciale per l'inchiesta, entrambi suicidi?

Persino in questi casi Priore non si abbandona a fantasie, ma sottolinea il legame tra i due decessi: «Anche se non si raggiunge la prova di atti omicidiari, resta che i gesti di costoro, se suicidi, furono determinati da stati psichici di profonde prostrazioni connesse con gli eventi».

Dopo Ustica anche lavorare davanti a uno schermo, in un radiofaro, è diventata una professione a rischio. E dispiace.

Nel 2016, la settimana prima dello speciale, mi vengono a trovare in redazione a Roma la moglie del maresciallo Dettori, Carla, e la figlia Barbara, che nel 1980 aveva sedici anni. In famiglia c'erano anche Andrea, che di anni ne aveva quindici e Marco, che ne aveva solo otto. Sono gli orfani di un padre suicida, secondo l'aeronautica italiana. Ma Barbara e Carla ancora oggi non ci credono. «Non lo avrebbe mai fatto», mi dice Barbara, «e noi lo abbiamo detto in tutti i modi possibili. Babbo amava la vita, amava la sua famiglia. Eravamo la luce dei suoi occhi, non si sarebbe mai ucciso da solo.»

Barbara non dimenticherà mai quel giorno del 1980. Era a casa quando suo padre arrivò, la mattina dopo la strage, e disse alla moglie e alla cognata Sandra: «Questa notte sui cieli della Toscana si è sfiorata la terza guerra mondiale». Le parole che la signora Carla ha ripetuto ai magistrati, e che ancora oggi mi ricorda, come sillabando versi che non dimenticherà mai: «Se non avessi letto la paura nei suoi occhi, non le ricorderei così bene». Ma come mai il maresciallo Dettori diceva, trent'anni prima, quello che un ex ministro dell'Interno ed ex presidente della Repubblica avrebbe detto trent'anni dopo? Qui è molto difficile – se non impossibile – parlare di coincidenze.

Dopo qualche giorno, come abbiamo visto, il maresciallo Dettori aveva chiamato il capitano Ciancarella e aveva aggiunto altre frasi allusive di pari tenore. Subito dopo, però, si era chiuso nel silenzio sull'argomento; pensava di essere sorvegliato, era precipitato in uno stato di angoscia che aveva preceduto il suicidio. «Di quello che babbo aveva visto durante il suo turno al radar a Poggio Ballone», mi dice Barbara, prima di ripeterlo in trasmissione, «a casa non ne ha mai più parlato. Era un militare che amava il suo lavoro e credeva nelle regole. Viveva nel culto della disciplina, della divisa, del rigore.»

Dalla notte di Ustica, dalle confidenze frammentate e da quella paura alla morte passano sette lunghi anni. Il maresciallo Dettori si trasferisce in Francia, diventa amico di un ufficiale francese, trae da questo rapporto altri motivi di inquietudine, continua la sua vita di padre e di militare fino a quel giorno del marzo 1987 in cui decide di mettere fine alla propria vita. Anni lunghissimi di indagini, di processi, di perizie. La signora Carla ha un cruccio: «Posso accettare tutto, ormai. Anche l'idea di morire senza scoprire la verità. Ma non che si cerchi di far passare mio marito per un pazzo squilibrato».

Barbara è ancora più netta: «La domanda, molto semplice, che mi faccio, e che faccio a tutti voi, è questa: per quale motivo mio padre avrebbe dovuto mentire in famiglia, e inventarsi quelle frasi? E se fosse stata solo una sua fantasia, quella battaglia nei cieli, perché babbo prima avrebbe dovuto mostrare tanta paura, e poi chiudersi nel silenzio, persino con noi? Il ritratto di un uomo paranoico che è stato costruito per screditarlo», conclude, «non ha nessuna coerenza con il comportamento che mio padre ha tenuto fino al giorno della sua morte».

Matrix, 10 febbraio 2016, intervista a Leonardo Tricarico:

Generale, lei non crede nemmeno al sottufficiale Dettori, morto suicida dopo aver detto che quella sera si è rischiata una guerra mondiale?

«A essere sinceri, no. E non credo a chi ha riferito le sue parole, e non credo nemmeno a lei.»

Ovvero lei non crede a tre diversi testimoni: la figlia, la moglie e la sorella della moglie.

«Da quello che mi hanno riferito si trattava di un uomo molto malato. Pensi: il generale Bodrini è stato accusato di depistaggio per aver scritto nel rapporto che era affetto da 'patologia psichiatrica'.»

Anche un altro sottufficiale di servizio al radar di Otranto, il maresciallo Parisi, si è suicidato dopo avere manifestato una simile angoscia.

«E che vuol dire? Non c'è nessuna relazione tra queste storie.»

No?

«Lei va a ravanare in due milioni di pagine! Di coincidenze ne trova quante vuole.»

Due ufficiali, che lavorano in un radar, la stessa sera, testimoni e suicidi? Bella coincidenza.

«Nell'arco di dieci anni, ogni morte occorsa tra ufficiali dell'aeronautica è stata accollata alla strage di Ustica! È pura dietrologia.»

Ma perché, secondo lei, i famigliari si sarebbero inventati la teoria del missile?

«Non posso rispondere.»

Io so che lei ha un'opinione ma non la vuole ripetere.

«Mi sto riservando atti legali che ancora non so se andranno a buon esito.»

Nei confronti di chi?

«Non le posso rispondere. Ma questo cos'è, scusi? Un interrogatorio?»

È lei stesso che mi ha parlato di questo fatto, proprio ora. Cosa fa, l'auto-omissis?

«Io sono contento di aver potuto dire una verità che per anni è stata tacitata. Non ci sono missili, solo una bomba nella toilette.»

Lo sta dicendo.

«No! Sono stato dimissionato da consulente militare di Palazzo Chigi dopo una interrogazione della Bonfietti. Per aver detto questo!»

Ma ha mentito anche la Nato che ha parlato di aerei in volo?

«Non c'era nessun aereo, nessuna guerra. Nulla. Si fidi!»

Il libro che raccoglie le tesi care ai comandi dell'aeronautica e dà voce all'opinione che l'ex capo di Stato maggiore non vuole raccontare è uscito alla fine del 2016. Lo ha scritto Eugenio Baresi, «un antiquario appassionato» (l'autodefinizione è sua) che è stato a lungo sindaco, parlamentare della Democrazia cristiana e segretario della Commissione stragi. Il saggio si intitola *Ustica. Storia e controstoria*, e merita di essere letto da chi ama le dispute storiografiche. Ovviamente il libro di Baresi cita la nostra puntata di *Matrix* nel capitolo sulle tesi di fantasia che si sono succedute negli anni, per negare – a suo dire – l'unica realtà che emerge da tutte le carte: non c'è stata nessuna battaglia nei cieli, il viaggio di Gheddafi è una favola, i militari hanno collaborato per ricostruire la verità, ma c'era un grande complotto mediatico-giudiziario per inventarsi un episodio di guerra: «Di cosa dovevano accorgersi – i radiofari – di una fantasmagorica, fantastica e fantasiosa battaglia aerea?»

Ma perché, secondo Baresi, qualcuno avrebbe dovuto inventare dal nulla delle prove per sostenere questa tesi? Perché mai un ex presidente della Repubblica, non certo amico del giudice Priore, avrebbe dovuto sostenerla con le sue rivelazioni? Qui viene il bello: «Si è avuto riscontro ancora oggi», scrive Baresi, «di sentenze che stabiliscono in base alla personale convinzione del giudice civile l'assunzione di oneri economici da parte dello Stato». Capito? Secondo l'autore della «controstoria» – così come per un parlamentare cocciuto come Carlo Giovanardi (un altro che mi ha tenuto un'ora e quaranta al telefono per dirmi che «quel documentario di Canal Plus è una panzana») – l'«invenzione del missile», la battaglia nei cieli, le inchieste di Andrea Purgatori sul *Corriere della Sera*, *Il muro di gomma* di Marco Risi (primo e celeberrimo film su Ustica) sono un enorme apparato di propaganda costruito solo per celebrare due falsi idoli: il politicamente corretto e i risarcimenti miliardari da pagare per questa via a famigliari avidi e diffamatori, decisi a darsi alla bella vita calunniando l'aeronautica italiana. Riporto le tesi, e cito le fonti, perché credo che tutto questo possa accadere, e si possa sostenere, solo in un Paese come l'Italia.

Ho incontrato Baresi per puro caso a una cena organizzata da Giambattista Groli, sindaco di Castenedolo, appassionato di libri, instancabile animatore culturale di dibattiti e di eventi sulla storia italiana. Ho scoperto che è un uomo di spirito. Gli ho chiesto: «Perché, secondo te, Cossiga avrebbe dovuto mentire?» Mi ha risposto: «Hai un anno di tempo?»

Così, quel giorno in cui mi ritrovavo a scambiare fendenti al telefono con il generale Tricarico, non avevo nulla di personale nei suoi confronti, e nemmeno sapevo che saremmo finiti in una noticina del libro di Baresi (alla voce «ipotesi fantastiche e infondate»). Era il senso di una storia che si aggrumava sulle nostre teste. Pesavo i suoi silenzi e i suoi sorrisi, e mi sembrava di capire che si sentisse costretto a recitare una parte. Immagino che fosse convinto di adempiere – nella sua testa – a un comandamento imprescindibile, a un obbligo di fedeltà: che fosse convinto di tenere il comportamento più nobile che si possa immaginare. Non era sbagliato questo ragionamento, erano sbagliati i riferimenti. La lealtà di Tricarico era rivolta alla sua gerarchia, non ai cittadini maciullati dalla deflagrazione del Dc9. Mentre per me il soggetto da scegliere come cardine non erano i graduati proprietari delle stellette, ma «i-Tigi», il popolo estinto. Non potevamo trovare un punto di incontro, partendo da posizioni così diverse. Come sempre è un problema di prospettiva, di punto di vista.

Mentre eravamo in quello studio, quasi alla fine dello speciale, ho realizzato per la prima volta che siamo stati noi italiani a rendere la parola *omissis* famosa, dolorosa e terribile nella lingua internazionale, a trapiantarla in tutti i dizionari del mondo. Siamo stati noi a prendere un vocabolo della lingua latina e a farlo diventare intelligibile senza bisogno di traduzione da un capo all'altro del pianeta, a farlo diventare tristemente universale. Quel giorno ho capito che Tricarico può dire quello che vuole, con tutta l'affabilità e l'arguzia di cui è capace. Ma anche con gli *omissis* si può uccidere. Perché quando gli *omissis* mettono la parola fine a una verità, chi muore, muore sempre due volte.

Conclusioni
I macellai, la «Marsigliese» e il compleanno del terrore

Madrid, 11 marzo 2009. Immaginate un pianoforte a coda nero che suona, nel prato verde di un grande parco urbano. Ora, intorno alla cassa armonica di quel piano, immaginate migliaia di persone, come una nuvola opalescente di volti e corpi. Tanti ragazzi, tutti con un indumento bianco indosso: pantaloni, fazzoletti, felpe, una di loro con i guanti candidi e la tuba, un fazzoletto nero stretto intorno all'avambraccio, come una prestigiatrice triste.

È una giornata di sole: uno scenario incantato, quasi magico, tante lingue diverse che turbinano, idiomi ignoti nei mormorii e nei bisbigli che ti avvolgono da ogni lato. Immaginate ora un ragazzo vestito di nero, con la camicia bianca e un volto che pare di porcellana, mentre improvvisa sui tasti un'aria di canzone festosa, vagamente dolente. Pesta sui pedali e fa danzare le dita sulla tastiera, melodie che ricordano Keith Jarrett. Si può avere un volto di porcellana, impassibile, e un cuore jazz che non smette mai di battere il tempo.

Parigi, 13 novembre 2015. Il nome dell'uomo che ha salvato la ragazza incinta non lo sappiamo. Non conosciamo il volto di questo angelo che ha tirato su la giovane rimasta aggrappata con le mani al cornicione del Bataclan, nella notte dell'incubo, mentre dentro il teatro si sparava. Questi corpi che non vogliono arrendersi né al terrore né alla forza di gravità sono la cifra che non torna nella somma delle bare, il racconto più disperatamente vivo nel turbinare impazzito di un giorno di morte.

Questo prodigio, se hai bisogno delle immagini per capirlo, è poco più di una sagoma sgranata in un video di YouTube. Una donna appesa a una finestra con unghie e dita, sospesa nel vuoto per salvare la vita del suo bimbo. È il fotogramma che non puoi scordare, il quadro più bello da appendere nella galleria delle salvazioni impossibili. Ne parlo subito con Arianna Colabianchi, la produttrice di *Matrix*, mentre lavoriamo per allestire la puntata speciale: «La madre dobbiamo metterla nell'editoriale».

Quel giorno mi era venuto in mente che per dire qualcosa di più sulle stragi di Parigi avevo bisogno di parlare della *Marsigliese*, della Francia e della storia della libertà in Europa. Tre minuti per dire molto, con l'illusione onnipotente di poter dire tutto, ma con la speranza di riuscire a dire almeno questo.

Le mani che hanno tirato fuori quella madre dal baratro, e il ragazzo senza nome che le possiede, finché sarò vivo, almeno presso di me, godranno di un credito inestinguibile.

Madrid, 11 marzo 2009. Dunque il pianoforte, il viso di porcellana, la ragazza con i guanti bianchi. Immaginate un'alta collina scolpita nel cuore del prato, piena di alberi e siepi, un vialetto che ci si arrotola intorno come una striscia di seta fino in cima, un nastro di suoni, immagini e colori, che si materializzano in un paesaggio di favola. E immaginate anche che splenda il sole. Che all'inizio del vialetto ci siano dei ragazzi che regalano fiori bianchi, che la folla sia incolonnata in un silenzioso e pacifico corteo, che il tono non sia quello funereo e plumbeo delle esequie, ma quello di una festa, celebrata però senza eccessi o clamori. Considerate che siamo in una capitale, in una grande metropoli europea, ma che potremmo essere in una qualsiasi delle città del nostro continente, nel più piccolo dei paesi che in questo secolo (o nel precedente) è stato macchiato dal sangue dell'integralismo, dell'odio o della follia. E immaginate che una delegazione di vittime di tutti i terrorismi che hanno assediato l'Europa tra il Novecento e il Duemila, dopo essersi data appuntamento comune per la prima volta nella storia, salga su quella collinetta, infilando i fiori tra i rami degli alberi in ricordo dei loro caduti.

Immaginate anche che sia l'11 marzo, che sia il giorno dell'anniversario di una strage. E che il parco, la collina e i ragazzi, i fiori e le delegazioni si trovino a Madrid, proprio di fronte alla stazione di Atocha. Quella dove i macellai hanno fatto esplodere il loro concerto di ordigni. Le detonazioni, quel giorno, furono programmate perché deflagrassero nell'ora di punta, fra le 7.36 e le 7.40 del mattino, nelle stazioni madrilene di Atocha (tre bombe), El Pozo (due bombe) e Santa Eugenia (una bomba) e in un quarto treno che si trovava nei pressi di calle Téllez (quattro bombe). La regia più folle, ambiziosa e scientifica mai approntata per una strage.

Il numero ufficiale delle vittime – come sempre, quando si tratta di macelleria terroristica – aveva ballato per giorni e giorni. Il primo dato ci parla di 191 morti e 2.057 feriti. Numeri che hanno reso questo attentato il più cruento della storia d'Europa per numero di feriti e il secondo per deceduti. Solo a Lockerbie, con l'abbattimento del volo Pan Am e la morte di tutti i passeggeri e membri dell'equipaggio – il 21 dicembre 1988, data nefasta – si contarono più bare (202, poi ridotte dopo una più accurata identificazione di alcuni resti).

In Spagna, invece, dopo le prime ore, i cadaveri continuavano a crescere e a moltiplicarsi, come per un orribile sortilegio: nei giorni successivi venne accertata la scomparsa di due feti rispettivamente di tre e otto mesi. E da ultimo si aggiunse un bambino deceduto il 10 maggio, a sole quarantotto ore dalla sua nascita: la morte fu causata dalle ferite subite dalla madre nell'attentato. In alcuni conteggi si raggiunge la stima di 192 vittime, perché è stato martire di questa violenza anche l'agente che a Leganés era intervenuto per fermare gli attentatori (e che è morto insieme a loro).

La contabilità della morte – dopo le stragi – è sempre un'operazione laboriosa, complessa. Non conosce la parola fine, non incontra mai un punto. Si protrae negli anni, lenta, trascinandosi dietro la sua bava scura di lutto.

* * *

Roma, 14 novembre 2015. Sono in camerino per scrivere l'editoriale sul Bataclan per la puntata di *Matrix*. Sono in ritardo, come sempre, incastrato fra telefonate agli ospiti, riunioni di scaletta, agenzie sui terroristi che hanno sparato, il conto alla rovescia dei minuti che iniziano a correre prima della messa in onda. Il fatto è che questa sera vorrei dire qualcosa di più sul terrorismo, qualcosa che mi collega al lavoro di questi anni, alle riflessioni di questo libro. Qualcosa che parli non solo del Bataclan e della strage di Parigi. Perdo tempo, voglio trovare le parole giuste, le immagini, un senso che nel tritacarne dell'informazione quotidiana a volte ci sfugge. Ecco. Alzo il telefono e chiamo in archivio Arianna Massa:

«Arianna, scusa: mi prendi anche Marilyn Monroe in *A qualcuno piace caldo*?»

«Ma come? Per l'editoriale sul Bataclan?»

«Sì.»

(Ride) «Contento tu...»

Madrid, 11 marzo 2009. Ci sono anch'io in quel giorno, a infilare un fiore bianco in mezzo agli alberi, anch'io a salire, a emozionarmi per quelle note dolenti. È come se fossero la canzone di un carillon incantato, suonato dal fratello di un ragazzo polverizzato dalla detonazione degli ordigni: la quintessenza della musica contro la negazione della musica, il potere magico della melodia contro il frastuono che mette fine a ogni nota. Sono attraversato da questa emozione rara e difficile da raccontare, voglio portarvi con me. È come diventare parte di un sentimento che per una volta si declina al nominativo plurale, è come abitare dentro lo spazio di sovrapposizione di una eclissi, come battere le ali. È il senso di essere – anche solo per un attimo – immerso dentro una storia collettiva.

C'ero, in Spagna, quel giorno: esattamente cinque anni dopo

la più grande strage che il vecchio continente abbia mai conosciuto. Era accaduto l'irrevocabile, ma purtroppo non è stata l'ultima volta. Per fortuna gli assassini del Bardo, i macellai di Parigi, gli sterminatori di *Charlie Hebdo*, i mozzaorecchie del Bataclan, l'arrotatore di Nizza, il piccolo carnefice di Berlino e il massacratore di adolescenti di Manchester non hanno ancora saputo fare di meglio.

Quel giorno c'ero perché gli spagnoli avevano avuto questa idea semplicissima e straordinaria, una cerimonia che nessuno prima di loro – soprattutto gli algidi burocrati che abitano le istituzioni europee – aveva mai immaginato: riunire nello stesso luogo tutte le vittime d'Europa, e tenerle insieme nel nome di un imperativo morale assoluto, quello della lotta contro la violenza. Ecco, nella Spagna del 2009, quel giorno, una semplice associazione di vittime era riuscita a costruire questa giornata, regalando a un anniversario la forza di un messaggio universale. Era riuscito a farlo – e io mi guardavo intorno incredulo – con una cerimonia civile che in nulla assomigliava alle nostre: niente nastri e autorità imbalsamate, niente rituali grigi, niente maschere funerarie, niente tributi ai pennacchi, retorica zero, la semplicità che è difficile a farsi. Una cerimonia bellissima, e mi basta iniziare a scriverne per risentire la musica del piano, il profumo nitido dei fiori infilati tra i rami verdi mentre salgo sulla collina.

Roma, 18 novembre 2015. Alzo la cornetta e chiamo di nuovo in archivio: «Arianna, ho pronto l'elenco delle immagini che devi mandare al montaggio per l'editoriale, hai carta e penna?» Dall'altra parte del telefono un sospiro di assenso.

«Abbiamo la gente che fugge in piazza a Parigi?»
«Già presa.»
«E i tifosi francesi che cantano l'inno?»
«Ovvio.»
«Ti ricordi l'inno di Mameli, però nella versione dell'Expo? Il passaggio su 'Dov'è la vittoria? / Le porga la chioma' con quel semitono calante di cui abbiamo parlato?»

«Ce l'ho nei materiali dello speciale che abbiamo fatto a giugno.»

«Servono anche i deputati francesi nella seduta straordinaria di Versailles che cantano la *Marsigliese.*»

«Li trovo.»

«Serve l'immagine di una rissa nel Parlamento italiano.»

«Una qualsiasi? Ne ho quante vuoi.»

«Riesci a prendere il pubblico dello stadio che canta la *Marsigliese* nel finale di *Fuga per la vittoria*?»

«Nessun problema.»

«Questa è una cosa un po' particolare: i Beatles che cantano *All you Need is Love* nella prima trasmissione della storia trasmessa in Eurovisione.»

Arianna non batte ciglio. «Ah... Serve altro?»

«Sì. Due immagini di Napoleone. Uno generale da giovane, l'altro imperatore.»

«Va bene, ho capito quale intendi.»

«E poi stampe d'epoca del Settecento francese: sai la Marianna, le coccarde tricolori...»

«Vedo che posso fare. Poi?»

«I giocatori della Francia campione del mondo che cantano l'inno prima della finale. E un altro paio di foto facili facili: il murale di Banksy con l'uomo che lancia i fiori, un bel primo piano di Lou Reed, un altro di Pablo Picasso, Brigitte Bardot.»

«Pure?»

«Ci serve il video con la rivendicazione dell'attentato di Parigi da parte dell'Isis, la frase del papa sulla Chiesa che non si chiude dietro le porte blindate...»

«Lucaaa! Abbiamo finito, spero.»

«Ancora due frammenti: Hollande a Versailles mentre dice: '*Nous sommes en guerre*'. E poi l'immagine della statua di Saddam tirata giù quando gli americani hanno occupato Baghdad. Tutto chiaro?»

Madrid, 11 marzo 2009. Tutte le vittime di tutti i terrorismi, tutte insieme. Non è stato facile perché non è mai facile. In Italia non ci siamo mai riusciti: l'unico evento che sia stato mai organizzato a livello nazionale è stato un ricevimento al Quirinale. Molto bello, naturalmente. Ma sempre chiuso dentro il recinto dorato di un Palazzo. Sempre ad accesso limitato, autorità o vittime, il mondo resta fuori.

C'è un'altra cosa che mi aveva stupito, quell'11 marzo, una cosa che mi ha dato da pensare anche sul nostro Paese, che mi fa riflettere ancora oggi, mentre il sangue battezzato dal nuovo integralismo torna a macchiare le nostre città. La Spagna di quelle ore era attraversata, come spesso capita anche a noi, da una polemica istituzionale feroce tra maggioranza e opposizione, dispute insensate e faziose di cui si è perso il senso solo pochi giorni dopo che erano divampate. Quella Spagna del 2009 era un Paese dilaniato dalla crisi, sconvolto da scandali incrociati: giudici che indagavano sui politici, politici che attaccavano i giudici, destra e sinistra che si accusavano e si delegittimavano reciprocamente. Vi ricorda l'Italia? C'era solo una differenza sostanziale, anche se lo scenario belligerante ricordava da vicino quello angusto del nostro cortile di casa. In quelle ore un piccolo Watergate aveva colpito il Partido popular di José Maria Aznar; alcuni dei suoi più importanti dirigenti erano stati indagati per episodi di corruzione dal supermagistrato progressista Baltasar Garzón (che molti da noi conoscono come il «Di Pietro spagnolo»). Il Pp contestava la legittimità dell'inchiesta, e Garzón era indagato a sua volta per un gettone da 200.000 euro incassato per alcune lezioni tenute in America.

La presidente della municipalità di Madrid, Esperanza Aguirre, pure lei dei Popolari, aveva insabbiato la commissione di inchiesta sullo scandalo che riguardava il Pp; e il Partito socialista – per protesta – non partecipava alle commemorazioni organizzate dalla municipalità in occasione di quello che era stato ribattezzato l'«11-M». Incredibilmente, anche il governo, all'epoca guidato da Luis Enrique Zapatero, si asteneva da qualsiasi cerimonia, per una sorta di rappresaglia.

In pochi anni di tutte queste polveri venefiche non è rimasta traccia, se non negli archivi dei quotidiani. Se le ricordo è solo perché quell'11-M per me ha rappresentato una doppia e preziosa lezione.

La prima. «I partiti, almeno oggi», aveva commentato quel giorno Cristina Cuesta, presidente di una delle più importanti associazioni di vittime spagnole, «avrebbero dovuto lasciare da parte le loro divisioni. Purtroppo non hanno mostrato di avere l'intelligenza minima che serve per farlo.» Vero. Ecco, tutto ciò accadeva con la stessa ferocia e con la stessa spietatezza della politica italiana. Solo che in Italia, senza il sostegno della politica, quella cerimonia sarebbe probabilmente abortita. Mentre a Madrid, nel cortocircuito e nell'impazzimento delle istituzioni, la società civile si organizzava da sé, con la forza e con l'intensità che ho appena raccontato. E così anche la rete antiterrorismo dell'Ue – confesso che fino ad allora ignoravo che ne esistesse una – aveva approfittato dell'anniversario per organizzare un interessante convegno internazionale al quale, per non so quali imperscrutabili canali di comunicazione (nonché per una gentile segnalazione di cui dovevo essere grato all'Aiviter, l'Associazione italiana vittime del terrorismo), ero stato invitato anche io.

A Madrid, quel giorno, c'erano persone (e i loro famigliari) colpite dal terrorismo politico, dalle guerre civili indipendentiste, dalla violenza integralista religiosa o internazionale; c'erano, ovviamente, sei rappresentanti dell'associazione italiana (che raccoglie indifferentemente vittime del terrorismo rosso e nero); c'erano parlamentari e testimoni come Sabina Rossa, eletta nelle file del Partito democratico, ed Enrico Musso (all'epoca senatore del Pdl). E poi c'era il più grande alfabeto di biografie insanguinate che si sia mai raccolto in una pubblica piazza. C'era un cittadino irlandese che per colpa del terrorismo aveva perso prima il fratello, e poi – a dieci anni di distanza – anche il figlio (ascoltavo dalla sua viva voce la vicenda più incredibile che abbia mai incontrato). C'era la storia dell'associazione delle vittime francesi, nata dopo l'abbattimento di un Dc10 nel deserto da parte del governo libico; una strage rimossa per Realpolitik fino alla caduta di Gheddafi, con una pratica di cinico realismo istituzionale che solo noi possiamo capire meglio di chiunque.

Madrid, 11 marzo 2009. Il prato, i fiori, la collina, il pianoforte a coda, i fazzoletti bianchi. Quel giorno nella folla c'era anche Dante Notaristefano, presidente dell'Aiviter, che nel suo discorso aveva puntato il dito sui «cattivi» (che purtroppo, ormai lo sappiamo bene, esistono davvero): «In questi anni», aveva detto, «noi ci siamo sentiti, siamo stati soli. E da soli abbiamo fatto tutto quello che era possibile per combattere la monopolistica e paradossale dittatura della testimonianza degli ex terroristi. Da soli, molto spesso ci siamo opposti all'assurdo per cui i carcerieri di Aldo Moro – tanto per fare un esempio – possono continuare a tenere prigioniero l'uomo che hanno ucciso, attraverso un uso strumentale della memoria».

A Madrid c'era Ángeles Pedraza, rappresentante delle vittime basche, che denunciava «il tentativo ideologico che si riproduce in ogni Paese dilaniato da una guerra civile, quello di far passare i terroristi come combattenti, e i combattenti come persone che indipendentemente dalla loro volontà sono autorizzati a uccidere e a ferire». A Madrid c'era un'altra vittima basca, la Cristina che ho citato poco sopra, che con tono pacatissimo, ma con una voce emozionata che pareva di granito, diceva, davanti a una sala gremita su cui era calato il silenzio: «Il terrorismo deve diventare un crimine contro l'umanità, non solo nei proclami, ma anche per la legge. Anche per l'Alta Corte penale internazionale». E a Madrid c'era un altro italiano, Roberto Della Rocca, che in quel convegno ricordava un'altra piccola vergogna europea: «Sono inaccettabili sia la strategia di concedere ai terroristi lo status di rifugiati politici sia la dottrina Mitterrand che ha dato una copertura intellettuale e politica a questa pratica, sia l'indulgenza con personaggi come Cesare Battisti. Sono inaccettabili le coperture politiche e legali per chi si è macchiato di reati di sangue, dopo anni di esaltazioni ideologiche e di prediche dei cattivi maestri».

Nel giorno in cui scrivo, a quasi dieci anni di distanza, Battisti – su cui Giuseppe Cruciani ha scritto un volume chirurgico ed essenziale, *Gli amici del terrorista* – è un libero cittadino in Brasile, dove si è rifugiato per scampare alle sue condanne. Intellettuali come Gabriel García Márquez e Bernard-Henri Lévy, temo senza conoscere nulla della sua storia, hanno firmato appelli contro le sentenze e le richieste di estradizione dello Stato italiano. Giuseppe, nel suo libro, ha raccontato e documentato in maniera sublime il sensazionale repertorio di idiozie messo su da una armata Brancaleone di intellettuali chic per spiegare al mondo che Battisti era un perseguitato politico e che in Italia, nei giorni in cui lui era costretto a sparare, c'era una dittatura a cui ci si poteva opporre solo con le armi.

Quel giorno a Madrid, mentre gli oratori si alternavano sul palco, in quel parco incantato, si animava il senso di una storia: sentivo che questo incredibile cumulo di biografie, raccolte per la prima volta dai testimoni che le ricordavano, si parlavano e si rincorrevano da un capo all'altro d'Europa. E scoprivo nello stesso tempo – seconda preziosissima lezione – che vicende apparentemente diverse e distanti erano tutte unite da un minimo comune denominatore: il desiderio di impunità dei carnefici, la loro arroganza, il bisogno di insabbiare, la solitudine di chi soffre il lutto – sempre uguale –, il furore ideologico degli assassini, la difficoltà ad agire delle istituzioni, sempre la stessa, ovunque. Cambiavano i pretesti, i moventi, le armi e le divise, ma i problemi, gli effetti, la lingua dell'odio che aveva prodotto il terrore sembravano uguali: una lingua internazionale in cui tutti si capivano e in cui tutti potevano riconoscersi. Mentre concludevo *Cuori neri*, oltre dieci anni fa, avevo nelle orecchie i notiziari di morte che ci raccontavano delle stragi a Baghdad e in Afghanistan. Mentre chiudo *Cuori contro*, oltre dieci anni dopo, la guerra asimmetrica ha fatto un altro inquietante salto di qualità: il terrore è tornato come un morbo nel cuore dell'Europa.

Non siamo immuni al terrore, e non lo diventeremo mai. Sappiamo però come combattere l'odio, sappiamo cosa ci può salvare perché lo abbiamo imparato sulla nostra pelle, e soprattutto perché lo abbiamo appreso da chi ha attraversato l'inferno ed è venuto a raccontarci come si può tornare a respirare.

Roma, 18 novembre 2015. Squilla il telefono, è Arianna Colabianchi: «Luca, una buona notizia: abbiamo il collegamento da Parigi che avevamo immaginato con *Chez Livio*». Il ristorante italiano dove lavoravano i due ragazzi italiani uccisi al Bataclan. Chiedo: «Pietro ha parlato con i colleghi?» Arianna: «Sì, e dice che hanno ricordi molto intensi». La trasmissione comincia a prendere forma. Arianna chiede: «Luca, non sarebbe meglio mettere una citazione di Pierre e Stéphane che sorridono vestiti da cuochi anche nell'editoriale? C'è una foto di loro due, in bianco e nero, bellissima». Mi soffermo a guardarla: la bellezza della vita di ogni giorno, che sopravvive sempre al dolore.

In camerino mi metto a leggere lo straordinario capitolo di Stefan Zweig in *Momenti fatali* che racconta come è nata la *Marsigliese*. Un inno di guerra che diventa una bandiera quasi per caso, la storia del battaglione di Marsiglia che diventa la carta d'identità dell'Europa dei Lumi. Nella sera del Bataclan questo inno mi emoziona ancora di più.

Madrid, 11 marzo 2009. Il piano, gli alberi, i fiori bianchi della memoria, il ritmo ipnotico e drammatico del jazz, la memoria delle vittime. La terza lezione di quel giorno è anche l'ultima, ed è amarissima, per noi: solo l'Italia ha battezzato, allevato o vissuto tutte le possibili varietà zoologiche della violenza armata, solo noi abbiamo conosciuto tutti i terrorismi che gli altri Paesi hanno vissuto in modo episodico o separato: il terrorismo criminale, il terrorismo ideologico, il terrorismo di Stato, il terrorismo integralista e persino quello separatista. La strage di piazza Fontana, le Brigate rosse e i Nar sono l'alfa e l'omega di tutto quello che gli altri hanno conosciuto, dopo di noi.

Fra tanti delegati di Madrid, curiosamente, solo gli italiani quel giorno avevano evitato di citare i propri lutti. Per esperienza, per pudore, forse convinti dall'idea che c'è un momento in cui ti puoi caricare sulle spalle anche le storie che non sono state incise solo nella tua carne. A Roberto Della Rocca avevano sparato alle gambe nel 1980, quando era capo del personale della Motomeccanica Generale Navale: eppure, vedendolo, l'ultima cosa che avresti potuto immaginare era che fosse un gambizzato. Non solo per il modo in cui camminava, ma per il suo sorriso e il suo orgoglio.

Madrid, 11 marzo 2009. Dante Notaristefano, all'epoca dell'attentato consigliere comunale della Democrazia cristiana a Torino, un bel giorno si era ritrovato davanti alla pistola impugnata da una signora che abbiamo già incontrato, sia in *Cuori neri*, nel capitolo sul delitto di Mazzola e di Giralucci, sia nei racconti di Patrizio Peci che occupano un capitolo di questo libro: sto parlando della brigatista Nadia Mantovani. Era il 1977, e a lui capitò questo fatto rarissimo di non sentire l'urto dei colpi, mentre le sue gambe venivano traforate da parte a parte.

In un pulmino, mentre ci spostavamo per le vie di Madrid, tornando dalla cerimonia in albergo, Notaristefano mi aveva spiegato che quella avventura di non avvertire il dolore, dopo gli spari, non lo aveva protetto ma piuttosto collocato in un limbo in cui era stato difficile capire dove si poteva mettere il punto finale al suo calvario: «Se non hai chiaro il momento in cui comincia il dramma, ti è difficile capire anche dove finisce».

La mattina in cui gli avevano sparato, Notaristefano aveva scoperto di essere salvo solo perché il proiettile che doveva bucargli il petto aveva trapassato una borsa piena di carte su cui doveva lavorare. Quella pallottola era l'unica che aveva sentito arrivare davvero, l'unica che non lo aveva colpito. Quel giorno la sua borsa piena di scartoffie se la portava dietro come una condanna, e quando aveva visto i terroristi gridare verso di lui e puntargli le armi addosso, aveva fatto in tempo a portarla d'istinto verso il petto. La vecchia borsa aveva intercettato la traiettoria mortale, facendo sì che i proiettili si fermassero a un solo centimetro del cuore dopo aver trapassato i suoi fascicoli. Dante Notaristefano è morto il 18 febbraio 2015. Roberto Della Rocca è diventato il suo erede alla guida dell'Aiviter.

Davvero l'Italia, in questo coro europeo di memoria e sangue, aveva le ferite più antiche e la memoria più lunga. Solo nel 2016 e nel 2017, con le stragi prodotte dall'ultima venefica metastasi dell'integralismo, dall'Isis e dai suoi servi in franchising, abbiamo assistito a una nuova mutazione genetica del virus. Solo adesso sappiamo che possiamo parlare ai cittadini di tutta Europa, e dire loro: sappiamo come se ne esce.

Roma, 18 novembre 2015. Squilla il telefono, è Cristina De Palma, l'autrice che mi aiuta con i testi e stende la scaletta: «Ti sei ricordato di citare Valeria Solesin, vero?» Chiamo Damiana

Melasecca, la più pragmatica della squadra di segreteria: «Damiana, se lo dico direttamente a quelli dell'archivio mi sbranano... Puoi andare da loro e dirgli che serve anche Valeria Solesin? Però la foto con il simbolo di Emergency».

Editoriale Bataclan

Sparano di nuovo, sparano e si fanno saltare in aria trasformando la capitale della Francia, oggi capitale dell'Europa, in una zona di guerra.

(Audio-video: fuga in piazza a Parigi)

Hanno sparato a Parigi, hanno sparato ai giovani, hanno sparato alla Marsigliese. *Stanno sparando ancora. L'immagine più bella di venerdì scorso, nel giorno del terrore,*

(Audio-video: tifosi francesi uno)

era quella dei tifosi che uscivano dallo stadio senza paura, cantando con orgoglio l'inno nazionale.

(Audio-video: tifosi francesi due)

Chiedetevelo: fosse stato un campo italiano, avrebbero cantato l'inno di Mameli?

(Audio-video inno Mameli: la versione dell'Expo)

E canteranno mai, uniti, i deputati italiani, come hanno saputo fare i loro colleghi francesi?

(Audio-video: deputati francesi a Versailles cantano la *Marsigliese* / Parlamento italiano rissa)

Il fatto è che la Marsigliese *non è l'inno di un solo Paese.*

(Audio-video: il pubblico canta la *Marsigliese* nel finale di *Fuga per la vittoria*)

Anche i Beatles inserirono l'attacco solenne di quell'inno in All you Need is Love,

(Audio-video: The Beatles, prime note di *All you Need is Love* e immagini b/n)

in una canzone scritta – non a caso – per il primo programma mai trasmesso in Eurovisione da un canale televisivo.

(Audio-video: The Beatles, prime note di *All you Need is Love* e immagini b/n 2)

Questo perché la Marsigliese *è l'inno della rivoluzione francese, del secolo dei Lumi, del Codice Napoleonico,*

(Ritratto di Napoleone generale da giovane, ritratto di Napoleone imperatore)

è l'inno della Repubblica Cisalpina, da cui sono nati l'Italia e il nostro tricolore. La Marsigliese *è l'inno che per la prima volta ha cancellato la schiavitù, nella storia dell'umanità. E per questo è un inno di tutta l'Europa, e di tutte le libertà.*

(Photo: stampe d'epoca, Marianna, coccarde tricolori)

Penso alla donna incinta che ha difeso la vita appesa a un cornicione del Bataclan,

(Audio-video: donna)

penso a Pierre e Stéphane, franco-italiani del ristorante Chez Livio, *ai loro sorrisi,*

(Photo: Pierre e Stéphane che sorridono vestiti da cuochi)

penso a Valeria, che studiava e faceva volontariato,

(Photo: Valeria Solesin più Valeria con simbolo Emergency)

penso a questa guerra assurda di giovani fanatici invasati e tristi che si fanno esplodere contro giovani laici felici e liberi.

(Photo: attentatori Stade de France)

Sparano alla Marsigliese, *e a tutti noi, sparano negli stadi, che in Francia sono il simbolo dei* Bleus *e dell'integrazione.*

(Audio-video: i giocatori della Francia campione del mondo cantano l'inno il giorno della finale)

Sparano nei ristoranti che sono la gioia del cibo, sparano nei teatri che sono il simbolo della gioia della libertà di espressione.

(Photo: Banksy uomo che lancia i fiori, Lou Reed, Pablo Picasso che dipinge)

Raccontano e sognano una nuova crociata contro il Vaticano,

(Audio-video: rivendicazione Isis)

Indicano come obiettivo la Tour Eiffel, il Big Ben e il Colosseo,

(Audio-video: rivendicazione 2)

ma combattono contro l'illuminismo, contro i diritti, contro Woodstock e contro la minigonna, contro le donne emancipa-

te, contro la libertà di espressione, contro la libertà sessuale e contro quella religiosa.

(Photo zoomata in bianco e nero: Brigitte Bardot; ragazze in minigonna, rogo di libri)

Questi killer sono figli del rancore e dell'emarginazione: si credono virtuosi e puri, e ci odiano proprio perché siamo liberi e imperfetti.

(Photo: i fratelli Kouachi, i fratelli Coulibaly, Mohammed Atta)

Per questo combattere vuol dire non rinunciare al nostro stile di vita,

(Audio-video: Marilyn Monroe con i ballerini)

vuol dire non cedere al ricatto dell'emergenza,

(Audio-video: papa porte blindate)

vuol dire sostenere la guerra al terrore,

(Audio-video: Hollande a Versailles: «*Nous sommes en guerre!*»)

una guerra necessaria anche, e soprattutto, per chi come me ha considerato una sciagura le guerre contro Gheddafi e Saddam.

(Audio-video: Gheddafi martoriato, statua Saddam tirata giù).

Quelle erano guerre contro Stati riconosciuti, questa è una guerra contro uno Stato pirata che lapida le donne e vende schiavi sotto la sua bandiera nera.

(Audio-video: Isis)

Per questo non capisco chi pensa che queste stragi siano solo un problema dei francesi.

(Audio-video: Gruber-Gentiloni/1:

Domanda: «Voi invierete truppe di terra?»

Risposta: «Noi abbiamo già truppe di terra. In Iraq».)

Per questo è incredibile pensare di scampare al terrore tenendosi lontani dai guai.

(Audio-video Gruber-Gentiloni/2:

Domanda: «Aiuterete la Francia?»

Risposta: «Aiutiamo la Francia... Penso nel Mali».)

Perché, non dimenticatelo, la Marsigliese *è – anche – un inno di guerra. L'unica guerra che si può combattere, quella contro il terrore.*

(Qui la scena di *Casablanca*: Humphrey Bogart e Ingrid Bergman, i patrioti francesi si alzano in piedi per cantare l'inno, fino alla voce di donna che grida: «Viva la libertà!»).

Se alla fine di questo libro sento il bisogno di raccontare di quella collina, di quel pianoforte a coda e di quei fiori bianchi, è perché forse dovremmo davvero imparare dai cittadini spagnoli qualcosa che gli altri figli d'Europa sembrano non avere ancora capito. Se a questo ricordo ho aggiunto la storia di una tormentata puntata sulla strage del Bataclan, e la gestazione corale e concitata di un editoriale, è perché c'è un filo – ancora una volta – che ai miei occhi tiene insieme il senso delle stagioni che abbiamo attraversato e di quelle che stiamo vivendo. È un'idea molto semplice, ma non meno importante, e qualche volta lo dimentichiamo: in ogni tempo e in ogni luogo del mondo, il terrore è sempre contro la libertà. L'idea di lotta armata partorita dai brigatisti (e dai loro emuli) era figlia illegittima, ma naturale, di un principio distorto del leninismo, quello in nome del quale l'avanguardia pensa di dover educare le masse, assalta il palazzo d'Inverno per impadronirsi del potere e in nome di questo principio crede di poter sacrificare ogni cosa. L'idea di guerriglia contro «il Sistema», e quindi contro lo Stato, partorita dai terroristi neri, era figlia di una concezione superomistica, nichilista e antidemocratica, per cui le vite dei tanti erano sacrificabili alle volontà degli Eletti. L'idea degli integralisti musulmani è che la volontà di Dio, incarnata nel fanatismo dell'odio contro gli infedeli, renda legittime le guerre sante, gli attentati suicidi, le stragi. Da quando ha emesso i primi vagiti, il terrorismo moderno combatte contro la democrazia e contro l'idea della libertà. Da quando è nato, il terrorismo usa la paura contro il coraggio.

Solo la memoria, come una grande festa laica, ci aiuta a raccontare gli anni di piombo a chi non li ha vissuti e a renderli più leggeri per chi li ha attraversati, restando segnato dalle sue cicatrici. Solo la memoria ci aiuta a capire. E solo la cronaca, come unica alternativa all'angoscia, ci aiuta a non cedere al flusso delle emozioni incontrollate, alla disperazione, alla rabbia.

Se alla fine di questo lungo racconto immagino la memoria e

la cronaca come due gemelle che vivono insieme e che ci possono accompagnare in questo viaggio, è perché le vedo come due antidoti naturali contro l'odio, come i perni a cui inchiavardare un sentimento che può prevalere su ogni cosa, per diventare una religione civile: la cronaca e la memoria, cioè, come una lezione utile per tutti. Perché quando alla fine di ogni racconto togli tutto il superfluo e ponderi il peso delle vite, in fondo, tra le mani ti resta questo: il senso della storia che azzera le dispute tra gli gnomi della contemporaneità senza passato e i visionari della violenza senza futuro. Alla fine del viaggio – cuori dopo cuori – resta la lezione del dolore che asciuga le vite, che le scava, che ci restituisce il suono luminoso e autentico della verità.

Madrid, 11 marzo 2009. Immaginate un pianoforte a coda nero che suona nel prato verde di un grande parco urbano, immaginate fiori bianchi e fazzoletti neri. Immaginate tutto il dolore che abbiamo attraversato, le ingiustizie, gli assassinii brutali, le stragi, le vittime. Immaginate un ragazzo, con il volto di porcellana e un cuore jazz, le sue dita che danzano su una scala di note incantate, nel turbine della memoria.

Non so se abbiamo vinto perché siamo più forti. So che vinciamo quando non dimentichiamo, perché siamo sempre più belli e più liberi di chi uccide e di chi odia.

Ringraziamenti

A un certo punto, mentre capitolo dopo capitolo lo scatafascio di questo libro inesorabilmente cresceva tra le nostre mani, Elisabetta Albieri, nume della saggistica Sperling, mi ha urlato: «Luca, bastaaa!!!» Quel giorno – almeno – ci siamo messi a ridere. Sembra che un saggio storico di ottocento pagine di questi tempi non si possa più pubblicare (se non altro per non martirizzare i lettori). Ecco il motivo per cui tante storie – altrettanto importanti di quelle che avete letto – sono rimaste fuori da questo racconto. Perché, insieme a questo libro, inseguendo per anni le mie passioni (e le mie ossessioni), ho messo insieme abbastanza materiale per pubblicarne un altro di identica mole. Solo i lettori, dunque, decideranno se il ciclo dei *Cuori* sarà composto da un dittico o da una trilogia.

Scrivere di questa materia incandescente, però, non è facile, anzi. Ringrazio la casa editrice, le persone che mi hanno assistito nella mole ponderosa di questo lavoro: in particolare Maria Rosa Milesi e Paola Rumi che sono arrivate vicino al suicidio negli ultimi giri di bozze. Sono grato a Rudi D'Errico e Pino Zanella per i libri introvabili che mi hanno regalato. A Enrico Para per i suoi scatti d'epoca. A Michela Gobbi per la fotografia della targa di via Zabarella. A Rocco e Vincenzo della *Libre-*

ria Simon Tanner di Roma per la loro preziosa attività. Ringrazio particolarmente la signora Rosa De Angelis per avermi dato i disegni di Nanni, Gerald Bruneau per la foto di Maria Lidia Zicchieri e Maria Lidia per aver accettato di posare con il simbolo di quello che ha di più caro.

Grazie a tutti coloro che mi hanno fornito la loro testimonianza, anche quando sapevano che non sarebbe stata l'occasione di una facile passerella.

Grazie a quelli – tanti o pochi – che condividono con me questa idea scomoda ma necessaria: si può uscire dalla notte solo quando ci si libera della mentalità del capocurva, quando il rispetto delle diverse identità prevale sulla lente deformante delle tifoserie e degli odi politici.

Bibliografia

AAVV, *Autonomia operaia*, Savelli, Roma 1976.

Armati, Cristiano, *Cuori rossi*, Newton Compton, Roma 2010 (1ª ed. 2008).

Baldoni, Adalberto e Provvisionato, Sandro, *Anni di piombo*, Sperling & Kupfer, Milano 2009.

—, *La notte più lunga della Repubblica*, Serarcangeli, Milano 1989.

Balzerani, Barbara, *Compagna Luna*, DeriveApprodi, Roma 2013 (1ª ed. Feltrinelli, Milano 1998).

—, *Cronaca di un'attesa*, DeriveApprodi, Roma 2011.

—, *Lascia che il mare entri*, DeriveApprodi, Roma 2014.

—, *La sirena delle cinque*, DeriveApprodi, Roma 2015 (1ª ed. Il grandevetro-Jaca Book, Santa Croce sull'Arno-Milano 2003).

—, *Perché io, perché non tu*, DeriveApprodi, Roma 2009.

Baresi, Eugenio, *Ustica. Storia e controstoria*, Koinè, Roma 2016.

Bianconi, Giovanni, *A mano armata*, Baldini Castoldi Dalai 2007 (1ª ed. Baldini & Castoldi, Milano 1992).

Bocca, Riccardo, *Tutta un'altra strage*, Bur, Milano 2007.

Braghetti, Anna Laura e Tavella, Paola, *Il prigioniero*, Feltrinelli, Milano 2008 (1ª ed. Mondadori, Milano 1998).

Calabresi, Mario, *Spingendo la notte più in là*, Mondadori, Milano 2007.

Cappellini, Stefano, *Rose e pistole*, Sperling & Kupfer, Milano 2007.

Carucci, Marco e Ramella, Paola, *Sergio Ramelli. Quando uccidere un fascista non era reato*, Ferrogallico, Milano 2017.

Cercas, Javier, *Anatomia di un istante*, Guanda, Parma 2010.

Coco, Massimo, *Ricordare stanca*, Sperling & Kupfer, Milano 2012.

Colarieti, Fabrizio, *Vittime collaterali*, Adagio, Milano 2013.

Colombo, Andrea, *Storia nera*, Cairo, Milano 2007.

Corsini, Piero, *I terroristi della porta accanto*, Newton Compton, Roma 2007.

Cruciani, Giuseppe, *Gli amici del terrorista*, Sperling & Kupfer, Milano 2010.

Curcio, Renato, *A viso aperto*, intervista di Mario Scialoja, Mondadori, Milano 1995 (1ª ed. 1993).

Cutonilli, Valerio e Valentinotti, Luca, *Acca Larentia. Quello che non è stato mai detto*, Trecento, Roma 2009.

Delle Chiaie, Stefano, con Griner, Massimiliano e Berlenghini, Umberto, *L'Aquila e il Condor*, Sperling & Kupfer, Milano 2012.

De Rosa, Corrado, *La mente nera*, Sperling & Kupfer, Milano 2014.

Di Michele, Stefano e Galiani, Alessandro, *Mal di destra*, Sperling & Kupfer, Milano 1995.

Fasanella, Giovanni e Grippo, Antonella, *I silenzi degli innocenti*, Bur, Milano 2006.

Fasanella, Giovanni e Rossa, Sabina, *Guido Rossa, mio padre*, Bur, Milano 2006.

Fenzi, Enrico, *Armi e bagagli*, Costa & Nolan, Genova 1998 (1ª ed. 1987).

Franceschini, Alberto, Buffa, Pier Vittorio e Giustolisi, Franco, *Mara Renato e io*, Mondadori, Milano 1991 (1ª ed. 1988).

Giralucci, Silvia, *L'inferno sono gli altri*, Mondadori, Milano 2011.

Giraudo, Guido, *Sergio Ramelli. Una storia che fa ancora paura*, Lorien, Monza 2004 (1ª ed. Effedieffe, Milano 1997).
Guidelli, Giorgio, *Operazione Peci*, Quattro Venti, Urbino 2005.
Harris, Robert, *Il ghostwriter*, Mondadori, Milano 2007.
Lenci, Sergio, *Colpo alla nuca*, il Mulino, Bologna 2009 (1ª ed. 1988).
Martignoni, Gabriele e Morandini, Sergio, *Il diritto all'odio*, Bertani, Verona 1977.
Mattei, Giampaolo con Monti, Giommaria, *La notte brucia ancora*, Sperling & Kupfer, Milano 2008.
Mazza, Mauro, *I ragazzi di via Milano*, Fergen, Roma 2006.
Mazzocchi, Silvana, *Nell'anno della tigre. Storia di Adriana Faranda*, Baldini & Castoldi, Milano 1994.
Menichelli, Alberto, *In auto con Berlinguer*, Wingsbert, Roma 2014.
Moretti, Mario, *Brigate Rosse. Una storia italiana*, intervista di Rossana Rossanda e Carla Mosca, Mondadori, Milano 2007 (1ª ed. Anabasi, Milano 1994).
Morucci, Valerio, *La peggio gioventù*, Rizzoli, Milano 2004.
—, *Ritratto di un terrorista da giovane*, Piemme, Casale Monferrato (Al) 2005 (1ª ed. 1999).
Pansa, Giampaolo, *Borghese mi ha detto*, Palazzi, Milano 1971.
—, *Il sangue dei vinti*, Sperling & Kupfer, Milano 2003.
Peci, Patrizio, *Io l'infame*, a cura di Giordano Bruno Guerri, Sperling & Kupfer, Milano 2008 (ed. ampliata del volume pubblicato da Mondadori, Milano 1983).
Podda, Stefania, *Nome di battaglia Mara*, Sperling & Kupfer, Milano 2007.
Rao, Nicola, *Trilogia della celtica* (Sperling & Kupfer, Milano 2014), che riunisce i volumi *La fiamma e la celtica*, *Il sangue e la celtica* e *Il piombo e la celtica* (rispettivamente pubblicati nel 2006, 2008 e 2009).
Regazzoni, Simone, *Sfortunato il paese che non ha eroi*, Ponte alle Grazie, Milano 2012.
Salierno, Giulio, *Autobiografia di un picchiatore fascista*, Minimum Fax, Roma 2008 (1ª ed. Einaudi, Torino 1976).
Segio, Sergio, *Una vita in Prima linea*, Rizzoli, Milano 2006.

Sidoni, Paolo e Zanetov, Paolo, *Cuori rossi contro cuori neri. Storia segreta della criminalità di destra e di sinistra*, Newton Compton, Roma 2013 (1ª ed. 2012).

Signorelli, Paolo, *Di professione imputato*, Sonda, Torino 1996.

Tassinari, Ugo Maria, *Fascisteria*, Sperling & Kupfer, Milano 2008 (ed. ampliata e aggiornata del volume pubblicato da Castelvecchi, Roma 2001).

—, *Guerrieri*, Immaginapoli, Pozzuoli 2005.

Terranova, Annalisa, *Planando sopra boschi di braccia tese*, Settimo Sigillo-Europa, Roma 1996.

Tobagi, Benedetta, *Come mi batte forte il tuo cuore*, Einaudi, Torino 2009.

—, *Una stella incoronata di buio*, Einaudi, Torino 2013.

Tolkien, J.R.R., *Il signore degli anelli*, Bompiani, Milano 2016 (1ª ed. Rusconi, Milano 1970).

Vecchio, Concetto, *Giorgiana Masi. Indagine su un mistero italiano*, Feltrinelli, Milano 2017.

Verbano, Carla con Capponi, Alessandro, *Sia folgorante la fine*, Rizzoli, Milano 2010.

Indice dei nomi

Sommario

Questo libro è stampato fabbricato da Grafica Veneta S.p.A.
con un processo di stampa e rilegatura certificato 100% carbon neutral
in accordo con PAS 2060 BSI

Finito di stampare nel mese di ottobre 2023
per conto di RCS MediaGroup S.p.A.
da Grafica Veneta S.p.A., via Malcanton 2, Trebaseleghe (PD)
Printed in Italy